Anita Rösch

Kompetenzorientierung im Philosophie- und Ethikunterricht

Philosophie in der Schule

herausgegeben von

Prof. Dr. Dr. Martin Bolz (Wien),

Dr. Oliver Holz (TU Dresden)

und

Prof. Dr. Ludwig Duncker (Universität Gießen)

unter der Mitarbeit von

Ruth Dölle-Oelmüller, Münster
Prof. Dr. David Davies, MA BSc MED PCGE
(Universität Derby, Großbritannien)
Dr. Vladimir Júva, CSc (Universität Brünn)
Prof. Dr. Kristján Kristjánsson (Universität Akureyri Island)
Prof. Bart Hempen, MSc (Europese Hoogeschool Brüssel)

Band 13

LIT

Anita Rösch

Kompetenzorientierung im Philosophie- und Ethikunterricht

Entwicklung eines Kompetenzmodells
für die Fächergruppe
Philosophie, Praktische Philosophie, Ethik,
Werte und Normen, LER

LIT

Umschlagbild: Zygmunt Januszewski, *Hirnbiss*

Bibliografische Information der Deutschen Nationalbibliothek
Die Deutsche Nationalbibliothek verzeichnet diese Publikation in der
Deutschen Nationalbibliografie; detaillierte bibliografische Daten sind
im Internet über http://dnb.d-nb.de abrufbar.

3. Auflage 2012

ISBN 978-3-643-90007-4
Zugl.: Gießen, Univ., Diss., 2009

©LIT VERLAG GmbH & Co. KG Wien,
Zweigniederlassung Zürich 2012
Klosbachstr. 107
CH-8032 Zürich
Tel. +41 (0) 44-251 75 05
Fax +41 (0) 44-251 75 06
e-Mail: zuerich@lit-verlag.ch
http://www.lit-verlag.ch

LIT VERLAG Dr. W. Hopf
Berlin 2012
Verlagskontakt:
Fresnostr. 2
D-48159 Münster
Tel. +49 (0) 2 51-620 320
Fax +49 (0) 2 51-23 19 72
e-Mail: lit@lit-verlag.de
http://www.lit-verlag.de

Auslieferung:
Deutschland: LIT Verlag Fresnostr. 2, D-48159 Münster
Tel. +49 (0) 2 51-620 32 22, Fax +49 (0) 2 51-922 60 99, e-Mail: vertrieb@lit-verlag.de
Österreich: Medienlogistik Pichler-ÖBZ, e-Mail: mlo@medien-logistik.at
Schweiz: B + M Buch- und Medienvertrieb, e-Mail: order@buch-medien.ch

Vorwort	10
1. Fragestellung der Arbeit, Vorschau, Methodik	12
1.1. Ziel- und Fragestellungen der Arbeit	13
1.2. Forschungsmethodisches Vorgehen	17

Teil 1 – Grundlagen — 20

2. Die Fächergruppe Philosophie, Ethik, Praktische Philosophie, Werte und Normen sowie LER — 20

2.1. Die Fächergruppe Philosophie, Ethik, Praktische Philosophie, Werte und Normen sowie LER vor dem Hintergrund allgemeiner Bildungsziele — 20

2.2. Verfassungsrechtliche und bildungspolitische Hintergründe — 21

2.3. Ersatzfach – Alternativfach – Wahlfach – Pflichtfach — 23

3. Kompetenzorientierung — 27

3.1. Eingrenzung des Begriffsfelds — 27

3.2. Kompetenzdimensionen — 34

3.3. Arbeitsbegriff — 37

4. Begründung eines kompetenzorientierten Ansatzes für die Fächergruppe Philosophie, Ethik, Praktische Philosophie, Werte und Normen sowie LER — 38

4.1. Kompetenzorientierung als Innovationsschub – Bildungspolitische Begründung kompetenzorientierten Unterrichtens — 38, 38

4.2. Sich im Denken orientieren - Philosophische Begründung kompetenzorientierten Unterrichtens — 41, 41

4.3. Information und Wissen - Fachdidaktische Begründung kompetenzorientierten Unterrichtens — 45, 45

4.4. Selbstverantwortung – Unterrichtspraktische Begründung kompetenzorientierten Unterrichtens — 48, 48

5. Analyse der bundesdeutschen Lehrpläne — 52

5.1. Konzeptionelle Entwürfe zur Lehrplananalyse — 52

5.2. Analysekriterien der vorliegenden Untersuchung — 58

5.3. Ergebnisse der Lehrplananalyse — 59

5.4. Kompetenzbereiche — 73

5.5. Definition der Teilkompetenzen ... 75

6. Fachdidaktiken im Fokus von Lehrplanvorgaben und Kompetenzorientierung ... 81
6.1. Didaktische Grundpositionen der Neuzeit: Inhalte und Ziele der Fächergruppe ... 81
6.2. Ansätze zur Formulierung von Bildungsstandards in der fachdidaktischen Literatur ... 94
6.3. Kompetenzorientierung in der fachdidaktischen Literatur – ein Überblick ... 98

7. Empirische Untersuchung zu ethisch-philosophischen Kompetenzen – Forschungsdesign ... 102
7.1. Fragestellung und methodisches Vorgehen ... 102
7.2. Empirisches Forschungsdesign ... 107

8. Auswertung der empirischen Untersuchung ... 113
8.1. Analyse der Stichprobe ... 113
8.2. Überprüfung der Kompetenzkriterien ... 117
8.3. Zuordnung zu Fächern und Schulstufen ... 126
8.4. Kompetenzen und Ausbildung der Lehrkräfte ... 130
8.5. Zusammenfassung der Ergebnisse ... 135

9. Kompetenzraster - Aufbauprinzipien und Funktion ... 137
9.1. Ursprung und Einsatzmöglichkeiten ... 137
9.2. Aufbauprinzipien ... 139
9.3. Mit Kompetenzrastern unterrichten und ausbilden ... 142
9.4. Zusammenfassung ... 144
9.5. Konzeption der Aufgabenbeispiele ... 145

Teil 2 – Kompetenzmodell ... 151

10. Sich-Orientieren und Handeln ... 154
10.1. Orientierungskompetenz ... 158
10.2. Handlungskompetenz ... 166

11. Wahrnehmen und Verstehen ... 173
11.1. Wahrnehmungskompetenz ... 175
11.2. Perspektivübernahme ... 183

Inhalt | 7

11.3. Empathie 190
11.4. Interkulturelle Kompetenz 198

12. Analysieren und Reflektieren **208**
12.1. Textkompetenz 210
12.2. Sprach(analytische) Kompetenz 221
12.3. Interdisziplinäre Kompetenz 228
12.4. Reflexionskompetenz 237

13. Argumentieren und Urteilen **246**
13.1. Argumentations- und Urteilskompetenz 249
13.2. Moralische Urteilsfähigkeit 259
13.3. Ethische Urteilskompetenz 275

14. Interagieren und Sich-Mitteilen **286**
14.1. Diskurskompetenz 289
14.2. Konfliktlösungskompetenz 301
14.3. Darstellungskompetenz 308

15. Rückblick und Ausblick **313**
Literatur 316

Tabellenverzeichnis
Tabelle 1: Ersatzfachregelungen in den Bundesländern 24
Tabelle 2: Kompetenzdimensionen 36
Tabelle 3: Basiskonzepte 44
Tabelle 4: Bundesdeutsche Lehrplanmodelle 65
Tabelle 5: Angestrebte Kompetenzen in der Sekundarstufe I und II 68
Tabelle 6: Angestrebte Kompetenzen in der Sekundarstufe I 69
Tabelle 7: Angestrebte Kompetenzen in der Sekundarstufe II 71
Tabelle 8: Kompetenzbereiche 74
Tabelle 9: Verhältnis Basiskonzepte – Fachspezifische Kompetenzen 80
Tabelle 10: Kompetenzorientierung in den Fachdidaktiken 99
Tabelle 11: Sachkompetenz 118
Tabelle 12: Methodenkompetenz 119
Tabelle 13: Sozialkompetenz 120
Tabelle 14: Selbstkompetenz 121
Tabelle 15: Empathie 123
Tabelle 16: Handlungskompetenz 124

Tabelle 17:	Zuordnung zu Schulstufen/ Prozentwerte	129
Tabelle 18:	Ausbildung der Lehrkräfte	132
Tabelle 19:	Operatoren	150
Tabelle 20:	Kompetenzraster Wahrnehmungskompetenz	182
Tabelle 21:	Kompetenzraster Perspektivübernahme	189
Tabelle 22:	Kompetenzraster Empathie	197
Tabelle 23:	Kompetenzraster Interkulturelle Kompetenz	207
Tabelle 24:	Kompetenzraster Lesekompetenz	219
Tabelle 25:	Kompetenzraster Schreibkompetenz	220
Tabelle 26:	Kompetenzraster Sprach(analytische) Kompetenz	227
Tabelle 27:	Kompetenzraster Interdisziplinäre Kompetenz	236
Tabelle 28:	Kompetenzraster Reflexionskompetenz	245
Tabelle 29:	Kompetenzraster Argumentations- und Urteilskompetenz	258
Tabelle 30:	Kompetenzraster Moralische Urteilsfähigkeit	274
Tabelle 31:	Kompetenzraster Ethische Urteilskompetenz	285
Tabelle 32:	Kompetenzraster Diskurskompetenz I	299
Tabelle 33:	Kompetenzraster Diskurskompetenz II	300
Tabelle 34:	Kompetenzraster Konfliktlösungskompetenz	307
Tabelle 35:	Kompetenzraster Darstellungskompetenz	312

Abbildungsverzeichnis

Abbildung 1:	Fachspezifische Kompetenzdimensionen	64
Abbildung 2:	Fachübergreifende Kompetenzdimensionen	60
Abbildung 3:	Fachspezifische Handlungskompetenz	60
Abbildung 4:	Fachspezifische Lernkompetenz	62
Abbildung 5:	Fachübergreifende Kompetenzziele	62
Abbildung 6:	Verteilung der Experten auf die Bundesländer	114
Abbildung 7:	Fächer	115
Abbildung 8:	Schulformen	115
Abbildung 9:	Tätigkeitsfelder	116
Abbildung 10:	Anteile der Kompetenzdimensionen/ Mittelwert	122
Abbildung 11:	Erlernbarkeit	123
Abbildung 12:	Fachspezifik	124
Abbildung 13:	Aufgabenstellungen	125
Abbildung 14:	Überprüfbarkeit	126
Abbildung 15:	Zuordnung der Kompetenzen zu Fächern	127
Abbildung 16:	Zuordnung der Kompetenzen zu Schulstufen	128
Abbildung 17:	Relevanz	129
Abbildung 18:	Selbsteinschätzung der Experten	131
Abbildung 19:	Umfangreiche Ausbildung	133
Abbildung 20:	Selbststudium und Weiterbildung	134
Abbildung 21:	Kompetenzorientierte Aufgaben	147
Abbildung 22:	Kompetenzpyramide	157

Abbildung 23: Orientierungskompetenz 162
Abbildung 24: Handlungskompetenz 170
Abbildung 25: Verhältnis der Teilkompetenzen Wahrnehmungskompetenz, Perspektivübernahme, Empathie, Interkulturelle Kompetenz 173
Abbildung 26: Wahrnehmungskompetenz 178
Abbildung 27: Perspektivübernahme 185
Abbildung 28: Empathie 193
Abbildung 29: Interkulturelle Kompetenz 203
Abbildung 30: Verhältnis der Kompetenzbereiche Wahrnehmen und Verstehen/ Analysieren und Reflektieren 206
Abbildung 31: Textkompetenz 215
Abbildung 32: Sprach(analytische) Kompetenz 224
Abbildung 33: Interdisziplinäre Kompetenz 232
Abbildung 34: Reflexionskompetenz 241
Abbildung 35: Verhältnis der Kompetenzbereiche Wahrnehmen und Verstehen/ Analysieren und Reflektieren/ Argumentieren und Urteilen 247
Abbildung 36: Argumentations- und Urteilskompetenz 254
Abbildung 37: Moralische Urteilsfähigkeit 267
Abbildung 38: Ethische Urteilskompetenz 280
Abbildung 39: Verhältnis der Kompetenzbereiche Wahrnehmen und Verstehen/ Analysieren und Reflektieren/ Argumentieren und Urteilen/ Interagieren und Sich-Mitteilen 287
Abbildung 40: Diskurskompetenz 293
Abbildung 41: Konfliktlösungskompetenz 303
Abbildung 42: Darstellungskompetenz 309

1. Vorwort

Schülergruppen sind auch in unserem mehrgliedrigen Schulsystem nie homogen. Schule ist immer durch Vielfalt geprägt. Der Unterricht der Fächergruppe Philosophie, Praktische Philosophie, Ethik, Werte und Normen sowie LER wird jedoch durch eine in besonderem Maße heterogene Schülerschaft bestimmt. Aufgrund verfassungsrechtlicher Vorgaben treffen in diesem Unterricht, sieht man einmal von Philosophie als Wachpflichtfach in der Oberstufe ab, die unterschiedlichsten Nationen, Kulturen, Sprachen, Religionen und Wertvorstellungen aufeinander. Die fachdidaktische Literatur berücksichtigt diese Voraussetzungen bisher nur am Rande. Als ausgebildete Philosophielehrerin, die seit vielen Jahren auch Ethikunterricht erteilt, als Fachdidaktikerin an der Justus-Liebig-Universität in Gießen und am Studienseminar Oberursel in der Ausbildung angehender Philosophie- und Ethiklehrer/innen und nicht zuletzt als Mitherausgeberin der Zeitschrift Ethik & Unterricht im Friedrich Verlag beschäftigt mich seit vielen Jahren die Frage, wie man dieser Zielgruppe im Unterricht gerecht werden kann. Damit verbunden sind zugleich Überlegungen, welche Ausbildung die Lehrkräfte dieser Fächergruppe benötigen, um adäquat auf die vorgefundene Heterogenität reagieren zu können. Im Rahmen der durch die PISA-Studien aufgekommenen Diskussion nach Kompetenzen und Bildungsstandards stellt sich die Frage, ob Kompetenzorientierung ein geeigneter Weg sein könnte, auf diese kulturelle Heterogenität differenziert zu reagieren.

Aus der Lehrerausbildung weiß ich, wie hilfreich die Arbeit mit Kompetenzrastern als Diagnoseinstrumenten sein kann, um Unterricht didaktisch und methodisch passgenau auf die jeweilige Lerngruppe abzustimmen. Doch wollte ich nicht nur Raster für meine überschaubaren Ausbildungsgruppen entwickeln, sondern ich hatte, auch unter dem Blickwinkel der Herausgeberschaft einer bundesweit gelesenen Fachzeitschrift, das Ziel, ein Instrument zu entwickeln, das für alle Fächer der oben genannten Fächergruppe und damit auch für alle Bundesländer anwendbar ist. Kompetenzmodelle sind, so schreibt es schon Eckhart Klieme in seiner Bildungsexpertise für die Kultusministerkonferenz (2003), aus fachdidaktischer Theorie und Unterrichtspraxis abzuleiten. Für diese Arbeit bedeutete es, Lehrpläne und Fachdidaktiken analysierend zu vergleichen. Die nicht unerheblichen Diskrepanzen konnten durch eine Expertenbefragung ausgeglichen werden. Entstanden ist ein umfangreiches Kompetenzmodell aus sechzehn Kompetenzen, konkretisiert durch Kompetenzraster und Musteraufgaben.

Gezeigt werden konnte, dass Kompetenzorientierung für die Fächergruppe Philosophie/ Ethik nicht nur möglich ist, sondern in hohem Maße dem Bildungsauftrag der Fächer bei aller Unterschiedlichkeit der Lehrpläne entspricht. Die Zustimmung der befragten Experten hat dies offensichtlich gemacht. Die an der Umfrage Beteiligten haben jedoch auch kritisch angemerkt, dass Ihre Ausbildung einseitig auf reflexive Fähigkeiten und abstraktes Denken ausgerichtet ist und die Heterogenität ihrer Schüler/innen noch zu wenig berücksichtigt. Damit wird vor allem die universitäre Ausbildung nur zum Teil den unterrichtlichen Anforderungen gerecht.

Mit dieser Arbeit ist nicht nur ein Instrument zur Steuerung, Planung und Evaluation schulischer Lernprozesse entstanden. Sie umfasst zugleich die wesentlichen Elemente einer Fachdidaktik für den Philosophie- und Ethikunterricht. Aus den gewonnenen Erkenntnissen ergeben sich weitere Forschungsaufgaben. Didaktische Konzeptionen müssen in stärkerem Maße auf die Schülerschaft der Fächergruppe Ethik/ Philosophie abgestimmt werden. Da in vielen Bundesländern kompetenzorientierte Curricula konzipiert werden, müssen phasenübergreifende Konzepte für deren Implementierung in allen Phasen der Lehrerbildung entwickelt und evaluiert werden. In diesem Zusammenhang ist eine Weiterentwicklung der Hochschuldidaktik für die Lehramtsstudiengänge unerlässlich. All diese Aufgaben sind nur zu bewältigen, wenn die empirische Bildungsforschung in Zukunft stärker in die Philosophie-/ Ethikdidaktik integriert wird. Durch meine Arbeit hoffe ich, ein Fundament für diese vielfältigen und umfangreichen Aufgaben gelegt zu haben.

Diese Arbeit ist als Dissertation an der Justus-Liebig-Universität in Gießen angenommen worden. Mein Dank gebührt allen, die dazu beigetragen haben, dieses umfangreiche Projekt zum Abschluss zu bringen: meinen Gutachtern Prof. Dr. Stefan Gosepath und Prof. Dr. Witlof Vollstädt für ihre konstruktive Unterstützung, den an der empirischen Untersuchung beteiligten Experten für ihre hohe Bereitschaft, ihren Unterricht und ihre Ausbildung zu reflektieren, meinen Student/innen und Referendar/innen sowie meinen Kolleginnen aus der Arbeitsgruppe Bildungsstandards Ethik in Hessen für viele anregende Diskussionen über die Zielsetzung von Philosophie- und Ethikunterricht. Ich freue mich, dass mein Buch in der Reihe *Philosophie in der Schule* im LIT Verlag erscheint, und bedanke mich bei den Herausgebern für die Aufnahme in diese Reihe.

Allen Leserinnen und Lesern wünsche ich interessante Einblicke in das kompetenzorientierte Arbeiten im Philosophie- und Ethikunterricht und hoffe, dass Sie aus den Aufgabenbeispielen viele Anregungen für Ihre eigene Unterrichtsarbeit gewinnen können.

Gießen, April 2009

Anita Rösch

1. Fragestellung der Arbeit, Vorschau, Methodik

Nach den die deutsche Bildungslandschaft erschütternden Ergebnissen der PISA-Studie ist der Begriff der Kompetenz pädagogisch und bildungspolitisch ins Zentrum der bildungspolitischen Diskussion gerückt, hat doch die PISA-Studie gezeigt, dass das deutsche, an situationsunabhängigen Inhalten orientierte Bildungssystem nicht hinreichend zur Kompetenzentwicklung deutscher Schülerinnen und Schüler beiträgt. Begriffe wie Standard und Kompetenz finden sich in den letzten Jahren vielerorts in der Literatur und in den Lehrplänen fast aller Bundesländer, doch ist ihre begriffliche Verwendung nicht eindeutig.

Das Bundesbildungsministerium und die Kultusministerkonferenz haben das Deutsche Institut für internationale pädagogische Forschung unter Leitung von Prof. Eckhard Klieme (Frankfurt) 2003 beauftragt, in einer *Bildungsexpertise zur Entwicklung nationaler Bildungsstandards*[1] den Kompetenzbegriff zu definieren und daraus Konsequenzen für das deutsche Bildungssystem abzuleiten. In dieser Studie wird der Begriff Kompetenz wie folgt definiert: Kompetenzen sind die „bei allen Individuen verfügbaren oder durch sie erlernbaren Fähigkeiten und Fertigkeiten, um bestimmte Probleme zu lösen, sowie die damit verbundenen motivationalen, volitionalen (= willentliche Steuerung von Handlungen und Handlungsabsichten) und sozialen Bereitschaften und Fähigkeiten, um die Problemlösungen in variablen Situationen erfolgreich und verantwortungsvoll nutzen zu können."[2] Diese Definition wird andernorts übersetzt in die in Curricula präziser abgrenzbaren Begriffe Sach-, Methoden-, Sozial- und Selbst- bzw. Personale Kompetenz. Entscheidend im Sinne des Kompetenzbegriffs ist es jedoch, diese Kompetenzdimensionen nicht zu trennen, sondern als Einheit aufzufassen, die mit unterschiedlicher Schwerpunktsetzung alle Elemente umfasst. Damit wird deutlich, dass Kompetenzen keine Listen von Lernstoffen beinhalten, sondern auf Lern- und Handlungskompetenz zielen, d.h. ihr Erwerb soll es Schülerinnen und Schülern ermöglichen, vielfältige Problemsituationen bewältigen zu können. Diese Befähigung wird in der Auseinandersetzung mit exemplarischen Inhalten erworben und muss so vermittelt werden, dass die Übertragbarkeit gewährleistet ist. So definierte Kompetenzen sind nicht identisch mit fachübergreifenden Kompetenzen, vielfach auch Basis- und Schlüsselqualifikationen genannt. Zu diesen zählen inzwischen unzählige Begriffe, die neben Grundlagen für alle Fächer wie Lesekompetenz, mathematischer und fremdsprachlicher Kompetenz auch Fähigkeiten wie Kritik- und Teamfähigkeit umfassen. Doch allen so genannten Schlüsselqualifikationen ist gemeinsam, dass sie nur durch eine Vernetzung fachbezogener Kompetenzen aufgebaut werden können. In dieser Weise definierte Kompetenzen sind in Aufgabenformate umsetzbar und überprüfbar. Mit der Formulierung von Bildungszielen wird festgelegt, welche

---

[1] Klieme Eckhard et al. (Hrsg:) (2003)
[2] Klieme, Eckhard (2003), S. 21, nach Weinert, Franz E. (2001b), S. 27f.

Kompetenzen Schülerinnen und Schüler in einem Fach bis zu welchem Alter erworben haben sollten. Auf der Basis fachdidaktischer Erkenntnisse müssen nun Kompetenzmodelle entwickelt werden, die systematisch geordnet Abstufungen und Entwicklungsverläufe von Kompetenzen darstellen. Diese Bildungsziele sind handlungsleitend für die Entwicklung des Schulsystems, für die Gestaltung von Unterricht durch Lehrerinnen und Lehrer, die Erstellung von Stoffplänen sowie die didaktischen Ansätze zur Umsetzung einzelner Themen.[3] Viele Bundesländer haben bereits ihre Lehrpläne auf Bildungsstandards und Kompetenzen umgestellt, doch ist bislang keine Einheitlichkeit festzustellen, weder vom grundsätzlichen Ansatz noch in einzelnen Fächern.

Für die einzelnen Fächer entsteht aus der Definition von Bildungszielen die Konsequenz, sich über die Bedeutung des Faches oder Lernbereiches für die persönliche Entwicklung der Schülerinnen und Schüler sowie die gesellschaftliche Funktion der Lerninhalte verständigen und den Kern ihres Lernbereiches oder Faches definieren zu müssen. Erst auf dieser Grundlage lassen sich Kompetenzmodelle erstellen. Für die Fächer Deutsch, Mathematik, die erste Fremdsprache sowie die Naturwissenschaften hat die Kultusministerkonferenz inzwischen Bildungsstandards definiert, Musteraufgaben entwickelt und so genannte Regelstandards für einen mittleren Bildungsabschluss festgelegt. Die übrigen Fächer des Fächerkanons wurden bislang in dieses Konzept nicht mit einbezogen.

1.1. Ziel- und Fragestellungen der Arbeit

Diese Arbeit unternimmt den Versuch, ein Kompetenzmodell mit gestuften Kompetenzrastern für die Fächergruppe Philosophie, Ethik, Praktische Philosophie, Werte und Normen sowie LER (Lebensgestaltung – Ethik - Religionskunde[4]) in der Sekundarstufe I und II zu entwickeln.

Die oben genannte Fächergruppe erweist sich in mehrfacher Hinsicht als Herausforderung bei dieser Aufgabe. Wie die Namen der Fächer in den einzelnen Bundesländern bereits andeuten, gibt es bundesweit kein einheitliches Fach, wenn auch die Lehrpläne eine große Schnittmenge an Übereinstimmungen zeigen.

In der Fachdidaktik gibt es bislang keine einheitliche Festlegung, welche Kompetenzen im Unterricht dieser Fächergruppe erworben werden können, verfolgen doch die wenigen übergreifenden fachdidaktischen Veröffentlichungen kein einheitliches Ziel. Die sporadischen fachdidaktischen Ansätze, die bislang unternommen wurden, Kompetenzen zu definieren, sind zumeist selektiv und auf einzelne Kompetenzen oder Bundesländer bezogen. Ihnen liegt kein einheitliches Kompetenzmodell zugrunde, das eine Basis bilden könnte. Eine Erklärung

---

[3] Klieme, Eckhard (2003), S. 20
[4] Von jetzt an mit der gängigen Bezeichnung LER abgekürzt

der Fachverbände Philosophie und Ethik hat sich 2002[5] grundlegend zum Kompetenzerwerb in den Fächern Ethik und Philosophie geäußert, doch wurde diese Erklärung vor der Veröffentlichung der Bildungsexpertise herausgegeben. Die dort genannten Kompetenzen entsprechen nur bedingt der zuvor genannten Definition, findet sich doch neben Begriffen wie Textkompetenz, Urteilskompetenz und Interkultureller Kompetenz die Soziale Kompetenz, eine Kompetenz, die nicht spezifisch fachbezogen und nur eingeschränkt in der Schule überprüfbar ist. Die Arbeitsgemeinschaft Ethik/ Philosophie, bestehend aus Vertretern der Fachverbände Ethik, Philosophie und des Humanistischen Verbands Deutschlands, hat 2005 Vorschläge für Bildungsstandards für die Fächergruppe in der Primarstufe und darauf aufbauend 2006 für die Sekundarstufe I entwickelt. Hier wurde eine interessante Diskussionsgrundlage gelegt, die jedoch entgegen der Kompetenzdefinition den Schwerpunkt auf die soziale und personale Kompetenz legt.[6] In einzelnen Bundesländern wurden Standards formuliert, die jedoch inhaltlich und formal je nach Fachkonzeption und zugrunde gelegtem Kompetenzbegriff sehr unterschiedlich ausfallen.

Ein Manko ist ebenfalls, dass fachwissenschaftliche Texte, die sich mit einer speziellen Kompetenz auseinandersetzen, wie z.B. Beiträge über die ethische Urteilskompetenz oder die Orientierungskompetenz, nicht klar definieren, was im Hinblick auf schulischen Fachunterricht unter dieser Kompetenz zu verstehen ist. Es sind philosophische Auseinandersetzungen, die aus philosophischen Texten zentrale Definitionen ableiten, die jedoch allenfalls in einem Kompetenzmodell die höchste Stufe einer Kompetenz darstellen können. Sie zeigen nicht auf, über welche Zwischenstufen und mit welchen Unterrichtsmethoden und Medien diese Kompetenzen im Unterricht vor allem der Sekundarstufe I vermittelt werden können. Als Zieldefinition sind diese Ausarbeitungen aber von Nutzen.

Warum kann es angesichts dieser fachlichen Uneinheitlichkeit überhaupt von Interesse sein, ein bundesweites gestuftes Kompetenzmodell zu erstellen?

Auch der Philosophie- und Ethikunterricht kann sich den Veränderungen in der Bildungslandschaft nicht entziehen, wenn diese Fächer, die zum Teil ohnehin einen untergeordneten Status im Fächerkanon einzelner Bundesländer haben, ihre Stellung erhalten bzw. ausbauen möchten. Aber unabhängig von diesen rein pragmatischen Erwägungen erscheinen die Fächer dieser Fächergruppe geradezu prädestiniert zu sein, in eine Kompetenzorientierung eingebunden zu werden. Gerade sie vermitteln elementare Kompetenzen wie Beobachten, Verstehen, Analysieren, Reflektieren und Urteilen vor dem Hintergrund einer angestrebten kognitiven, emotionalen und sozialen Orientierung und leisten damit Wesentliches zur Vernetzung von angewandtem Wissen. Die in der Politik und den Me-

---

[5] Bonner Erklärung (2002)
[6] Fachverband Philosophie (2005) Mitteilungen, 2005, S. 19-23/ Ethik & Unterricht (2006), Heft 4, S. 42-44

dien verstärkt geführte Wertediskussion ist ein weiteres Argument für die Kompetenzorientierung. Die Fächer dieser Fächergruppe leisten einen ganz wesentlichen Beitrag zu einer Auseinandersetzung mit Sinn- und Wertfragen, zur Entwicklung begründeter Maßstäbe für verantwortliches Urteilen und Handeln, zu einer Begegnung und Auseinandersetzung mit fremdkulturellen Orientierungssystemen und der Förderung der Persönlichkeitsentwicklung. Durch eine Modifizierung der Unterrichtsgestaltung weg von einem auf Wissensorientierung ausgelegten Schwerpunkt hin zu einer stärkeren Lern- und Handlungsorientierung können diese Kompetenzen intensiver gefördert werden.

Das zu entwickelnde Kompetenzmodell ist letztendlich ein Spiegel der unterrichtlichen Wirklichkeit in den Fächern Philosophie, Ethik, Praktische Philosophie, Werte und Normen sowie LER als Summe von Lehrplänen, Fachdidaktiken und Unterrichtserfahrungen der Praktiker. Es definiert die relevanten Inhalte und fachspezifischen Methoden dieser Fächer sowie ihre gesellschaftliche und schulische Bedeutung für den einzelnen Schüler und die einzelne Schülerin. Es gibt Antworten auf folgende Fragen: Über welches Verständnis des Bildungsauftrages der Fächer Philosophie, Ethik, Praktische Philosophie, Werte und Normen sowie LER herrscht Konsens? Welche Denkoperationen und Verfahren sind fachspezifisch? Welche fachspezifischen Methoden sind geeignet, diese Kompetenzen zu erwerben? Wie lässt sich der Kompetenzerwerb überprüfen? Welches Grundlagenwissen muss erworben werden?

Es versucht zugleich eine Antwort auf die Frage zu geben, welche philosophischen Denkrichtungen in je spezifischer Weise geeignet sind, den Kompetenzerwerb voranzutreiben. Ethisch-philosophische Methoden werden aus verschiedenen philosophischen Strömungen gespeist. Dies geschieht nicht mit Ausschließlichkeit, so dass einer Richtung eine Methode zuzuordnen ist, sondern jede Denkrichtung zeichnet sich durch unterschiedliche Zugänge zu Methoden und Inhalten aus, fordert unterschiedliche Tätigkeiten und Denkoperationen und trägt damit auf spezifische Weise zum Kompetenzerwerb bei. Der Rückgriff auf bereits in der Philosophiegeschichte verankerte Methoden ermöglicht eine organische Verbindung von Kompetenz, fachspezifischer Methodik und Grundlagenwissen, ist doch jede philosophische Denkrichtung zugleich durch Inhalt und Methode konstituiert. Berücksichtigt werden muss jedoch, dass weder die Vermittlung der philosophischen Denkrichtung noch deren Methode zum Selbstzweck verkommt, sondern alles unter das Ziel des Kompetenzerwerbs subsumiert wird. Die bisher zu dieser Thematik vorhandene Literatur richtet den Focus vor allem auf die didaktische Transformation philosophischer Denkrichtungen in Unterrichtsinhalte und Methoden, berücksichtigt den Kompetenzerwerb aber nur am Rande. Vor allem besteht bei diesen Konzeptionen nur teilweise Übereinstimmung mit den Kriterien, die die Bildungspolitik an Kompetenzen stellt, sind die Zielsetzungen doch nur bedingt fachdidaktisch ausgerichtet, sondern beleuchten eher den philosophischen Anteil am Erwerb gesellschaftlich relevanter Schlüsselqualifikationen und damit die gesamtgesellschaftliche Bedeutung des Fächerspektrums. Trotz allem sind hier für die Philosophie- und Ethikdidaktik wichtige Elemente und Anregungen zu finden, die sich sinnvoll integrieren lassen.

Das zu entwickelnde gestufte Kompetenzmodell hat vor allem eine Funktion für die Unterrichtspraxis. Kompetenzraster, so genannte Rubrics, zeigen Aspekte, Abstufungen und Entwicklungsverläufe von Kompetenzen. Das Erreichen eines Kompetenzniveaus sagt aus, welche Handlungen und mentalen Operationen mit hoher Wahrscheinlichkeit korrekt ausgeführt werden können. Für die Umsetzung im Unterricht und für die Bewertung von Schülerleistungen sind konkrete Beispiele und Operationalisierungen in Form von Beispielaufgaben erforderlich. Es geht daher nicht um die Entwicklung eines theoretischen Konstrukts, sondern um ein Instrument, das im Unterrichtsalltag, aber auch in der Ausbildung von Nutzen sein kann. Kompetenzraster helfen, die Ausgangslage der Schülerinnen und Schüler einzuschätzen, Rückmeldungen zu geben, die didaktische und methodische Unterrichtsplanung der Lerngruppe anzupassen. Sie sind aber auch ein Kontrollinstrument, das der Lehrkraft hilft, sich immer wieder zu vergewissern, inwieweit die geplanten Unterrichtseinheiten die erwünschten Kompetenzen vermitteln. Nur wenn bekannt ist, wie sich eine Kompetenz entwickelt, ist eine Orientierung des Unterrichts an dieser Entwicklung und eine realistische Einschätzung des Leistungsstandes der Lerngruppe möglich.

Die Bildungsexpertise betrachtet die Entwicklung von Kompetenzmodellen vor allem unter dem Gesichtspunkt der Qualitätsmessung. Sie sieht Kompetenzraster weniger als Möglichkeiten zur individuellen Diagnostik einzelner Schüler/innen oder einer Lerngruppe, sondern vor allem als Instrument des Bildungsmonitorings, um das Bildungssystem im Ganzen sowie die Leistungsfähigkeit einzelner Schulen zu evaluieren. Es wird zu diskutieren sein, inwieweit sich alle der in den Fächern Philosophie, Ethik, Praktische Philosophie, Werte und Normen sowie LER zu erwerbenden Kompetenzen für diese Zwecke eignen bzw. ob es überhaupt anstrebenswert ist, für alle dieser Kompetenzen jahrgangsspezifische Mindest- oder Regelstandards festzulegen. Kompetenzen bestehen nicht nur aus Wissen und Können, sondern beinhalten auch die Facetten Motivation und Haltung. Kann man diese Aspekte überprüfen? Lässt sich ein Lernfortschritt in diesen Bereichen Altersstufen zuordnen? Ist es überhaupt anstrebenswert, diese Persönlichkeitseigenschaften zu evaluieren? Sollte man Leistungen in diesen Bereichen bewerten? Diese Fragestellungen werden zu reflektieren sein.

Diese Überlegungen sind von zentraler Wichtigkeit für die Ausbildung zukünftiger Lehrerinnen und Lehrer dieser Fächergruppe. Denn wenn Schülerinnen und Schüler bestimmte Kompetenzen erwerben sollen, muss auch die Ausbildung in der ersten und zweiten Phase auf diese Kompetenzorientierung hin ausgerichtet sein. Die Lehramtsanwärter/innen müssen zum einen selbst diese Kompetenzen besitzen bzw. erwerben, müssen aber auch in die Lage versetzt werden, kompetenzorientiert in ihren Fächern zu unterrichten. Dies hat auch für die universitäre Ausbildung sowie das Referendariat Konsequenzen. Es beeinflusst die Auswahl

der Inhalte und Vermittlungsmethoden. Dies gilt selbstverständlich auch für bereits im Schuldienst Tätige, die entsprechend fortgebildet werden müssen.
Für die Arbeit ergeben sich folgende grundlegende Fragestellungen:
- Welche Kompetenzen sollen im Unterricht der Fächergruppe Ethik/ Philosophie erworben werden?
- Wie wird die Relevanz dieser Kompetenzen in den Lehrplänen, den Fachdidaktiken und von den Lehrkräften selbst beurteilt?
- Wie muss ein Kompetenzmodell strukturiert sein, das den Lernprozess in den Fächern der Fächergruppe Ethik/ Philosophie angemessen abbildet?
- Wie lassen sich die einzelnen Kompetenzen in Niveaustufen konkretisieren?

1.2. Forschungsmethodisches Vorgehen

Für die Entwicklung eines Kompetenzmodells der Fächergruppe in dieser Arbeit ergeben sich folgende Grundbedingungen. Ein Kompetenzmodell sollte aus fachdidaktischen Erkenntnissen resultieren. Es muss unabhängig von konkreten Inhalten Gültigkeit haben und mit Hilfe verschiedener exemplarischer Inhalte umsetzbar sein. Da es bislang keine allgemein anerkannte Fachdidaktik gibt, die eine adäquate Grundlage für ein Kompetenzmodell bilden könnte, und die in verschiedenen Bundesländern formulierten Kompetenzen und Standards von unterschiedlichen Grundvoraussetzungen ausgehen, müssen im Bereich der Fachdidaktik Tätige als Experten in den Entwicklungsprozess mit einbezogen werden. Dies ist in besonderer Weise daher erforderlich, da ein Instrument für die Praxis entstehen soll, das auch realistisch einsetzbar ist. Daher müssen Vorwissen und Erfahrungen der Lehrkräfte mit einbezogen werden. Es muss ebenfalls berücksichtigt werden, dass Unterrichtende in höchstem Maße belastet sind, so dass eine vollkommene Neustrukturierung von Unterrichtsinhalten und –formen illusorisch ist. Vielmehr muss sich der Blick auf die Elemente richten, die sich in der Praxis bereits bewährt haben und die in ein Kompetenzmodell integriert werden können.
Um ein Kompetenzmodell entwickeln zu können, sind verschiedene Vorarbeiten erforderlich. Der Entwicklungsprozess verläuft in zwei Schritten:
Im ersten Teil werden die Bausteine für die Konzeption zusammengestellt. Dazu gehören die Situation der Fächer im Fächerkanon, eine Begriffsklärung, die Lehrplananalyse, eine Bestandsaufnahme der Fachdidaktiken sowie eine empirische Untersuchung in Form einer Expertenbefragung.
Kapitel 2 erläutert auf der Basis einer Literaturanalyse die besondere Situation der Fächergruppe vor dem Hintergrund des allgemeinen Bildungsauftrages der Schule und verfassungsrechtlicher Gegebenheiten in den einzelnen Bundesländern, die sich in besonderer Weise auf die Zusammensetzung der Schülerschaft auswirkt, die als eine extrem heterogene zu kennzeichnen ist und aus der sich besondere Anforderungen für die zu vermittelnden Kompetenzen ergeben.

Kapitel 3 legt eine definitorische Basis durch eine Klärung des Begriffsfeldes ‚Kompetenz' und die Abgrenzung von verwandten und synonym verwendeten Begriffen.

Dass gerade die Fächergruppe Philosophie/ Ethik in besonderer Weise prädestiniert erscheint, kompetenzorientiert auszubilden, wird in Kapitel 4 basierend auf einer Literaturanalyse sowohl aus philosophischer wie aus fachdidaktischer und unterrichtsmethodischer Perspektive dargelegt.

Nach diesen grundlegenden Überlegungen stellt sich in Kapitel 5 die Frage, inwieweit die Lehrpläne bereits kompetenzorientiert formuliert wurden. Die Dokumentenanalyse aller bundesdeutschen Lehrpläne der Fächergruppe befasst sich mit folgenden Fragestellungen: Liegt ein Kompetenzbegriff in den einzelnen Bundesländern zugrunde und wenn ja, wie wird er definiert? Welche fachspezifischen Kompetenzen wurden formuliert? Anhand welcher Inhalte sollen diese Kompetenzen vermittelt bzw. erworben werden? Welcher Grundkonsens lässt sich finden? Da die Fächer der Fachgruppe nur in wenigen Bundesländern in der Grundschule unterrichtet werden, liegt der Schwerpunkt der Darstellung auf der Sekundarstufe I und II. Die Lehrpläne der Grundschule werden, sofern vorhanden, nur am Rande in die Darstellung einbezogen.

Inwieweit die bisher erschienenen Fachdidaktiken eine Unterstützung im Konzeptionsprozess bilden können, wird in Kapitel 6 literaturgestützt untersucht. Die auch hier feststellbare große Uneinheitlichkeit und deutliche Abweichungen von den Lehrplänen vieler Bundesländer lässt eine Expertenbefragung sinnvoll erscheinen.

Kapitel 7 stellt das Forschungsdesign der empirischen Untersuchung vor, das sich aus den Bedingungen des Faches, der Definition des Kompetenzbegriffs sowie der Analyse von Lehrplänen und Fachdidaktiken ableitet. Methodisch ist die Expertenbefragung als schriftliche Befragung mit geschichteter Stichprobe konzipiert. Um alle Fächer der Fächergruppe und die auf verschiedenen Ebenen der Fachdidaktik Tätigen zu berücksichtigen, damit ein möglichst großes Spektrum und eine tragfähige Basis entstehen, wurden die Experten aus allen Bundesländern und allen fachdidaktischen Arbeitsbereichen rekrutiert. Durch Kombination von mehreren Merkmalen ergibt sich eine Zahl von ca. 60 zu Befragenden, die aufgrund ihrer Expertise ausgewählt wurden. Sie werden sowohl nach Ihrer Einschätzung der Kompetenzen im Hinblick auf deren generelle Bedeutung, der Bedeutung für bestimmte Fächer und Schulstufen und die Vermittelbarkeit befragt. Aber auch die Sicherheit im Umgang mit den einzelnen Kompetenzen und der Ursprung der Kenntnisse sind von Interesse.

Kapitel 8 wertet die Befragung aus und liefert aufschlussreiche Erkenntnisse. In der Praxis erweisen sich vor allem die in Kapitel 2 dargelegten Bedingungen der Fächer, d.h. die multinationale und multireligiöse Schülerschaft als besondere Herausforderung. Die Ausbildung zeigt sich vielfach als unzureichend und zu eingeengt auf reflektierende Fähigkeiten und abstraktes Denken und berücksichtigt zu wenig die konkreten Bedingungen vor Ort. Diese Defizite müssen durch Fortbildungen und Selbststudium ausgeglichen werden. Anders als in den Lehrplänen und den Fachdidaktiken ist in der Befragung weder ein eklatanter Unterschied zwischen den Fächern noch den Bundesländern festzustellen. Vielmehr werden alle aus den Lehrplänen extrahierten Kompetenzen in hohem Maße befürwortet und als wichtig erachtet.

Die Lehrplananalyse, die Sichtung der Fachdidaktiken sowie die Expertenbefragung haben sechzehn Kompetenzen ergeben, die im zweiten Teil der Arbeit, gestützt auf philosophische und fachdidaktische Literatur, präzise definiert und ausgearbeitet werden. Eine kurze Darlegung über Aufbauprinzipien und Funktion von Kompetenzrastern sowie über kompetenzorientiertes Unterrichten in Kapitel 9 bildet den Ausgangspunkt für den zweiten Teil der Arbeit.

In den Kapiteln 10 bis 14 wird ein in Kompetenzrastern gestuftes Kompetenzmodell eigenständig konstruiert. Jede Stufe des Kompetenzmodells wird durch Indikatoren und eine Beispielaufgabe konkretisiert. Die Kompetenzraster werden auf der Basis einer Literaturanalyse und den Ergebnissen der Expertenbefragung entwickelt.

In diesem Teil wird ein Entwurf einer Fachdidaktik vorgestellt, der sich durch theoretische Fundierung und praxisnahe Orientierung auszeichnet. Er definiert die Grundlagen der Fächer der Fächergruppe Ethik/ Philosophie.

In einem abschließenden dritten Teil wird schließlich ein ausschnitthafter Blick auf die Hochschuldidaktik geworfen. Anhand einer empirischen Befragung am Zentrum für Philosophie der Universität Gießen wird festgestellt, dass die Ausbildung angehender Lehrkräfte noch immer weit von Kompetenzorientierung entfernt ist. Aus diesen Ergebnissen werden abschließend Konsequenzen für die Lehrerbildung abgeleitet.

Teil 1 – Grundlagen

Der erste Teil dieser Arbeit stellt die Bausteine für die Konstruktion des Kompetenzmodells vor. Erläutert wird die verfassungsrechtliche und bildungspolitische Situation der Fächer im Fächerkanon. Eine sich anschließende Definition und Abgrenzung des Kompetenzbegriffs mündet in die Erarbeitung eines Arbeitsbegriffs. Dieser bildet die Basis für die Lehrplananalyse aller bundesdeutschen Lehrpläne der Fächergruppe. Eine Bestandsaufnahme der bisher erschienenen Fachdidaktiken sowie eine Expertenbefragung zur Kompetenzorientierung runden die Grundlagenarbeit ab.

2. Die Fächergruppe Philosophie, Ethik, Praktische Philosophie, Werte und Normen sowie LER

> „Die Schule […] ist […] ein besonderer sittlicher Zustand, in welchem der Mensch verweilt, und worin er durch Gewöhnung an wirkliche Verhältnisse praktisch gebildet wird. Sie ist eine Sphäre, die ihren eigenen Stoff und Gegenstand, ihr eigenes Recht und Gesetz, ihre Strafen und Belohnungen hat, und zwar eine Sphäre, welche eine wesentliche Stufe in der Ausbildung des ganzen sittlichen Charakters ausmacht."[1]

Die Fächergruppe Philosophie, Ethik, Praktische Philosophie, Werte und Normen, LER befindet sich in einer besonderen Situation. Aufgrund verfassungsrechtlicher und bildungspolitischer Vorgaben haben diese Fächer einen besonderen Status im Fächerkanon inne. Die Ziele, die mit diesen Fächern intendiert werden, richten sich an eine in besonderem Maße heterogene Schülerschaft. Diese Bedingungen erfordern eine spezielle Unterrichtskonzeption. Für eine Klärung dessen, was in diesen Fächern geleistet werden kann und soll, ist zunächst eine Bestimmung der Ausgangslage erforderlich, die ihr Fundament in verfassungsrechtlichen sowie bildungspolitischen Vorgaben hat.

2.1. Die Fächergruppe Philosophie, Ethik, Praktische Philosophie, Werte und Normen sowie LER vor dem Hintergrund allgemeiner Bildungsziele

Bereits 1973 hat die Kultusministerkonferenz die allgemeinen Bildungsziele der Schule definiert und 2004 im Zusammenhang mit der Formulierung von Bildungsstandards bestätigt. Über diese Ziele herrscht in den Landesverfassungen, Gesetzen und Rechtsvorschriften der Bundesländer trotz unterschiedlicher Formulierungen Konsens:
„Die Schule soll
- Wissen, Fertigkeiten und Fähigkeiten (i.S. von Kompetenzen) vermitteln,

---

[1] Hegel, Georg Wilhelm Friedrich, zitiert nach Jung, Manfred (Hrsg.) (1989), S. 8

- zu selbständigem kritischem Urteil, eigenverantwortlichem Handeln und schöpferischer Tätigkeit befähigen,
- zu Freiheit und Demokratie erziehen,
- zu Toleranz, Achtung vor der Würde des anderen Menschen und Respekt vor anderen Überzeugungen erziehen,
- friedliche Gesinnung im Geiste der Völkerverständigung wecken,
- ethische Normen sowie kulturelle und religiöse Werte verständlich machen,
- die Bereitschaft zu sozialem Handeln und zu politischer Verantwortung wecken,
- zur Wahrnehmung von Rechten und Pflichten in der Gesellschaft befähigen,
- über die Bedingungen in der Arbeitswelt orientieren."[2]

In besonderem Maße leisten die Fächer der Fächergruppe Ethik/ Philosophie ihren Beitrag zur Erreichung dieser Bildungsziele. Sie leiten an zum Wahrnehmen und Verstehen, zum Analysieren und Reflektieren, zum Argumentieren und Urteilen. Die gewonnenen Einsichten und Erkenntnisse sollen in Interaktion und Darstellung, aber auch in der orientierenden Gestaltung des eigenen Lebens und der verantwortungsvollen Handlung sich selbst, anderen und der Umwelt gegenüber umgesetzt werden. Dieses ganzheitliche Spektrum von Aufgaben spricht sowohl Kognition als auch Emotion an und dient der Entwicklung einer selbständigen und eigenverantwortlichen Persönlichkeit vor dem Hintergrund der von der Kultusministerkonferenz formulierten Bildungsziele.

Gerade weil die Erreichung dieser Ziele in besonderem Maße von den so genannten wertbezogenen Fächern Religion, Ethik, Philosophie angestrebt wird, haben die einzelnen Bundesländer Lösungsmodelle entwickelt, um alle Schüler/innen zum Unterricht eines dieser Fächer verpflichten zu können.

2.2. Verfassungsrechtliche und bildungspolitische Hintergründe

Der Religionsunterricht ist per Grundgesetz in Deutschland grundsätzlich ordentliches Schulfach: „Der Religionsunterricht ist in den öffentlichen Schulen mit Ausnahme der bekenntnisfreien Schulen ordentliches Lehrfach. Unbeschadet des staatlichen Aufsichtsrechts wird der Religionsunterricht in Übereinstimmung mit den Grundsätzen der Religionsgemeinschaften erteilt."[3] Die Folgen dieser gesetzlichen Regelung sind widersprüchlich: Als ordentliches Schulfach besteht Teilnahmepflicht, da der Religionsunterricht aber konfessionell gebunden ist, kann niemand zur Teilnahme verpflichtet werden. Diese Diskrepanz war so lange unproblematisch, wie die Mehrheit der deutschen Schüler beiden Sys-

---

[2] Veröffentlichungen der Kultusministerkonferenz (2004), S. 7/ Erklärung der Kultusministerkonferenz (1973), S. 2
[3] Grundgesetz Artikel 7, Absatz 3, zitiert nach: Grundgesetz (1980), S. 31

temen, Staat und Kirche, angehörten und die Interessen beider Gruppen identisch erschienen. Im Zuge eines zunehmenden Säkularisierungsprozesses in den siebziger Jahren nutzten jedoch immer mehr Schüler/innen und Eltern die Möglichkeit zur Abmeldung vom Religionsunterricht. Diese Entwicklung und die wachsende Zahl ausländischer Schüler/innen, die keiner der großen christlichen Konfessionen angehören, wurden von den Kirchen mit Besorgnis registriert. Es war somit auch von Interesse für die Kirchen, ein Ersatzfach zu etablieren. Damit verbunden war die Hoffnung, dass die Wahl zwischen zwei Fächern statt zwischen Religion und Freistunden die Tendenz zum Religionsunterricht wieder verstärken würde. Für diese Schülergruppe wurde 1972 zuerst in Bayern, dann auch in den anderen Bundesländern ein Ersatzfach eingerichtet. Kurz nach der Wiedervereinigung folgten auch die neuen Bundesländer diesem Trend. Der Ersatzunterricht „besitzt Strafcharakter, weil er die ‚Strafe für Religionsflüchtlinge' ist, er ist ein ‚Lumpensammler', weil er die ‚Lumpen' sammelt, die es wagen, den RU zu verlassen oder gar die Religion selbst schon verlassen haben."[4] Die Einrichtung des Ersatzfaches hatte also zunächst kompensatorische Gründe und erzeugte auch die erwünschten Wirkungen – die Abmeldungen vom Religionsunterricht gingen deutlich zurück. Doch auch der Staat hatte kompensatorische Interessen und bemühte sich mit der Einrichtung eines Ersatzfaches um die Stabilisierung und Homogenisierung einer multikulturellen Schülerschaft durch gemeinsame Werterziehung.[5]
Dieses Ersatzfach trägt in den einzelnen Bundesländern so unterschiedliche Bezeichnungen wie Philosophie, Ethik, Praktische Philosophie, Werte und Normen sowie Lebensgestaltung – Ethik – Religionskunde. Inwieweit diese auch ein unterschiedliches Verständnis des Faches widerspiegeln, wird noch zu prüfen sein. Für die Schüler/innen, die keiner Religionsgemeinschaft angehören, für deren Religionsgemeinschaft kein eigener Religionsunterricht eingerichtet werden kann oder die sich vom Religionsunterricht abgemeldet haben, ist das Ersatzfach in den meisten Bundesländern ordentliches Unterrichtsfach, für das die allgemeinen Bestimmungen zur Leistungserhebung, - beurteilung und Versetzungsrelevanz gelten.[6] Ausnahmen bilden Bremen und Berlin mit der so genannten ‚Bremer Klausel'. Die Bremer Klausel geht auf § 141 des Grundgesetzes zurück. Die entsprechenden Paragraphen lauten: „Der Religionsunterricht ist in den öffentlichen Schulen mit Ausnahme der bekenntnisfreien Schulen ordentliches Lehrfach. [...] Artikel 7, Abs. 3 Satz 1 findet keine Anwendung in einem Lande, in dem am 1. Januar 1949 eine andere landesrechtliche Regelung bestand."[7] In Bremen wird als Wahlfach das bekenntnisfreie Fach ‚Biblische Geschichte' angeboten. Berlin ermöglicht den Religionsgemeinschaften die Einrichtung von Religionsunterricht. Angeboten werden evangelischer, katholi-

---

[4] Treml, Alfred (1994), S. 20
[5] vgl. Kapitel 2.1.
[6] Veröffentlichungen der Kultusministerkonferenz (1998), S. 6
[7] GGG Artikel 7 und 141, zitiert nach ebd. S. 31 und 80

scher, jüdischer, griechisch-orthodoxer, islamisch-sunnitischer, islamisch-allevitischer und buddhistischer Religionsunterricht in Verantwortung der Religionsgemeinschaften, die dafür Räume, Zeit im Stundenplan sowie finanzielle Mittel von der Stadt Berlin bereitgestellt bekommen. Daneben gibt es das weltanschauliche Fach Humanistische Lebenskunde.[8] Die Teilnahme erfordert eine ausdrückliche schriftliche Erklärung der Eltern oder der religionsmündigen Schüler/innen. Eine Ersatzfachregelung ist somit nicht notwendig.
Unter Berufung auf diese Grundgesetzregelung hat sich Brandenburg 1996 zur Einrichtung eines für alle verbindlichen Unterrichtsfachs Lebensgestaltung – Ethik – Religionskunde (LER) entschlossen. Seit 2002 hat sich der Status der Fächer Religion und LER nach gerichtlicher Auseinandersetzung geändert.[9] Schüler können sich jetzt vom Unterricht in LER abmelden, um den Religionsunterricht zu besuchen. Religion ist also zum Ersatzfach für LER geworden, das umgekehrte Vorgehen zu allen anderen Bundesländern. Dies ist aber nur ein Streitpunkt gewesen. Auf der anderen Seite stieß auch die Konzeption des Faches, das seinen thematischen Ausgangspunkt bei Lebensfragen der Kinder und Jugendlichen nimmt und damit eine Sonderstellung im Fächerspektrum Philosophie, Ethik, Praktische Philosophie, Werte und Normen, LER innehat, auf Kritik. Es wurde der Vorwurf laut, es handele sich um einen unseriösen therapeutischen Ansatz. Nach über zehn Jahren der Erprobung und praktischen Erfahrung haben sich die Wogen jedoch etwas geglättet.
Seit Beginn des Schuljahrs 2006/2007 hat Berlin für alle Schüler/innen ab der Klassenstufe 7 das Fach Ethik verpflichtend eingeführt. Eine Abmeldung ist nicht möglich. Juristische Auseinandersetzungen zum Status des Faches laufen bereits.

2.3. Ersatzfach – Alternativfach – Wahlfach – Pflichtfach

Die Bezeichnung der Fächer des Fächerspektrums als Ersatz-, Alternativ-, Wahl- oder Pflichtfach ist nicht nur eine Frage der Etikettierung, sondern hat weit reichende Konsequenzen für die Gestaltung der Lehrpläne und Stundentafeln.
Eine tabellarische Zusammenstellung gibt einen Überblick über die Bezeichnungen der Fächer in den einzelnen Bundesländern, den Status im Fächerkanon sowie die Jahrgangsstufen, in denen das Fach unterrichtet wird.

Bundesland	Fach	Status	Jahrgangsstufe
Baden-Württemberg	Ethik	Ersatzfach Religion	7-10/ Sekundarstufe II
	Philosophie	Wahlpflichtfach	Kursstufe, einjährig
Bayern	Ethikunterricht	Ersatzfach Religion	1-4/ 5-10

---

[8] vgl. Mahnke, Hans-Peter (2004), S. 67
[9] vgl. Kenngott, Eva-Maria (2004), S. 51

			Sekundarstufe II
	Philosophie	Wahlkurs an wenigen Schulen	Kollegstufe
Berlin	Ethik	Pflichtfach (sog. Bremer Klausel: Religionsunterricht wird von den Religionsgemeinschaften erteilt)	7-10
	Humanistische Lebenskunde	Wahlfach	Sekundarstufe I
	Philosophie	Wahlpflichtfach	7-10/ Sekundarstufe II
Brandenburg	Lebensgestaltung – Ethik - Religionskunde	Pflichtfach LER, Ersatzfach ist Religion (!)	5-10
	Philosophie	Wahlpflichtfach Oberstufe	Sekundarstufe II
Bremen	Philosophie	Alternativfach (sog. Bremer Klausel: bekenntnisfreier Unterricht im Fach ‚Biblische Geschichte' an staatlichen Schulen)	5-10
Hamburg	Ethik	Wahlpflichtalternative zu Religion	Neunstufiges Gymnasium, 9-10
	Philosophie	Wahlpflichtalternative zu Religion	Achtstufiges Gymnasium, 9-12
	Philosophie	Wahlpflichtalternative zu Religion	Neunstufiges Gymnasium, 11-13
Hessen	Ethik	Ersatzfach Religion	5-9/10 Sekundarstufe II
	Philosophie	Wahlpflichtfach	Sekundarstufe II
Mecklenburg-Vorpommern	Philosophieren mit Kindern	Ersatzfach Religion	1 – 4/ 5-10
	Philosophie	Ersatzfach Religion	Sekundarstufe II
Niedersachsen	Werte und Normen	Ersatzfach Religion	5 – 10/ Sekundarstufe II
	Philosophie	Alternativfach	Sekundarstufe II
Nordrhein-Westfalen	Praktische Philosophie	Ersatzfach Religion	5-10
	Philosophie	Ersatzfach Religion (Grund- und Leistungskurse)	Sekundarstufe II
Rheinland-Pfalz	Ethik	Ersatzfach Religion	5-10/ Sekundarstufe II
	Philosophie	Wahlfach	Sekundarstufe II
Saarland	Allgemeine Ethik	Ersatzfach Religion	9-10/ Sekundarstufe II
	Philosophie	Wahlfach	Sekundarstufe II
Sachsen	Ethik	Ersatzfach Religion	1 – 4/ 5 - 12
Sachsen-Anhalt	Ethikunterricht	Alternativfach	1-4/ 5 – 12 Sekundarstufe II
	Philosophie	Wahlpflichtfach	Sekundarstufe II
Schleswig-Holstein	Philosophie	Alternativfach Religion	5-10/ Sekundarstufe II
Thüringen	Ethik	Alternativfach Religion	1 – 4/ 5 - 12

Tabelle 1: Ersatzfachregelungen in den Bundesländern

Die Übersicht macht zunächst einen Nord-Süd-Unterschied deutlich. In den nördlichen Bundesländern wird schwerpunktmäßig das Fach Philosophie angeboten. Dies gilt für Schleswig-Holstein und Bremen ausschließlich. In Mecklenburg-Vorpommern heißt das entsprechende Fach in der Grundschule und Sekundarstufe I Philosophieren mit Kindern. Auch Hamburg legt einen Schwerpunkt auf die Philosophie. Nur noch im neunjährigen Gymnasium wird Ethik angeboten, das achtstufige Gymnasium wurde ganz auf Philosophie umgestellt. In Berlin wird Philosophie ab Klasse 7 als Wahlfach gelehrt, diese Regelung bleibt trotz des verpflichtenden Ethikunterrichts bestehen.

In den übrigen Bundesländern wird das Fach Philosophie ausschließlich in der Sekundarstufe II erteilt. In der Sekundarstufe I wird Ethikunterricht unter verschiedenen Bezeichnungen angeboten, wobei das Fach Praktische Philosophie in Nordrhein-Westfalen der Philosophie konzeptionell am nächsten steht.

Neben den unterschiedlichen Bezeichnungen der Ersatzfächer konstatieren die Rechts- und Verwaltungsvorschriften der Länder einen unterschiedlichen Status der Ersatzfächer. Wird ein Fach als Ersatzfach bezeichnet, wie es beispielsweise für Ethik in Hessen gilt, ist die Existenz dieses Unterrichts an das Fach Religion geknüpft. Schüler/innen sind zunächst zum Religionsunterricht verpflichtet. Der Wunsch nach Teilnahme am Ethikunterricht wird durch eine Abmeldung vom Religionsunterricht geäußert. Eine aktive Wahl des Fachs Ethik ist nicht möglich. Was zunächst nur wie eine bürokratische Spitzfindigkeit klingt, hat weitreichende Konsequenzen. Wenn Ethik nicht aktiv wählbar ist, ist auch ein Leistungskursfach Ethik undenkbar, denn die Teilnahme an einem Leistungskurs setzt eine aktive Entscheidung voraus. Dementsprechend gibt es in Bundesländern mit Ersatzfachregelung wie in Hessen zwar Leistungskurslehrpläne für Religion, nicht aber für Ethik. Auch hängt generell die Existenz des Ethikunterrichts vom Angebot in Religion ab. Nur in Jahrgängen, in denen Religionsunterricht angeboten wird, gibt es auch Unterricht im Ersatzfach. Fehlen Religionslehrkräfte, kann, auch wenn es genug Ethiklehrer gäbe, kein Ethikunterricht erteilt werden. An Schulen mit sehr hohem Ausländeranteil und dementsprechend geringer Zahl christlicher Schüler/innen entfallen diese beiden Fächer daher oft ganz. Auch die Wahl als Abiturfach ist vor diesem Hintergrund nicht in allen Bundesländern gegeben.

Wählt die Schulgesetzgebung eines Bundeslandes dagegen die Bezeichnung Alternativfach, stehen Religion und Ethik gleichwertig nebeneinander. Ethikunterricht kann dann auch erteilt werden, wenn kein Religionsunterricht stattfindet. Dies gilt zum Beispiel für Thüringen.[10] Die Wahlfreiheit in diesem Bundesland wird dadurch unterstützt, dass der Fachwahl eine Informationsveranstaltung zur Vorstellung beider Fächer vorausgeht.[11]

---

[10] In Hessen ist eine solche Regelung ebenfalls im Gespräch.
[11] vgl. Mahnke, Hans-Peter (2004), S. 72

Die meisten Bundesländer, die in der Sekundarstufe I Ethik oder ein verwandtes Fach anbieten, sehen für die Sekundarstufe II die Möglichkeit vor, entweder ausschließlich oder zusätzlich Philosophie zu belegen. In vielen Bundesländern existieren daher für die Oberstufe Ethik- und Philosophielehrpläne parallel. Um bei geringer Wahl den Unterricht in Philosophie überhaupt zu ermöglichen, sind beispielsweise in Hessen Sonderregelungen wie jahrgangsübergreifende Kurse möglich.[12]

Handelt es sich in den genannten Fällen um wie auch immer geartete Wahl- und Abwahlmöglichkeiten, unterscheiden sich Brandenburg und Berlin von diesen Konzeptionen. Brandenburg hat das Fach LER verbindlich eingeführt, eine Abwahl zugunsten von Religionsunterricht ist allerdings inzwischen möglich, Berlin hat zum Schuljahresbeginn 2006/2007 das Pflichtfach Ethik auf die Stundentafel gesetzt.

Doch auch wenn es ein Ersatz- oder Alternativfach für Religion gibt, wird dieses, wie die Übersicht zeigt, nicht in allen Jahrgangsstufen angeboten. Die wenigsten Bundesländer sehen einen Ersatz für die Primarstufe vor. Religionsunterricht wird dann zumeist in die Randstunden verlegt, so dass die Schüler/innen, die sich abgemeldet haben, unterrichtsfrei haben. Dies gilt auch in einigen Bundesländern für die Sekundarstufe I. Das Fach Praktische Philosophie wurde in Nordrhein-Westfalen zunächst ab Klasse 9 eingeführt, inzwischen gibt es eine Ausweitung der Lehrpläne für die Klassen 5 bis 10. Auch das Saarland startet mit dem Fach Allgemeine Ethik erst in Klasse 9. In Klasse 7 beginnt der Ethik- bzw. Philosophieunterricht in Baden-Württemberg, Berlin und Hamburg. Der Religionsunterricht wird in diesen wie in allen anderen Bundesländern jedoch bereits ab Klasse 5 erteilt.

Die Ausbildungssituation der Lehrkräfte ist unterschiedlich. Für Philosophie existierte von Anfang an eine universitäre und praktische Ausbildungsmöglichkeit. Ethik dagegen wurde zu Beginn und wird auch heute noch häufig von fachfremden Lehrkräften unterrichtet. Daher gilt noch oft: „Ethiklehrer sind professionelle Dilettanten."[13] Viele Bundesländer bieten unterschiedlich umfangreiche Fortbildungsmodelle an. Erst nach und nach werden grundständige Studiengänge eingerichtet. Deren Konzeption ist abhängig vom Verständnis des Faches.

---

[12] Lehrplan Philosophie (2000), Hessisches Kultusministerium, S. 8
[13] vgl. Treml, Alfred (1994), S. 20

3. Kompetenzorientierung

„Wissen hat man nicht. Wissen ist eine Aktivität."[1]

Im vorangegangenen Kapitel wurden die fachbezogenen Bildungsziele der Fächergruppe Ethik/ Philosophie geklärt und in allgemeine Bildungsziele eingeordnet. Es wird im Folgenden die These aufgestellt und zu belegen versucht, dass sich diese allgemeinen und fachbezogenen Ziele in besonderem Maße in einem kompetenzorientierten Unterricht verwirklichen lassen, der insbesondere der heterogenen Schülerschaft der Fächergruppe Ethik/ Philosophie Rechnung trägt.
Zu diesem Zweck ist es im Vorfeld vonnöten, den Kompetenzbegriff zu definieren und von verwandten Begriffen abzugrenzen. Diese Definition mündet in die Formulierung eines für diese Arbeit gültigen Arbeitsbegriffes.

3.1. Eingrenzung des Begriffsfelds

Bildungsstandards
Bildungsstandards sind ein in der Bildungslandschaft relativ neues Instrument.[2] Sie erfüllen vielfältige Aufgaben im Bildungssystem. So sollen sie der Qualitätssicherung des Bildungswesens im Allgemeinen ebenso dienen wie der internen Schulentwicklung. Sie sollen neben der Vergleichbarkeit der Bildungsabschlüsse auch die Durchlässigkeit innerhalb des deutschen Bildungssystems erleichtern. „Somit ist ein Paradigmenwechsel in der Bildungspolitik im Sinne von ‚outcome-Orientierung', Rechenschaftslegung und Systemmonitoring eingeleitet."[3]
Während Kompetenzen die zentralen Fähigkeiten und Fertigkeiten definieren, die in einem Fach erworben werden können, sind Bildungsstandards output- und leistungsorientiert. Die von der Kultusministerkonferenz formulierten Bildungsstandards sind eine Mischung aus Inhalts- und Outputstandards.[4] Sie markieren zum einen erwünschte Lernergebnisse in den Fächern, die zu bestimmten Zeitpunkten der schulischen Laufbahn erworben werden müssen, definieren auf der anderen Seite erwartete Lernergebnisse.
„Die von der Kultusministerkonferenz verabschiedeten Bildungsstandards greifen allgemeine Bildungsziele auf und legen fest, welche Kompetenzen die Schülerinnen und Schüler bis zu einer bestimmten Jahrgangsstufe an wesentlichen Inhalten erworben haben sollen. Die Bildungsstandards konzentrieren sich auf

---

[1] Stehr, Nico (2000): S. 100
[2] Klieme, Eckhard (2003)
[3] Sekretariat der Ständigen Konferenz der Kultusminister der Länder in der Bundesrepublik Deutschland (Hrsg.): Veröffentlichungen der Kultusministerkonferenz (2005), S.6
[4] vgl. ebd., S. 9

Kernbereiche eines bestimmten Faches und beschreiben erwartete Lernergebnisse."[5]

Bildungsstandards sind sehr allgemein gehalten. Erforderlich ist eine Spezifizierung durch Lehrpläne und fachspezifische Kompetenzmodelle. Systematisch geordnet werden die Kompetenzmodelle durch Aspekte, Abstufungen und Entwicklungsverläufe von Kompetenzen. Bildungsstandards setzen also auf kumulatives, systemisch vernetztes Lernen. Sie gehen deutlich über die Anforderungen einer Unterrichtseinheit oder einer Jahrgangsstufe hinaus, sondern setzen Wegmarken für eine Lernbiografie.

Die Überprüfung der Lernergebnisse der Schüler/innen setzt kompetenzbezogene und nach Stufen differenzierte Aufgabenstellungen voraus.

Entgegen der Empfehlung der Expertengruppe des DIPF, die für die Formulierung von Mindeststandards plädiert, hat die Kultusministerkonferenz jedoch Regelstandards für einen mittleren Schulabschluss in den Fächern Deutsch, Mathematik, erste Fremdsprache und Naturwissenschaften formuliert. Die Kultusministerkonferenz hat den Schwerpunkt bei der Formulierung dieser Bildungsstandards weiterhin auf kognitive Anforderungen gelegt. Personale und soziale Kompetenzen finden aber ihren integrativen Platz innerhalb der Fachsystematik. „Wenn die KMK-Standards übergreifende Fähigkeiten wie Denkvermögen, Argumentationsfähigkeit, Problemlösefähigkeit, Nutzung von Darstellungs- und Präsentationstechniken als Aspekte der jeweiligen Fachkompetenzen beschreiben, gehen sie daher einen auch lernpsychologisch angemessenen Weg."[6]

Schlüsselqualifikation versus Kompetenz

Schlüsselqualifikationen sind in den letzten Jahren immer populärer in den Sozialwissenschaften und in der Bildungspolitik geworden. Aus der Einsicht, dass die immer schneller wachsende Informationsflut durch ein breiter gestaffeltes Fächerangebot nicht zu bewältigen ist, erwuchs die Forderung nach Schlüsselqualifikationen als übergeordneten Bildungszielen. In der Diskussion stehen sich zwei Positionen gegenüber. Die eine vertritt die Ansicht, dass schulisch entwickelte Fachkompetenz und fachspezifische Methodenkompetenz so schnell veralten, dass allgemeine, fächerübergreifende, interdisziplinäre und transferfähige Kompetenzen zu fördern sind. Entwickelt wird ein Konzept einer generalisierenden Methodenkompetenz mit Leitbegriffen wie Problemlösefähigkeit und Kreativität.[7] Voraussetzung ist die begründete Annahme, dass Kompetenzen, die in der Schule oder in der beruflichen Ausbildung erworben wurden, zum einen in spezifischen Situationen benutzt werden können, dass zum anderen die meisten Handlungen in variierenden sozialen und beruflichen Situationen stattfinden. Dies führte zur Suche nach kontextunabhängigen Kompetenzen, die in verschie-

---

[5] ebd.
[6] Klieme, Eckhard (2004), S. 11
[7] vgl. Lehmann, Rainer (2001), S. 36

denen Institutionen, Aufgaben und unter verschiedenen Bedingungen gleich und effektiv sind.[8] Gesucht werden multifunktionale und fachübergreifende Kompetenzen, die nützlich sind, um verschiedene Ziele zu erreichen, verschiedene Aufgaben zu meistern und in diversen Situationen zu handeln. Der Begriff Schlüsselqualifikation suggeriert, dass Qualifikationen losgelöst von Wissen trainiert und beliebig verwendet und eingesetzt werden können. Für manche Lehrer und Politiker erschien es anstrebenswert, die überladenen Lehrpläne zugunsten einiger weniger Schlüsselqualifikationen zu überarbeiten.

Die Kritiker dieser Position vertreten dagegen die Ansicht, dass eine generelle Methodenkompetenz oder eine allgemeine Problemlösekompetenz nicht zu vermitteln sind. Nur in der Auseinandersetzung mit konkreten Inhalten könnten diese Kompetenzen erworben werden. Dieser Position muss aus den nachfolgend vorgetragenen Gründen zugestimmt werden. Die Kataloge von Schlüsselqualifikationen wurden mit der Zeit immer umfangreicher, der Begriff wurde dadurch schwammig und unbrauchbar. In den letzten Jahren wurden allein in der deutschsprachigen Literatur über 650 Schlüsselqualifikationen beschrieben, die von Kreativität, logischem Denken, Problemlösekompetenz bis zu Fremdsprachenkenntnis und Medienkompetenz reichen. Die große Anzahl ist das Resultat einer sehr unterschiedlichen Interpretation des Begriffs, die ihn wenig handhabbar macht. Darunter fallen so bekannte Kriterien wie die Kopfnoten für Arbeits- und Sozialverhalten ebenso wie kreative oder methodische Kompetenzen. Für die Wirtschaft interessant sind vor allem Begriffe wie soziale Kompetenz, Kommunikations- und Teamfähigkeit.

Es handelt „[...] sich beim Thema Schlüsselqualifikationen um die Suche nach einer Verbindung zwischen dem Anspruch auf Allgemeinbildung und einer daraus erwachsenden wie auch immer gearteten Flexibilität von Wissen, die sich in Schlüsselqualifikationen äußert. Dabei scheint der Begriff Schlüsselqualifikationen sowohl intellektuelle als auch personale und emotionale Komponenten zu beinhalten."[9] Die unterschiedlichen Definitionen machen nicht deutlich, ob Schlüsselqualifikationen Verhalten, Werteerziehung, Arbeitstugenden oder Kompetenzen beinhalten. Es gibt daher nach Weinert kritische Gesichtspunkte, die für alle Schlüsselqualifikationen gelten[10]. Einige für diese Arbeit relevante sollen kurz erläutert werden. Zum einen gilt die oben beschriebene Definitionsunschärfe. Schlüsselqualifikationen werden auf ganz verschiedenen Levels der Abstraktion definiert. Auch das sich hinter den Qualifikationen verbergende Menschenbild wird nicht konkretisiert. Kognitive Fähigkeiten und emotionale Qualitäten sind feste Bestandteile dieser Kompetenzen, hier gibt es aber große individuelle Unterschiede. Es ist zweifelhaft, inwieweit sie durch Lernen verändert, wie Defizite ausgeglichen und wie Menschen in die angestrebte Richtung

---

[8] im Folgenden nach: Weinert, Franz E. (2001a), S. 52
[9] ebd., S. 83
[10] im Folgenden nach: Weinert, Franz E. (2001a), S. 52 - 54

verändert werden können. Je genereller eine Kompetenz, desto geringer ist ihr Beitrag zur Lösung anspruchsvoller Probleme. Denn die zu lösenden Probleme sind spezifischer Art und erfordern daher auch spezifische Kompetenzen. Hiermit verbunden ist die Frage, wie Schlüsselqualifikationen losgelöst von konkreten Inhalten erworben werden können. Schlüsselqualifikationen brauchen Inhalte, an denen sie vermittelt werden. Es gibt nicht *die* Problemlösefähigkeit, sondern nur eine fachspezifische Problemlösefähigkeit.

Schlüsselqualifikationen sind aber nicht generell zu verwerfen. Sie entstehen vielmehr durch die vielfältige, flexible, variable Nutzung und Vernetzung domänenspezifischer Kompetenzen. Definiert man Kompetenz als Zusammenspiel der Dimensionen Sach-, Methoden- Selbst- und Sozialkompetenz, so geht der Begriff der Schlüsselqualifikationen im Kompetenzbegriff auf. Die verschiedenen Dimensionen finden sich auf inner- und interpersoneller Ebene ebenso wie im methodischen Bereich, aber zunächst immer gebunden an Fachinhalte. In einem zweiten Schritt lassen sich Kompetenzen auf andere Fächer übertragen, vernetzen, entwickelt sich die Persönlichkeit fachübergreifend. Jedes einzelne Fach leistet jedoch seinen Beitrag zur Entwicklung des Kompetenzspektrums und der gesamten Persönlichkeit.

Kompetenzen

In Kompetenzmodellen werden die fachspezifischen Kompetenzen inhaltlich konkretisiert. Trotz des inflationären Gebrauchs des Kompetenzbegriffs fällt jedoch auf „[...], dass es gegenwärtig noch keinen wissenschaftlich abgesicherten Konsens zur Verwendung des Kompetenzbegriffs im Allgemeinen und des Lernkompetenzbegriffs im Besonderen gibt. Häufig werden unterschiedliche Bezeichnungen für gleiche Sachverhalte gewählt."[11] Um diese begriffliche Unschärfe für diese Arbeit zu umgehen und eine Grundlage zu legen, wird im Folgenden der dieser Arbeit zugrunde liegende Kompetenzbegriff definiert und von anderen verwandten Begriffen abgegrenzt.

Der Begriff Kompetenz wird in Wörterbüchern und der Literatur in vielen Variationen und mit vielen Synonymen verwendet. Die begriffliche Spannbreite der Definition reicht von ‚Kenntnis' bis ‚Verantwortung', von ‚Sachverstand' bis ‚Zuständigkeit'.[12] Übereinstimmung herrscht aber darin, dass Kompetenz als ein System von Fähigkeiten, Können und Fertigkeiten verstanden wird, das notwendig ist, um ein spezielles Ziel zu erreichen. Dies gilt sowohl für Individuen, Gruppen und Institutionen. Kompetenzen werden zum Teil nach Reichweite unterschieden, also als fachspezifische oder fächerübergreifende Kompetenzen definiert. Auch der Tätigkeitsbereich kann ein Unterscheidungskriterium sein, so für Medien- oder Sprachkompetenz. Die dritte mögliche Klassifikation orientiert

---

[11] Czerwanski, Annettte / Solzbacher, Claudia/ Vollstädt, Witlof (Hrsg.) (2002), S. 14
[12] Weinert, Franz E. (2001a), S. 45

sich am Charakter der Tätigkeit, so wird z.B. von Lern- oder Beratungskompetenz gesprochen. Aus psychologischer Sicht werden Kompetenzen als Verhaltensdispositionen eines einzelnen Menschen definiert, Tätigkeiten und Handlungen erfolgreich und selbst organisiert auszuführen zu können. Der Begriff Können wird häufig synonym verwendet. Kompetenzen verknüpfen Kenntnisse, Fähigkeiten, Fertigkeiten, Gewohnheiten und Einstellungen. Franz Weinert lehnt sich an diese Begriffsbildung an und definiert Kompetenzen als „[...] die bei Individuen verfügbaren oder durch sie erlernbaren Fähigkeiten und Fertigkeiten, um bestimmte Probleme zu lösen, sowie die damit verbundenen motivationalen, volitionalen und sozialen Bereitschaften und Fähigkeiten um die Problemlösungen in variablen Situationen erfolgreich und verantwortungsvoll nutzen zu können."[13]
Kompetenzen umfassen keine Listen von Lernstoffen oder Lerninhalten, sie sind vielmehr Grunddimensionen der Lernentwicklung in einem Gegenstandsbereich, d.h. einer Domäne, einem Lernbereich, einem Fach. Als Kompetenzen werden Persönlichkeitsanteile definiert, die zur Bewältigung grundlegender Handlungsanforderungen befähigen, denen Schüler/innen in der Domäne ausgesetzt sind. Der Kompetenzbegriff ist also auf der Zielebene angesiedelt. Um zum Handeln fähig zu sein, muss ein Individuum jene Kompetenzen erwerben, die zum Meistern einer komplexen Situation erforderlich sind. Dies setzt neben Fachwissen auch Vertrauen in die eigene Person und metakognitive Fähigkeiten voraus - man muss sich seiner Kompetenzen bewusst sein. Mit den Inhalten eines Faches werden zugleich Beiträge zur Herausbildung fachübergreifender Kompetenzen geleistet.
Die Erkenntnis eines sich ständig erweiternden und wandelnden Wissensbestandes und die Erfordernis des lebenslangen Lernens erfordert ein neues Herangehen an das Lehren und Lernen. Allgemein anerkannt ist, dass kompetentes Verfügen über Kulturtechniken eine Grundvoraussetzung ist. Dissens besteht jedoch über die Nutzung der Basisfähigkeiten, z.B. welche Literatur gelesen werden soll. Dieses Problem kann man umgehen, wenn man davon ausgeht, dass Kompetenzen an exemplarischen Inhalten erworben werden können und dann auf andere Problemkontexte übertragbar sind. Die große Zahl der tatsächlich anzuzeigenden Fähigkeiten und Fakten kann also reduziert werden, wenn ein Individuum Wissen, Fähigkeiten und Strategien besitzt, die transferfähig sind. „Kompetenzen' beschreiben [...] also solche Fähigkeiten der Subjekte, die auch der Bildungsbegriff gemeint und unterstellt hatte: Erworbene, also nicht von Natur aus gegebene Fähigkeiten, die an und in bestimmten Dimensionen der gesellschaftlichen Wirklichkeit erfahren wurden und zu ihrer Gestaltung geeignet sind, Fähigkeiten zudem, die der lebenslangen Kultivierung, Steigerung und Verfeinerung zugänglich sind, so, dass sie sich intern graduieren lassen, z.B. von der grundlegenden zur erweiterten Allgemeinbildung; aber auch Fähigkeiten, die

---

[13] Weinert, Franz E. (2001b), S. 27f.

einen Prozess des Selbstlernens ermöglichen, weil man auf Fähigkeiten zielt, die nicht allein aufgaben- und prozessgebunden erworben werden, sondern ablösbar von der Ursprungssituation, zukunftsfähig und problemoffen."[14]
Herausgebildet werden können Kompetenzen nur bezogen auf konkrete Anforderungssituationen. Sie umfassen ein Leistungsspektrum, sind daher nicht durch einzelne isolierte Leistungen darzustellen oder zu erfassen. Die Vielfältigkeit der Anwendungsmöglichkeiten erfordert es, dass die Entwicklung und Förderung von Kompetenzen eine ausreichende Breite von Lernkontexten, Aufgabenstellungen und Transfersituationen umfassen muss. Eng gefasste Leistungserwartungen werden dem Anspruch von Kompetenzmodellen nicht gerecht, eine reine Wissensabfrage kann eine Kompetenz nicht angemessen evaluieren.
Die starke Ausrichtung auf Domänen, Lernbereiche, Fächer macht es notwendig, konkrete Ausformulierungen und Operationalisierungen des Kompetenzbegriffs zunächst in den Domänen bzw. Fächern vorzunehmen. Es besteht die Notwendigkeit, bei der Entwicklung von Kompetenzmodellen auf dem Theorie- und Kenntnisstand der Fachdidaktik aufzubauen. Fachdidaktiken bringen zweierlei Aspekte in die Entwicklung von Kompetenzmodellen ein. Zum einen rekonstruieren sie Lernprozesse in ihrer fachlichen Systematik. Außerdem berücksichtigen sie die fachspezifischen Vorgänge des Wissenserwerbs und der Kompetenzentwicklung.

Kompetenzmodelle
Bildungsstandards werden durch Kompetenzen konkretisiert. Diese setzen sich aus Teildimensionen einer Domäne zusammen. Kompetenzmodelle zeichnen sich neben der Unterscheidung von Teildimensionen durch einen weiteren wichtigen Aspekt, die Unterscheidung verschiedener Kompetenzniveaus, aus. Jedes Kompetenzniveau definiert sich durch kognitive Prozese und Handlungen von bestimmter Qualität, die von Schülerinnen und Schülern, die sich auf dieser Stufe befinden, zu bewältigen sind. Das Erreichen eines Kompetenzniveaus sagt aus, welche Handlungen und mentalen Operationen mit hoher Wahrscheinlichkeit korrekt ausgeführt werden können. Kompetenzniveaus lassen sich anschaulich in Kompetenzrastern als Matrix gestalten: Die Vertikale definiert Kriterien, die ein Fachgebiet bestimmen, die Horizontale unterscheidet für jedes Kriterium Niveaustufen.[15]
Die Stufen sind Mischungen der verschiedenen Facetten einer Kompetenz. Sie definieren sich aus dem Zusammenspiel von Kenntnissen, Fähigkeiten, Fertigkeiten, Gewohnheiten und Einstellungen.[16] Kompetenzraster stecken einen Entwicklungshorizont ab, indem sie den Weg von einfachen Grundkenntnissen zu komplexen Fähigkeitsstufen beschreiben. Sie setzen den simultanen Einsatz von

---

[14] Klieme, Eckhard et al. (Hrsg.) (2003), S. 65
[15] Der hier verwendete Begriff des Kompetenzrasters wird in Kapitel 9 ausführlich expliziert.
[16] siehe auch Kapitel 9

Wissen und Können bei der Bewältigung von Anforderungssituationen voraus. Diese Voraussetzung kann zur Abstufung von Kompetenzniveaus nutzbar gemacht werden: In höheren Stufen geht Wissen in Können über, es wird automatisiert. Die zunehmende Fähigkeit zur Vernetzung von Wissenselementen, zur Bildung von Meta-Wissen, d.h. Wissen über das eigene Wissen, seinen Aufbau, seine Anwendung usw., und abstrakterem Wissen lässt sich ebenfalls nutzen, um Niveaustufen zu formulieren. Es ist zu erwarten, dass auf höheren Stufen in einer Domäne die Fähigkeit vorhanden ist, das eigene Vorgehen beim Bearbeiten von Problemen zu reflektieren und argumentativ darzustellen.

Kompetenzen lassen sich über bestimmte Aufgaben beschreiben, denen ein bestimmter Schwierigkeitsgrad zugeordnet ist. Sie vermitteln zwischen relativ allgemein gehaltenen Bildungsstandards und konkreten Aufgaben. Kompetenzniveaus geben Hinweise für Aufgabenkonstruktionen und spezifizieren kognitive Leistungen mit unterschiedlichem Schwierigkeitsniveau. Die Einordnung in ein Kompetenzmodell ermöglicht es, Leistungen zu interpretieren und Rückmeldungen zu geben. Im Hinblick auf Kompetenzmodelle lassen sich verschiedene Lernwege einschätzen, wird die Heterogenität von Lernprozessen und Lernergebnissen verständlich. Die Niveaustufen einer Kompetenz lassen sich daher auch als mögliche Schritte zum Kompetenzerwerb beschreiben.[17]

Es ist notwendig, bei der Entwicklung von Kompetenzmodellen auf den Theorie- und Kenntnisstand der Fachdidaktik aufzubauen. „Fachdidaktiken rekonstruieren Lernprozesse in ihrer fachlichen Systematik und zugleich in der je spezifischen, domänenabhängigen Logik des Wissenserwerbs und der Kompetenzentwicklung; beide Aspekte müssen bei der Darstellung von Komponenten und Kompetenzstufen berücksichtigt werden."[18]

Lernziele versus Kompetenzen

Kompetenzorientierung bedeutet einen Perspektivwechsel durch die Ergänzung der Lernzielorientierung. Kurzschrittige Lernzielformulierungen verengen die didaktische Reflexion oft auf das kognitive Lernen, obwohl auch Lernziele für den affektiven, sozialen und psychomotorischen Bereich formuliert wurden. Lernzielformulierungen verkürzen in der Regel die Zeitperspektive. Sie sind auf eine relative Kleinschrittigkeit ausgerichtet. Der Fokus wird auf schwerpunktmäßige Aktivitäten gerichtet, die zu überprüfbaren Ergebnissen innerhalb einer Unterrichtsstunde oder Unterrichtseinheit führen. Es interessiert vorwiegend das Ergebnis, der Lernprozess wird nicht reflektiert. Lernzielorientierung verleitet daher dazu, sich mehr um den Wissenserwerb als um die intelligente Anwendung von Wissen zu bemühen. Kompetenzorientierung dagegen ist auf Langfristigkeit angelegt. Sie erweitert die Zeitperspektive. Die Hinwendung zur Kompe-

---

[17] Ein Kompetenzmodell ist ein theoretisches Konstrukt. Niveaustufen sind daher immer modellhaft zu verstehen. Eine individuelle Kompetenz kann sich in Entwicklung und Ausprägung durchaus anders darstellen.
[18] Klieme, Eckhard et al. (Hrsg.) (2003), S. 75

tenzorientierung schließt jedoch eine Lernzielformulierung nicht aus. Beide können sich sinnvoll ergänzen. Während Lernziele Ziele beschreiben, deren Erreichen innerhalb einer Unterrichtsstunde möglich und überprüfbar ist, können Kompetenzformulierungen den langfristig angestrebten Zuwachs an Kenntnissen und speziellen Fertigkeiten verdeutlichen und die systematische Abfolge von Lernschritten transparent machen. „Lernziele beschreiben Zwischenschritte auf dem längeren Weg des Kompetenzaufbaus. Indem bestimmte, sehr konkrete Ergebnisse angestrebt werden, wird ein Beitrag zur langfristigen Förderung einer Kompetenz erreicht."[19]

3.2. Kompetenzdimensionen

Die vier Kompetenzdimensionen Sach- oder Fach-, Methoden-, Sozial- und Selbstkompetenz sind Ausdruck eines erweiterten Lernbegriffs, der die ganze Person mit ihrer Lernentwicklung in den Blick nimmt. Fachliche und überfachliche Ziele werden aus der Sicht dieses Lernbegriffs mit Hilfe der Kompetenzdimensionen bestimmt.

Diese Kompetenzdimensionen stehen in keinem hierarchischen Verhältnis zueinander. Ihre Unterscheidung ist eine rein theoretische Trennung, die aus Gründen der Planung und Reflexion vorgenommen wird. De facto bedingen diese Aspekte einander vielmehr, durchdringen sich und werden in der täglichen Auseinandersetzung mit fachlichen und fachübergreifenden Inhalten erworben. Durch diese Kompetenzaspekte wird der Lernprozess also mehrdimensional erfasst, d.h. „fachlich-inhaltlich, methodisch-strategisch, sozial-kommunikativ, affektiv."[20]

Unter dem Begriff Sachkompetenz wird der Erwerb sachlicher Kenntnisse und Einsichten in verschiedenen Fachgebieten verstanden. Die Fachkenntnisse sollen Anwendung in fachspezifischen und fächerübergreifenden Zusammenhängen und Problemorientierungen finden. Sachkompetenz ist immer inhaltsgebunden. „Sie zu erwerben, schließt die individuelle Aneignung von Kenntnissen (Fakten, Regeln, Gesetzen, Begriffen, Definitionen), das Erkennen von Zusammenhängen, das Verstehen von Argumenten, Erklärungen sowie das Urteilen und Beurteilen z.B. von Thesen, Theorien ein."[21]

Methodenkompetenz steht in einem direkten Zusammenhang zur Fachkompetenz. Wenn auch Methoden z.T. in verschiedenen Fächern einsetzbar sind, sind sie doch nur in inhaltlichen Zusammenhängen erlernbar. Andererseits sind Methoden erforderlich, um sich Wissen aneignen zu können. So ist beispielsweise die Lesefähigkeit eine Basiskompetenz, die in allen Fächern benötigt wird. Trotzdem gibt es fachliche Differenzierungen: Die Erarbeitung eines naturwis-

---

[19] Bonsen, Elisabeth/ Hey, Gerhard (o.J.), S. 8
[20] Solzbacher, Claudia (2001). S. 78
[21] Czerwanski, Annette u.a. (2002), S. 30

senschaftlichen Textes erfordert z.B. andere Fähigkeiten als die Interpretation eines Gedichtes. Aufgrund ihres direkten Bezuges werden Sach- und Methodenkompetenz von vielen Autoren zusammengefasst, um deutlich zu machen, dass die Methodenkompetenz immer mit konkreten Fachinhalten verbunden und nur an Inhalten erworben werden kann.
Sozialkompetenz wird in wechselnden Lernsituationen, bei unterschiedlichen Aufgaben und Problemen erworben. Diese Fähigkeit zeigt sich im Unterricht vor allem in der Befähigung, Ziele erfolgreich im Einklang mit anderen zu verfolgen, Verantwortungsbewusstsein für sich selbst und für andere zu übernehmen. Dazu gehören aber auch Fremdwahrnehmung, Konfliktfähigkeit, kooperatives Handeln.[22]
Selbstkompetenz, auch personale Kompetenz genannt, umfasst grundlegende Einstellungen, Werthaltungen und Motivationen, die das Lernhandeln des einzelnen beeinflussen. Hierzu gehört ein Selbstkonzept, das sich auf Selbstvertrauen und Selbstwertgefühl gründet. Die kritische Selbstwahrnehmung in Auseinandersetzung mit der Umwelt und der eigenen Position in ihr, das Bewusstsein über eigene Werthaltungen sowie moralische Urteilsfähigkeit gehören ebenfalls zu dieser Kategorie.[23]

Sachkompetenz[24]	Methodenkompetenz	Selbstkompetenz	Sozialkompetenz
Erwerb von fachbezogenem Wissen als Basis von Problemlösungen und zur Anwendung in Handlungszusammenhängen	Aufbau eines Methodenpools zur selbständigen Aneignung und Verarbeitung von fachbezogenem Wissen	Erwerb grundlegender Einstellungen, Werthaltungen und Motivationen, die das Handeln des Einzelnen beeinflussen	Bereitschaft, gemeinsam zu lernen, andere wahrzunehmen und auf andere einzugehen
Wissen, Verstehen, Erkennen, Urteilen	Können, Fähigkeiten, Fertigkeiten	Erfahrung, Verständnis, Urteil	Handeln in sozialen Zusammenhängen
Auseinandersetzung mit Sachverhalten	Kenntnis von Verfahrensweisen	Engagement	Teamfähigkeit
Erwerb von intelligentem Wissen	Sachgerechter Umgang mit Methoden	Verständnis von Fehlern als Schritten zur Lernentwicklung	Perspektivwechsel, sich in andere hineinversetzen
Anwendung von flexibel nutzbaren Kenntnissen	Informationsbeschaffung	Frustrationstoleranz	Verantwortung für gemeinsame Arbeitsprozesse
Verwenden von Fachterminologie	Anwendung von Problemlösestrate-	Kritikfähigkeit	Konfliktfähigkeit

---

[22] vgl. ebd., S. 32
[23] vgl. ebd.
[24] Die Gesichtspunkte in der Tabelle sind zusammengestellt aus:
Lernkompetenzquadrat. (o.J.) Lehrplanrevision Schleswig-Holstein, hrsg. vom Ministerium für Bildung, Wissenschaft, Forschung und Kultur des Landes Schleswig-Holstein, http.//lehrplan.lernnetz.de
Czerwanski, Annette u.a. (2002), S. 33f.; Lehmann, Gabriele/ Nieke, Wolfgang (o.J.), S. 5

	gien		
Verstehen von Argumenten und Erklärungen	Reflexion verwendeter Methoden	Selbstkonzept, Selbstreflexion	Fähigkeit, Gespräche zu führen
Anwenden von Regeln	Präsentation von Ergebnissen	Leistungsbereitschaft	Toleranz
		Bewusstsein über eigene Werthaltungen	Kooperationsfähigkeit
		Moralische Urteilsfähigkeit	

Tabelle 2: Kompetenzdimensionen

Aufgaben zur Leistungsmessung sind so zu stellen, dass ihre Bearbeitung den Nachweis von Sach-, Methoden-, Sozial-, Selbstkompetenz erbringt. Dies gilt für die Bewertung von schriftlichen ebenso wie von mündlichen Unterrichtsbeiträgen.[25]

Handlungskompetenz - Lernkompetenz
Wenn unter Kompetenz die Fähigkeit verstanden wird, erworbenes Wissen und methodische Fertigkeiten unter Berücksichtigung der Person und des sozialen Umfeldes in angemessene Handlungen zu überführen, bedeutet im Sinne des Begriffsursprungs kompetent sein, in einer bestimmten Situation bestehen zu können. In die Definition von Kompetenz ist also die Handlungskompetenz bereits integriert. Handlungskompetenz lässt sich sowohl fachintern als auch fachübergreifend verstehen. Handlungskompetenz soll Lernende befähigen, ihr persönliches, berufliches und gesellschaftliches Leben verantwortlich und persönlich befriedigend zu führen und ihre Umwelt zu gestalten. Zunächst innerhalb einer Disziplin werden Kenntnisse, Fähigkeiten und Fertigkeiten in Handlungen umgesetzt. Auf einer übergeordneten Ebene werden Kenntnisse verschiedener Fachbereiche in Problemlösungsstrategien integriert.

„Da Kompetenz mit Handlungsfähigkeit zu übersetzen ist, kann unter Lernkompetenz die Fähigkeit zum erfolgreichen Lern-Handeln und damit die Voraussetzung für lebenslanges Lernen verstanden werden."[26] Lernkompetenz ist eine spezielle Form der Handlungskompetenz. Sie bezeichnet „die individuelle Verhaltensdisposition, erfolgreich zu lernen und das Gelernte beim weiteren Lernen anzuwenden."[27] Es geht jedoch nicht nur einseitig um Lerntechniken, sondern neben der Wissensaneignung auch um die Persönlichkeitsbildung. Zur Vorbereitung auf lebenslanges und lebensbegleitendes Lernen muss das eigene Lernen geplant, muss mit anderen gemeinsam gelernt und muss der eigene Lernprozess

---

[25] vgl. Bonsen, Elisabeth/ Hey, Gerhard (o.J.) , S. 13
[26] Czerwanski, Annette u.a. (2002), 21
[27] ebd., S. 30

kritisch reflektiert werden. Lernkompetenz bedeutet, das eigene Lernen zu regulieren, sich selbständig Lernziele zu setzen, dem Inhalt und Ziel angemessene Strategien auszuwählen und einzusetzen sowie die Lernmotivation aufrecht zu erhalten, das Erreichen der Ziele zu überwachen und wenn notwendig, die eigenen Lernstrategien zu korrigieren. Wie andere Kompetenzen auch, kann Lernkompetenz nur in fachspezifischen Lernkontexten vermittelt und erworben werden. Mit der Förderung der Lernkompetenz wird zugleich eine „effektivere Aneignung dieser Inhalte"[28] bewirkt.

Für die Konzeption von Unterricht bedeutet das, dass nicht mehr das Lehren, sondern das Lernen im Zentrum des Unterrichts steht, was ein verändertes Verständnis der Lehrerrolle nach sich zieht. Der Lehrer wird vom Wissensvermittler zum Konstrukteur adäquater Lernsituationen. Er wird zum Lernberater.

3.3. *Arbeitsbegriff*

Aus den Begriffsklärungen und den Abgrenzungen häufig nicht trennscharf verwendeter und verwandter Begriffe ergibt sich folgende Arbeitsdefinition für die Untersuchung dieser Arbeit und die Entwicklung eines Kompetenzmodells: Kompetenz wird als eine menschliche Disposition zum Handeln definiert, die aufgebaut ist auf Kenntnissen, Fähigkeiten und Fertigkeiten sowie Einstellungen und Haltungen. In diesem Zusammenhang wird von einem Kompetenzbegriff ausgegangen, der eine untrennbare Einheit der Kompetenzdimensionen Sach-, Methoden-, Selbst- und Sozialkompetenz konstatiert, die allerdings in unterschiedlicher Schwerpunktsetzung Bestandteil einer Kompetenz sein können. Es wird weiterhin vorausgesetzt, dass eine Kompetenz zunächst an fachspezifischen Inhalten zu vermitteln ist, auch wenn sich andere Fächer ebenfalls an der Ausbildung dieser Kompetenz, z.B. der Lesekompetenz, beteiligen. Jedes Fach setzt seinen eigenen Schwerpunkt durch fachspezifische Inhalte und Methoden. Weiterhin wird davon ausgegangen, dass eine Kompetenz in der Schule erlern- und vermittelbar ist. Dies bedeutet auch, dass der Ausbildungsstand der Schüler/innen zu diagnostizieren sowie das erreichte Kompetenzniveau zu bewerten ist.

Es wird schließlich vorausgesetzt, dass sich Kompetenzen in Kompetenzmodellen durch die Unterscheidung verschiedener Kompetenzniveaus von einfachen Grundkenntnissen bis hin zu komplexen Fähigkeiten definieren lassen, die die Diagnose, Vermittlung und Bewertung der Kompetenz erleichtern und den Schüler/innen transparent machen.

---

[28] ebd., S. 25

4. Begründung eines kompetenzorientierten Ansatzes für die Fächergruppe Philosophie, Ethik, Praktische Philosophie, Werte und Normen sowie LER

> „Denn der Kopf ist der Navigator, und der beste Navigator noch immer der wissende und nachdenkliche Kopf."[1]

Aus dem Status und dem Bildungsauftrag der Fächer Philosophie, Ethik, Praktische Philosophie, Werte und Normen, LER mit ihrer heterogenen Schülerschaft und der zugrunde gelegten Kompetenzdefinition wird im Folgenden die Begründung abgeleitet, warum sich gerade diese Fächergruppe für einen kompetenzorientierten Ansatz aussprechen sollte. Es wird die These aufgestellt, dass insbesondere der Unterricht in diesen Fächern per se kompetenzorientiert ist und genuin alle Kompetenzdimensionen umfasst. Voraussetzung hierfür ist eine Definition dessen, was unter Philosophie verstanden und welche Aufgabe ihr zugedacht werden soll. Dies kann aus verschiedenen Gründen nur sehr allgemein ausfallen, denn es soll eine Begründung formuliert werden, die für alle Fächer der Fächergruppe Gültigkeit hat. Eine zu starke Zuspitzung würde eventuell einzelne Fächer und Bundesländer ausgrenzen. Daneben geht es auch um eine bildungspolitische und unterrichtspraktische Begründung von Kompetenzorientierung.

4.1. Kompetenzorientierung als Innovationsschub – Bildungspolitische Begründung kompetenzorientierten Unterrichtens

Die Diskussion um Bildungsstandards und Kompetenzorientierung hat alle Fächer erreicht und damit die Grenzen des zunächst enger gefassten Fächerkanons aus Deutsch, Sprachen, Mathematik und Naturwissenschaften, für den die Kultusministerkonferenz bundesweite Bildungsstandards formuliert hat, längst verlassen. Aufgeflammt ist eine engagierte Diskussion, ob es sinnvoll und überhaupt machbar sei, für die übrigen Fächer, z.T. als so genannte „weiche Fächer"[2] charakterisiert, ebenfalls Kompetenzen zu formulieren. Als Gegenargument wird angeführt, dass der Reichtum an Themen und Inhalten, der diese Fächer auszeichnet, zu denen in besonderem Maße auch die untersuchte Fächergruppe zählt, durch Standards unnötig eingeschränkt wird.[3] Dies ist vor allem dann der Fall, wenn ausschließlich zentrale Prüfungen leitend für die Formulierung von Kompetenzen sind. Dadurch würde die Auswahl der Themen zu stark determiniert und die Vermittlung durch vorgeschriebene Aufgabenformate in in-

---

[1] Mittelstraß, Jürgen (2004), S. 5
[2] Huber, Ludwig (2005), S. 105
[3] vgl. ebd., S. 106

akzeptabler Weise eingeschränkt. Im Falle eines solchen Vorgehens wären individuelle, der Lerngruppe angepasste Themen und besondere methodische Zugänge quasi unmöglich, will man die Schüler/innen optimal auf die Abschlussprüfungen vorbereiten. „Mit einer solchen Einschnürung wäre der Statusgewinn für ‚weiche' Fächer durch ‚harte' Prüfungen zu teuer bezahlt."[4]
Aber auch die Fächer, die im Fächerkanon eine bisweilen untergeordnete Rolle spielen, können sich der Diskussion nicht entziehen, wollen sie ihren marginalen Charakter nicht noch festigen. Wer sich nicht an der Diskussion um Bildungsstandards beteiligt, läuft Gefahr, den Anschluss an moderne pädagogische Entwicklungen zu verpassen. Die Diskussion über diese Instrumente kann ein Innovationsschub sein, der zur Auseinandersetzung mit veränderter Unterrichtsplanung und –durchführung, zur Einigung auf zentrale Inhalte und fachspezifische Methoden führt.
Es stellt sich allerdings die Frage, inwieweit sich ‚weiche' Fächer adäquat in Kompetenzformulierungen umsetzen lassen. Dies gilt vor allem für Werthaltungen, Einstellungen oder ästhetische Kriterien. Standards kommen hier an ihre Grenzen. Trotzdem müssen auch die Inhalte dieser Fächer vermittel- und überprüfbar sein, müssen objektive Kriterien formuliert werden können. Geht man davon aus, dass sich auch interpretatorische und argumentative Leistungen in viele operationalisierbare und überprüfbare Teilkompetenzen gliedern lassen, lässt sich in jedem Fall ein Sockel an formalen und fundamentalen Kompetenzen formulieren.[5] Kompetenzentwicklung darf dabei aber das Grundrecht der Schüler/innen auf freie Meinungsäußerung nicht beschneiden. Bewertungen müssen sich auf formale Anforderungen wie korrekte Anwendung von Wissen, innere Widerspruchsfreiheit oder die Komplexität der Begründungen, nicht aber auf die persönliche Stellungnahme beziehen.[6]
Aus diesen Überlegungen hat die Politik-Didaktik Kriterien abgeleitet[7], die sich auch auf die zu untersuchende Fächergruppe beziehen lassen: Gefordert wird dort eine „prägnante, identitätsstiftende und attraktiv-öffentlichkeitswirksame Inhaltsbestimmung des Faches"[8], die das Fach bildungspolitisch legitimiert. Angesichts der in den Medien und der Bildungspolitik engagiert geführten Wertediskussion kann sicherlich gerade die Fächergruppe Ethik/ Philosophie einen elementaren bildungspolitischen Beitrag dazu leisten. Voraussetzung ist jedoch eine länderübergreifende Angleichung der inhaltlich und konzeptionell weit auseinanderdriftenden Lehrpläne[9]. Eine Divergenz ist sicherlich in vielen Fächern zu verzeichnen, in der zu untersuchenden Fächergruppe sind die Abweichungen aufgrund eines kontroversen Fachverständnisses und eines unterschiedlichen

---

[4] ebd.
[5] vgl. Huber, Ludwig (2005), S. 106
[6] vgl. Sachse, Martin (2005), S. 8
[7] im Folgenden nach: Himmelmann, Gerhard (2005), S. 6f
[8] ebd.
[9] siehe Kapitel 5

Status' der Fächer besonders groß. Die Formulierung bundesweit akzeptierter Kompetenzen und Standards würde daher dazu zwingen, sich über den Bildungsauftrag der Fächer zu verständigen. Dazu gehören so wesentliche Einigungen wie eine Verortung des Faches Ethik und seiner Bezugswissenschaften. Soll dieses Fach, wie die Philosophiedidaktiker fordern, ausschließlich philosophische Bildung sein oder soll es durch weitere Bezugswissenschaften wie Religion und Sozialwissenschaften ergänzt werden? Ohne diese grundlegende Festlegung lassen sich keine einheitlichen Kompetenzen formulieren.

Gelänge diese grundlegende Einigung, könnte eine fachlich präzise Verankerung der formulierten Kompetenzen auf verschiedenen Ebenen wirksam werden. Kompetenzformulierungen sind leitend für die Ausbildung von Lehrkräften ebenso wie für die Unterrichtsgestaltung. Die bisher vorhandenen Didaktiken sowohl für das Fach Philosophie als auch für das Fach Ethik orientieren sich nur bedingt an den durch Lehrpläne und Schulbücher vorhandenen Gegebenheiten, sondern gehen von einem immer nur für einige Bundesländer gültigen Verständnis der Fächer aus. Standards könnten helfen, diese Beschränkungen aufzubrechen. Unter Umständen ergäbe sich auch eine Neuorientierung der universitären Ausbildung, denn es ist nicht unüblich, dass die Ausbildung von Ethiklehrern universitär ebenfalls als philosophische Bildung verstanden wird und damit die angehenden Lehrer/innen nur etwa ein Drittel des später in der Praxis benötigten Wissens vermittelt bekommen.[10] Auch für die didaktische Ausbildung der angehenden Lehrkräfte müssten die Kompetenzen leitend sein. Nicht nur, dass diese Lehrerinnen und Lehrer selbst über diese Kompetenzen verfügen müssen, sie müssen auch darin geschult werden, wie sie diese Kompetenzen diagnostizieren und vermitteln können.[11] Verbunden damit ist eine Abkehr von der bisher gängigen Input- und Lernzielorientierung hin zu handlungs- und problemlösendem Arbeiten. Gestärkt werden auf diesem Wege auch Ansätze empirischer Forschung innerhalb der Philosophie und Ethik sowie das Forschungsfeld der Didaktik, denn neue Unterrichtsziele und -gestaltungen bedürfen der Evaluation.[12] Im Bereich der Philosophie- und Ethikdidaktik ist die empirische Bildungsforschung bisher allerdings so gut wie nicht existent.

In der Schule selbst sind durch einen Lehr-Lern-Prozess, der sich an Kompetenzformulierungen orientiert, eine Qualitätsverbesserung von Unterricht ebenso wie die Möglichkeit zu einer stärkeren Selbststeuerung und –kontrolle der Lernprozesse erreichbar. Dabei muss es sich nicht, wie es durch die Bildungsstandards der KMK intendiert ist, um abschlussbezogene Prüfungen handeln. Diese sind sicherlich in Fächern mit besonders ausgeprägter Heterogenität der Schü-

---

[10] Dies gilt laut Aussage des AfL/ Hessen für die neuen modularisierten Studiengänge Ethik in Marburg und Frankfurt.
[11] vgl. auch Kap. 15
[12] Die Deutsche Forschungsgemeinschaft fordert nachdrücklich zur Ausweitung der Empirischen Bildungsforschung auf.

lerschaft wie der zur Diskussion stehenden Fächergruppe[13] höchst problematisch. Formulierte Kompetenzen mit unterschiedlichen Niveaustufen können aber gerade angesichts dieser erschwerten Ausgangslage dazu beitragen, die Lernenden genauer einzuschätzen sowie Unterrichtsvorhaben exakter an die Lerngruppe und individuelle Voraussetzungen anzupassen.[14] Weiterhin lassen sich anhand von Kompetenzformulierungen Arbeitsprozesse und Unterrichtsergebnisse evaluieren.

Vor allem muss aber gelten, dass Bildungsstandards keine unumstößlichen Dogmen sind, sondern in einem Diskussions- und Evaluationsprozess laufend überprüft und den Gegebenheiten angepasst werden müssen. Der Reflexionsprozess muss grundsätzlich offen sein für Diskussionen und Revisionen, denn „Bildungsstandards fallen nicht vom Himmel, sie sind keine Gesetzestafeln, die von beamteten Kultus-Propheten zum gläubigen Volk getragen werden und deshalb Anerkennung verdienen, weil sie das Heil versprechen. Bildungsstandards sind auch keine theoretisch schon hinreichend beglaubigten Texte, etwa Sätze, die aus Theorien – z.B. der Kompetenz – vollständig, ‚logisch' und frei von Interessen abgeleitet werden können. Bildungsstandards beruhen vielmehr auf Vereinbarungen [...] Damit sind sie Dokumente politischen Gestaltungswillens oder theoretische Erfindungen, d.h. immer variabel, keinesfalls alternativenlos formuliert."[15] Die hier zu entwickelnden Kompetenzraster sollen ein Anstoß in diesem Diskussionsprozess sein. Sie gehen davon aus, dass sich die Fächergruppe Ethik/ Philosophie aufgrund ihres fachspezifischen Arbeitens besonders für eine kompetenzorientierte Unterrichtsgestaltung eignet.

4.2. Sich im Denken orientieren - Philosophische Begründung kompetenzorientierten Unterrichtens

Basis der Formulierung von Kompetenzen und Bildungsstandards ist ein Grundverständnis des Faches. Doch schon innerhalb der Philosophie ist der Philosophiebegriff nicht einheitlich, es gibt vielfältige Definitionsversuche. Das hier zu entwickelnde Kompetenzmodell versteht sich demnach vor diesem Hintergrund als Diskussionsgrundlage.

Wenn man mit Herbert Schnädelbach Philosophie als den „Versuch gedanklicher Orientierung im Bereich der Grundsätze unseres Denkens, Erkennens und Handelns"[16] begreift, muss man ihr in der Gegenwart ein Dasein als Plural[17] attestieren. Vielfältig sind die Themen und Aufgaben, die aktuellen Problemdiskussionen ebenso wie die Interpretation der Klassiker. Die Pluralität spiegelt sich jedoch nicht nur in verschiedenen philosophischen Ansätzen, sondern wird

---

[13] vgl. Kapitel 2
[14] Details dazu siehe Kapitel 9
[15] Tenorth, Heinz-Elmar (2005), S. 30
[16] Schnädelbach, Herbert (1993), S. 14/ Schnädelbach, Herbert (1992), S. 381
[17] ich folge hier: ebd., S. 14 - 17

ebenso in den Fachkonzeptionen, wie sie sich in den Lehrplänen zeigen[18], sowie in den unterschiedlichen didaktischen Ansätzen deutlich.[19] Charakterisiert werden kann Philosophie zum einen als Wissenschaft[20], die sich akademisch mit philosophischen Schulen, Methoden, Klassikern und Philosophiegeschichte auseinandersetzt. Der dieser Richtung inhärente Anspruch an Objektivität wird durch die strenge Trennung von Person und Wissen gewährleistet. Konträr dazu steht ein Verständnis von Philosophie als Lebensform mit dem Anspruch, konkrete Auswirkungen auf die Lebensführung zu haben. Zwischen diesen beiden Polen anzusiedeln ist die Philosophie als Weltweisheit, die sich mit gegenwärtigen Fragen und Problemen, die alle angehen, auseinandersetzt. Sie verbindet bewusst die Objektivität philosophischer Wissenschaft mit der Subjektivität persönlicher Auseinandersetzung. Philosophische Fragestellungen werden aus diesem Blickwinkel „…nicht als Probleme der Lebensführung betrachtet, sondern als solche der öffentlichen Meinungsbildung und der gesellschaftlichen Regulierung."[21] Diese Herangehensweise scheint für den Unterricht die angemessenste zu sein, geht es doch weder um Theorielastigkeit in Form einer rein hermeneutischen Interpretation der Klassiker und eine Flucht in die Perspektive der dritten Person, sondern um ein Bekenntnis des Ich. Gefordert sind Selbstdenken und Selbstvergewisserung. Gerade in diesem Bereich geht die diskutierte Fächergruppe über andere Fächer hinaus, mit denen sie ansonsten viele Themenfelder teilt. Die Fächer Ethik/ Philosophie bieten durch Problemorientierung und Selbstreflexion vor dem Hintergrund philosophischer und ethischer Fragestellungen die Möglichkeit der Orientierungshilfe, der Zielklärung. Sie beziehen in besonderer Weise das Ich in die Reflexion mit ein und unterscheiden sich gerade durch diese Hinwendung zum Subjekt von anderen Fächern. Aspekte der Förderung sozialer und personaler Kompetenzen sind also ein unverzichtbarer Bestandteil grundlegender ethischer und philosophischer Bildung.

Diese Überlegungen weisen auch Übereinstimmungen mit Kants Position auf, die er in der 1786 erschienenen kleinen Schrift „Was heißt: sich im Denken orientieren"[22] vertrat. Selbstdenken wird dort als Maxime der Aufklärung propagiert. Kant geht von der Orientierung im Gelände aus. Normalerweise suchen wir einen Weg anhand äußerer Fixpunkte wie dem Sonnenstand oder geleitet durch Hilfsmittel wie einen Kompass. Es gibt also einen äußeren Bezugsrahmen. Doch diese Hilfsmittel können nur den leiten, der sie beherrscht, der ihren Gebrauch verinnerlicht, der sie, so Kant, mit dem subjektiven Gefühl der Unterscheidung von links und rechts verbindet. Dieser subjektive Unterscheidungsgrund hilft, sich auch in unbekanntem Gelände oder unter veränderten Gegebenheiten zu orientieren. So gelingt es uns, uns an etwas zu orientieren, auch ohne

---

[18] vgl. Kapitel 5
[19] vgl. Kapitel 6
[20] im Folgenden nach: Böhme, Gernot (1997), S. 7f.
[21] ebd., S. 10
[22] Kant, Immanuel (1959)

den konkreten Weg bereits zu kennen. Vergleichbar ist es um die kognitive Orientierung bestellt. Hier fehlt jeder äußere Bezugsrahmen. Sich an und in der Vernunft zu orientieren, fallen zusammen.[23] „Man kann nach der Analogie leicht erraten, dass dieses ein Geschäft der reinen Vernunft sein werde, ihren Gebrauch zu lenken, wenn sie von bekannten Gegenständen (der Erfahrung) ausgehend sich über alle Grenzen der Erfahrung erweitern will, und ganz und gar kein Objekt der Anschauung, sondern bloß Raum für dieselbe findet".[24] Die Urteilskraft kann sich nur auf das vorhandene Wissen, auf bereits gemachte Erfahrungen berufen und sich von diesen bei neuen Entscheidungen leiten lassen. Die Vernunft kann jedoch nur enthalten, was wir wissen bzw. wissen können. Bleibt die Frage, wie man sich sicher sein kann, eine richtige Entscheidung gefällt zu haben. Kant spricht in diesem Zusammenhang zunächst von einer Überprüfung des verwendeten Begriffs auf Widerspruchsfreiheit. Reine Begrifflichkeit reicht aber nicht aus. Hinzu kommt das Bedürfnis der Vernunft nach Orientierung, der „Vernunftglaube"[25] Als Menschen können wir vieles fürwahr halten, aber niemals abschließend wissen, so Kant. Der Vernunftglaube gründet sich auf „keine andere(n) Data [...], als die, so in der reinen Vernunft enthalten sind."[26] Kant erkennt die Beschränktheit der menschlichen Vernunft und die Begrenzung ihrer Möglichkeiten auf das Wissen, das der Vernunft verfügbar ist. Alle Orientierung ist demnach ein Fürwahrhalten, basierend auf Wissen und Vernunftglaube oder, wie Schnädelbach es formuliert, Grundsätzen des Denkens, Erkennens und Handelns. Ethik- und Philosophieunterricht darf sich aber nicht in Reflexion erschöpfen, denn schon der Begriff besagt, dass sich Reflexion auf etwas zurück bezieht. Vorgegebene Gegenstände, „Lebensauslegungen"[27], daraus in der Vergangenheit hervorgegangene Deutungen der menschlichen Natur und Kultur sowie persönliche Erfahrungen müssen in den Reflexionsprozess integriert und in einem laufenden Prozess überprüft werden.

Einige Lehrpläne machen diese Akzentsetzung in besonderer Weise deutlich.[28] Sie integrieren in ihre curricularen Modelle zwischen die zu vermittelnden prozessbezogenen, inhaltsunabhängigen Kompetenzen so genannte Basiskonzepte[29] oder didaktische Perspektiven. Diese Blickwinkel auf die Inhalte sind bestimmt durch eine individuelle bzw. personale[30], eine gesellschaftliche sowie eine ideengeschichtliche Perspektive. Aus der individuellen/ personalen Perspektive wird der Fokus auf die gesellschaftliche und ideengeschichtliche Perspektive gerichtet oder umgekehrt, aus der ideengeschichtlichen Perspektive heraus wird

---

[23] vgl. Dietz, Simone et al. (Hrsg.) (1996), S. 9ff.
[24] Kant, Immanuel (1959), S. 270
[25] ebd., S. 276
[26] ebd.
[27] Nipkow, Karl Ernst (2002), S. 39
[28] vgl. Kap. 5.5./ Nordrhein-Westfalen, Berlin, Hessen
[29] Der Begriff ‚Basiskonzept' wurde aus den Naturwissenschaften übernommen.
[30] Nordrhein-Westfalen verwendet den Person-Begriff für das Fach Praktische Philosophie, Berlin und Hessen sprechen im Fach Ethik vom Individuum.

44 | Teil 1 - Grundlagen

eine Problemlösung für aktuelle Fragen die Gesellschaft und das Individuum betreffend gesucht.[31] Die folgende tabellarische Übersicht macht noch einmal die Aspekte der jeweiligen Perspektiven im Überblick deutlich.

Individuum[32]	Gesellschaft	Ideengeschichte
• Selbst- und Fremdwahrnehmung • Lebenssituationen • Interessenkonflikte • Existentielle Grunderfahrungen • Ethik: individuelles Abwägen von moralischen Normen • Urteils- und Handlungsmaßstäbe • Medial vermittelte Erfahrungen	• Kulturelle/ gesellschaftliche/ religiöse Identität • Stellung des Individuums in der Gemeinschaft • Arbeit, Wirtschaft, Wissenschaft, Technik • Geschlechterrolle • Generationenverhältnis • Soziale Gerechtigkeit • Umwelt und Natur • Interessenkonflikte/ Selbst- und Fremdbestimmung • Gesellschaftlicher Wandel/ Umgang mit existentiellen Grunderfahrungen • Moral: gesellschaftlich vermittelte Normen • Wertepluralismus/ Werteverfall • Mediengesellschaft	• Religiöse und kulturelle Traditionen • Kontext der Geschichte • Menschenbilder: Naturwissenschaften, Philosophie, Religion, Kunst, Literatur • Zubringerdisziplinen: Philosophie, Religionswissenschaft, Sozialwissenschaften, Ethik der Naturwissenschaften • Philosophische Richtungen • Wert- und Sinnangebote in den Religionen und Weltanschauungen • Menschenrechte, GG • Die abendländische Kultur prägende Ideen und Wertvorstellungen: jüdisch-christliche und humanistische Tradition, Aufklärung • Medientheorie
• *punktuell*	• *vernetzt*	• *Längs- und Querschnitt*

Tabelle 3: Basiskonzepte

Die Zusammenhänge zwischen den didaktischen Perspektiven/ Basiskonzepten auf der einen und Kompetenzorientierung des Unterrichts auf der anderen Seite sind evident, fasst man Philosophieren als ein Tun, eine Klärung von Gedanken auf, das durch bestimmte Methoden definiert ist und sich durch eine Abkehr von passiver, konsumistischer Haltung hin zum Selbstdenken, zum aktiven Denken, zur Kritikfähigkeit auszeichnet.[33] Dabei geht es nicht nur um eine gedankliche Leistung, sondern um die Gestaltung des (individuellen/ gesellschaftlichen) Le-

---

[31] vgl. Martens, Ekkehard (2007), S. 12
[32] vgl. Kerncurriculum Praktische Philosophie Nordrhein-Westfalen (1997), Kernlehrplan Sekundarstufe I Praktische Philosophie Nordrhein-Westfalen (2007) und Berlin Rahmenlehrplan Ethik (2006) Die folgende Übersicht ist das Resultat fachkundiger Diskussionen der Arbeitsgruppe Bildungsstandards Ethik in Hessen.
[33] vgl. Münnix, Gabriele (2000), S. 156/ vgl. auch Kap. 4.3.

bens, die idealerweise durch Reflexion beeinflusst wird. Handeln wiederum bleibt nicht ohne persönliche und soziale Folgen, die erneut in das Nachdenken zurückgeführt werden. Im Mittelpunkt stehen somit angewandte Ethik und Philosophie vor dem Hintergrund tradierter Wissensbestände, praktiziert wird angewandtes Philosophieren.
Diese Überlegungen korrelieren mit dem modernen Kompetenzbegriff. Zur Erinnerung – Kompetenzen sind Verhaltensdispositionen, Probleme in variablen Situationen zu lösen. Das bedeutet, die eigene Vernunft besitzt die erforderlichen ‚Data', das notwendige Sach- und Methodenwissen, fachspezifische Probleme zu bewältigen. Der Mensch selbst wird zum eigenen Bezugsrahmen, das bedeutet aber auch, dass er aus den erworbenen Kenntnissen und Fähigkeiten die jeweils relevanten auswählt und zugleich soziale und personale Fähigkeiten besitzt, die helfen, die gefundenen Problemlösungen sozial verträglich zu gestalten und auf einer Metaebene zu reflektieren. Dazu reicht reine Wissensvermittlung allein nicht aus, da „[...] öfter der, so an Kenntnissen überaus reich ist, im Gebrauche derselben am wenigsten aufgeklärt ist."[34] Für den Ethik- und Philosophieunterricht bedeutet das auf der einen Seite eine Erweiterung der Aufgabenfelder, zugleich eine Rückbesinnung auf genuin philosophisches Agieren. Das Wissen um die philosophischen Klassiker muss sich mit ihrer Anwendung auf aktuelle Problemstellungen verbinden. Das Üben von Reflexion und Argumentation, von Begriffsklärung und kritischem Urteil erlaubt die Übertragung auf neue Zusammenhänge. „Jene gedankliche Orientierung ist nur in Dialogen möglich, und zwar mit aktuellen wie auch historisch gewordenem Denken."[35] Gefragt ist dabei das denkende Subjekt, der aufgeklärte, selbst denkende Mensch. Ein kompetenzorientierter Unterricht aller Fächer, vor allem aber der Fächergruppe Ethik/ Philosophie, befähigt die Schüler/innen dazu, indem er sich der dem Fach immanenten Denk- und Reflexionsstrukturen bedient. Die besondere Bedeutung, die dem Ich dabei zukommt, komplettiert die Kompetenzdimensionen.

4.3. *Information und Wissen - Fachdidaktische Begründung kompetenzorientierten Unterrichtens*

Unsere Wissensgesellschaft befindet sich in einem permanenten Wandel. Vorhandenes Wissen wird zunehmend ergänzt, modifiziert oder durch neue Erkenntnisse abgelöst. Neues Wissen nimmt exponentiell zu, während frühere Erkenntnisse veralten. Daraus erwachsen Anforderungen an die Bildung innerhalb und außerhalb der Schule. Auch die Fachdidaktiken können sich der Frage nicht entziehen, welche ‚Data', d.h. welches fachspezifische Wissen und welche fach-

---

[34] ebd., S. 283
[35] Schnädelbach, Herbert (1993), S. 17

spezifischen Methoden sie trotz der rasanten Veränderungen vermitteln können, die für die Jugendlichen in dieser Wissensgesellschaft längerfristig nutzbringend sind. Relevant wird in diesem Zusammenhang der von Jürgen Mittelstraß definierte Unterschied von Verfügungs- und Orientierungswissen.[36] Verfügungswissen als Wissen um Ursachen, Wirkungen und Mittel und Orientierungswissen als Wissen um gerechtfertigte Zwecke und Ziele und den Sinn des Lebens entwickeln sich in unserer Gesellschaft auseinander. Verfügungswissen, das von Wissenschaft und Technik bereitgestellt wird, ist nach Mittelstraß positives Wissen, Orientierungswissen dagegen hat eine regulative Funktion.[37] Beide werden benötigt, sie müssen sich ergänzen und gegenseitig modifizieren. Gerade wenn sich das Verfügungswissen wandelt, muss das Orientierungswissen als regulativer Faktor vorhanden und anwendbar sein, um sich in den neuen Gegebenheiten zu orientieren. Ausdruck der vielfach beklagten Orientierungsschwäche ist die anhaltende Klage über den Wertewandel und den Werteverlust, von Mittelstraß als Verlust ethischer Maße charakterisiert. Mittelstraß sieht die Ursache für die Orientierungsschwäche jedoch in „der Verwechslung eines Verfügungswissens mit einem Orientierungswissen, in der Auflösung der Verbindung zwischen Bildung, Wissen und ethischen Maßen, damit auch im drohenden Verlust der im engeren Sinne vernünftigen, selbstbestimmten Natur des Menschen und deren Orientierungen."[38]

Information tritt vermehrt an die Stelle von Wissen und Bildung. Angesichts der Zugriffsmöglichkeiten auf Informationen, deren Qualität nicht immer auf den ersten Blick ersichtlich ist, müssen Prinzipien, Kriterien und Methoden verfügbar sein, um den Wahrheitsgehalt von Wissen zu überprüfen. Wissen wird immer häufiger nur genutzt, aber nicht selbständig erworben. Wissensbildungskompetenzen werden vielfach mit Verarbeitungskompetenzen verwechselt. Dies geschieht im Vertrauen darauf, dass die verfügbaren Informationen stimmen. Damit besteht zugleich die Gefahr, dass Wissen und Meinungen ununterscheidbar werden. Die Jugendlichen müssen daher dazu befähigt werden, sich ein reflektiertes Bild der Wirklichkeit zu verschaffen und ihre Wahrnehmungs- und Vorstellungswelt nach logischen Prinzipien zu ordnen, um Informationen bewerten zu können. Für die fachdidaktischen Überlegungen ergibt sich somit nicht nur die Frage nach dem Was, sondern auch nach dem Wie der Vermittlung. Informationen können nicht länger nur angesammelt und archiviert werden, sondern sie müssen bewertet, vernetzt und variabel anwendbar sein,[39] denn, so Kant, aufgeklärtes Denken ist nicht nur durch den Besitz, sondern den Gebrauch von Kenntnissen zu verwirklichen. Möglich wird dies durch die Schaffung einer kognitiven Struktur aus Begriffen, Kategorien und Denkoperationen. Der Ethik- und Philosophieunterricht, der das Wahrnehmen, Reflektieren und

---

[36] Mittelstraß, Jürgen (1982, 2002, 2004)
[37] im Folgenden nach: Mittelstraß, Jürgen (2002)
[38] ebd., S. 12
[39] vgl. Rohbeck, Johannes (2001), S. 86f.

Analysieren sowie Argumentieren in den Mittelpunkt seiner Arbeit stellt, sensibilisiert für diese Problematik und vermittelt elementare inhaltliche und methodische Kenntnisse zum Erwerb, zur Überprüfung und zur Bewertung von Informationen.
Wenn die Aufgabe des Fachunterrichts neben der Vermittlung von Verfügungswissen auch die Vermittlung von Orientierungswissen und somit Wertevermittlung und Persönlichkeitsbildung ist[40], macht dies eine veränderte Unterrichtsgestaltung notwendig. Fachspezifisches Wissen muss der gesellschaftlichen Realität Rechnung tragen und in fachübergreifende Bezüge eingebettet werden. Ethik- und Philosophieunterricht sind per se fachübergreifend. Sie haben keine konkreten eigenständigen Inhalte, die nur in diesen Fächern vermittelt werden, sondern beziehen Themen vieler Fächer in einen fachspezifischen Reflexionsprozess ein. Als Orientierungsfunktion müssen weiterhin neu erworbene Fähigkeiten und Fertigkeiten im Handlungsrepertoire des Individuums verfügbar werden.[41] Die fachdidaktische Aufgabe besteht daher darin, zwischen den erwünschten Kompetenzen und fachspezifischen Methoden zu vermitteln. Dieser von Johannes Rohbeck[42] initiierte fachdidaktische Prozess bemüht sich darum, spezifische philosophische Methoden für den Unterricht nutzbar zu machen, wobei Denkrichtungen und Kompetenzen nicht exakt gleichzusetzen sind. Ziel ist es nicht, alle philosophischen Denkrichtungen sklavisch abzuarbeiten, sondern das Spektrum der Unterrichts- und Verarbeitungsmethoden zu erweitern. Die Philosophie stellt diverse Methoden zum Analysieren, Reflektieren, Argumentieren bereit, deren Anwendung das Repertoire an Orientierungswissen bereichern kann. Damit ist jedoch noch nicht automatisch ein kompetenzorientiertes Unterrichten gewährleistet, denn dieses ist nicht nur von einer einzelnen Methode, sondern einem größeren Setting abhängig. Philosophische Denkrichtungen können hier aber geeignet sein, die Kompetenzentwicklung zu befördern, wenn sie in ihrer Kombination ein ganzheitliches, problemlösendes und handlungsorientiertes Arbeiten ermöglichen.[43]
Auch der Werte- und Normenpluralismus muss sich einer Überprüfung unterziehen lassen, damit sich der Einzelne im Handeln orientieren kann. Als thematisch und methodisch reflexives Vorgehen vermittelt Philosophie- und Ethikunterricht sowohl Verfügungs- als auch Orientierungswissen, methodisch eingebettet in eine ethisch-philosophisch fundierte Argumentationskompetenz. Wer über diese Kompetenz verfügt, ist in der Lage, Informationen zu hinterfragen, Stellung zu beziehen, seine Position argumentativ zu verteidigen und gegebenenfalls

---

[40] vgl. Jung, Manfred (1989), S. 8ff.
[41] vgl. ebd., S. 15
[42] vgl. Rohbeck, Johannes (2000b), Rohbeck, Johannes (2001), S. 96f.
[43] Im Detail wird auf die Einsatzmöglichkeiten in der Darstellung der einzelnen Kompetenzen verwiesen: Kap. 10-14

aufgrund besserer Argumente zu revidieren und eigene Entscheidungen im Rekurs auf Prinzipien und Kriterien zu begründen.[44]
Das Selbstverständnis der Fächergruppe Ethik/ Philosophie orientiert sich weitgehend an gesellschaftlicher Mündigkeit und Persönlichkeitsbildung. Fachimmanent ist die Ausbildung der Persönlichkeit in Form sozialer und personaler Kompetenzen, die an kognitive Kompetenzen angebunden werden müssen. In diesen Fächern ist der Lernende zugleich Subjekt und Objekt des Unterrichts. In der Auseinandersetzung mit Argumentationen bildet sich ein eigenes Denkkonzept und Argumentationsschema aus, das wiederum im sozialen Diskurs zur Disposition steht. Charakteristisch für die Fächergruppe ist somit die Untrennbarkeit von Sach- und Methodenkompetenz als Verfügungswissen auf der einen und Selbst- und Sozialkompetenz als Orientierungswissen auf der anderen Seite.[45] Das heißt, Ethik- und Philosophieunterricht ist per se kompetenzorientiert. Sein Ziel ist nicht nur die Vermittlung trägen Wissens, sondern die Einbettung philosophischer Antworten in die Reflexion aktueller Fragen und die Lösung fachübergreifender und gesellschaftlicher Probleme. Diese implizite Kompetenzorientierung muss nur bewusster gemacht und in der Unterrichtsgestaltung noch pointierter umgesetzt werden. Für Lehrende stellt sich daher die Aufgabe, „durch ihren Unterricht mit dessen Lerngelegenheiten in der pluralen und unübersichtlichen Welt von heute einen Zusammenhang zu stiften. Dieser Zusammenhang sollte es den Menschen ermöglichen, sich [...] als Bestandteil einer miteinander geteilten Welt zu verstehen; und dies auch dann, wenn es für diese Welt kein überbauendes gemeinsames Konzept mehr gibt, weil sich für die Fülle der in den Traditionen und Kulturen gefundenen Lösungen, also für die Fülle der Theorien, Weltanschauungen, Wissensbestände, Strategien, Praktiken und Werte, kein überbauendes Dach findet und finden lässt."[46]

4.4. Selbstverantwortung – Unterrichtspraktische Begründung kompetenzorientierten Unterrichtens

Welche/r Lehrende in Schule und Hochschule kennt dieses Phänomen nicht: Da hat man sich ausgiebig mit einem Thema befasst und wähnt die Lernenden gut vorbereitet, und dann fallen die abschließenden Lernkontrollen bzw. Klausuren eher dürftig aus. Gelerntes wird nicht oder unzureichend angewendet, der Transfer misslingt. Wie ist dieses Phänomen zu erklären und vor allem, wie kann ein kompetenzorientierter Unterricht hier Abhilfe schaffen? Die Rechtfertigung, philosophische Texte und Fragestellungen seien eben per se anspruchsvoll, greift hier zu kurz.

---

[44] vgl. Diesenberg, Norbert (1989b), S. 101
[45] vgl. Kapitel 3
[46] Girmes, Renate (2004), S. 73

Lernende verhalten sich im Unterricht oft rezeptiv, sie lassen sich von den Aufgaben und Hinweisen der Lehrkräfte leiten und orientieren sich vor allem an den durch Klausuren und Prüfungen gestellten Anforderungen. Die Verantwortung für den persönlichen Lernprozess wird vor allem an die Lehrenden übertragen. Dies ist kein Phänomen, das ausschließlich kennzeichnend für den Unterricht der Fächergruppe Ethik/ Philosophie ist, sondern es ist weitgehend charakteristisch für die gesamte Schulsituation.

Wenn das Ergebnis oft nicht zufrieden stellend ist, ein Wissenstransfer nur unzureichend gelingt, liegt das häufig daran, dass im Verlauf des Unterrichts viel träges Wissen angesammelt worden ist, das nicht in neue Zusammenhänge transformiert werden kann. „Die berichteten Studien aus dem Schul- und Hochschulunterricht zeigen, dass der Erwerb trägen Wissens im Unterricht leider keine Ausnahme, sondern eher der Normalfall ist."[47] Was ist träges Wissen? Ein Unterricht, der den Schwerpunkt auf reproduzierbare Fakten legt, schafft zwar ein umfangreiches Wissensrepertoire, aber die selbständige Übertragung dieser Kenntnisse auf neue Situationen gelingt trotz allem nicht hinreichend, da diese Anforderung für viele Schüler/innen zu komplex ist und es ihnen nicht glückt, Zusammenhänge zwischen den Übungssituationen und neuen Anforderungsformen zu erkennen.

Hier wird die These aufgestellt, dass es gerade ein Anliegen der Fächergruppe Philosophie/ Ethik sein müsste, hier etwas innovativ an der Unterrichtsgestaltung zu verändern. Fasst man die *Orientierungs- und Handlungskompetenz*[48] als ein leitendes Ziel des Unterrichts in diesen Fächern auf und versteht unter Handlungskompetenz vor allem die Bereitschaft zur Verantwortungsübernahme[49], dann sollte diese Verantwortung beim einzelnen Individuum ansetzen. Das bedeutet, dass ein Schüler/ eine Schülerin nicht nur persönlich für andere, sondern vor allem auch für sich selbst Verantwortung übernehmen sollte. Diese Selbstverantwortung umfasst auch die Verantwortung für das eigene Lernen und hängt eng mit dem Erwerb von Lernkompetenz zusammen. „Aufgrund der hohen Bedeutung der Lernkompetenz für die erfolgreiche Bewältigung der gesamtgesellschaftlichen und individuellen Herausforderungen der Wissensgesellschaft gehört sie zu den basalen Kompetenzen, die individuelles und gemeinsames Lernen ermöglichen."[50] Lernkompetenz umfasst neben der Befähigung, den eigenen Lernprozess zu planen ebenso die Fähigkeit, zur Zielerreichung mit anderen zusammenzuarbeiten.[51] Schließlich muss das eigene Lernen reflektiert und bewertet werden, um den Lernprozess mit neuen Erkenntnissen über das eigene Lernen abzuschließen. In einem Selbstregulationsprozess müssen Lernende also in

---

[47] Gruber, Hans/ Mandl, Heinz/ Renkl, Alexander (2000), S. 152
[48] vgl. Kap. 10
[49] vgl. Kap. 10.2.
[50] Czerwanski, Annettte / Solzbacher, Claudia/ Vollstädt, Witlof (Hrsg.) (2002), S. 15
[51] ich folge hier: Czerwanski, Annettte / Solzbacher, Claudia/ Vollstädt, Witlof (Hrsg.) (2002), S. 10 - 16

die Lage versetzt werden, über ein flexibel einsetzbares Repertoire von Strategien zur Wissensaufnahme und Wissensverarbeitung sowie zur Überwachung des Lernprozesses zu verfügen. Selbstverantwortetes Lernen spielt sich somit auf den Ebenen Planung, Steuerung und Kontrolle des eigenen und gemeinsamen Lernprozesses ab. Selbstverständlich muss dies ein Ziel aller Fächer im Fächerkanon sein, aber die Missachtung dieser Grundsätze erscheint mit der inhaltlichen Zielsetzung in der diskutierten Fächergruppe besonders unvereinbar. Wenn man Philosophieren als ein sich im und durch den Denkprozess Orientieren[52] auffasst, dann erscheint es paradox, wenn dieser Unterricht methodisch straff geregelt vor allem als Wissensvermittlung, als Aneignung fremder Denkprodukte, und seien diese noch so anspruchsvoll und komplex, verläuft.

Der Ethik- und Philosophieunterricht fördert die Entwicklung vieler Kompetenzen, die für die Selbstverantwortung und eine damit verbundene Lernkompetenz förderlich sind. Wie in den folgenden Kapiteln zu zeigen sein wird, begünstigt der Unterricht der Fächergruppe Ethik/ Philosophie sechzehn Kompetenzen aus den fünf Kompetenzbereichen *Wahrnehmen und Verstehen, Analysieren und Reflektieren, Argumentieren und Urteilen, Interagieren und Sich-Mitteilen, Sich-Orientieren und Handeln*.[53] Diese Kompetenzbereiche spielen im selbstregulierten Lernen alle eine entscheidende Rolle. Lernen ist nicht nur ein individueller, sondern auch ein gemeinschaftlicher Prozess. Die hierfür erforderliche Zusammenarbeit mit anderen ist auf *Wahrnehmen und Verstehen* angewiesen. Hierbei geht es auf der Planungsebene sowohl um die Wahrnehmung der eigenen Leistungsfähigkeiten als auch um die Möglichkeiten der Lernpartner. Lernkompetenz, als Fähigkeit zum Lernhandeln verstanden, bedarf weiterhin der Kompetenzen des Bereiches *Sich-Orientieren und Handeln*. Handlungsziele müssen gesetzt, Ist- und Soll-Zustand verglichen und ein Lernprozess geplant und initiiert werden. Im dafür erforderlichen Austausch mit anderen ist man auf Fähigkeiten der Kompetenzbereiche *Argumentieren und Urteilen* sowie *Interagieren und Sich-Mitteilen* angewiesen. Die Steuerung des Lernprozesses sowie die abschließende Kontrolle kommen nicht ohne die Fähigkeiten des *Analysierens und Reflektierens* sowie *Argumentierens und Urteilens* aus. Ein kompetenzorientierter Unterricht, der die Förderung dieser Kompetenzen in den Mittelpunkt stellt, ist somit immer auch ein Unterricht, der selbstverantwortetes Lernen und Lernkompetenz stärkt.

Dieses Kapitel konnte auf den Argumentationsebenen Bildungspolitik, Philosophie, Fachdidaktik und Unterrichtspraxis zeigen, dass Unterricht der Fächergruppe Ethik/ Philosophie in besonderer Weise prädestiniert ist, kompetenzorientiert ausgerichtet zu werden. Kompetenzorientierung und Ethik/ Philosophie gehören also quasi organisch zusammen. Sie sind von den gleichen Intentionen nach Orientierung und Verantwortung geleitet. Inwieweit sich diese Erkenntnis

---

[52] vgl. Martens, Ekkehard (2007), S. 8
[53] Details siehe Kap. 5 und 10-14

in den Lehrplänen der Fächer Philosophie, Praktische Philosophie, Ethik, Werte und Normen und LER und in deren Didaktik niederschlägt, werden die folgenden Kapitel zeigen.

5. Analyse der bundesdeutschen Lehrpläne

> „Viele neue Richtlinien sind trotz aller Schwächen und Fehler fachwissenschaftlich moderner und didaktisch-methodisch progressiver als der durchschnittlich veranstaltete Unterricht der Lehrer, für den diese Richtlinien Gültigkeit haben."[1]

Nachdem bereits erarbeitet wurde, dass der Unterricht der Fächergruppe Ethik/ Philosophie in besonderer Weise geeignet ist, kompetenzorientiert ausgerichtet zu werden, sollen nun die Lehrpläne im Hinblick auf fachspezifische Kompetenzen untersucht werden. Parallel existieren in der zu untersuchenden Fächergruppe sehr alte und ganz neue Lehrpläne. Dieses Kapitel wird von dem Bemühen geleitet, aus den Lehrplänen die Gesamtsumme an für die Fächer Ethik/ Philosophie relevanten Kompetenzen zu extrahieren, um sie anschließend Experten zur Stellungnahme vorzulegen und ein bundesweit akzeptiertes Kompetenzmodell zu entwickeln.

Bereits mehrfach wurde eine Analyse der Ethiklehrpläne auf nationaler und internationaler Ebene durchgeführt, da es sich um ein relativ neues Fach handelt. Der Blickwinkel wurde dabei vor allem auf die verschiedenen Fachkonzeptionen gelegt. Die Ergebnisse dieser Analysen werden kurz dargestellt, bevor im Anschluss auf der Grundlage des in Kapitel 3 definierten Kompetenzbegriffs eigene Analysekriterien entwickelt werden. Aus den Analyseergebnissen werden Kompetenzen und ihre vorläufigen Definitionen abgeleitet. Diese werden anhand grundlegender, für das Fach kennzeichnender inhaltlicher Leitbegriffe überprüft.

5.1. Konzeptionelle Entwürfe zur Lehrplananalyse

Die besondere Fächerstruktur sowie die historische Entwicklung des Fächerspektrums haben bereits mehrfach Anlass zu vergleichenden Lehrplananalysen gegeben. Diese berücksichtigten vor allem die vorgefundenen Ansätze in den Inhalten und Zielvorgaben der Lehrpläne. Im Laufe der Entwicklung der Fächer und der Überarbeitung der Lehrpläne änderten sich dementsprechend auch die Analysekategorien.

Immer handelte es sich um idealtypische Konzeptionen, die auf die Lehrpläne angewandt wurden. In concreto haben sich unterschiedliche Mischungen herauskristallisiert, eindeutige Zuordnungen zu einem Modell sind selten möglich. Eine Untersuchung im Hinblick auf eine Kompetenzorientierung wurde bisher nicht vorgenommen. Im Folgenden werden daher zunächst die bereits verwendeten Analysekategorien dargestellt und in einen Zusammenhang zum Kompetenzbegriff gesetzt. Diese Übertragung ist möglich, da viele Lehrpläne seit Jah-

---

[1] Meyer, Hilbert (2003), S. 276

ren nicht überarbeitet wurden und die Ergebnisse der älteren Lehrplananalysen z.T. heute noch Gültigkeit haben. Anschließend werden eigene Untersuchungskriterien vorgestellt.

Heinz Schmidt (1984)

Heinz Schmidt[2] hat 1984 die erste Didaktik für den Ethikunterricht verfasst und in diesem Zusammenhang die ersten Lehrpläne, die es in diesem relativ neuen Fach gab, analysiert. Er stellt zu Recht fest, dass die vergleichende Analyse von Lehrplänen zum Zweck, daraus die fachdidaktischen Konzepte abzuleiten, schwierig ist, da Lehrpläne verschiedene Strukturen haben. Alle Lehrpläne aber legen sich auf Ziele, Inhalte und teilweise auch fachspezifische Methoden fest. Bei allen, z.T. gravierenden Unterschieden kristallisieren sich für Schmidt drei Konzeptionen heraus. An erster Stelle ist ein *hermeneutisches* Interesse zu beobachten, d.h. der Unterricht soll Sinn- und Werttraditionen vermitteln und auf diesem Weg zur Selbst- und Weltdeutung befähigen. Die Unterrichtsthemen werden Lernfeldern zugeordnet. Diese lassen sich unter verschiedenen Schwerpunkten zusammenfassen: Angeleitet wird die Reflexion individueller Erfahrungen, zwischenmenschlicher Beziehungen, politischer und sozialer Strukturen, von Grundproblemen der Ethik sowie von Deutungszusammenhängen aus philosophischen, weltanschaulichen und religiösen Traditionen. Diese Schwerpunkte weisen z. T. Überschneidungen auf. Schmidt konstatiert es als auffällig, dass sich mit steigendem Alter der Schüler/innen zum einen die Gewichtung von Themen mit persönlichem Schwerpunkt zu abstrakteren Themenstellungen verschiebt. Bei älteren Schüler/innen mit erhöhtem Reflexionsniveau ist eine wachsende Anzahl zu behandelnder Aspekte möglich. In dieser Konzeption ist keine einheitliche Kompetenzorientierung feststellbar. Vielmehr liegt für jüngere Schüler/innen der Schwerpunkt auf der Förderung der persönlichen Kompetenz, mit zunehmendem Alter rückt die Sachkompetenz in den Vordergrund.

Eine zweite Konzeption will zum *kritischen Diskurs* über die in „Interaktions- und Sozialstrukturen erfahrbaren und versteckten Normen, Werte und Ansprüche"[3] befähigen. Ziel ist es, die Schüler/innen zur kompetenten und eigenständigen Willensbildung und Mitwirkung an gesellschaftlichen Prozessen zu befähigen. Die vorrangige Unterrichtsform ist der „kritische[n] Diskurs sachkompetenter Gesprächspartner"[4]. Der Diskurs ist Ziel, Inhalt und Methode des Unterrichts. Themen des Diskurses sind Erfahrungen der Schüler/innen. Die Analyse von Themen aus dem Umfeld zielt auf eine Anerkennung von Normen. Auf dem Weg über persönliche und Sozialkompetenz wird ein Erwerb von Sachkompe-

---

[2] Schmidt, Heinz (1984a) : Didaktik des Ethikunterrichts I: Grundlagen, Kohlhammer, Stuttgart, S. 72
Linden, Hedwig (1995): Ethik/ Philosophie: Vergleichende Darstellung der Rahmenpläne aus den deutschen Bundesländern, Berlin schließt sich den Kategorien Schmidts an.
[3] Schmidt, Heinz (1984a), S. 79ff.
[4] ebd., S. 79

tenz in Form der Zustimmung zu „humane[n] Normen"[5] angestrebt. Die methodische Kompetenz legt den Schwerpunkt auf den Diskurs.
Der dritte Ansatz schließlich vermittelt Fähigkeiten zum *Urteilsbildungsprozess in Handlungssituationen*. Diese Konzeption strebt eine „allgemeine sittliche Orientierungshilfe"[6] durch einen Unterricht über Werte an. Eine an Wertvorstellungen ausgerichtete Situationsanalyse in konkreten Handlungssituationen bildet die Grundlage. Die Situationen sind jedoch nur der Aufhänger zur Behandlung moralischer Normen und haben damit eine ausschließlich methodische Bedeutung, da von einem direkten Zusammenhang zwischen Handlungsentscheidungen und Wertvorstellungen ausgegangen wird. Ziel ist es, über die Vermittlung von Sachkompetenz direkt auf die Entwicklung der Selbstkompetenz einzuwirken.

Alfred Treml (1994)
Nach Treml lassen sich vier theoretische Konzeptionen des ethischen Unterrichts in den Bundesländern unterscheiden.[7]
Da ist zunächst der Unterricht, der als *Praktische Philosophie* konzipiert ist. Im Mittelpunkt steht je nach Fachbezeichnung entweder die Auseinandersetzung mit Klassikern der philosophischen Ethik oder allgemeiner mit ethischen, anthropologischen und metaphysischen Grundproblemen. Grundlage ist die kognitive Auseinandersetzung mit Texten, im Mittelpunkt der Methodik stehen die hermeneutische Exegese der philosophischen Texte sowie die diskursive Auseinandersetzung mit deren Inhalten. Die Auswahl der Materialien orientiert sich an einem wie auch immer gerechtfertigten Literaturkanon. Schülererfahrungen spielen nur eine periphere Rolle und werden nicht explizit thematisiert. Diese Form des Unterrichts beschränkt sich auf die Vermittlung von Sach- und Methodenkompetenz. Die Methodenkompetenz allerdings ist wenig an Alltagserfahrungen und -bedürfnissen orientiert. Im Mittelpunkt stehen Text- und Begriffsanalyse sowie der Diskurs. Das Philosophieren mithilfe der sokratischen Methode wird in diesem Zusammenhang als Ideal konstatiert. Treml muss aber Recht gegeben werden, wenn er dieses Verfahren als in der Schule „recht artifizielles Produkt"[8] ansieht, das so gar nicht der Schülerwirklichkeit entspricht und auch nach dem Verständnis der Kompetenzorientierung kaum auf Problemlösungen im außerschulischen Raum übertragbar ist. Von Vorteil ist, dass die Philosophie als Bezugswissenschaft klar definiert ist und somit eine hinreichende Ausbildung der Lehrkräfte gesichert wird.

---

[5] ebd., S. 80
[6] ebd., S. 84
[7] Treml, Alfred (1994): Ethik als Unterrichtsfach in den verschiedenen Bundesländern. Eine Zwischenbilanz, in: edition ethik kontrovers 2, Friedrich-Verlag, Velber, S. 18 - 29
ebd., außerdem Pfeifer, Volker (2003), S. 22f.
[8] Treml, S. 23

Dies sieht anders aus bei Unterricht, der sich vorwiegend als *Lebenshilfe* versteht. Hier stehen die Schüler/innen mit ihren Befindlichkeiten und Fragen im Mittelpunkt der Konzeption. Bezugswissenschaften sind die Pädagogik und Philosophie, verstanden als Therapie. Identitätsbildung und Sozialverhalten stehen im Zentrum. In diesem lebenswelt- und schülerorientierten Unterricht fungiert die Lehrkraft vornehmlich als Begleiter und Berater, weniger als Wissensvermittler. Im Zentrum stehen personale und soziale Kompetenzen, die Sachkompetenz tritt hinter diese Zielsetzungen zurück. Von Vorteil ist eine hohe Eigenmotivation der Schüler/innen, von Nachteil jedoch die stoffliche Beliebigkeit sowie das Problem der Bewertbarkeit. Der Verzicht auf Benotung erschiene konsequent, widerspräche aber dem Status als ordentliches Lehrfach und der Gleichrangigkeit mit dem Religionsunterricht. Problematisch erscheint auch, dass Lehrkräfte mit therapeutischen Zielsetzungen überfordert, weil nicht dafür ausgebildet sind.

Ethikunterricht als *Moralerziehung* ist die dritte Variante im Konzeptionsspektrum. Wertorientierter Unterricht, Werteerziehung und moralische Unterweisung stehen im Zentrum des pädagogischen Bemühens. Der Erziehungsauftrag der Schule wird in diesem Ansatz auf ein Fach fokussiert. Ausgegangen wird von der Möglichkeit, unmittelbar auf das Verhalten der Schüler/innen einzuwirken. Diese „normative"[9] Didaktik legt einen verbindlichen Wert- und Normbestand wie das Grundgesetz oder die Menschenrechte zugrunde, der nicht diskutierbar ist. Es geht um praktisches Einüben gelebter Sittlichkeit. Eine reflektierte Urteilsbildung mit dem Ziel, zu eigenem und fremdem Verhalten kritisch Stellung zu beziehen, ist kaum möglich und wird auch nicht angestrebt. Will man diesen Unterricht benoten, mündet dies letztendlich in eine höchst problematische Gesinnungsprüfung. Sachkompetenz soll durch Lernen und Einüben also direkt in personale Kompetenz übergehen.

Die *Ethische Reflexion* schließlich stellt den vierten Ansatz dar, der das Phänomen einer pluralen und damit relativen Vernunft bewusst ins Zentrum rückt. Es handelt sich also um Unterricht über ethische Grundsätze angesichts kontingenter Lebensbewältigungspraxis. Ziel ist die selbst bestimmte ethische Urteilsbildung. Es geht nicht um das Einüben von Moral, sondern um die Erkenntnis der Voraussetzungen, Bedingungen und Folgen moralischen Verhaltens. Fragen, nicht vorgefertigte Antworten stehen im Mittelpunkt. Alles, jede Position, jeder Geltungsanspruch, auch die Grundwerte, dürfen einer kritischen Reflexion ausgesetzt werden. Lehrer und Schüler sind Diskurspartner, denn der Unterricht basiert auf einer „verantwortete[n] Strukturvorgabe aktueller ethischer Streitfragen durch den Lehrer im Horizont einer reichen ethischen Tradition, die im Rahmen eines gemeinsam kritischen Gesprächs auf ihre aktuelle Geltungskraft überprüft wird."[10] Auch dieser Ansatz hat nicht nur Vorteile. Vorteilhaft ist sicherlich die

---

[9] ebd., S. 26
[10] ebd., S. 27

Berücksichtigung einer skeptischen Vernunft, die zwischen Schülerorientierung und tradierten Werten und Kulturgütern vermittelt. Nachteilig ist der hohe Anspruch an die Lehrkraft, die die Balance zwischen Dogmatismus und Unverbindlichkeit bzw. Beliebigkeit wahren muss. Nicht eine, sondern verschiedene Bezugswissenschaften sind leitend. Neben Philosophie, Gesellschaftswissenschaften und Religionskunde sind auch die Naturwissenschaften von Fall zu Fall relevante Bezugsgrößen. Wenn er gelingt, bietet dieser Unterricht die Chance, alle Kompetenzfelder zu verknüpfen. Durch Auseinandersetzung mit tradierten Werten und Positionen wird Sachkompetenz vermittelt. Das ethische Reflektieren setzt Methodenkompetenz und auch personale Kompetenz voraus. Der Diskurs gleichberechtigter Partner schließlich stärkt die soziale Kompetenz.

Barbara Brüning (1999)[11]

In Anlehnung an Ekkehard Martens[12] klassifiziert Barbara Brüning vier Konzeptionen von Ethikunterricht, denen sie die von ihr analysierten europäischen Lehrpläne und Curricula zuordnet. Vordergründig als Religionsunterricht versteht sich das *weltanschaulich-religiöse Modell*, das den Blickwinkel auf religiöse Themen unter Berücksichtigung der Fragestellungen der Philosophischen und Angewandten Ethik richtet. Das *moralpädagogische Modell* definiert Ethikunterricht als selbständiges Fach, orientiert an der philosophischen Ethik. Im Mittelpunkt steht die Wissensvermittlung gesellschaftlicher Normen und Werte. Anders beim *lebenskundlichen Modell*, das seinen Ausgangspunkt im Erfahrungsfeld der Jugendlichen nimmt und alltägliche Probleme und Situationen in den Mittelpunkt stellt. Ethik wird in diesem Konzept in eine Verbindung mit anderen Bezugswissenschaften wie Religionswissenschaft und Sozialwissenschaft gebracht. Auf der Basis des sokratischen Philosophierens ist das *Nachdenklichkeitsmodell* definiert. Ziel ist eine kritische Prüfung von Werten und Normen sowie die Explikation eigener Wertvorstellungen der Schüler/innen.
Eine Kompetenzorientierung spielt in Brünings vergleichender Analyse keine Rolle. Ihr Blick richtet sich vor allem auf die in den Lehrplänen angestrebte Vermittlung fachspezifischer Inhalte und ihre methodische Umsetzung. Sie entwirft ein am sokratischen Dialog orientiertes, philosophisch ausgerichtetes Konzept, dass sie auf europäischer Ebene zu institutionalisieren sucht.

Manfred Göllner (2002)

---

[11] Brüning, Barbara (1999): Ethikunterricht in Europa. Ideengeschichtliche Traditionen, curriculare Konzepte und didaktische Perspektiven der Sekundarstufe I, Militzke, Leipzig
[12] Martens, Ekkehard (1994), S. 210/211

Göllner[13] unterscheidet auf der Basis der in den europäischen Lehrplänen dargelegten Bildungs- und Lehraufgaben des Ethikunterrichts drei Grundorientierungen.
Die *lebenskundlich-hermeneutische* Orientierung stellt die Persönlichkeit und die Erfahrungswelt der Schüler/innen in den Mittelpunkt. Ausgehend von Erfahrungen, Problemen und Fragen der Schüler/innen wird ein Beitrag zur Identitätsfindung und Persönlichkeitsstärkung angestrebt. Durch lebensnahe Themen und Inhalte wird der Zugang zu den Schüler/innen gesucht. Göllner spricht von einer „Hermeneutik des Lebens"[14], bei der nicht nur die Erfahrungen der Schüler/innen interpretiert, sondern der Blick zugleich auf praktische Konsequenzen für das zukünftige Handeln gerichtet wird. Deutlich wird an dieser Begrifflichkeit bereits, dass personale und soziale Kompetenz im Mittelpunkt stehen. Kritisch merkt Göllner daher an, dass Schülerorientierung mit Wissenschaftsorientierung vernetzt werden muss, wenn man der Gefahr der Beliebigkeit entgehen will.

In seinen Ausführungen zur zweiten Variante, der *ethisch-reflexiven* Orientierung, macht Göllner darauf aufmerksam, dass die Begriffe Ethik und Moral in vielen Lehrplänen synonym verwendet werden. Er trennt eher moralisch und eher ethisch ausgerichtete Ansätze begründet. Eine ethisch-reflexive Orientierung reflektiert moralisch begründetes Handeln und basiert wesentlich auf den Grundkonstanten Urteilsfähigkeit, Kritikfähigkeit und dem Herstellen von Begründungszusammenhängen. Basiswissenschaften sind die philosophische, die religiöse und die angewandte Ethik sowie die Meta-Ethik. Diese Ausrichtung des Unterrichts verbindet Sach- und Methodenkompetenz.

Abgegrenzt wird die ethische Zielrichtung von einer *moralisch-handlungsorientierten* Orientierung. Sie hat zum Ziel, die Schüler/innen mit bestimmten Normen und Werten bekannt zu machen. Auf dieser Basis eines Wissens um Grundwerte sollen die Schüler/innen zu einem eigenen Werturteil befähigt werden. Kognitive Aspekte von Tugenden gelten als lehr- und lernbar. Moralisches Sachwissen soll in personale und soziale Kompetenz überführt werden. Methodenkompetenz in Form selbständiger Erarbeitung von begründeten Urteilen ist demgegenüber zweitrangig. Vermittelt werden die Wertsysteme verschiedener Traditionen, Religionen und Weltanschauungen und deren gegenwärtige Bedeutung. Ein vorgegebenes Werteraster wird wie eine Schablone auf Handlungen angewendet. Inwieweit die praktische Umsetzung moralischer Werte in der Schule jedoch möglich ist, erscheint fraglich. Eine den Inhalten des Ethikunterrichts immanente Grenze ist durch die Forderung nach Selbstbestimmung und Mündigkeit gegeben.

---

[13] Göllner, Manfred (2002): Die Bildungs- und Lehraufgaben des Ethikunterrichts in Europa im Vergleich, LIT Verlag, Münster
[14] ebd., S. 23

5.2. Analysekriterien der vorliegenden Untersuchung

Die Lehrpläne der Fächergruppe Ethik/ Philosophie sind teilweise recht alt.[15] Vor allem Lehrpläne der Sekundarstufe II für das Wahlfach Philosophie, das im Verhältnis zu anderen Fächern nur von wenigen Schüler/innen belegt wird, wurden z.t. seit vielen Jahren nicht überarbeitet. Daher gelten durchaus für die Klassifizierung diverser Lehrpläne noch die Kategorien, die in den vorherigen Kapiteln vorgestellt wurden. Parallel dazu gibt es auch neue, bereits an Bildungsstandards und Kompetenzen ausgerichtete Lehrpläne. In einigen Bundesländern steht je nach Schulstufe eine Mischung von alten und neuen Lehrplankonzeptionen nebeneinander.[16] Gesucht wird daher ein Analyseinstrument, das den differierenden Fach- und Lehrplankonzeptionen Rechnung trägt und die Übertragbarkeit der Ergebnisse in ein Kompetenzmodell der Fächergruppe erlaubt.

Gewählt wird zu diesem Zweck ein mulitplaner[17] Ansatz. Uniplane und multiplane Vorgehensweisen unterscheiden sich durch die Zielsetzung ihres Vorgehens. Uniplanes Vergleichen dient vorwiegend informierenden Interessen und bewegt sich auf der rein deskriptiv-normativen Ebene, indem bestimmte Merkmale identifiziert und klassifiziert werden. Multiplane vergleichende Forschung dagegen untersucht funktionale Zusammenhänge und geht über die Analyse begrifflicher Strukturen hinaus. Es handelt sich um „vergleichsstrukturierende theoretische Konzeptualisierung"[18] Einen besonderen Typus der multiplanen Analyse stellen nach Berstecher „Vergleiche mit heuristischer Zielsetzung"[19] dar. Ihnen liegt kein explizit formuliertes Vergleichsziel mit genau definierter Problemstellung zugrunde, sondern dies soll durch den Vergleich erst gefunden werden. Diese Vorgehensweise wird auch in der vorliegenden Lehrplananalyse praktiziert. Sie verläuft in mehreren Phasen: Nach der Formulierung des vorläufigen Vergleichsziels muss ein Klassifikationsschema zur Beschreibung und Interpretation entworfen werden. Die Analyse des Materials geschieht durch „vergleichende Identifikation struktureller Relationen"[20] mit dem Ziel, typisierende Gruppen und kontrastierende Profile zu identifizieren. Auf der Basis der vergleichenden Untersuchungsergebnisse werden neue Hypothesen und Modelle erstellt. Im Hinblick auf diese Zielsetzung werden bereits in der ersten Phase die Klassifikationsparameter aufgestellt.

Obwohl es zunächst als Widerspruch zum Alter der Lehrpläne erscheinen könnte, wurden sie auf der Mikroebene auf ihre Kompetenzorientierung hin analysiert. Ausgehend von den Überlegungen, dass den Fächern der zu untersuchen-

---

[15] Der älteste Lehrplan ist der Ethiklehrplan für die Oberstufe in Rheinland-Pfalz aus dem Jahre 1983.
[16] Vor allem in Niedersachsen sind die Unterschiede durch die Auflösung der Förderstufe besonders auffällig.
[17] vgl. Schriewer, Jürgen (1984)
[18] Brüning, Barbara (1999), S. 62
[19] Berstecher, Dieter (1970), S. 109
[20] Brüning, Barbara (1999), S. 64

den Fächergruppe, wie bereits dargelegt, per se durch ihre Inhalte und fachspezifischen Methoden eine Kompetenzorientierung inhärent ist, wurde die Hypothese aufgestellt, dass sich die fachlichen Zielsetzungen Kompetenzen zuordnen lassen. Es wurden drei Deskriptionskategorien gebildet. Zunächst wurde analysiert, ob und wenn ja, welcher allgemeine Kompetenzbegriff in den Rahmenrichtlinien zugrunde gelegt wurde. Weiterhin wurden die fachspezifischen Kompetenzen, die die Schüler/innen erwerben sollen, herausgearbeitet. Die dritte Kategorie bilden die Inhalte, an denen die Kompetenzen vermittelt werden.

Wenn auch nicht alle Lehrpläne dezidiert kompetenzorientiert ausgerichtet sind, so hat die Analyse im Sinne Berstechers doch, wie erwartet, als Vergleichsziel eine Zuordnung der Zielsetzungen und zu vermittelnder Kenntnisse, Fähigkeiten und Fertigkeiten unter aus dem Vergleich abgeleiteten Oberbegriffen möglich gemacht. Verwendet wurden als Kategorien die in einzelnen Bundesländern definierten Kompetenzen, denen sich alle fachspezifischen Zielsetzungen unterordnen ließen. Diese Kompetenzen, in denen sich die Bundesländer und Fächer mit unterschiedlicher Verteilung wieder finden lassen, sind die Voraussetzung für ein fächerübergreifendes, bundesweit einsetzbares Kompetenzmodell. Basis dieses zu entwickelnden Modells ist also ein mikroanalytischer Längsschnitt auf Länderebene, der die länderspezifischen Fachkonzeptionen betrachtet, sowie ein makroanalytischer Querschnitt auf Bundesebene, der eine übergreifende Zusammenfassung curricularer Schwerpunkte ermöglicht.[21]
Auf die konkrete Darstellung der Mikroanalyse einzelner Lehrpläne wird weitgehend verzichtet. Interessierte Leser/innen können die Teilergebnisse im Anhang[22] nachlesen. Die Lehrpläne der einzelnen Bundesländer haben vor allem im Hinblick auf eine vergleichende Makroanalyse interessiert. Sie liefern wichtige Aspekte für die Erstellung eines bundesweit gültigen Kompetenzmodells. Weniger die Herausarbeitung von Differenz und Kontrast als vielmehr die Zusammenstellung von Konsens war das forschungsleitende Ziel.

5.3. Ergebnisse der Lehrplananalyse

Kompetenzbegriff
Dem Alter der Lehrpläne entsprechend existieren in den bundesdeutschen Rahmenrichtlinien ganz unterschiedliche Konzeptionen von Bildung. Es finden sich Lehrpläne, die ausdrücklich einen für alle Fächer gültigen und klar definierten Kompetenzbegriff zugrunde legen. Daneben sind auch Lehrpläne zu lesen, in denen implizit ein Kompetenzbegriff vorausgesetzt wird, der den fachspezifischen Fähigkeiten und Fertigkeiten zu entnehmen ist, ohne jedoch explizit formuliert zu werden.

---

[21] vgl. zu dieser Vorgehensweise auch Brüning, Barbara (1999), S. 59 - 64
[22] vgl. beiliegende CD

Insgesamt ergab die Lehrplananalyse auf der Mikroebene in den sechzehn Bundesländern sieben verschiedene Kompetenzdefinitionen. Daneben gibt es Bundesländer ohne Kompetenzorientierung sowie mit ausdrücklich angestrebtem Erwerb fachspezifischen Grundwissens. D.h. es existieren nebeneinander neun verschiedene Bildungskonzeptionen, die sich wiederum in den fachspezifischen Kompetenzen sowie in Art und Umfang der Inhalte spiegeln.

Grundsätzlich lassen sich im makroanalytischen Vergleich zwei Arten von Kompetenzdefinitionen finden. Die Rahmenpläne basieren entweder auf fachspezifischen (vgl. Abbildung 1) oder auf fachübergreifenden (vgl. Abbildung 2) Kompetenzbegriffen. Allen definierten Kompetenzbegriffen ist jedoch bei aller Unterschiedlichkeit immer die Verbindung von Sach- und Methodenkompetenz, verbunden mit Selbst- und Sozialkompetenz gemeinsam.

Abbildung 1: fachspezifische Kompetenzdimensionen

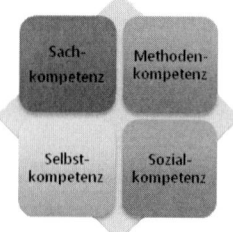

Abbildung 2: fachübergreifende Kompetenzdimensionen

Allerdings werden diese Kompetenzdimensionen verschiedenen übergeordneten Zielsetzungen untergeordnet. So wird neben fachbezogener auch die fachübergreifende Handlungskompetenz (vgl. Abbildung 3) angestrebt. Diese Kompetenz spiegelt sich dementsprechend auch in vielen fachspezifischen Kompetenzen, wie bei der genauen Analyse noch zu zeigen sein wird.

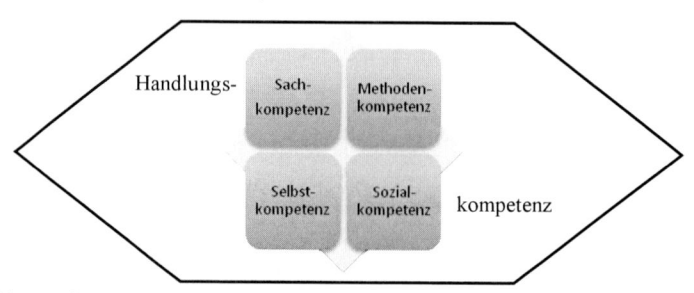

Abbildung 3: fachspezifische Handlungskompetenz

Einige Bundesländer zielen mit ihren Ansätzen auf die Vermittlung von Lernkompetenz (vgl. Abbildung 4) als spezifischer Ausprägung der Handlungskompetenz, zu der alle Fächer ihren spezifischen Beitrag leisten. Das Lernen lernen steht im Mittelpunkt. Die Vermittlung von Arbeitstechniken zum selbständigen Erwerb von Wissen in wissenschaftspropädeutischer Funktion spielt in allen Fachbereichen dementsprechend eine zentrale Rolle. Alle Fächer tragen durch ihre fachspezifischen Methoden dazu bei, das Spektrum an Sach- und Methodenkompetenz zu erweitern. Die Reflexion des Lern- und Arbeitsprozesses auf der Metaebene wird durch die Stärkung der Personalen Kompetenz befördert. Lernen als Prozess im Team schließlich erfordert soziale Kompetenzen. In allen Fächern kann an der Erweiterung dieser Teilkompetenzen gearbeitet werden (vgl. Abbildung 5).

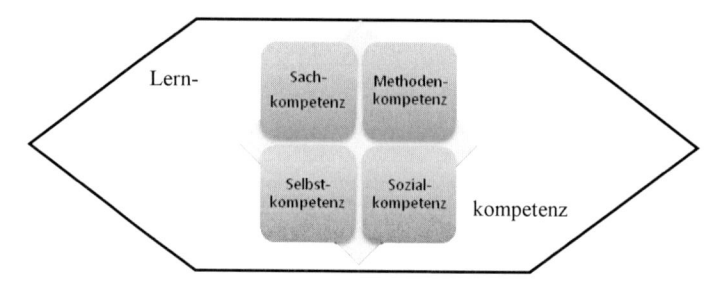

Abbildung 4: fachspezifische Lernkompetenz

Trotz des vielen Lehrplänen zugrunde liegenden, wenn auch unterschiedlich akzentuierten Kompetenzbegriffs, der eigentlich eine Vermittlung von Problemlösekompetenz an exemplarischen Inhalten impliziert, zeichnen sich viele Lehrpläne durch eine große Stofffülle mit dem Ziel der Vermittlung fachspezifischen Grundwissens aus. Es sind dies vor allem die Lehrpläne der Fächer Ethik und Philosophie in der Sekundarstufe II. Zum Teil liegt dies sicherlich am Alter dieser Lehrpläne. Auf der anderen Seite ist für die Oberstufe generell eine starke Ausrichtung an Sachkompetenz und fachwissenschaftlicher Orientierung festzustellen. Je älter die Schüler/innen, desto geringere Bedeutung wird der Vermittlung sozialer und personaler Kompetenzen beigemessen. Für jedes Kurshalbjahr wird vielmehr ein umfangreicher Literaturkanon vorgegeben, der wenig Spielräume lässt und sich an der Interpretation philosophischer Klassiker orientiert. Der Lebensweltbezug hat nur die Aufgabe, das Verständnis der eher sperrigen Texte zu erleichtern. Diese Schülerorientierung hat ausschließlich methodische Funktion. Eine Problemlösekompetenz oder Handlungsorientierung wird nicht angestrebt.

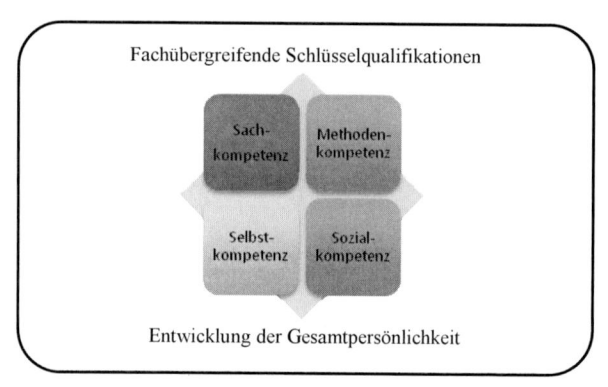

Abbildung 5: fachübergreifende Kompetenzziele

Fachdidaktiken | 63

Einige Richtlinien, die einen Kompetenzbegriff und fachspezifische Kompetenzen zugrunde legen, zeichnen sich bisweilen durch geringe Kohärenz in Bezug auf die zu vermittelnden Inhalte aus.[23] Umfangreiche Themenlisten, die abgearbeitet werden müssen und keine Spielräume für fakultative Themen oder individuelle Schwerpunktsetzungen lassen, erweisen sich als kontraproduktiv zur Kompetenzorientierung. Der Umfang an Themenschwerpunkten lässt kompetenzorientiertes Arbeiten nur bedingt zu, auch wenn als Zielsetzungen in den Lehrplänen Kompetenzen genannt werden. Angestrebt wird in diesen Lehrplänen weniger Problemlöse- als ausschließlich Sachkompetenz.

Dass es auch anders möglich ist, zeigen beispielsweise die Lehrpläne von Mecklenburg-Vorpommern, die die Vorgaben auf 60% der Unterrichtszeit beschränken. Die restliche Zeit lässt Spielräume für fakultative Themen, für speziell der Lerngruppe angepasste Schwerpunktsetzungen, für projektorientiertes Arbeiten. Die folgende Übersicht gibt noch einmal einen Überblick über die unterschiedlichen bundesdeutschen Konzeptionen.

Zugrundeliegender Kompetenzbegriff	Entwicklung fachspezifischer Kompetenzen, die durch exemplarische Inhalte vermittelt werden		Schwerpunkt: Vermittlung fachspezifischen Grundwissens	
Fachbezogene Einheit von Sach-, Methoden-, Sozial- und Selbstkompetenz	Baden-Württemberg	Ethik/ 5 – 12, Philosophie/ Sek. II		
	Hessen	Ethik/ 5 - 10		
	Niedersachsen	Werte u. Normen/ Haupt- und Realschule, 7-10		
	Nordrhein-Westfalen	Praktische Philosophie/ 9-10		
Fachübergreifende Einheit von Sach-, Methoden-, Sozial- und Selbstkompetenz	Berlin	Ethik/ 7-10, Philosophie 7-10, Sek. II	Bayern	Ethik/ 1 – 12
	Mecklenburg-Vorpommern	Philosophie/ Sek. II	Nordrhein-Westfalen	Philosophie/ Sek. II
			Sachsen-Anhalt	Philosophie/ Sek. II
Fachbezogene Handlungskompetenz als fachbezogene Einheit von Sach-, Methoden-, Sozial- und Selbstkompetenz	Rheinland-Pfalz	Ethik/ 5-10		
Förderung von fachübergreifender Hand-	Mecklenburg-Vorpommern	Philosophieren mit Kindern, Sek.	Bremen	Philosophie/ Sek.

---

[23] Dies gilt vor allem für die Lehrpläne aus Bayern, Bremen, Niedersachsen, Sachsen-Anhalt, Schleswig-Holstein, Thüringen

Kompetenzbegriff	Land	Fach/Klasse	Land	Fach/Klasse
lungskompetenz als Zusammenspiel der fachspezifischen Kompetenzfelder Sach-, Methoden-, Sozial- und Selbstkompetenz	Niedersachsen	Werte u. Normen/ Haupt- und Realschule, 5/6	Nordrhein-Westfalen	Prakt. Philosophie/ 5-10
	Sachsen-Anhalt	Ethik/ Grundschule		
Förderung von fachübergreifender Lernkompetenz als Zusammenspiel der fachspezifischen Kompetenzfelder Sach-, Methoden-, Sozial- und Selbstkompetenz	Thüringen	Ethik/ 5 – 12	Schleswig-Holstein	Philosophie/ Sek. I+II
Fachübergreifende Entwicklung der Gesamtpersönlichkeit als Zusammenhang von Sach-, Methoden-, Sozial- und Selbstkompetenz	Brandenburg	LER/ 5-10	Nordrhein-Westfalen	Philosophie, Sek. II
	Saarland	Allg. Ethik, 9-12	Brandenburg	Philosophie, Sek. II
	Sachsen	Ethik/ 5 -12		
	Sachsen-Anhalt	Ethik/ 5 -12		
Förderung von fachübergreifender Handlungskompetenz und fachübergreifenden Schlüsselqualifikationen als Zusammenspiel der fachspezifischen Kompetenzfelder Sach-, Methoden-, Sozial- und Selbstkompetenz	Hamburg	Ethik/ 9-10), Philosophie/ Sek. II		
Kompetenzbegriff wird nicht explizit definiert	Niedersachsen	Werte u. Normen, Gymn./ 5/6, Haupt- und Realschule/5–10		
Erwerb fachspezifischen Grundwissens			Hessen	Ethik/ Sek. I+II, Philosophie/ Sek. II
			Niedersachsen	Werte u. Normen/ Gymn., 7 – 10/ Sek. II, Philosophie/ Sek. II
			Rheinland-	Philosophie/ Sek. II

			Pfalz	Ethik/ Sek. II

Tabelle 4: Bundesdeutsche Lehrplanmodelle

Fachspezifische Kompetenzen

Lehrpläne formulieren in unterschiedlicher Weise Zielsetzungen, zu erwerbende Fähigkeiten und Fertigkeiten, Kenntnisse oder Kompetenzen, die durch die Vermittlung vorgegebener Inhalte in bestimmten Klassenstufen vermittelt und erworben werden sollen. Diese übergeordneten Ziele aller bundesdeutschen Rahmenrichtlinien der Fächergruppe lassen sich auf der Ebene der vergleichenden Makroanalyse unter Oberbegriffen zusammenfassen. Die Essenz dieser Lehrplananalyse bilden sechzehn fachspezifische Kompetenzen, unter die sich die Zielsetzungen aller Fächer der Fächergruppe, Schulformen und Schulstufen subsumieren lassen. Es sind dies die Wahrnehmungskompetenz, Perspektivübernahme, Empathie, Interkulturelle Kompetenz, Textkompetenz, Sprach-(analytische) Kompetenz, Interdisziplinäre Kompetenz, Reflexionskompetenz, Argumentations- und Urteilskompetenz, Moralische Urteilsfähigkeit, Ethisches Argumentieren, Konfliktlösungskompetenz, Darstellungskompetenz, Diskursfähigkeit, Orientierungskompetenz und Handlungskompetenz. Diese Begrifflichkeiten leiten sich direkt aus den Formulierungen der Rahmenrichtlinien ab. Auch sinngemäße Übereinstimmungen konnten den Oberbegriffen zugeordnet werden. Inwieweit diese aus den Lehrplänen extrahierten Kompetenzen den Kriterien, die an eine Kompetenz gestellt werden, entsprechen, wird im Zusammenhang mit einer empirischen Untersuchung unter Experten zu klären sein.[24]

Durch Sortieren der Definitionen nach Jahrgangsstufe, Fach und Bundesland entstanden die folgenden Tabellen. Sie fassen die Kenntnisse und Fähigkeiten, die die Fächer Ethik, Praktische Philosophie, Werte und Normen und LER vermitteln, aufgrund ihrer vielfachen Übereinstimmungen als Gruppe zusammen und stellen sie den Zielsetzungen des Philosophieunterrichts gegenüber. Damit ermöglichen sie einen direkten Vergleich zwischen den Fächern innerhalb der Fächergruppe.

Zur differenzierten Analyse wurden drei verschiedene Übersichten zusammengestellt. Zum einen wurden die Sekundarstufe I und II separat betrachtet, um zu untersuchen, inwieweit der Erwerb bestimmter Kompetenzen als altersabhängig zu betrachten ist. Auf der anderen Seite könnten Unterschiede zwischen den Schulstufen auch davon abhängig sein, dass die Kompetenzentwicklung in einigen Bundesländern als Prozess verstanden wird. In diesem Fall würden bestimmte Kompetenzen als Fundamentum zu erwerben sein, die die Grundlage für ein Additum vertiefender Kompetenzen bilden. Daneben wurde aber auch eine Übersicht zusammenstellt, die beide Schulstufen gemeinsam umfasst. Hier war die Überlegung leitend, die Schullaufbahn als Ganzes zu sehen und zusam-

---

[24] siehe Kapitel 7/8

menfassend zu betrachten, welche Kompetenzen Jugendliche nach Ablauf der Schulzeit in der Fächergruppe insgesamt erworben haben sollen.
Die Verteilung der Kompetenzen auf die Fächer Ethik und Philosophie innerhalb der Sekundarstufe I und II zeigt deutliche Unterschiede. Die Rahmenrichtlinien der Fächer Ethik, Praktische Philosophie, Werte und Normen, LER legen einen Fokus auf die Bereiche Wahrnehmen und Verstehen,[25] Argumentieren und Urteilen sowie auf die Handlungskompetenz. Perspektivübernahme und Empathievermögen, verbunden mit Interkultureller Kompetenz sind grundlegend. Durch verstärkte Berücksichtigung von sozialer und personaler Kompetenz wird eine deutliche Akzentsetzung vorgenommen. Die Philosophie dagegen sieht ihren Schwerpunkt in den Kompetenzbereichen Analysieren und Reflektieren, Argumentieren und Urteilen sowie dem Diskurs. Abstraktes Denken ist vorrangig. Die Förderung von Text- und Sprachkompetenz bildet einen zentralen Inhalt im Unterricht, Sach- und Methodenkompetenz stehen also im Mittelpunkt.
Bei allen Unterschieden gibt es jedoch auch Kompetenzen, die in allen Bundesländern und damit in allen Fächern der Fächergruppe von Bedeutung sind. Die Vermittlung von Reflexionskompetenz ist bundesweit ein grundlegendes Kompetenzziel. Auch die Argumentations- und Urteilskompetenz, entweder unspezifisch oder spezieller als ethische oder moralische Urteilskompetenz definiert, wird in allen Fächern der Fächergruppe vermittelt. Diese Begrifflichkeiten werden in den Lehrplänen allerdings nicht immer sauber getrennt, sondern Ethik und Moral werden oft synonym verwendet. Ebenfalls in den meisten Bundesländern sehr wichtig sind Diskursfähigkeit und Handlungskompetenz.
Interdisziplinäre Kompetenz dagegen wird nur selten angestrebt. Dies ist umso erstaunlicher, als diese Fächer keinen Alleinanspruch auf bestimmte Inhalte erheben, sondern ein großes Themenspektrum unter anderem aus den Fachbereichen Naturwissenschaften, Gesellschaftswissenschaften, Sozialwissenschaften und Religionswissenschaften rekrutieren.
Philosophie wird in den meisten Bundesländern nur in der Oberstufe unterrichtet. Ob die Unterschiede zwischen den Philosophie- und Ethikrahmenrichtlinien eher fach- oder schulstufenabhängig sind, kann die Analyse der Sekundarstufe I und II zeigen. Es wird zu untersuchen sein, ob Philosophie in der Sekundarstufe I einen ähnlichen Ansatz wie Ethik verfolgt und ob im umgekehrten Fall Ethik in der Sekundarstufe II vergleichbare Schwerpunkte wie der Philosophieunterricht setzt.
Die folgenden Tabellen dokumentieren die Ergebnisse der Lehrplananalysen, zum einen im Gesamtüberblick, aber auch differenziert nach angestrebten Kompetenzen für die Sekundarstufe I und II.

---

[25] Eine genaue Definition der Kompetenzbereiche wird in Kap. 5.4. und 5.5. vorgenommen.

Fachdidaktiken | 67

	BW[26]	BY	BB	BE	HB	HH	HE	MV
Wahrnehmung	P[27]			E P			E	P
Perspektivübernahme		E	E		P	E	E	P
Empathie			E	E		E	E P	
Interkulturelle Kompetenz			E			E		
Textkompetenz	P		E P				P	P
Sprachkompetenz	P	E	P				P	P
Interdisziplinäre Kompetenz	P		E				P	
Reflexion	E	E	E P	E	P	P	E P	P
Argumentation	E P		P	P	P		E P	P
Moralische Urteilsfähigkeit	E		E	E		E	E	
Ethisches Argumentieren	E	E	E	E			E	
Konfliktlösung			E		P		E	P
Darstellung	P			P		P		P
Diskurs	E		E P			E P	E P	P
Orientierung		E					E	P
Handlung		E		E P	P		E	P

	NI	NRW	RP	SL	SN	ST	SH	THÜ
Wahrnehmung	E					E		E
Perspektivübernahme	P	P	P				P	
Empathie		E			E		P	E
Interkulturelle Kompetenz	E	E P	E	E	E		P	E
Textkompetenz	P	P	P	E P	E	E P		E
Sprachkompetenz			E P			E P	P	
Interdisziplinäre Kompetenz							P	
Reflexion	E P	P	E P	E P	E	E P	P	E
Argumentation	P	P	P	P		E P	P	E
Moralische Urteilsfähigkeit	E	P	E	E	E	E		
Ethisches Argumentieren	E	E	E	E	E	E		E
Konfliktlösung			E			E		E
Darstellung		P				E		E
Diskurs	E		E P	E P	E	E P	P	E
Orientierung	P	E					P	E
Handlung	E	E	E	E	E	E	P	E

[26] BW= Baden-Württemberg, BY= Bayern, BE= Berlin, BB= Brandenburg, HB= Bremen, HH= Hamburg, HE= Hessen, MV= Mecklenburg-Vorpommern, NI= Niedersachsen, NRW= Nordrhein-Westfalen, RP= Rheinland-Pfalz, SL= Saarland, SN= Sachsen, ST= Sachsen-Anhalt, SH= Schleswig-Holstein, THÜ= Thüringen
[27] P = Philosophie; E = Ethik/ Praktische Philosophie/ LER/ Werte und Normen

Tabelle 5: Angestrebte Kompetenzen in der Sekundarstufe I und II

Fachdidaktiken | 69

	BW	BY	BB	BE	HB	HH	HE	MV
Wahrnehmung				E P			E B²⁸	
Perspektivübernahme		E	E		P		E B	P
Empathie			E	E		E	E B	
Interkulturelle Kompetenz			E			E	B	
Textkompetenz			E				B	P
Sprachkompetenz		E	E				B	P
Interdisziplinäre Kompetenz			E				B	
Reflexion	E	E	E		P	P	E B	P
Argumentation	E				P	P	E B	P
Moralische Urteilsfähigkeit	E		E	E		E	E B	
Ethisches Argumentieren	E	E	E	E			E B	
Konfliktlösung			E		P		E B	P
Darstellung					P		P	B
Diskurs	E		E			E P	E B	P
Orientierung		E					E	B
Handlung		E		E P	P		E B	P

	NI	NRW	RP	SL	SN	ST	SH	THÜ
Wahrnehmung	E					E		
Perspektivübernahme							P	
Empathie		E			E			E
Interkulturelle Kompetenz	E	E	E	E	E			E
Textkompetenz					E			E
Sprachkompetenz				E				
Interdisziplinäre Kompetenz								
Reflexion			E	E	E	E	P	E
Argumentation						E	P	E
Moralische Urteilsfähigkeit	E		E	E		E		
Ethisches Argumentieren	E	E	E	E		E		
Konfliktlösung				E				E
Darstellung							E	E
Diskurs	E		E	E	E	E	P	E
Orientierung			E				P	E
Handlung	E	E	E	E	E	E	P	E

Tabelle 6: Angestrebte Kompetenzen in der Sekundarstufe I

---

[28] P = Philosophie; E = Ethik/ Praktische Philosophie/ LER/ Werte und Normen; B = Bildungsstandards Hessen, im Erarbeitungsprozess

Die Übersicht über die Kompetenzverteilung in der Sekundarstufe I macht zum einen eine große Streuung, zum anderen unterschiedliche Konzeptionen der Fächer deutlich. Es gibt Bundesländer, die eine gleichmäßige Verteilung der Kompetenzen über die verschiedenen Kompetenzbereiche vornehmen. Hierzu gehören Bayern, Brandenburg, Bremen, Hessen, Sachsen-Anhalt, Schleswig-Holstein und Thüringen. Die Bandbreite an zu vermittelnden Kompetenzen ist groß, alle Kompetenzdimensionen werden angesprochen. Es liegt ein relativ ganzheitliches Verständnis der Fächer vor.[29] Einige dieser Bundesländer bieten Philosophie bereits in der Sekundarstufe I an. Die Konzeption der Fächer Ethik und Philosophie unterscheidet sich jedoch nicht grundlegend.

Daneben gibt es Bundesländer, die Ethik unabhängig von der Schulstufe eindeutig als philosophische Bildung definieren. Baden-Württemberg, Rheinland-Pfalz, Saarland und Sachsen sind zu diesem Kreis zu rechnen. Der Kompetenzbereich Wahrnehmen und Verstehen wird nicht oder nur in Form Interkultureller Kompetenz als Vertrautmachen mit anderen religiösen und kulturellen Wertvorstellungen vertreten. Perspektivübernahme und Empathie spielen in diesen Bundesländern keine Rolle. Es wird ein eher abstrakt-analytischer Zugang gewählt.

Wie im allgemeinen Überblick über beide Schulstufen bilden auch in der Sekundarstufe I die Reflexionskompetenz, Argumentations- und Urteilsfähigkeit, der Diskurs und die Handlungskompetenz die Basis. Das Nachdenken über Probleme, das Bilden einer eigenen Meinung, die in der Kommunikation mit anderen vertreten werden muss, und die konkrete Umsetzung stehen im Zentrum der Unterrichtskonzeptionen. Textkompetenz, Sprachanalyse, Interdisziplinäre Kompetenz und Darstellungskompetenz spielen dagegen eine eher untergeordnete Rolle. Dies lässt auf die zur Verwendung empfohlenen Unterrichtsmaterialien und -methoden schließen. Sachtexte treten hinter Erzähltexten zurück, produktions- und handlungsorientierte Methoden sind die bevorzugten Unterrichtsformen.

Erwartungsgemäß finden analytische Fähigkeiten in der Sekundarstufe I nur peripher Berücksichtigung. Nur zwei Bundesländer legen auf diese Fertigkeiten einen besonderen Fokus. Dies ist zum einen Mecklenburg-Vorpommern, ein Bundesland, in dem Philosophie bereits in der Sekundarstufe I angeboten wird. Erstaunlicher erscheint es, dass diese Kompetenzen in LER, das seinen Ausgangspunkt bei den Erfahrungen der Schüler/innen nimmt, ebenfalls eine zentrale Rolle spielen.

---

[29] Hessen erarbeitet zur Zeit Bildungsstandards für alle Fächer in der Sekundarstufe I, die für das Fach Ethik alle 16 Kompetenzen beinhalten.

Fachdidaktiken | 71

	BW	BY	BB	BE	HB	HH	HE	MV	EPA Phil.
Wahrnehmung	P			P	Kein Unterricht in der Sek. II			P	P
Perspektivübernahme		E							
Empathie							P		
Interkulturelle Kompetenz									
Textkompetenz	P		P				P		
Sprachkompetenz	P	E	P				P		
Interdisziplinäre Kompetenz	P						P		
Reflexion	E	E	P			P	E P	P	P
Argumentation	P		P				P	P	P
Moralische Urteilsfähigkeit									
Ethisches Argumentieren	E	E					E		
Konfliktlösung									
Darstellung	P			P		P		P	P
Diskurs	E		P			P	E P		
Orientierung		E					P		
Handlung		E		P			E	P	

	NI	NRW	RP	SL	SN	ST	SH	THÜ	EPA Ethik
Wahrnehmung					E		E	E	
Perspektivübernahme	P	P					P		E
Empathie					E	P			
Interkulturelle Kompetenz	E	P					P		E
Textkompetenz	P	P	P	E P		E P		E	E
Sprachkompetenz						P	P		E
Interdisziplinäre Kompetenz							P		E
Reflexion	P	P	E P	E P		E P	P	E	E
Argumentation	P	P	P	P		P	P	E	E
Moralische Urteilsfähigkeit			E						E
Ethisches Argumentieren				E		E		E	E
Konfliktlösung									E
Darstellung		P					E	E	E
Diskurs			P	P	E	E P	P		E
Orientierung	P						P	E	E
Handlung	P				E	E	E	P	E E

Tabelle 7: Angestrebte Kompetenzen in der Sekundarstufe II

Auch die Sekundarstufe II zeichnet sich durch große Divergenzen aus. Auffällig ist, dass sich der Kreis der Bundesländer mit großer Kompetenzstreuung im Unterschied zur Sekundarstufe I erweitert hat. In der Oberstufe sind dies Baden-Württemberg, Bayern, Hessen, Mecklenburg-Vorpommern, Niedersachsen, Nordrhein-Westfalen, Sachsen-Anhalt und Thüringen. In den meisten dieser Bundesländer wird jedoch in der Oberstufe Philosophie als Alternativfach angeboten und Ethik ist auf die Sekundarstufe I beschränkt, so dass ein direkter Vergleich nicht unbedingt möglich ist. Im Bereich Wahrnehmen und Verstehen liegt der Schwerpunkt in der Oberstufe meistens auf der Wahrnehmungskompetenz, Empathie und Perspektivübernahme verlieren an Bedeutung.

Der eindeutige Schwerpunkt im Fach Philosophie liegt im analytischen und argumentativen Bereich sowie im Diskurs. Das Fach Ethik richtet den Fokus auf die Reflexionskompetenz, das ethische Argumentieren und die Handlungskompetenz. Die Konfliktlösung spielt in der Sekundarstufe II keine Rolle mehr.

Sachsen-Anhalt und Bayern heben sich in der Konzeption des Faches Ethik deutlich vom Philosophieunterricht durch eine größere Ganzheitlichkeit ab. In den anderen Bundesländern dagegen verstärkt sich die Tendenz, Ethik als philosophische Bildung zu betrachten. Die interkulturelle Kompetenz tritt fast vollständig zurück und wird nur noch in zwei Bundesländern vermittelt, was die philosophische Akzentuierung verstärkt.

Der Anstieg der Darstellungskompetenz gegenüber der Sekundarstufe I ist signifikant. Erklärbar scheint dieses Phänomen durch das Schreiben philosophischer Essays sowie im Hinblick auf das Abitur durch das Einüben von Präsentationsformen. Der Schwerpunkt im Bereich Text und Sprache impliziert eine schwerpunktmäßige Lektüre philosophischer Literatur.

Auffällig ist auch, dass die Kompetenzorientierung innerhalb der Bundesländer nicht einheitlich ist. Z. T. wird in der Oberstufe eine größere Kompetenzbreite angestrebt als in der Sekundarstufe I (Baden-Württemberg, Nordrhein-Westfalen). In anderen Bundesländern ist eine umgekehrte Tendenz zu beobachten (Berlin, Brandenburg, Hamburg, Sachsen). Erweitert sich die Bandbreite an Kompetenzen, wird in der Sekundarstufe II ein anderes Fach angeboten, so dass vermutlich auch andere Autoren für die Konzeption der Rahmenrichtlinien verantwortlich waren. Wird der Radius jedoch eingeschränkt, ist diese Beobachtung nicht so eindeutig zu interpretieren.

Ein System lässt sich in der Verteilung der Kompetenzen nicht ausmachen. Abschließend lässt sich nur feststellen, dass mit zunehmendem Alter der Schüler/innen der Abstraktionsgrad tendenziell zunimmt. Analytisch-reflexive und argumentative Kompetenzen stehen dann vielfach im Mittelpunkt.

Die EPA (Einheitliche Prüfungsanforderungen in der Abiturprüfung), die bundesweit gelten, zeigen einen gravierenden Unterschied zwischen den Fächern Philosophie und Ethik. Es sollten sich alle Bundesländer in diesen Konzeptionen wiederfinden können, denn der Unterricht, der sich zum einen an den einzelnen Lehrplänen orientiert, mündet schließlich in Abiturprüfungen, die an den EPA ausgerichtet sind. Aus diesem Grund ist sicherlich eine starke Verkürzung und Einschränkung der Anforderungen festzustellen, was vor allem für Philosophie gilt. Das Fach Philosophie wird durch eine stark reduzierte Auswahl von Kompetenzen gekennzeichnet, die den Schwerpunkt eindeutig auf kognitiv-abstrakte Fähigkeiten legt: Philosophieren wird als Reflexionskompetenz definiert, einer Kompetenz, die auf Wahrnehmungs- und Deutungskompetenz, Argumentations- und Urteilskompetenz sowie Darstellungskompetenz basiert.[30] Vor allem Reflexion und Argumentation bilden den Kern aller bundesdeutschen Lehrpläne. Das breitere Spektrum, durch das sich viele Lehrpläne jedoch auszeichnen und das auch soziale und personale Kompetenzen umfasst, spielt in den Abiturprüfungen Philosophie keine Rolle mehr.

Ethik dagegen ist charakterisiert durch ein breites Spektrum an Kompetenzen[31], das alle Kompetenzbereiche umfasst und auf eine ganzheitlichere Ausbildung abzielt. Hier fällt allerdings auf, dass im Abitur mehr verlangt wird, als ein Großteil der Lehrpläne der Bundesländer für die Sekundarstufe II fordern. Die EPA fordern ein im Grunde genommen vollständiges Spektrum an Kompetenzen, das sich nicht mit den Anforderungen der einzelnen Bundesländer deckt. Es scheint, als würden die in der Sekundarstufe I vermittelten Kompetenzen in der Oberstufe vorausgesetzt, eine Schlussfolgerung, die angesichts der Wahlmöglichkeiten der Schüler/innen nicht selbstverständlich sein kann und darf.

5.4. Kompetenzbereiche

Die aus den bundesdeutschen Lehrplänen extrahierten Kompetenzen lassen sich thematisch in Gruppen zu übergeordneten Kompetenzbereichen zusammenfassen. Diese sind sehr allgemein gehalten, sie gehen über die Anforderungen einer Unterrichtseinheit oder Jahrgangsstufe hinaus und markieren abschließende Ziele. Die Teilkompetenzen lassen sich zu fünf Kompetenzbereichen zusammenfassen, die bis zum Abschluss der Sekundarstufe II Gültigkeit haben.

Kompetenzbereiche	Teilkompetenzen
Wahrnehmen und Verstehen	Wahrnehmungskompetenz
	Perspektivübernahme
	Empathie
	Interkulturelle Kompetenz
Analysieren und Reflektieren	Textkompetenz
	Sprach-(analytische) Kompetenz
	Interdisziplinäre Kompetenz
	Reflexionskompetenz

---

[30] EPA Philosophie (2006), S. 4f.
[31] vgl. EPA Ethik (2006), S. 7f.

Argumentieren und Urteilen	Argumentations- und Urteilskompetenz
	Moralische Urteilsfähigkeit
	Ethische Urteilskompetenz
Interagieren und Sich-Mitteilen	Diskursfähigkeit
	Darstellungskompetenz
	Konfliktlösungskompetenz
Sich-Orientieren und Handeln	Orientierungskompetenz
	Handlungskompetenz

Tabelle 8: Kompetenzbereiche

Wahrnehmen und Verstehen impliziert die differenzierte Wahrnehmung der persönlichen, sozialen und sächlichen Umwelt. Das Einfühlen in andere Menschen und das Mitempfinden sind grundlegende Voraussetzungen für ein Miteinander in kulturellen und interkulturellen Gemeinschaften. Personale und soziale Kompetenzen spielen eine ebenso große Rolle wie methodische Fähigkeiten der Wahrnehmung und Beschreibung sowie Fachwissen beispielsweise über andere Kulturen. Beobachtetes muss mit Faktenwissen unterfüttert werden. Erforderlich sind *analytische und reflexive* Fähigkeiten. Ein versierter Umgang mit Text und Sprache ist ebenso hilfreich wie das Hinzuziehen von Kenntnissen aus anderen Fachbereichen. Erworbenes Wissen schließlich muss reflektierend angeeignet werden. Kenntnisse machen ein begründetes Urteil möglich, in das neben methodischen *Argumentations- und Urteilsfähigkeiten* auch die Kenntnis moralischer Grundpositionen und eine ethische Positionierung einfließen. Ethik- und Philosophieunterricht lebt von der Kommunikation. Durch *Interagieren und Sich-Mitteilen* muss die eigene Position schriftlich oder mündlich konfliktfrei artikuliert werden. Kompetenzen zielen auf Problemlösungskompetenz. Die Schüler/innen müssen befähigt werden, sich in ihrem Leben *zu orientieren und handelnd* Verantwortung zu übernehmen.
Die Vermittlung dieser Kompetenzen ist sowohl progressiv als auch im Sinne einer Wechselwirkung zu verstehen. Auf der Basis von Wahrnehmungen werden Fragestellungen analysierend vertieft. Die Reflexion neuer Erkenntnisse mündet in einen Argumentations- und Urteilsprozess, der kommuniziert werden muss. Im Idealfall werden die Erkenntnisse in konkrete Handlungen überführt. Auf der anderen Seite initiieren neue Erkenntnisse eine veränderte Wahrnehmung. Der Diskurs mit anderen motiviert zur Überprüfung der eigenen Argumentation. Der ethische Bildungsprozess verläuft also zugleich linear und vernetzt.
Betrachtet man die Rahmenrichtlinien unter diesem Blickwinkel, fällt in den Übersichten, bereits farblich kenntlich gemacht, auf, dass sich alle Bundesländer über alle Schulstufen hinweg jeweils in jedem Kompetenzbereich wieder finden lassen. Wenn auch die Akzentsetzungen innerhalb der einzelnen Bereiche unterschiedlich gesetzt werden, kann durch diese Verteilung davon ausgegangen

werden, dass über die Kompetenzbereiche bundesweit und fachübergreifend Konsens zu erzielen ist.

5.5. Definition der Teilkompetenzen

Als Grundlage für die Expertenbefragung und als Basis für die Entwicklung von Kompetenzrastern werden die Teilkompetenzen wie folgt definiert:[32]

Wahrnehmen und Verstehen:
Wahrnehmungskompetenz:
Situationen und Probleme der individuellen, sozialen und natürlichen Lebenswelt wahrnehmen, beschreiben und deuten.

Perspektivübernahme:
Auseinandersetzung mit einem anderen Denkkontext und kritische Reflexion der eigenen Position.

Empathie:
Sich in die Situation und das Erleben anderer versetzen und ihre Handlungen, Gefühle und Entscheidungen nachvollziehen.

Interkulturelle Kompetenz:
Wahrnehmung und Auseinandersetzung mit interkulturellen Gegebenheiten und differierenden Wertvorstellungen.

Analysieren und Reflektieren:
Textkompetenz:
Texte fachspezifisch erschließen, interpretieren und verfassen.

Sprach(analytische) Kompetenz:
Sprache bewusst einsetzen, fachspezifische Terminologie verstehen, analysieren und verwenden.

Interdisziplinäre Kompetenz:
Wissen aus verschiedenen Fachgebieten reflektiert miteinander verbinden.

Reflexionskompetenz:
Unter Anwendung ethischer/ philosophischer Theorien über Gegenstände des alltäglichen und wissenschaftlichen Denkens und Handelns nachdenken, gedankliche Zusammenhänge darstellen und diskutieren.

---

[32] Eine detaillierte Definition und Analyse der Teilkompetenzen erfolgt in Kap. 10 – 14. Aus Gründen der sprachlichen Einfachheit halber werden an dieser Stelle die zu beherrschenden Fähigkeiten aufgeführt und keine Kompetenzformulierungen gewählt.

Argumentieren und Urteilen:

Argumentations- und Urteilskompetenz:
Sich mit eigenen und fremden Positionen kritisch auseinander setzen, widerspruchsfrei und begründet argumentieren und differenziert urteilen.

Moralische Urteilsfähigkeit:
Moralisch verbindliche Grundpositionen kennen, in ihren historischen und kulturellen Zusammenhängen verstehen und eigenständig begründete moralische Urteile fällen.

Ethische Urteilskompetenz:
Situationen als ethisch problematisch erkennen, analysieren, argumentativ gewichten und begründet urteilen.

Interagieren und Sich-Mitteilen:

Diskursfähigkeit:
Vernunftgeleitete, sachbezogene Auseinandersetzungen konsens- und dissensfähig führen.

Konfliktlösungskompetenz:
Vernunftgeleitete Auseinandersetzungen führen, Lösungsmodelle entwickeln und Konflikte gewaltfrei lösen.

Darstellungskompetenz:
Eigene und fremde Gedankengänge sachgemäß und adäquat darstellen.

Sich-Orientieren und Handeln:

Orientierungskompetenz:
Orientierungswissen als Grundlage eigenständiger Entscheidungen und Lebensorientierungen erwerben und anwenden.

Handlungskompetenz:
Verantwortung in persönlichen und gesellschaftlichen Entscheidungs- und Handlungssituationen übernehmen.

Diese Kompetenzen sind nur dann für die Fächergruppe Ethik/ Philosophie grundlegend, wenn es gelingt, sie mit Hilfe der grundlegenden Inhalte innerhalb der Fächer zu erwerben. Inhalte haben immer Zubringerfunktion für die Aneignung einer Kompetenz, sie sind also den Kompetenzen untergeordnet. Trotzdem gilt, dass jedes Fach domänenspezifische inhaltliche Grundlagen vermittelt, die das Charakteristische des Faches ausmachen. Sie werden in den kompetenzori-

Fachdidaktiken | 77

entierten Lehrplänen als Basiskonzepte (Hessen) bzw. didaktische Perspektiven (Nordrhein-Westfalen, Berlin) bezeichnet. Alle fachspezifischen Inhalte lassen sich diesen übergeordneten, eher abstrakten Begriffen unterordnen. Für die Fächergruppe Ethik/ Philosophie waren die Leitbegriffe Individuum bzw. Person, Gesellschaft und (Vergleichende) Ideengeschichte vorgeschlagen worden.[33] Um die Tauglichkeit der aus der Lehrplananalyse gewonnenen Kompetenzbereiche und Teilkompetenzen zu überprüfen, sollen die Kompetenzen hier noch einmal in einer Tabelle in einen Zusammenhang mit diesen Basiskonzepten bzw. didaktischen Perspektiven gestellt werden.

	Individuum	Gesellschaft	Ideengeschichte
Wahrnehmungskompetenz	• Beobachtungs- und Beschreibungskategorien • sprachlich artikulierte Wahrnehmung • ‚Man sieht nur, was man weiß' • selektive Wahrnehmung • affektive Elemente • Erwartungen	• Sozialisation • Religiöse, kulturelle, historische, sprachliche, geschlechtliche, geografische Voraussetzungen von Wahrnehmung • Pluralität • Perspektivität • Vorurteile	• Erkenntnistheorie • Phänomenologie
Perspektivübernahme	• Perspektive eines konkreten anderen • Selbstdistanzierung • Reflexion von Handlungskonsequenzen	• Gruppenperspektive • Perspektive einer sozialen Bezugsgruppe	• Kulturen, Religionen, Weltanschauungen
Empathie	• Nachvollzug von Handlungen, Entscheidungen, Gefühlen • Verbindung Erleben – Gefühl • Emotionen anderer als Reaktion auf eigenes Handeln	• Gruppenperspektive • Differenzerfahrung • Möglichkeiten des Umgangs mit anderen trotz Unterschieden	• Kulturen, Religionen, Weltanschauungen
Interkulturelle Kompetenz	• Reflexion des eigenen kulturellen Umfeldes • Kulturelle Identität	• Vergleich von Kulturen • Fremdkulturelle Perspektive • Religiöse, kulturelle, historische,	• Kulturen, Religionen, Weltanschauungen

---

[33] vgl. Kap. 4.2./ Lehrpläne Nordrhein-Westfalen, Berlin, Hessen (in Erarbeitung)

Textkompetenz	• Verbindung Text - Vorwissen • Texterschließungsstrategien • Reflexion des eigenen Leseverständnisses • Anwendung und Bewertung von Informationen aus Texten	sprachliche, geschlechtliche, geografische Voraussetzungen von Werten und Lebensweisen • Verständigung • Anschlusskommunikation • Information, Interpretation und Bewertung • Adressatenbezug/ Leser- und Schreiberperspektive	• Hermeneutik • Konstruktivismus
Sprach(analytische) Kompetenz	• Sprachbewusstsein • Anwendung von Fachsprache	• Sprache als Kommunikationsmittel • Sprache als gesellschaftliches Konstrukt • Soziale Funktion von Sprache • Manipulation und Diskriminierung durch Sprache • Sich in Sprache widerspiegelndes Welt- und Menschenbild	• Sprachanalyse • Sprachgeschichte • Sprachkritik
Interdisziplinäre Kompetenz	• Perspektivität • Reflexion der eigenen inhaltlichen und methodischen Perspektive	• Wissensdisziplinen • Multiperspektivität • Pluralität • Vernetzung • Denken in Zusammenhängen	• Philosophie, Theologie, Ethik der Naturwissenschaften, Gesellschaftswissenschaften, Sozialwissenschaften, Kunst, Literatur
Reflexion	• Selbstreflexion • Selbstbewusstsein • Selbstevaluation • Sensibilität für die persönlichen Wissensgrenzen	• Dialog mit und über Inhalte und Methoden	• Philosophische Richtungen als Methoden: • Analytische Philosophie • Konstruktivismus • Dialektik • Hermeneutik • Dekonstruktion

Argumentations- und Urteilskompetenz	• Entscheidungen • Argumente • Urteile • Rechtfertigung • Verantwortung	• Kommunikation • Kontroverse, Disput • Dissens – Konsens • Kompromiss	• Sachkenntnisse als Grundlage eines fundierten Urteils • Logik, Dialektik
Moralische Urteilsfähigkeit	• Dilemmata • Moralische Prinzipien • Begründete moralische Urteile	• Moralisch verbindliche Grundpositionen • Konventionen, Normen, Werte	• Menschenrechte, Grundgesetz • jüdisch-christliche und humanistische Tradition, Aufklärung • Kulturen, Religionen, Weltanschauungen • Deontologie • Utilitarismus • Diskursethik
Ethische Urteilskompetenz	• Sensibilität für ethisch problematische Situationen • Gewissen	• Interessenkonflikte • Gesellschaftliche Relevanz ethischer Fragestellungen	• Ethische Grundpositionen • Sachwissen aus verschiedenen Disziplinen, z.B. Naturwissenschaften, Politik, Geschichte
Diskurs	• Gesprächsregeln • Eingehen auf andere Sprecher • Funktionale Teilnahme an einer Gesamtdiskussion	• Diskussion • Interaktion • Kooperation • Verständigung	• Diskursethik • Sokratisches Gespräch • Kommunikationstheorie
Darstellungskompetenz	• Präsentation eigener Gedankengänge	• Präsentation fremder Gedankengänge • Adressatenbezug	• Fachwissen als Grundlage von Präsentationen
Konfliktlösungskompetenz	• Wahrnehmung der Gefühle der Konfliktpartner • Reflexion der Ursachen von Konflikten	• Entwicklung und Erprobung von Konfliktlösungen • Streitschlichtung	• Kommunikationstheorie • Mediation
Orientierungskompetenz	• Orientierungslosigkeit/ Orientierungskrise • Persönliche Standortbestimmung • Sich im Denken orientieren	• Pluralität an Wissen und Meinungen • Multikulturalität • Bedeutungsverlust traditioneller Organisationen	• Verfügungswissen • Orientierungswissen • Philosophieren als Kulturtechnik • Philosophische und religiöse Antworten auf die

	• Sich durch Denken orientieren		Fragen ‚Was kann ich wissen?' ‚Was darf ich hoffen?' ‚Was soll ich tun?' ‚Was ist der Mensch?'
Handlungskompetenz	• Selbstwirksamkeitseinschätzung • Verantwortung	• Verantwortung für etwas, gegenüber jemandem, vor einer Instanz	• Philosophische und religiöse Antworten auf die Fragen ‚Was kann ich wissen?' ‚Was darf ich hoffen?' ‚Was soll ich tun?' ‚Was ist der Mensch?'

Tabelle 9: Verhältnis Basiskonzepte – Fachspezifische Kompetenzen

6. Fachdidaktiken im Fokus von Lehrplanvorgaben und Kompetenzorientierung

> „Zu klären sind daher die elementaren W-Fragen der Didaktik und Methodik nach dem Wozu, Was und Wie oder Womit des Unterrichts. Eine Methodik des Ethik- und Philosophieunterrichts kann daher nicht ohne eine umfassende Didaktik entwickelt werden, und diese nicht ohne den Versuch, den Begriff und die Bedeutung der Philosophie zu bestimmen."[34]

Die Analyse der Lehrpläne hat sechzehn verschiedene Kompetenzen ergeben. Wo nun finden die Lehrkräfte Informationen zu den einzelnen Kompetenzen? Nahe liegend ist ein Blick in die wenigen Fachdidaktiken, die es bisher gibt. Es stellt sich die Frage, ob diese, ähnlich wie die Lehrpläne, fach- oder länderspezifisch konzipiert sind. Verfolgen sie einen ganzheitlichen oder eher analytischen Ansatz? Ein Überblick über die Didaktiken und ihre Konzeption, der Vergleich mit den Lehrplänen und der aktuellen Kompetenzdiskussion gibt Antworten auf diese Fragen. Die Ergebnisse stellen ein Fundament dar, um die Einstellungen der unterrichtspraktischen Experten mit den Darlegungen der Theoretiker zu vergleichen.

6.1. *Didaktische Grundpositionen der Neuzeit: Inhalte und Ziele der Fächergruppe*

Wulff D. Rehfus: Philosophische Paideia

Rehfus[35] hat seit 1976 als erster den Versuch unternommen, eine Didaktik für das Schulfach Philosophie zu verfassen, in der er aus fachwissenschaftlicher Reflexion und gesellschaftlichen Gegebenheiten methodische Überlegungen ableitet. Philosophische Erziehung bemüht sich um die „Herstellung autonomer, selbstbewusster Ich-Identität",[36] die sich in der Auseinandersetzung mit der philosophischen Tradition bilden soll. Nach Darstellung der Orientierungskrisen der Neuzeit, die Rehfus im familiären, wissenschaftlichen, politischen, ökologischen und gesellschaftlichen Bereich verortet, entwickelt er eine Didaktik, die helfen soll, diese Identitätskrisen zu bewältigen. Dies geht nach Ansicht Rehfus' nur durch eine Beschäftigung mit der Philosophie. Sehr modern setzt sich Rehfus bereits mit der Kompetenzorientierung auseinander, kritisiert aber den „Pri-

---

[34] Martens, Ekkehard (2003), S. 13
[35] Rehfus, Wulff D. (1980): Didaktik der Philosophie. Grundlage und Praxis, Pädagogischer Verlag Schwann, Düsseldorf
[36] ebd., S. 10

mat der Kompetenz vor dem Inhalt"[37]. Rehfus dagegen möchte Kompetenzen und Inhalte dergestalt verknüpfen, dass „im Lernen von bestimmten Inhalten bestimmte Kompetenzen erworben werden können"[38]. Der Bezug zwischen Inhalt und Kompetenz kann seiner Ansicht nach nur über fachwissenschaftliche und fachdidaktische Methoden geleistet werden. In Auseinandersetzung mit der Lernzieltheorie referiert Rehfus die dort vertretene Position, dass die Lernsituation der Ort sei, an dem durch Inhalte Kompetenzen für Lebenssituationen erworben werden. Er hält die Übertragung des im Unterricht Gelernten auf reale Situationen jedoch für nicht verwirklichbar, da die im Unterricht geschaffene Situation der Realität nur bedingt entspricht, und lehnt daher die Lernzieltheorie ab. Für seine Didaktik leitend ist vielmehr die Bildungstheorie Klafkis, die durch Inhalte zur Persönlichkeitsbildung beitragen will. Bildung wird bei Rehfus definiert als „Persona-Genese"[39], die die Desorientierung der Schüler/innen aufzuheben vermag. Philosophie soll ihren Beitrag zu diesem Prozess gerade dadurch leisten, dass sie ein „Denken von Nutzlosem"[40] ist. Es wirkt humanisierend, weil es keine gesellschaftlich brauchbaren Erkenntnisse liefert bzw. liefern muss, sondern nur der „Akkumulation von nicht-verwertbarem Wissen"[41] dient. Durch intellektuelle Auseinandersetzung mit philosophischen Traditionen werden Problemfelder eröffnet, deren Bewältigung von den Einzelwissenschaften bearbeitet werden muss. Inhalte eines derartigen Philosophieunterrichts sind exemplarische philosophische Werke, die sich dadurch auszeichnen, dass sie sich im Rückblick betrachtet als paradigmatisch innerhalb einer Epoche, einer Schule oder Disziplin erwiesen oder die Diskussion als Außenseiter beeinflusst haben. Das Erarbeiten der philosophischen Tradition ist jedoch nicht Selbstzweck, sondern impliziert Persönlichkeitsbildung. „Philosophie ist intellektuelle Aneignung von Wirklichkeit, und damit eignet sich der Schüler im Unterricht sich sozusagen selbst an."[42] Methodisch kann die philosophische Paideia durch Rekonstruktion und Reflexion von schon Gedachtem erreicht werden. Ausgelöst werden soll dieser Prozess durch die Konfrontation mit Erfahrungen, die Selbstverständliches in Frage stellen, einen Interessenhorizont konstruieren, Neugier wecken. Antwort auf die entstandenen Fragen liefern philosophische Traditionen vor allem in Form argumentativ-diskursiver philosophischer Primärtexte. Nach-Denken philosophischer Theorien befördert somit die Fähigkeit zum Selbst-Denken. Gefordert und gefördert wird kein problemlösendes Denken, sondern die Bereitschaft und Fähigkeit zur Verarbeitung in philosophischen Positionen bearbeiteter Problemstellungen und Problemlösungen.

---

[37] ebd., S. 160
[38] ebd.
[39] ebd., S. 163
[40] ebd., S. 165
[41] ebd., S. 166
[42] ebd. S. 173

Fachdidaktiken | 83

Rehfus selbst diskutiert den Kompetenzbegriff, lehnt aber den Kompetenzansatz vollständig ab.
Den Schwerpunkt legt Rehfus auf die Vermittlung einer fundierten philosophischen Textkompetenz. Nur indirekt werden parallel dazu Reflexions- und Orientierungskompetenz geschult.

Heinz Schmidt: Sinn- und Werterleben durch Narration und Interaktion
Heinz Schmidt verfasste 1984 die erste Didaktik für das neue Schulfach Ethik.[43] In zwei Bänden setzt er sich mit den Grundlagen des Faches auseinander. Während der erste Band als Bestandsaufnahme der für das Fach Ethik nutzbaren konzeptionellen Ansätze zu lesen ist, versucht Schmidt im zweiten Band auf der Basis der Diskussionen zur moralischen Erziehung einen eigenen didaktischen Ansatz zu entwickeln, den er schließlich für alle Jahrgangsstufen anhand beispielhafter Unterrichtsthemen konkretisiert.
Ausgehend von einem konstatierten Sinn- und Wertedefizit Jugendlicher und disparaten Wertvorstellungen sieht Schmidt die Aufgabe des Ethikunterrichts darin, eine „sittliche Autonomie"[44] zu befördern. Dies kann nur in Kommunikationsprozessen geschehen. Es ist nicht die Aufgabe des Ethikunterrichts, bestimmte Sinn- und Werttraditionen zu vermitteln. Der Ethikunterricht kann nur helfen, einen Weg in ein gelingendes, sinnerfülltes Leben einzuschlagen. Der Verweis auf geschichtliche Erfahrungen und Traditionen wie die Menschenrechte und die kritische Erschließung von Sinntraditionen kann hierbei hilfreich sein. Vor dem Hintergrund dieser Traditionen sollen die Schülerinnen und Schüler befähigt werden, ihre eigenen Wertungen zu erkennen und zu begründen. Damit einher geht die Vermittlung einer „prinzipielle[n] Offenheit für andersartige Lebensorientierungen und Verhaltensweisen"[45] Prägungen durch Sinnorientierungen gehen immer mit Emotionalität einher, denn diese Orientierungen stehen in direktem Zusammenhang mit der Herkunftsfamilie und außerschulischen Kontakten. Sie sind außerdem eingebettet in Erfahrungen und Erlebnisse. Schule kann hier nur bedingt eingreifen. Sie hat aber die Möglichkeit, durch narrative Methoden zur Bewusstwerdung, zum Austausch und zum Perspektivwechsel beizutragen.
Schmidt setzt sich mit der Frage auseinander, inwieweit sich der Ethikunterricht an Kompetenztheorien orientieren solle. Aufgrund des stetigen Wandels der beruflichen Anforderungen lehnt er diese Orientierung zunächst ab, betont aber, dass eine ständige hermeneutische Analyse gesellschaftlicher Entwicklungsten-

---

[43] Schmidt, Heinz (1984a): Didaktik des Ethikunterrichts I: Grundlagen, Kohlhammer, Stuttgart
Schmidt, Heinz (1984b): Didaktik des Ethikunterrichts II: Der Unterricht in Klasse 1 – 13, Kohlhammer, Stuttgart
[44] Schmidt, Heinz (1984b): Didaktik des Ethikunterrichts II, S. 17
[45] ebd., S. 22

denzen erforderlich sei, um den Unterricht an die „Wahrnehmungs- und Handlungsperspektiven"[46] Jugendlicher anzupassen.
Aus den vorgenannten Überlegungen ergeben sich für Schmidt vier Aufgabenfelder bzw. Lernschwerpunkte[47]: Die Ausbildung personaler Identität im Rahmen erlebter Interaktionsprozesse wird durch das Themenfeld ‚Ich in Beziehungen' vermittelt. Die konstruktive und reflektierte Teilhabe an sozialen Prozessen sowie die Gestaltung der Lebenswelt und die Verantwortung gegenüber der Natur sind weitere Themenfelder. Sinndeutung und Lebensorientierung werden durch die Auseinandersetzung mit Kulturen befördert. Normenreflexion kann durch Auseinandersetzung mit Werturteilen im Alltagsleben, in ökonomischen und politischen Zusammenhängen initiiert werden. In handlungsorientierten Unterrichtssequenzen, in deren Planung die Schülerinnen und Schüler mit einbezogen werden, sollen diese Themen erarbeitet werden.
Aufgrund des relativ breit angelegten Themenspektrums zielt Schmidt schwerpunktmäßig auf die Vermittlung der Bildungsstandards *Wahrnehmen und Verstehen* sowie *Sich-Orientieren und Handeln* begleitet von *ethischem Argumentieren*. Analytische und interaktive Kompetenzen werden dagegen weniger angestrebt.

Ekkehard Martens: Philosophieren als elementare Kulturtechnik
Ekkehard Martens[48] beschäftigt sich in seinen didaktischen und methodischen Überlegungen seit jeher mit der Frage, ob und inwieweit die Fachdidaktik Philosophie wie in anderen Fächern als Teilgebiet der Erziehungswissenschaft zu definieren ist, oder ob sie nicht vielmehr konstitutiver Teil der Fachwissenschaft sei. Die Beantwortung dieser Frage hat neben Gesichtspunkten wie der institutionellen Zuständigkeit entscheidende Bedeutung für die Konzeption des Philosophieunterrichts. Martens entwickelt auf der Basis dieser Vorüberlegungen eine „konstitutive Philosophie-Didaktik"[49], die durch einen wechselseitigen Bezug der Elemente gekennzeichnet ist. Eine „Abbilddidaktik"[50], die sich auf die reine Vermittlung einer vorgegebenen Philosophie beschränkt, lehnt Martens ab, da Philosophieren erst in der aktiven Auseinandersetzung, durchaus auch mit der Tradition, geschehe. In seiner Argumentation beruft sich Martens auf Interpretationen von Platons Ideenlehre, die die Erkenntnis der Ideen nicht als theoretisches Wissen, sondern als praktisches Können im Umgang mit den Ideen be-

---

[46] ebd., S. 27
[47] vgl. ebd. S. 28-54
[48] Martens, Ekkehard (1979): Dialogisch-pragmatische Philosophiedidaktik, Hannover, Schroedel
Martens, Ekkehard (1983): Einführung in die Didaktik der Philosophie, Wissenschaftliche Buchgesellschaft, Darmstadt
Martens, Ekkehard (2003): Methodik des Ethik- und Philosophieunterrichts. Philosophieren als elementare Kulturtechnik, Siebert, Hannover
[49] Martens, Ekkehard (1983), S. 9
[50] ebd., S. 18

trachten.[51] Platons Dialog Theätet interpretiert Martens als Klassiker der Didaktik. Die Frage nach dem, was Wissen ist, wird dort nicht nur inhaltlich, sondern auch methodisch und somit didaktisierend beantwortet. Wissen wird definiert als Rückgriff und Verständigung im Dialog, in dem sich die Dialogpartner laufend ihrer Kriterien versichern müssen. Wissen ist also „Wissenspraxis"[52], die sich im Dialog vollzieht und von ihm abhängig ist. „Primäres Ziel ist Kompetenzerwerb, nicht Wissenserwerb."[53] Unterrichtliches Philosophieren muss nach Martens drei Bedingungen erfüllen: Es ist nicht inhaltslos, sondern greift auf vorhandene Wissensmomente zurück, es ist praktisches Können durch Selbstdenken und es basiert auf dem konkreten Wissen und Handeln der beteiligten Personen, das einer Prüfung unterzogen wird. Damit umfasst Philosophierenkönnen so elementare Fähigkeiten, dass es Martens als „Kulturtechnik"[54] bezeichnet. Diesen Begriff rechtfertigt Martens von zwei Seiten. Als Kultur gehört das Philosophieren zu den anthropologischen Fähigkeiten, es ist direkt mit der europäisch-griechischen Kultur verwoben. Zudem ist es in der modernen Welt Ausdruck eines selbst bestimmten Lebens zum Zwecke der Persönlichkeitsbildung, Kritikfähigkeit und demokratischen Erziehung. Als Technik ist es eine Kunstfertigkeit im Argumentieren und begrifflichen Klären, die sich auch auf der Meta-Ebene durch die Reflexion über die eigene Person abspielt. Vor dem Hintergrund dieser grundlegenden Überlegungen stellt Martens die Frage danach, welches Fach diese Kompetenzen vermitteln könne. Er kommt zu der Überzeugung, dass „ethische Bildung bzw. Ethikunterricht [...] nur als philosophische Bildung möglich ist."[55] Da die Haupttätigkeit beider Fächer im Nachdenken oder Philosophieren über Praxis besteht, von der konkreten Lebenswirklichkeit ausgehend immer einen Bezug zwischen Lebenswelt und Theorie erfordert, verfolgen beide Fächer, so Martens, letztendlich das gleiche Ziel. „Insgesamt muss daher nicht nur der Ethikunterricht philosophischer, sondern auch der Philosophieunterricht praktischer werden."[56] Diese Forderung hängt eng mit der Methodik der Fächer zusammen. Hier greift Martens auf verschiedene fachspezifische und allgemeinpädagogische Grundlagen zurück. Er legt, im Unterschied zu Johannes Rohbeck[57], den Schwerpunkt auf ein induktives Verfahren, indem er von der Praxis des Philosophierens als Denktätigkeit ausgehend auf die neueren Denkrichtungen des Philosophierens zurückgreift und sie in sein Methodenparadigma integriert. Basis seiner Überlegungen ist die sokratische Methodenpraxis, die von der Wahrnehmung und Infragestellung konkreter Phänomene ausgehend analysie-

---

[51] Martens bezieht sich auf Wieland und Mittelstraß.
[52] Martens (1983), S. 35
[53] Martens, Ekkehard (2003), S. 16
[54] ebd., S. 30
[55] Martens, Ekkehard: Philosophische Bildung und Ethik – Am Anfang, nicht am Ende, in: Martin, Hans-Joachim (Hrsg.): Am Ende (-) die Ethik?. Begründungs- und Vermittlungsfragen zeitgemäßer Ethik, Ethik in der Praxis, Bd. 5, LIT-Verlag, Münster 2002, S. 178 – 188, hier S. 178
[56] ebd.
[57] vgl. Kap. 6.1.7.

rend und argumentierend Ideen entwickelt. Er beruft sich zugleich auf die Methodenreflexion des Aristoteles und entwickelt auf dieser Grundlage ein „integratives Methodenparadigma"[58], das, die Alltagspraxis des Denkens aufgreifend, verschiedene philosophische Methoden in einen komplexen Denkprozess integriert. Es handelt sich um die phänomenologische, die hermeneutische, die analytische, die dialektische sowie die spekulative Methode.[59] Es geht dabei aber nicht um diese Methoden in ihrer universitären Reinform, sondern um eine Präzisierung reflektierter alltäglicher Verfahren, die durch Übung und bewussten Gebrauch in eine umfassende Methodenkompetenz überführt werden können. Die Methoden werden nicht in einer bestimmten Rangfolge eingesetzt, sondern sind vernetzt und ergänzen sich gegenseitig. Im Verlauf seiner Methodik erläutert Martens taugliche und ungeeignete Ausprägungsformen philosophischer Methoden für die Unterrichtspraxis, auf die im Verlauf dieser Arbeit bei der Konstruktion der Kompetenzraster zurückgegriffen werden wird. Martens geht induktiv vor, indem er die Praxis des Philosophierens, vor allem die Schulpraxis, zum Ausgangspunkt seiner Überlegungen macht und die Methoden in einen Denkprozess des Philosophierens integriert.

Auffällig und sehr positiv zu beurteilen ist es, dass Martens die aktuellen Diskussionen in der Bildungspolitik aufgreift und eine kompetenzorientierte Didaktik entwickelt. Durch seine Eingrenzung von Ethikunterricht als philosophischer Praxis legt er den Fokus auf analytische, argumentierende und orientierende Fähigkeiten. Damit schränkt er das Spektrum möglicher Kompetenzen und Themen allerdings stark ein und lässt damit wesentliche Elemente der Lehrpläne unberücksichtigt. Die meisten Bundesländer, die ein umfassenderes Verständnis von Ethikunterricht entwickelt haben, werden sich daher in diesem Werk trotz seiner unbestrittenen Qualitäten nur bedingt wieder finden können.

Matthias Tichy: Vielfalt ethischen Urteils

Matthias Tichy[60] hat sich angesichts der Entwicklung des Faches Ethik als eigenständige Disziplin mit spezifischen Inhalten und Zielen der Aufgabe gewidmet, die Voraussetzungen zu ermitteln, die für ein Schulfach Ethik grundlegend sind. Ziel ist es, geeignete Themen- und Fragestellungen zu ermitteln und die Möglichkeiten ihrer Umsetzung im Unterricht zu reflektieren. Tichy versteht Ethik als ein unabgeschlossenes Feld, das durch eine Vielzahl von Fragen konstituiert wird. Aufgrund dieser eher disparaten Voraussetzungen stellen sich für Tichy grundlegende Fragen: Erstens muss geklärt werden, „ob es in der Ethik überhaupt ein Wissen gibt, das lehr- und lernbar"[61] ist. Philosophie bietet keine

---

[58] ebd., S. 54f.
[59] vgl. ebd.
[60] Tichy, Matthias (1998): Die Vielfalt des ethischen Urteils. Grundlinien einer Didaktik des Faches Ethik/ Praktische Philosophie, Klinkhardt, Bad Heilbrunn
[61] ebd., S. 15

einheitliche Tugendlehre, sondern unterschiedliche Begründungsansätze für Moral, die es zu reflektieren und zu problematisieren gilt. Das Lernen von Ethik kann daher kein reines, unreflektiertes „Imitationslernen"[62] sein, sondern besteht in der kritischen Auseinandersetzung mit Argumenten und Geltungsansprüchen. Daraus ergibt sich zweitens das Problem der Begründbarkeit ethischer Grundsätze. Tichy fasst diese Problematik unter dem Begriff der „Theoriefähigkeit"[63] der Ethik zusammen. Es geht aber im Ethikunterricht nicht allein um die theoretische Aneignung von Wissen, sondern erstrebt wird auch das Können, die konkrete Umsetzung. Daher muss also nicht nur ethisches Wissen erworben, sondern dieses soll zum Handlungsmotiv in bestimmten Situationen werden, es sollen also Einstellungsänderungen erwirkt werden. Da aber Entscheidungen nur partiell auf Vernunft basieren, sondern auch bestimmt werden durch Emotionen und Intuitionen, erweitert sich das Spektrum entscheidungsfördernder bzw. -hemmender Aspekte und verschärft sich die Problematik der Lehrbarkeit. Die von Tichy angestrebte Anwendbarkeit ethischen Wissens soll die Schüler/innen zur Autonomie befähigen. Tichy sieht es jedoch als unter Umständen problematisch an, dass ethische Überlegungen Interessen und Orientierungen thematisieren, die die Schüler/innen bereits besitzen. Autonomieforderung und Stärkung der Persönlichkeit können in Konflikt geraten, wenn Kritik und Korrektur bestehender Wertvorstellungen angestrebt wird. Der Pluralismus der Interessen verschärft diese Problematik. Wer Handlungsorientierung anstrebt, will per se keine Neutralität der Beteiligten, sondern eine aktive Auseinandersetzung und reflektierte Handlung. Doch wenn die vorhandenen Wertsysteme mit den Erwartungen der Gesellschaft kollidieren, entstehen Interessenkonflikte. Damit verbundene Erwartungshaltungen können folgerichtig zur Überforderung der Schüler/innen führen.

Die orientierende Bezugswissenschaft des Ethikunterrichts ist für Tichy die Philosophie, die sich selbst durch große Divergenz auszeichnet. Es besteht daher keine Möglichkeit, eine Ethikdidaktik „von festen Resultaten ihrer Bezugsdisziplin"[64] her zu konzipieren, sondern sie kann nur Orientierung in einem Problemfeld liefern. Die Frage, wie sich Kompetenzen im Ethikunterricht unter Berücksichtigung der genannten Problemstellungen vermitteln und überprüfen lassen, beantwortet Tichy dahingehend, dass es „im Ethikunterricht um die Entwicklung bzw. Förderung der Fähigkeit zur angemessenen Auseinandersetzung mit einem ethisch relevanten Problem"[65] geht. Es kann seiner Ansicht nach nicht das Ziel sein, dass sich ein Schüler/ eine Schülerin eine bestimmte Werthaltung angeeignet hat, denn diese Kompetenz ließe sich nur indirekt anhand dafür grundlegender Tätigkeiten überprüfen. Für diese Tätigkeiten zentral ist die angemessene, d.h. objektive Auseinandersetzung mit einem ethisch relevanten

---

[62] ebd., S. 73
[63] ebd., S. 74
[64] ebd., S. 175
[65] ebd., S. 218

Problem. Objektivität ist durch Berücksichtigung eines Standards der Auseinandersetzung gegeben, der die Vielfalt der Aspekte eines Problemfeldes sowie möglicher Beurteilungskriterien berücksichtigt. Diese Fähigkeiten sind in ihrer praktischen Anwendung beobachtbar und auch lehr- und lernbar. Tichy lehnt somit sowohl Unterrichtskonzeptionen ab, die ihren Schwerpunkt auf die Vermittlung bloß formaler Kompetenzen legen, als auch die ausschließliche Aneignung philosophischer Theorien. Unter angemessenen Auseinandersetzungen versteht Tichy neben inhaltlichen und methodischen Aspekten auch das Aufgreifen von für die kognitive Entwicklungsstufe Jugendlicher adäquater Themen. Er kommt zu dem Schluss: „Die Didaktik der Ethik gewinnt ihre Einheit dadurch, dass sie zeigt, wie angesichts zunehmend komplexer ethischer Probleme einerseits und unter der Voraussetzung der Fortdauer des faktischen Pluralismus in ihrer Bezugswissenschaft andererseits eine produktive Auseinandersetzung mit ethischen Fragen möglich ist. Dabei sind nicht weltanschauliche und philosophische Positionen der vorrangige Untersuchungsgegenstand, sondern unterschiedliche Situationen, in denen ein ethisches Urteil oder eine Entscheidung gefordert ist."[66]

In seinen praktischen Unterrichtsbeispielen lehnt Tichy die direkte Förderung von Wahrnehmungskompetenz ebenso ab wie die Weiterentwicklung von Empathie. Er hält diese Elemente für nicht unmittelbar vermittelbar, will vielmehr von vorhandenen Kenntnissen und Fähigkeiten ausgehend deren Förderung durch Lernen weiter voranbringen. Methodisch leitet er daraus den Dreischritt ab, von einer Beschreibung der relevanten Merkmale eines Problems über die Feststellung der Verantwortlichen und der Handlungsoptionen zur ethischen Urteilsbildung zu gelangen. Durch Literatur vermittelte Konflikterfahrungen bilden die thematische Basis.

Tichy legt den Schwerpunkt des Ethikunterrichts auf die Vermittlung von Sach- und Methodenkompetenz. Wie Martens ist für ihn Ethikunterricht vor allem als philosophische Bildung zu praktizieren. Personale und soziale Kompetenzen hält er nicht direkt für vermittelbar. Daher spielen die Kompetenzbereiche *Wahrnehmen und Verstehen* sowie *Interagieren und Sich-Mitteilen* keine Rolle in Tichys Ansatz. Ihre Weiterentwicklung ist für ihn ein eher indirektes Unterrichtsergebnis. Berücksichtigt wird dabei jedoch nicht, dass das Beziehen von Positionen im ethischen Diskurs immer auch die Person selbst mit einbezieht und zur Reflexion auf der Metaebene beiträgt. Auch diese Lernprozesse lassen sich initiieren und bewusst steuern.

---

[66] ebd., S. 230

Johannes Rohbeck: Philosophische Basiskompetenzen

Auch Johannes Rohbeck[67] hat wie Ekkehard Martens einen Schwerpunkt seiner fachdidaktischen Arbeit auf die Nutzbarmachung philosophischer Methoden für die Unterrichtspraxis gelegt. Im Unterschied zu Martens geht er jedoch deduktiv vor. Berücksichtigend, dass es nicht die Philosophie und damit auch nicht die Methode des Philosophierens gibt, die allgemeine Gültigkeit beanspruchen kann, sondern dass vielmehr verschiedene Richtungen zum Teil kontrovers, zum Teil sich ergänzend nebeneinander stehen, möchte er diese Pluralität nutzbringend einsetzen. Absicht Rohbecks ist es, die Denkrichtungen der Philosophie fachdidaktisch nutzbar zu machen und in Unterrichtsmethoden zu transformieren. „Ziel ist es, dem Philosophie- und Ethikunterricht mehr philosophische Färbung zu geben und ihn auf diese Weise vielfältiger zu gestalten."[68] Dabei macht sich Rohbeck die didaktischen Potentiale philosophischer Denkrichtungen zunutze, die in Aufgaben umsetzbar und für Schüler/innen erlernbar sein sollen. Leitend soll dabei sein, die Methoden auf die Alltagserfahrungen der Lernenden zu beziehen und zur Vermittlung bestimmter Unterrichtsziele und Kompetenzen einzusetzen. Der Unterricht soll vom „Orientierungsbedürfnis"[69] der Schüler/innen ausgehend über das Durchlaufen verschiedener Aufgabenformate im Lesen, Sprechen und Schreiben eine philosophische Lösung finden. Die verschiedenen philosophischen Richtungen bedienen sich dabei alle bestimmter Techniken wie dem Präzisieren von Begriffen, der Argumentation, der Analyse von Texten und Sachverhalten, der Kritik und dem Entwerfen von Alternativen. Doch jede philosophische Strömung hat ihre ganz spezifische Ausprägung im Umgang mit diesen Verfahren. Wenn diese Techniken mit den Unterrichtsmethoden des Lesens, Sprechens und Schreibens kombiniert werden, entstehen ganz eigene Methoden. Dabei ist, so Rohbeck, zu berücksichtigen, dass es auch *die* philosophischen Denkrichtungen nicht gibt, sondern innerhalb einzelner Richtungen eine große Bandbreite besteht. Wie kann man diese Differenzen didaktisch berücksichtigen? Rohbeck schlägt verschiedene Verfahren vor, die kombinierbar sind. Methoden können idealtypisch eingesetzt werden, es ist eine paradigmatische Auswahl oder ein eklektizistisches Vorgehen denkbar.[70] Maßgebend für Rohbeck ist bei der didaktischen Entscheidung für eine Methode letztendlich die „Leistungsfähigkeit zur Vermittlung bestimmter Kompeten-

---

[67] Rohbeck, Johannes (2000a): Methoden des Philosophie- und Ethikunterrichts, in: derselbe (Hrsg.): Methoden des Philosophierens, Jahrbuch für Didaktik der Philosophie und Ethik, Bd. 1, Thelem, Dresden, S. 146-174
Rohbeck, Johannes (2000b): Didaktische Potentiale philosophischer Denkrichtungen, in: ZDPE 2/2000, S. 82 – 93
Rohbeck, Johannes (2001): Philosophische Kompetenzen, in: ZDPE 2/2001, S. 86 – 94
Rohbeck, Johannes (Hrsg.) (2004): Ethisch-philosophische Basiskompetenzen, Jahrbuch für Didaktik der Philosophie und Ethik, Bd. 5, Thelem, Dresden
[68] Rohbeck, Johannes (2000b), S. 83
[69] ebd., S. 84
[70] vgl. ebd., S. 87

zen"[71] Weiterhin ist in der gegenwärtigen philosophischen Praxis ohnehin eher die Tendenz zu Überschneidungen, Vermischungen und Kombinationen zu beobachten. Querverbindungen zwischen den Richtungen ermöglichen Mehrdimensionalität und sind als „transdisziplinär"[72] zu kennzeichnen. Zur Veranschaulichung dieser Zielsetzungen sind im Anschluss an Rohbecks Theorie durch verschiedene Autoren konkrete Ausarbeitungen didaktischer Richtungen für den Unterricht entstanden, die der Förderung fachspezifischer Kompetenzen dienen sollen. Zum Einsatz innerhalb einer Unterrichtssequenz schlägt Rohbeck eine konkrete Abfolge vor. Zunächst sollen die Schüler/innen mit methodischen Aufgaben konfrontiert werden, ohne diese theoretisch zu erläutern. Anschließend sollen sie sich durch das Kennenlernen der Methoden, die von den Autoren selbst praktiziert werden, ein methodisches Muster aneignen. Dieses kann dann in der Folge selbständig angewendet und abschließend reflektiert werden. Positiv zu werten ist es, dass Rohbeck sich die Kompetenzförderung zum Ziel setzt. Allerdings erweist sich der deduktive Ansatz im Hinblick auf die im Sinne Weinerts definierte Kompetenzförderung eher hinderlich. Ziel Rohbecks ist es vorrangig, philosophische Kompetenzen zu vermitteln. Die Frage, welchen weiterführenden Nutzen diese Kompetenzen für Schüler/innen haben können, wird nicht beantwortet. Ebenso wenig sind die geschilderten Verfahren aufgrund ihrer Komplexität und der vorgeschlagenen methodischen Annäherung für die Sekundarstufe I tauglich, sondern es handelt sich vorrangig um Methoden für den Philosophieunterricht in der Sekundarstufe II. Auch der Ethikunterricht wird nur in seinen philosophischen Anteilen berücksichtigt. Für die übrigen Elemente dieses Faches, vor allem auch die Vermittlung personaler und sozialer Kompetenzen, wie sie die Lehrpläne ausweisen, bleibt dieser Ansatz eine Antwort schuldig.

Volker Steenblock: Philosophische Bildung als Arbeit am Logos
Steenblock[73] richtet sich mit seiner Didaktik an alle Teilnehmer am Vermittlungsprozess der Philosophie. Eine Fachdidaktik der Philosophie fasst er als „Selbstreflexion der Philosophie auf ihre lebensweltlichen Funktionen und Aufgaben"[74] hin auf, die Ziele und Methoden des Faches im Hinblick auf philosophische Orientierung diskutiert.

Im Anschluss an eine Geschichte der Philosophiedidaktik entwickelt Steenblock ein Konzept des Philosophierens als Kulturvollzug. Er geht von dem Grundbedürfnis des Menschen aus, Sinn zu schaffen und dies in Form von Religion, Philosophie oder allgemein Kultur auszudrücken. Philosophie in Form einer „ihrer

---

[71] ebd., S. 93
[72] Rohbeck, Johannes (2001), S. 90
[73] Steenblock, Volker (2002): Philosophische Bildung. Einführung in die Philosophiedidaktik und Handbuch: Praktische Philosophie, LIT, Münster
[74] ebd., S. 8

selbst bewussten kulturellen Arbeit"[75] bedeutet, sich über sich selbst, sein Leben und die Welt zu orientieren. Dieses Nachdenken zu begleiten und methodisch klarer zu gestalten ist nach Steenblock Aufgabe philosophischer Bildung. Diese Tätigkeit bezeichnet Steenblock als „Arbeit am Logos"[76]. Vernunft ist für ihn ein Produkt kultureller Bildung im geschichtlichen Kontext. Die Hermeneutik hilft dabei, die Kulturprozesse und unseren Standpunkt in ihnen zu verstehen. Hermeneutik wird verstanden als „bezügliches"[77] Wissen, als über das Faktenwissen hinausgehende Einordnung in gesellschaftliche und kulturelle Zusammenhänge, somit als „Selbstreflexivwerden".[78] Hermeneutik erfordert also die Einordnung des Vorgefundenen, seien es Texte, Bilder, Filme und auch Alltagsgegebenheiten, in einen Verstehenshorizont, der, wenn auch nicht beliebig und willkürlich, so doch persönlich geprägt ist. Das Aufgenommene muss neu er- und verarbeitet werden. Es ist somit personen- und zeitabhängig. „Bildung setzt dort an, wo gegenüber physikalischen, chemischen und biologischen Prozessen Bedeutung entsteht und die Natur in das Gegenstandsfeld der Hermeneutik, in Kultur, in ‚Sinn' umschlägt."[79] Arbeit am Logos bedeutet demzufolge „Arbeit an der Vernunft in der Geschichte"[80], sie ist das Produkt des aus konkreten Problemsituationen heraus denkenden und handelnden Menschen.

Steenblock setzt sich mit dem Begriff der Bildung auseinander, den er zur Identitätsfindung des Subjekts in Verbindung setzt. Bildung als Teil der Kultur muss auf praktisches Sich-Bewähren ausgerichtet sein. Für Steenblock ist Bildung an Bildungsgehalte gebunden, muss Reflexion beinhalten und interdisziplinär sein. Philosophieren ist für ihn eine grundlegende anthropologische Konstante im kulturellen Kontext. Um Schüler/innen in diesem Sinnfindungsprozess zu unterstützen, sind verschiedene Ebenen eines Verstehensprozesses, angefangen von der sauberen Textanalyse über die Anwendung vorhandenen Wissens, die Kritik bis hin zur Handlungsorientierung zu durchlaufen. Philosophie ist für Steenblock damit konstitutiv für Bildung, indem sie zwischen „Expertenkulturen und Alltagswelt" sowie „Tradition und Orientierung"[81] vermittelt. Der Ansatz Steenblocks zeichnet sich durch die Schwerpunktsetzung auf analytische und orientierende Kompetenzen aus. Die übrigen Kompetenzbereiche finden keine Berücksichtigung.

---

[75] ebd. S. 46
[76] ebd.
[77] ebd., S. 48
[78] ebd.
[79] ebd., S. 49
[80] ebd., S. 50
[81] ebd., S. 60

Peter Köck: Ethikunterricht als erfahrungs-und handlungsorientiertes Regelkreislernen

In seinem Handbuch zum Ethikunterricht[82] stellt Peter Köck einen Ethikunterricht vor, der in der Lage sein soll, ein Wertefundament in einer pluralistischen Gesellschaft zu legen. Auf der Basis einer umfangreichen fachlichen Grundlegung und der Charakterisierung der Zubringerdisziplinen und Grundlagenwissenschaften legt der Autor seine Didaktik dar. Ausgangspunkt und Ziel des von ihm charakterisierten Unterrichts ist die Entwicklung der moralischen Urteilsfähigkeit. Dieser Kompetenz werden alle weiteren Befähigungen untergeordnet.

Der Ethikunterricht verläuft, so Köck, auf fünf Zielebenen[83], die Bestandteile eines Gesamtsystems sind. Zu diesen gehört auf der Ebene 1 eine Sensibilisierung der Sinne. Köck subsumiert hierunter das Wahrnehmen, Erleben und Erfahren moralisch relevanter Problemsituationen. Die Ebene 2 umfasst eine realistische Selbst- und Fremdwahrnehmung. Auf der Ebene 3 wird diese in einem Kreislauf von Selbstfindung und Entwicklung eines Selbstwertgefühls einerseits im Abgleich mit kultureller Aneignung und sozialem Lernen andererseits konstituiert. Ebene 4 beinhaltet nach Köck das Dreieck von Sinnfindung, Weltgestaltung und Normenreflexion. Alle Ebenen münden abschließend in verantwortungsbewusstes Handeln. Die Ebenen sind nicht als Abfolge isolierter Lernbereiche zu verstehen, sondern sollen sich in einem Gleichgewicht ausbalancieren. Alle Ebenen sind voneinander abhängig.

Diese Ebenen werden anhand verschiedener Lernziel- und Inhaltsbereiche durchlaufen. Diese sind nach Köck: Selbstwahrnehmung und Selbstfindung, Soziale Wahrnehmung und Verantwortung, Sinnfindung und Lebensorientierung, Leben in kultureller Vielfalt und gesellschaftlicher Verantwortung, ästhetische Kompetenz und Umweltbewusstsein sowie Selbstbehauptung und Normenreflexion.[84] Die Inhaltsbereiche ordnet Köck in einen lernzielorientierten Unterricht ein.

Insgesamt fällt auf, dass der moralischen Urteilskompetenz eine erhebliche Rolle zugewiesen wird. Alle anderen Kompetenzen sind dem untergeordnet und haben nur Zubringerfunktion. Damit zeichnet sich dieser von Köck charakterisierte Unterricht durch eine relative Einseitigkeit aus.

Volker Pfeifer: Ethik als Selbstreflexion

Volker Pfeifer[85] tritt mit der Konzeption seiner Didaktik die Nachfolge von Heinz Schmidt an. Auch er hat es sich zum Ziel gesetzt, die für eine Didaktik

---

[82] Köck, Peter (2002): Handbuch des Ethikunterrichts. Fachliche Grundlagen, Didaktik und Methodik, Beispiele und Materialien, Auer, Donauwörth
[83] vgl. ebd., S. 126f.
[84] ebd., S. 129
[85] Pfeifer, Volker (2003): Didaktik des Ethikunterrichts. Wie lässt sich Moral lehren und lernen?, Kohlhammer, Stuttgart

des Ethikunterrichts relevanten Theorien und Forschungsansätze nutzbar zu machen. Ausgangspunkt für Pfeifers Überlegungen ist das Grundverständnis eines philosophisch ausgerichteten Ethikunterrichts.[86] „Eigenes und Fremdes wird durch das Auge der ersten Person gesehen, die sich in ihren Handlungen selbst wahrnimmt und dadurch moralisches Bewusstsein erlangt. Dazu bedarf es einer Schule der Selbsterfahrung und Selbstreflexion. [...] Diese Einsichten können zu einem von Argumentations- und Urteilskraft getragenen Orientierungswissen führen."[87]
Auf dem Weg zu diesem Ziel beleuchtet Pfeifer verschiedene Aspekte. Ausgangspunkt sind die Jugendlichen, deren Situation durch Individualisierung, Wertewandel und Pluralisierung der Lebensentwürfe gekennzeichnet ist. Als didaktische Konsequenzen dieser Ausgangssituation zielt Pfeifer auf sittliche Autonomie. Diese wird erreicht durch die bewusste Selbstwahrnehmung und Selbstreflexion. Urteilskraft, Kritik- und Konfliktfähigkeit sind weitere Grundvoraussetzungen, um in dieser Gesellschaft zu bestehen. Um einen eigenen Standpunkt zu entwickeln, ist die Auseinandersetzung mit fremden Wertmustern und Lebensentwürfen unentbehrlich. Dieser Entwurf soll letztlich in Möglichkeiten des konkreten Handelns überführt werden.
Einige Dimensionen dieses weit gefassten Verständnisses des Ethikunterrichts erläutert Pfeifer im Folgenden. Nach einer Auseinandersetzung mit verschiedenen didaktischen Grundmodellen entwickelt Pfeifer ein integratives Reflexionsmodell des Ethikunterrichts, das über den didaktisch initiierten Diskurs durch „ethisches Argumentieren, moralisches Kommunizieren, das Führen praktischer Diskurse, die Analyse von Sprache unter normativen Gesichtspunkten (Sprechaktanalyse), das Postulat nach Schülerorientierung und das Streben nach ideologiekritischer Mündigkeit (Autonomie)"[88] Aufklärung und Problembewusstsein vermitteln will. Ausgangspunkt solchen Unterrichts ist die bewusste Wahrnehmung von Dingen und Personen. Weiterhin werden das Gespräch als Leitmedium sowie die Arbeit am Text verstärkt in den Mittelpunkt der Betrachtung gerückt und durch einige methodische Vorschläge erläutert. Dies gilt auch für das ethische Argumentieren, dem Pfeifer ein weiteres Kapitel widmet.
Die affektive Dimension des Ethikunterrichts wird ebenfalls beleuchtet. Kognition und Emotion werden in einen Zusammenhang mit moralischen Gefühlen gebracht. Die psychologischen Theorien von Empathie und Perspektivübernahme werden vor diesem Hintergrund für den Unterricht nutzbringend integriert. Auch die Theorie Kohlbergs und die für den Ethikunterricht zentrale Dilemma-Methode werden vorgestellt. Abgeschlossen wird die Didaktik durch die Präsentation der Integrativen Ethik Hans Krämers, die nach Pfeifer als ein leitendes Modell für den Ethikunterricht angesehen werden kann, da diese Strebensethik

---

[86] ebd., S. 9
[87] ebd.
[88] ebd., S. 64

94 | Teil 1 - Grundlagen

hilft, die Bedingungen eines gelungenen Lebens zu reflektieren, ohne konkrete Ziele vorzugeben.

Die Didaktik Pfeifers zeichnet sich durch die Behandlung einer Vielzahl von Themen aus, die für kompetenzorientiertes Unterrichten relevant sind. Diese werden jedoch auf relativ theoretischer Ebene und in scheinbar beliebiger Reihenfolge referiert und reflektiert, aber nur bedingt didaktisiert und in Unterrichtskonzeptionen überführt. Das Konzept ist durch einen auf die Sekundarstufe II ausgerichteten Schwerpunkt gekennzeichnet. Ethikunterricht wird als philosophische Disziplin behandelt, andere Bezugswissenschaften spielen keine Rolle.

6.2. Ansätze zur Formulierung von Bildungsstandards in der fachdidaktischen Literatur

Entwurf der Fachverbände Ethik und Philosophie

Vertreter der Fachverbände Ethik, Philosophie, des Humanistischen Verbands Deutschlands sowie Vertreter der Fachdidaktik an Hochschulen[89] haben einen Diskussionsvorschlag für Bildungsstandards für die Fächergruppe Ethik/ Philosophie sowohl für die Primarstufe als auch für die Sekundarstufe I entwickelt. Ausgangspunkt sind die personale, soziale sowie Fach- und Methodenkompetenz. Diese Begrifflichkeiten werden erläutert und anhand fachspezifischer Dimensionen präzisiert. Es handelt sich um die Dimensionen Wahrnehmung (und Beobachtung)[90], Gefühl, Denken, Erfahrung, Kommunikation und Interaktion, Argumentieren (und Urteilen), Planen und Handeln.

Das Bemühen um eine bundesweite Vereinheitlichung ist sehr zu begrüßen. Allerdings gibt es auch Kritikpunkte, die jedoch vor allem auf formaler Ebene angesiedelt sind.

Zunächst vermisst der Leser/ die Leserin eine Zielsetzung dieser Arbeit. Warum erscheint es den Autor/innen notwendig, sich auf Bildungsstandards zu einigen? Für die Primarstufe erhofft man sich einen Impuls für die Einführung entsprechender Fächer in der Grundschule, so heißt es in der Einleitung. Für die Sekundarstufe I jedoch wird keine Intention angegeben.

Es sollen Bildungsstandards formuliert werden, die sich durch Kompetenzen konkretisieren lassen. Hier fällt zunächst auf, dass der zugrunde gelegte Kompe-

---

[89] Arbeitsgemeinschaft Ethik/ Philosophie (2005): Bildungsstandards für die Fächer Ethik, Humanistische Lebenskunde, LER; Philosophie, Philosophieren mit Kindern, Praktische Philosophie, Werte und Normen in der Primarstufe, in: Mitteilungen Fachverband Philosophie e.V., Kevelaer, 45/2005, S. 19 - 23
Arbeitsgemeinschaft Ethik/ Philosophie (2006): Bildungsstandards für die Fächer Ethik, Humanistische Lebenskunde, LER; Philosophie, Philosophieren mit Kindern, Praktische Philosophie, Werte und Normen in der Sekundarstufe I (Kl. 5/7 – 10), in: Ethik & Unterricht 4/2006, Friedrich Verlag, Velber, S. 42 - 44
[90] Die Begriffe in Klammern sind Ergänzungen für die Sekundarstufe I.

tenzbegriff nicht explizit definiert wird. Angesichts der divergierenden Kompetenzdefinitionen in den Bundesländern[91] erscheint dies jedoch zwingend notwendig, um die Ausgangsbasis festzulegen. Den Erläuterungen kann man entnehmen, dass Kompetenz als Summe der Teildimensionen Sach-, Methoden-, Selbst- und sozialer Kompetenz verstanden wird. Dies ist sicherlich konsensfähig, obwohl diese Kompetenzbereiche hier als fachübergreifende und in sich abgeschlossene Aspekte formuliert werden. Das Subsumieren unter fachspezifisches Wissen tritt dagegen in den Hintergrund.

Der Begriff Bildungsstandards suggeriert eine Übereinstimmung mit den KMK-Standards. Im Unterschied zu den von der KMK verabschiedeten Bildungsstandards fällt jedoch zunächst die Priorität der personalen und sozialen Kompetenz ins Auge. Die Kultusministerkonferenz hat den Schwerpunkt vor dem angestrebten Ziel einer möglichen Evaluation eindeutig auf kognitive Kompetenzen gelegt. Standards, wenn man sie unter dem Begriff Bildungsstandards erfassen will, sollten sich also auf zentrale fachliche Zielsetzungen des Unterrichts konzentrieren. Aspekte der Förderung sozialer und personaler Kompetenzen werden im Sinne der Bildungsstandards nicht explizit formuliert, sind aber sicherlich, da ist den Autor/innen Recht zu geben, ein unverzichtbarer Bestandteil grundlegender ethischer/ philosophischer Bildung. In den von den Verbänden vorgelegten Entwürfen wird dieses Verhältnis jedoch umgekehrt. Die Fachkompetenz tritt hinter die personale und soziale Kompetenz zurück. Dies zeigt sich auch in der Benennung der Dimensionen. Oberbegriffe wie Gefühl und Erfahrung sind keine Kompetenzen im Sinne von Fähigkeiten und Fertigkeiten, wohl aber Verhaltensdispositionen, die zur Bewältigung fachspezifischer Probleme notwendig sind.

Kompetenzen müssen sich in fachspezifische Aufgaben umsetzen und messen lassen. Bei einigen Formulierungen wie „Die eigenen Fähigkeiten und Grenzen erkennen" oder „Eigene Gefühle kennen"[92] erscheint dies schwierig. Vor allem eine Bewertung unter Berücksichtigung der Privatsphäre erscheint problematisch.

Die formulierten Kompetenzen tragen durch die affektive Schwerpunktsetzung stark die Handschrift der Vertreter der Fächer Ethik, LER und Lebenskunde. Neben der Philosophie werden auch die anderen Bezugswissenschaften berücksichtigt. Dies ist sehr positiv zu werten, da in allen bisher analysierten didaktischen Ansätzen der zumeist einseitig philosophische Schwerpunkt zur Reduktion der Themen und Kompetenzen führte. Allerdings fällt auch hier die unzureichende Einbeziehung der interkulturellen Kompetenz ins Auge, auch wenn im Zusammenhang mit der Fachkompetenz die Religionswissenschaft als Bezugsdisziplin genannt wird. Dies verwundert, war doch eine Vertreterin des Faches LER an der Konzeption beteiligt. Kritik könnte diesmal daher von den Vertre-

---

[91] vgl. Kap. 5.3.1.
[92] Arbeitsgemeinschaft Ethik/ Philosophie (2006), S. 43

tern der Philosophie kommen, denen der analytisch-reflexive Anteil hinter personalen und sozialen Anteilen zu stark zurücktreten dürfte. Insgesamt ist das Bemühen der Verbandsvertreter trotz der formulierten Kritik zu würdigen. Die aufgestellten Indikatoren können sicherlich zum größten Teil in ein Kompetenzraster integriert werden.

Christian Gefert: Bildungsstandards in philosophischen Bildungsprozessen
Christian Gefert[93] hat sich bewusst der Reflexion möglicher Bildungsstandards für das Fach Philosophie gewidmet und sich nicht das Ziel gesetzt, andere Fächer der Fächergruppe in seine Überlegungen zu integrieren.
Gefert geht es um eine problemorientierte Gestaltung philosophischer Bildungsprozesse. Lebensweltlich verankerte Deutungen möchte er durch Deutungsangebote der fachphilosophischen Tradition unterstützen. Er definiert das Bildungsziel des Philosophieunterrichts wie folgt: „Das Ziel philosophischer Bildungsprozesse besteht darin, Schülerinnen und Schüler zu befähigen, lebensweltlich vorgefundene Deutungen in einem unabgeschlossenen Prozess erneut zu deuten, um immer bessere und weiter reichende Deutungen zu formulieren. Der Philosophieunterricht ist demnach ein Ort für die Entfaltung von Reflexionen und befähigt Schülerinnen und Schüler im Idealfall, eine breitere Deutungskompetenz ihrer lebensweltlich verankerten Deutungen zu gewinnen. [...] Sie entwickeln in philosophischen Bildungsprozessen also die Kompetenz, immer bessere und weiter reichende Deutungen ihrer Deutungen mit Hilfe phänomenologischer, hermeneutischer, analytischer, dialektischer und spekulativer Methoden zu formulieren."[94] Dabei beruft sich Gefert auf Martens Methodenparadigma. Philosophische Bildungsprozesse sollen es den Schüler/innen ermöglichen, die von Martens definierten fünf Methoden zum Deuten von Deutungen anzuwenden.
Gefert stellt sich die Frage nach Kompetenzstufen und Möglichkeiten, das Erreichen der Stufen empirisch zu überprüfen. Er schließt sich Weinerts Kompetenzdefinition an[95], stellt aber in Frage, inwieweit sich volitionale, motivationale und soziale Bereitschaften überhaupt zuverlässig erheben lassen, da Bereitschaften an spezielle Situationen gebunden sind, die nichts mit fachspezifischen Standards zu tun hätten.
Insgesamt fällt auf, dass Gefert das Fach Philosophie selbst als eine unteilbare Kompetenz versteht. So geht er von einer philosophischen Kompetenz aus, die sich integrativ auf drei Anforderungsebenen bezieht. Die Schüler/innen müssen auf bereits im Unterricht erörterte reflexive Deutungsangebote zurückgreifen,

---

[93] Gefert, Christian (2005): Bildungsziele, Kompetenzen und Anforderungen – Perspektiven für die Entwicklung von Bildungsstandards in philosophischen Bildungsprozessen, in: Martens, Ekkehard/ Gefert, Christian/ Steenblock, Volker (Hrsg.): Philosophie und Bildung. Beiträge zur Philosophiedidaktik, LIT, Münster, S. 135-145
[94] ebd., S. 138 - 140
[95] vgl. Kap. 3.1.

dabei nicht bekannte, neu vorgelegte reflexive Deutungsangebote berücksichtigen und sich auf eigenständige und unabhängig vom Unterrichtsprozess entwickelte reflexive Deutungsangebote beziehen.[96] „Wichtig ist jedoch, dass Aufgabenstellungen, mit denen die Kompetenz von Schülerinnen und Schülern innerhalb der Domäne ‚Philosophie/ Philosophieren' evaluiert werden sollen, immer auf eine Realisierung aller fünf Methoden und aller drei Anforderungsebenen abzielen müssen. Eine Aufgabenstellung zur Evaluierung von domänenspezifischen Kompetenzen muss es Schülerinnen und Schülern also ermöglichen, alle Methoden des Philosophierens anzuwenden und sich bei ihrer Lösung jeweils auf allen drei Anforderungsebenen zu bewegen."[97] Dabei berücksichtigt Gefert jedoch nicht, dass es in einer Domäne Teilkompetenzen gibt, die wiederum verschiedene Niveaustufen erreichen können. Es wird deutlich, dass Geferts Ansatz ganz auf die Sekundarstufe II ausgerichtet ist und er bereits von einem Beherrschen der Teilkompetenzen, nicht aber von deren Vermittlung ausgeht. Ebenso fragwürdig erscheint es, dass immer alle fünf Methoden gleichzeitig Berücksichtigung finden sollen. Kompetenz setzt den flexiblen Einsatz adäquater Fähigkeiten und Fertigkeiten voraus. Ein Kriterium ist es, die entsprechenden Methoden flexibel auszuwählen, nicht rezeptartig abzuarbeiten.

Martina Dege: Kompetenzraster im Philosophieunterricht
Martina Dege[98] macht, ausgehend von Erfahrungen in Finnland mit individualisiertem Unterricht, einen Vorschlag zur Arbeit mit Kompetenzrastern im Philosophieunterricht. Sie macht in ihren Ausführungen deutlich, dass Kompetenzraster nur dann gewinnbringend eingesetzt werden können, wenn sich die Unterrichtsstrukturen grundlegend in Richtung einer Intensivierung kooperativer Lernformen ändern.
Die von ihr entwickelten Kompetenzraster haben die Funktion, individuelle Lernprozesse zu steuern. Dege stellt verschiedene Formen von Kompetenzrastern als Mittel zur Bewertung von Schüler/innen, als Hilfe zur Selbsteinschätzung der Lernenden sowie als Reflexionsinstrument der Lehrkraft vor und wählt einen Mittelweg aus Bewertung und Selbsteinschätzung. In der Wahl ihrer Kompetenzen orientiert sie sich an den in den EPA Philosophie vorgeschlagenen Kompetenzen, die Philosophie schwerpunktmäßig als Reflexionskompetenz definieren. Diese Kompetenz schließt, so Dege in Anlehnung an die EPA, Wahrnehmungs- und Deutungskompetenzen, Argumentations- und Urteilskompetenzen sowie Darstellungskompetenzen ein. Die von Dege für diese Kompetenzbereiche entwickelten Raster für die Oberstufe orientieren sich an den fünf Noten-

---

[96] ebd., S. 143. Berücksichtigung finden hier die Anforderungsebenen der EPA (Einheitliche Prüfungsanforderungen für das Abitur)
[97] ebd.
[98] Dege, Martina (2008): Zur Arbeit mit Kompetenzrastern im Fach Philosophie, in: Fachverband Philosophie. Mitteilungen, Heft 48/2008, S. 40 - 51

stufen. Obwohl die Raster wertschätzend formuliert sind (Ich kann...), ist doch die untere Stufe jeweils mit mangelhaft gekennzeichnet. Die von Dege für die Sekundarstufe I/ Klasse 9-10 entwickelten Raster orientieren sich an den Hamburger Lehrplänen. Auch sie arbeiten mit Notenstufen. Insgesamt zeigt sich in diesen Ausführungen ein sehr innovativer Ansatz hin zur Kompetenzorientierung. Die Zuordnung zu Notenstufen erscheint aber vor dem Hintergrund, dass die Entwicklung der Kompetenzen über den gesamten Lernprozess nicht abgebildet wird, eher problematisch, ist doch die Spannbreite von Leistungen, die zwei Jahrgangsstufen zugeordnet wird, bisweilen erheblich. Auch fällt auf, dass die Wahrnehmungskompetenz sehr stark auf „philosophische Implikationen"[99] beschränkt bleibt, aber weitere Aspekte dieses Kompetenzbereiches nicht berücksichtigt werden.

6.3. Kompetenzorientierung in der fachdidaktischen Literatur – ein Überblick

Betrachtet man die Berücksichtigung der Kompetenzen in den verschiedenen fachdidaktischen Veröffentlichungen, so fällt – ähnlich wie in den Konzeptionen der Lehrpläne – die Diskrepanz zwischen Ethik- und Philosophieunterricht ins Auge. Philosophieunterricht wird grundsätzlich als analytisch-reflexiver Unterricht definiert, Ethikunterricht dagegen berücksichtigt stärker die affektive und soziale Komponente. Weiterhin spielen der Diskurs und die durch den Unterricht angestrebte Orientierungsfunktion eine zentrale Rolle in allen Konzeptionen.

Kompetenz/ Autor[100]	Rehfus	Schmidt	Martens	Tichy	Rohbeck	Steen-block	Köck	Pfeifer	Facver-bände	Gefert	Dege
Wahrnehmung		X			X		X	X	X	X	X
Perspektivübernahme		X					X	X	X		
Empathie		X						X	X		
Interkulturelle Kompetenz		X					X				
Textkompetenz	X	X	X	X	X		X	◎[101]		X	X
Sprachanalyse		X		X				X	X	X	X
Interdisziplinäre Kompetenz						X					
Reflexionskompetenz	X	X	X	X		X	X		X	X	X
Argumentations- u. Urteilskompetenz			X	X	X				X	X	X
Moralische Urteilsfähigkeit							X	X	X		

---

[99] ebd., S. 48
[100] Grau sind die speziellen Didaktiken für das Fach Ethik markiert.
[101] Diese Kompetenz wird auf den Aspekt der Methodenkompetenz beschränkt.

Ethisches Argumentieren	X		X			X	X	X		
Diskurs	X	X				X	X	X		
Konfliktlösung							X			
Darstellung					X	X		X		X
Orientierung	X	X	X	X	X	X		X	X	
Handlung	X		X		X	X		X		

Tabelle 10: Kompetenzorientierung in den Fachdidaktiken

Allerdings fällt bei der Lektüre der Ethikdidaktiken auf, dass auch Veröffentlichungen wie die von Ekkehard Martens, die ausdrücklich Geltung für den Ethikunterricht beanspruchen, vor allem auf die Sekundarstufe II, auf Ethik als philosophische Bildung ausgerichtet sind. Andere Bezugswissenschaften werden vollkommen ausgeblendet.

Wie lassen sich die nur partiellen Übereinstimmungen zwischen realen Anforderungen durch die Lehrpläne und Didaktiken erklären? Neuere Veröffentlichungen zur Optimierung der Lehrerausbildung formulieren Standards, an denen sich die Wirkung von Lehrerbildung messen lassen soll. Terhart[102] stellt für alle Phasen der Lehrerbildung, also für die Fachausbildung ebenso wie für die fachdidaktische und die erziehungswissenschaftliche Grundbildung an der Universität sowie das Referendariat Standards auf. Er fordert von angehenden Lehrer/innen die fachdidaktische Ausbildung in folgenden Bereichen:

„1. Verhältnis zwischen wissenschaftlicher Disziplin und Unterrichtsfach
2. Legitimation und Bedeutung des Fachs als Schulfach
3. Geschichte des Schulfachs
4. Aufbau und Inhaltlichkeit des fachspezifischen Lehrplans
5. Fachdidaktische Konzeptionen und fachdidaktische Lehr-Lern-Forschung
6. Schulbücher/ Unterrichtsmaterial/ Informationstechnologien im Fach
7. Lernen und Lernschwierigkeiten von Schülern in diesem Fach
8. Leistungsbeurteilung und Lernförderung im Fach
9. Methodische Formen/ Lehr-Lern-Formen in diesem Fach
10. Verknüpfung des Faches mit anderen Fächern."[103]

Vergleicht man nun die untersuchten Didaktiken, vor allem die neueren Datums, die zeitgleich mit der Diskussion über eine veränderte Lehrerausbildung und neuen Anforderungen an die Unterrichtskonzeption entstanden sind, mit diesen Standards, so fällt auf, dass die meisten dieser Gesichtspunkte keine Berücksichtigung finden. Studenten und ausgebildete Lehrkräfte, die sich in diesen Werken über ihr Fach orientieren möchten, finden nur thematisch begrenzte Informationen vor. Im Mittelpunkt stehen neben der Legitimation der Fächer aus gesellschaftlichen und individuellen Erfordernissen der Bezug zur Philosophie und ihren fachspezifischen Methoden. Leitend scheint eine Auffassung von Fachdidaktik zu sein, die sich zum einen, je nach Herkunft des Autors, am Verständnis

---

[102] vgl. Terhart, Ewald (2003)
[103] ebd., S. 15

des Fachs in einzelnen Bundesländern, zum anderen am Bezug zur Fachwissenschaft orientiert. Wenn auch die Autoren eine deduktive Ableitung ihrer Theorien aus der Fachwissenschaft vordergründig ablehnen und sich an der gegenwärtigen Situation der Schüler/innen orientieren, berücksichtigen sie jedoch nicht den Status der Fächer in den einzelnen Bundesländern. Weder die Geschichte des Schulfachs noch die Struktur der Lehrpläne spiegelt sich in den Ausführungen. Die Konzeption vor allem des Fachs Ethik als verbindliches Ersatzfach mit einer entsprechend heterogenen Schülerschaft wird nicht in die didaktischen Überlegungen einbezogen. In Folge der in vielen Bundesländern nicht vorhandenen Wahlmöglichkeiten sind die Lerngruppen jedoch nicht nur durch die heute generell festzustellende Tendenz zur Individualisierung und Pluralität gekennzeichnet, auf die die Autoren Bezug nehmen, sondern in besonderem Maße durch eine multikulturelle und multireligiöse Zusammensetzung charakterisiert. Diese spielt in keiner der fachdidaktischen Veröffentlichungen eine Rolle. Vielmehr wird von Ethik als philosophischer Bildung ausgegangen, einer Möglichkeit, die sich fast ausschließlich in der Sekundarstufe II durch die Konzeption der Lehrpläne und Wahlmöglichkeiten für die Schüler/innen ergibt. Die Klientel der Oberstufenkurse ist daher zumeist eine andere, sie zeichnet sich trotz heterogener Schülerschaft vor allem durch ein bewusstes, interessegeleitetes Wahlverhalten aus. Die von Terhart geforderte Auseinandersetzung mit Bedingungen des Lernens und möglichen Lernschwierigkeiten wird von den Autoren ausgeblendet. Eine fachdidaktische Lehr-Lern-Forschung, die bisher für die Fächergruppe noch nicht existent ist, wird nicht eingefordert. Nur Pfeifer bezieht in seine Didaktik bereits existierende Ansätze aus der Psychologie zur moralischen Urteilsfindung und zur Perspektivübernahme mit ein, ohne allerdings auf konkrete Möglichkeiten der unterrichtlichen Umsetzung näher einzugehen.

Es ist zu konstatieren, dass die für die Fächergruppe existierenden Fachdidaktiken nicht von der Unterrichtspraxis ausgehen, sondern normative Setzungen vornehmen: Zugrunde gelegt wird zum einen ein ideales Fachverständnis, geprägt vor allem von der Bezugswissenschaft Philosophie, das sich nur teilweise in den Lehrplänen spiegelt, zum anderen ist nur eine partielle Übereinstimmung mit der realen Schülerschaft zu konstatieren. Damit stehen Unterrichtspraxis und Fachdidaktik relativ unvermittelt nebeneinander. Weder scheinen die fachdidaktischen Konzepte größeren Einfluss auf die neueren Lehrpläne genommen zu haben noch beziehen die Didaktiken die Unterrichtsrealität grundlegend in ihre Überlegungen mit ein. Es scheint weitgehend zu gelten: „Fachdidaktik läuft Gefahr, überwiegend Theorie ohne Praxis und Unterricht Praxis ohne Theorie zu sein."[104] Auch Forderungen zu einer Neugestaltung der universitären Ausbildung berücksichtigen die Erforschung der Unterrichtsrealität nur peripher.[105] Im Mittelpunkt stehen auch hier die Fachwissenschaft und Methoden ihrer Vermitt-

---

[104] Giest, Hartmut (1996), S. 64
[105] Arbeitsgemeinschaft ‚Philosophie und Ethik in der Schule' (2004)

lung. Voraussetzungen der Schüler/innen bleiben weitgehend ausgeblendet. Als Schwäche angehender Lehrer/innen wird vor allem unzureichendes Fachwissen kritisiert, diagnostische Fähigkeiten fachspezifischer Kompetenzen werden nicht eingefordert.
Positiv fallen die Bildungsstandards der Fachvertreter aus dem Rahmen aller anderen Veröffentlichungen. Wenn es auch formale Kritikpunkte gibt, so ist doch hervorzuheben, dass hier eine ganzheitlichere Sicht auf Ethikunterricht unter Berücksichtigung aller Teilkompetenzen und aller relevanter Bezugsdisziplinen vertreten wird, die dem größten Teil der Lehrpläne Rechnung trägt. Sinnvoll erscheint es, dass die Autor/innen ein größeres Spektrum an Kompetenzen benennen, das Auswahlmöglichkeiten und Schwerpunktsetzungen in den Fächern und Bundesländern erlaubt. Einseitige Setzungen und Definitionen der Fächer sowie eine Ausgrenzung von Teilaspekten wird vermieden. Mit der Auflistung von Standards wird jedoch noch keine Hilfe für die Umsetzung im Unterricht gegeben. Sie bieten aber vielfältige Ansatzpunkte für die Bildungsforschung. Sowohl die fachdidaktische Lehr-Lern-Forschung wie die Diagnostik können hier ihren Ausgangspunkt nehmen.
Auch die von Martina Dege entwickelten Kompetenzraster sind ein entscheidender Schritt hin zu einer veränderten Unterrichtskonzeption. Sie zeigen, wie Kompetenzorientierung im Unterricht umgesetzt werden kann.
Beiden Konzeptionen ist aber eigen, dass sie, anders als in anderen Fächern, nur im Ansatz auf den bestehenden Fachdidaktiken basieren. Vielmehr ist ein Nebeneinander von eher theoretischen Abhandlungen mit stärker an der Praxis orientierten Veröffentlichungen zu beobachten.

7. Empirische Untersuchung zu ethisch-philosophischen Kompetenzen – Forschungsdesign

> „Es kann davon ausgegangen werden, dass jede Lehrperson ihre eigenen Vorstellungen von den Zielen, Inhalten und Gestaltungsmöglichkeiten des Unterrichts besitzt und diese ‚subjektiven Theorien' zu verwirklichen sucht."[1]

Die bisherigen Analysen von Lehrplänen und Didaktiken haben ein uneinheitliches Bild gezeigt. Es stellt sich auf der Grundlage dieser divergierenden Ergebnisse die Frage, wie Experten aus der Praxis die fachspezifischen Kompetenzen beurteilen, da sie tagtäglich mit der besonderen Fächersituation und der heterogenen Schülerschaft konfrontiert werden. Zur Eruierung der Expertenmeinungen wurde ein Forschungsdesign entwickelt, dessen Konzeption im Folgenden erläutert wird und dessen Ergebnisse die Grundlage für das zu entwickelnde Kompetenzmodell bilden.

7.1. Fragestellung und methodisches Vorgehen

Die Analyse der Lehrpläne und der Vergleich mit fachdidaktischen Veröffentlichungen haben eine Vielzahl von Kompetenzen ergeben, die in unterschiedlichen Konstellationen und divergierendem Umfang als Ziel des Unterrichts in der Fächergruppe propagiert wurden. Die Konzeption von Kompetenzrastern könnte sich nun direkt auf diese Befunde stützen. Es soll jedoch eine empirische Untersuchung zwischengeschaltet werden. Dieses methodische Vorgehen ist zu begründen. Hintergrund ist der Umgang der Lehrkräfte mit Lehrplänen und ihr Verhältnis zur Fachdidaktik.
Die Entwicklung von Kompetenzrastern, die im Mittelpunkt dieser Arbeit steht, lässt sich als anwendungsorientierte Entwicklungsforschung definieren.[2] Pädagogische Entwicklungsforschung hat die Konzeption und Überprüfung sozialer und pädagogischer Programme zum Ziel, im Vordergrund steht langfristig die Anwendungspraxis. Neue Konzepte müssen zunächst in einem kleinen, überschaubaren Rahmen erprobt und evaluiert werden. Wenn in diesem Versuchsfeld gute Ergebnisse erzielt werden, kann an die Überprüfung in einem größeren Kontext gedacht werden. Für das vorliegende Vorhaben bedeutet das, dass erst nach Abschluss der Konzeption von für die Fächergruppe Philosophie/ Ethik grundlegenden Kompetenzrastern ein Einsatz in der Praxis mit abschließender Evaluation möglich ist. Für eine den Konzeptionsprozess begleitende Evaluation in der Entwicklungsphase entscheidend ist eine kritische, theoriebezogene Diskussion von Entwürfen unter Personen, die in verschiedenen Hinsichten Exper-

---

[1] Vollstädt, Witlof / Tillmann, Klaus-Jürgen/ Rauin, Udo/ Höhmann, Katrin/ Tebrügge, Andrea (1999), S. 28
[2] vgl. Wellenreuter, Martin (2000), S. 221-226

ten sind.³ Mit ihrer Hilfe können die Entwürfe einer ersten empirischen Überprüfung unterzogen werden. Für die zu diesem Zweck stattfindende Datensammlung ist Repräsentativität nicht unbedingt erforderlich, denn es erscheint „eine Dogmatisierung bestimmter Forschungsstandards für die Entwicklungsforschung nicht sinnvoll. Da es sich hier in der Regel um sehr komplexe Optimierungsprobleme handelt, die die Verarbeitung der vielfältigsten Informationen erfordern, sind hier vor allem in der Entwicklungsphase häufig ‚weiche' Methoden wie Unterrichtsprotokolle und Diskussionen mit verschiedenen Personengruppen wichtiger als ‚harte' Methoden wie standardisierte Tests."⁴ Für formative Evaluation eignen sich verschiedene Methoden: Eine Diskussion zwischen Experten kann ebenso geeignet sein wie die Beobachtung erster praktischer Erprobungen. Die Befragung der verschiedenen teilnehmenden Gruppen kann je nach Fragestellung als ebenso taugliches Mittel erscheinen wie erste Tests oder Experimente. Umfrageforschung erweist sich dann als sinnvoll, wenn eine erste Exploration zu einer aktuellen Problematik durchgeführt werden soll.⁵ Aus den entwicklungsbegleitenden Fragestellungen dieser Arbeit leiten sich die Methoden der formativen Evaluation in verschiedenen Phasen ebenso ab wie die Auswahl der hinzuzuziehenden Experten.

Unterrichtsplanung zwischen Theoriewissen und Professionswissen
Beobachtungen im Schulalltag zeigen deutlich, dass sich nur die wenigsten Lehrer bei der Unterrichtsplanung an offiziellen didaktischen Modellen orientieren. Didaktische Konzeptionen werden oft nur ansatzweise übernommen, im Anspruch reduziert, vermischt und den eigenen Interessen und Erfahrungen angepasst. „Sie werden ‚praxistauglich gemacht'."⁶ Im Vordergrund des unterrichtlichen Handelns steht der Stoff, die Methodik ist zweitrangig, Anzeichen für eine didaktisch-methodische Theorieeinbettung sind kaum zu erkennen. Statt auf didaktische Theorien greifen die meisten Lehrer/innen auf Schulbücher und Lehrerbegleithefte zurück. Die geringe didaktische Orientierung wird in verschiedener Weise begründet.⁷ Zum einen wird die Praktikabilität der Didaktiken für die Praxis bestritten. Didaktische Konzeptionen erscheinen zu abstrakt und allgemein. Für die konkrete Unterrichtsvorbereitung liefern sie zu wenige Orientierungshilfen. Auf der anderen Seite werden teilweise utopische Anforderungen an die Lehrer/innen gestellt, die die reale Arbeitsplatzsituation und zeitliche Belastung vollkommen ausblenden. Hilbert Meyer hat diesen Theorien daher auch den wenig schmeichelhaften Titel „Feiertagsdidaktik"⁸ verliehen, da diese An-

---

[3] vgl. ebd., S. 240
[4] ebd., S. 253
[5] vgl. ebd. S. 308ff.
[6] Tebrügge, Andrea (2001), S. 29/ Meyer, Hilbert (2003), S. 180ff.
[7] vgl. ebd., S. 30ff.
[8] Meyer, Hilbert (2003), S. 181

sätze im Lehreralltag nur noch zum Tragen kommen, wenn es gilt, eine Unterrichtstunde zum Beispiel aus Anlass einer Bewerbung zu präsentieren. Wenn aber nicht die didaktischen Modelle für die Lehrkräfte leitend sind, was macht dann „das systematische Wissenskorpus eines [...] ‚professionalisierten' Lehrers" aus?[9]

Im konkreten Unterrichtsalltag sind subjektive Theorien über den Unterricht für die Unterrichtsvorbereitung leitend.[10] Diese persönlichen Theorien setzen sich aus einer Sammlung von Kognitionen, d.h. von Erklärungen, Relationen und Argumentationsstrukturen zusammen, die nicht unbedingt wissenschaftlichen Theorien entsprechen müssen. Diese subjektiven Theorien sind vielmehr ein Produkt biografischer Erfahrungen und konkreter Berufsanforderungen. Sie werden im Verlauf des beruflichen Werdegangs erworben und helfen, die täglichen Anforderungen in der Klasse zu bewältigen. Ihre Entstehung ist vor allem ein Resultat konkreter Handlungen, deren Ergebnisse eine entscheidende Rolle bei der Genese subjektiver Theorien spielen. Im Idealfall ergänzen sich Theorie- und Professionswissen zur Handlungskompetenz.[11] Das an den Universitäten oder im Referendariat erworbene Theoriewissen wird bei der Vorbereitung, durch Erfahrungen in der Klasse oder im Austausch mit Kollegen gebrochen und modifiziert, um zu didaktisch-methodischer Handlungskompetenz zu gelangen. Die professionelle Lehrkraft ist charakterisiert als „reflektierende[r] Praktiker"[12] im stetigen Wechsel von Aktion und Reflexion.

Die aufgrund persönlicher Erfahrungen erworbenen subjektiven Theorien haben nur einen begrenzten Entwicklungsspielraum und sind schwer veränderbar, „[...] da diese Theorien grundlegende, relativ veränderungsresistente Persönlichkeitsanteile wie allgemeine Werthaltungen, Einstellungen oder Menschenbilder beinhalten, die den Entwicklungsspielraum eingrenzen. Subjektive Theorien haben so gesehen auch eine handlungsrechtfertigende Funktion."[13]

Gilt diese persönliche Brechung didaktischer Konzeptionen im Unterrichtsalltag auch für Lehrer/innen aller Fächer, so doch vermutlich noch in besonderem Maße für die zu untersuchende Fächergruppe, da im Fachbereich Ethik viele Lehrkräfte fachfremd eingesetzt sind. Sie haben teilweise keine Ausbildung erhalten oder wurden in einer kurzfristigen Zusatzqualifikation geschult bzw. haben sich durch Fortbildung und Selbststudium weitergebildet. Wesentliche Erkenntnisse über den Unterricht in der Fächergruppe Ethik/ Philosophie wurden ausschließlich in der konkreten Unterrichtspraxis erworben. Der Status der Fächer und die reale Schülerschaft bestimmen das Unterrichtshandeln und prägen vermutlich

---

[9] Hörner, Wolfgang (2002), S. 34
[10] Eine ausführliche Darstellung umfangreicher Theorien zum Wissen, zur Professionalität und zu subjektiven Theorien von Lehrer/innen ist hier nicht das Ziel. Von Interesse ist die konstatierte Distanz zu wissenschaftlichen Modellen und die Entwicklung privater Theorien, die aus praktischen Erfahrungen resultiert.
[11] vgl. Meyer, Hilbert (2003)
[12] Hörner, Wolfgang (2002), S. 37
[13] Tebrügge, Andrea (2001), S. 47f.

die subjektiven Theorien dieser Lehrkräfte. Es ist daher in der empirischen Untersuchung die Abhängigkeit der Beurteilung der fachspezifischen Kompetenzen vom Ausbildungs- und Kenntnisstand zu untersuchen.

Unterrichtsplanung ohne Lehrplanbezug?

Wenn Ethiklehrer/innen zum Teil nur eine eklektische Ausbildung erhalten haben, so sollte man vermuten, dass sie sich in ihrer Unterrichtsplanung stark an den Lehrplänen orientieren. Untersuchungen über den Umgang mit den Lehrplänen der Fächer Deutsch, Geschichte, Chemie und Mathematik[14] haben jedoch ergeben, dass Lehrpläne in der alltäglichen Unterrichtsvorbereitung nur eine untergeordnete Rolle spielen. Sie haben eher eine Legitimierungs- als Orientierungsfunktion, denn „bei der Unterrichtsplanung entwickelt jede Lehrerin, jeder Lehrer eine dem schulischen Alltag angepasste Unterrichtsstrategie, den individuellen Lehrplan, der mitunter erheblich von den Idealvorstellungen des staatlichen Lehrplans abweicht bzw. abweichen muss. Die Lehrkraft verknüpft sie mit individuellen Erfahrungen bzw. Ansprüchen und berücksichtigt die unterschiedlichen konkreten Unterrichtsbedingungen ‚vor Ort'. Auf diese Weise entsteht eine subjektive Interpretation und Adaption der offiziellen Lehrplanvorgaben."[15] Eine in Hessen durchgeführte empirische Studie ergab, dass der Umgang mit dem Lehrplan von „subjektive[n] Faktoren der Lehrerpersönlichkeit"[16] abhängig ist. Die Einschätzung der Lehrpläne ist nicht unbedingt von deren Qualität, sondern von der eigenen pädagogischen Sichtweise bestimmt. Subjektive Theorien beeinflussen das Lehrerhandeln und bestimmen auch die Einschätzung der Lehrpläne. Lehrpläne werden daher vor allem zur Bestimmung von Unterrichtszielen, Erstellung eines Stoffverteilungsplanes, Erstellung von Konzepten sowie Planung von Themen und Inhalten herangezogen.[17] Die Umsetzung der Lehrpläne verläuft dabei in mehreren Ebenen: Der offizielle Lehrplan wird von den Lehrkräften individuell konkretisiert. Im konkreten Unterricht erscheint er als tatsächlicher Lehrplan, der sich in individuellen Lernergebnissen realisiert.[18] Lehrplanvorgaben werden im Verlauf von Jahren auf der Grundlage eines erfahrungsgesteuerten Selbstverständnisses und individueller Einstellungen über guten Unterricht im eigenen Fach entwickelt und selektiv verinnerlicht.[19] Im konkreten Unterrichtsalltag übernehmen in vielen Fächern vor allem Schulbücher und Unterrichtsmaterialien eine wichtige Steuerungsfunktion. Allerdings gilt die Orientierung an Lehrbüchern vor allem in „leitmediumorientierten Fächern"[20],

---

[14] vgl. Vollstädt, Witlof u.a. (1999)
[15] Vollstädt, Witlof u.a. (1999), S. 15
[16] ebd., S. 79
[17] vgl. ebd. S. 84f.
[18] vgl. ebd., S. 15
[19] vgl. ebd., S. 216
[20] Schlegel, Clemens (2003), S. 36

d.h. in Fächern, die fast ausschließlich mit Schulbüchern arbeiten wie Mathematik. Für Ethik ist diese Prägung jedoch nicht unbedingt kennzeichnend, da neben Schulbüchern vielfältige, oft aktuelle Materialien eingesetzt werden. Es ist daher zu vermuten, dass die Einschätzung relevanter Kompetenzen deutlich von den Lehrplanvorgaben abweichen dürfte, da stärker die Anforderungen des konkreten Unterrichtsalltags in Form einer außergewöhnlich heterogenen, oft multikulturellen und multireligiösen Schülerschaft sowie die unterschiedlichen Ausbildungs- und Kenntnisstände der Lehrkräfte entscheidend sein dürften.

Eine Befragung von Multiplikatoren, die das Fachverständnis durch Veröffentlichungen, Aus- und Fortbildung entscheidend prägen, dürfte Rückschlüsse auf die Einschätzungen einer größeren Zahl von Kolleg/innen erlauben.

Arbeitshypothesen
Aus den Ausführungen ergeben sich vier Hypothesen, die für die Konzeption der Befragung und die anschließende Auswertung leitend sind.
- Es wird erwartet, dass die Experten andere und vermutlich eine größere Anzahl von Kompetenzen für ihren Unterricht als grundlegend ansehen, als es die Übersicht in Kap. 5 ergibt, da die Einstellungen der Lehrer nicht selbstverständlich deckungsgleich mit dem Lehrplan und den Didaktiken sind und sich die Praxis des Unterrichtsalltags als Genese subjektiver Theorien in den Beurteilungen widerspiegelt. Vermutet werden unter diesem Blickwinkel Unterschiede zwischen den im Schuldienst Tätigen und den Theoretikern.
- Weiterhin wird vermutet, dass die Zustimmung zu bestimmten Kompetenzen abhängig von der Sicherheit im Umgang mit dieser Kompetenz ist, die wiederum in direktem Zusammenhang mit der Ausbildung steht. Daher ist die Frage nach dem Ursprung der Kenntnisse von Interesse.
- Die inhaltliche Struktur der Ausbildung im Studium, aber auch teilweise im Referendariat zeichnet sich durch einen hohen Reflexions- und Abstraktionsgrad aus. Es wird erwartet, dass in den Kompetenzbereichen *Analysieren und Reflektieren* sowie *Argumentieren und Urteilen* bereits hinreichende Wissensstände und dadurch bedingte Sicherheiten im Umgang mit diesen Kompetenzen in der Ausbildung erworben wurden. Die Bildungsstandards *Wahrnehmen und Verstehen, Interagieren und Sich-Mitteilen* sowie *Sich-Orientieren und Handeln* spielen dagegen eine zentrale Rolle in der Unterrichtspraxis, die sich schon allein aufgrund der Schülerstruktur[21] nicht auf rein kognitive und methodische Aspekte reduzieren lässt. Es ist daher zu vermuten, dass Kenntnislücken, die sich im Unterrichtsalltag erwiesen haben, wenn möglich durch Fortbildung und Selbststudium geschlossen wurden.

---

[21] Die Schülerschaft zeichnet sich durch eine große nationale und kulturelle Heterogenität aus. Diese resultiert aus dem Status der Fächer als Ersatz- und Alternativfächer, vgl. Kap. 2

- Es ist weiterhin zu erwarten, dass grundlegende Kriterien für einzelne Kompetenzen abgelehnt oder nur eingeschränkt bejaht werden.[22] Dies gilt zum einen für die Frage nach der Fachspezifik. Fast alle Kompetenzen sind, wenn auch mit anderer Akzentsetzung und Methodik, ebenso in anderen Fächern vermittelbar, so dass hier zum Teil Ablehnung erwartet wird. Weiterhin ist die Überprüfbarkeit einiger Kompetenzen problematisch. Dies gilt für Empathie, Perspektivübernahme, Orientierungs- und Handlungskompetenz. Es handelt sich in diesen Fällen zum einen um entwicklungsabhängige Einstellungen, zum anderen um Kompetenzen, die sich vor allem außerhalb der Schule erweisen. Auch die Umsetzung in Aufgaben könnte bei handlungsorientierten Kompetenzen wie Konfliktlösung, Orientierungs- und Handlungskompetenz aufgrund der Schwierigkeit der Überprüfbarkeit auf Ablehnung der Lehrenden stoßen.

7.2. Empirisches Forschungsdesign

Für die Entwicklung eines Kompetenzmodells der Fächergruppe, das bundesweit einsetzbar sein soll, ergeben sich folgende Grundbedingungen. Ein Kompetenzmodell sollte aus fachdidaktischen Erkenntnissen und bildungspolitischen Zielen resultieren. Es muss unabhängig von bestimmten Inhalten Gültigkeit besitzen und mit Hilfe verschiedener exemplarischer Inhalte umsetzbar sein. Da es, wie bereits dargelegt, bislang keine allgemein anerkannte Fachdidaktik gibt, die eine umfassende Grundlage für ein Kompetenzmodell bilden könnte, und die in verschiedenen Bundesländern formulierten Kompetenzen und Standards von unterschiedlichen Grundvoraussetzungen ausgehen, müssen in verschiedenen Bereichen der Fachdidaktik Tätige als Experten in den Entwicklungsprozess mit einbezogen werden.[23] Dies ist in besonderer Weise daher erforderlich, da ein Instrument für die Praxis entstehen soll, das in der Unterrichtsvorbereitung und -durchführung einsetzbar ist. Daher sollen Vorwissen und Erfahrungen der Lehrkräfte mit einbezogen werden. Es muss ebenfalls berücksichtigt werden, dass Unterrichtende in höchstem Maße belastet sind, so dass eine vollkommene Neustrukturierung von Unterrichtsinhalten und -formen illusorisch ist. Vielmehr muss sich der Blick auf die Elemente richten, deren Einsatz sich als in der Praxis erforderlich erwiesen, die sich bewährt haben und die in ein Kompetenzmodell integriert werden können.

Methodisch soll diese Basis durch eine quantitative empirische Untersuchung mittels schriftlicher Befragung mit disproportional geschichteter Stichprobe erarbeitet werden.

---

[22] Genauere Begründungen für diese Einschränkungen siehe Kapitel 8 sowie in den Einzeldarstellungen der Kompetenzen.
[23] Ein durch Deduktion entstandenes Modell benötigt praktische Validierung, d.h. es muss mit Expertenwissen abgeglichen werden.

108 | Teil 1 - Grundlagen

Da Experten aus allen sechzehn Bundesländern hinzugezogen werden müssen, um ein gesamtdeutsches Kompetenzmodell zu entwickeln, eignet sich ein Fragebogen am besten, um zeitgleich eine größere Zahl von Experten erreichen und vergleichbare Ergebnisse erzielen zu können.

Konzeption des Fragebogens
Der Fragebogen setzt sich aus zwei Teilen zusammen, einer empirischen Untersuchung zur Erfassung der generierten Auffassungen zu ethisch-philosophischen Kompetenzen sowie einer Abfrage zu den Tätigkeitsfeldern der hinzugezogenen Experten.[24]
Aus der bisherigen Untersuchung der bundesdeutschen Lehrpläne und der Fachdidaktiken ergaben sich die oben skizzierten Fragestellungen und Hypothesen. Sie sind leitend für die Konzeption des Fragebogens.
Die Analyse der bundesdeutschen Lehrpläne hat sechzehn Kompetenzen, zusammengefasst in fünf Kompetenzbereiche, ergeben. Jede einzelne dieser Kompetenzen soll auf ihre Eignung für den Unterricht der Fächergruppe von den ausgewählten Experten überprüft werden. Allen Kompetenzen werden die gleichen Fragen zugeordnet, die nach folgenden Gesichtspunkten zusammengestellt werden.

- Da der in den Lehrplänen verwendete Kompetenzbegriff uneinheitlich, bzw. z.T. nicht vorhanden ist, wird nach dem kleinsten gemeinsamen Nenner gesucht, unter den sich alle Bundesländer subsumieren lassen. Viele Lehrpläne verwenden die Begriffe Sach-, Methoden-, Selbst- und Sozialkompetenz. Sie können daher die Basis für die Definition der Kompetenzen bilden. Um die definierten Kompetenzen[25] auf bundesweite Akzeptanz zu überprüfen, werden diese daher separat auf ihre Kompetenzdimensionen hin analysiert.
- Weiterhin ist zu klären, ob und inwieweit diese Kompetenzen überhaupt im Unterricht vermittel- und erlernbar sind.
- Auf der Basis des zugrunde gelegten Kompetenzbegriffs[26] und seiner Abgrenzung von Schlüsselqualifikationen ist zu überprüfen, inwieweit es sich bei den sechzehn Kompetenzen um fachspezifisch vermittelbare Kompetenzen handelt.
- Der zugrunde gelegte Kompetenzbegriff ebenso wie die Zielsetzungen der KMK-Bildungsstandards legt einen Schwerpunkt auf die Evaluation erworbener Kompetenzen. Diese müssen daher in Aufgabenstellungen umsetzbar und überprüfbar sein. Die aus den Lehrplänen extrahierten Kompetenzen werden auch unter diesem Gesichtspunkt zu prüfen sein.

---

[24] Fragebogen vgl. beiliegende CD
[25] siehe Kapitel 5.5
[26] siehe Kapitel 3

- Die Ergebnisse der Lehrplan- und Didaktik-Analysen ergaben, dass es fach- und stufenspezifische Zuordnungen der Kompetenzen gibt. Ob sich die Erfahrungen und Zielsetzungen der Unterrichtenden auch mit diesen Befunden decken, ist ebenfalls Gegenstand der Befragung.
- Ihre Einschätzung, ob die Kompetenzen, wie es die Didaktiken erscheinen lassen, schwerpunktmäßig für einzelne Fächer oder doch eher für die gesamte Fächergruppe gültig sind, soll von den Experten ebenfalls erhoben werden, desgleichen die Bedeutung der Kompetenzen für die Fächergruppe insgesamt.
- Die zu entwickelnden Kompetenzraster sollen als Instrument für die Diagnose und Unterrichtsplanung dienen. Die Selbsteinschätzung der Lehrkräfte in Bezug auf ihre diagnostischen Fähigkeiten der einzelnen Kompetenzen wird daher ebenfalls erfragt.
- Weiterhin ist von Interesse, wie die Experten ihre Fähigkeiten, die Kompetenzen zu vermitteln und die Leistungen der Schüler/innen zu bewerten, einschätzen.

Die Fragen sind als geschlossene Fragen mit vierstufiger Antwortskala formuliert. Diese Konzeption erhöht die Vergleichbarkeit der Antworten und die Überprüfung der Hypothesen.[27]

Im Sinne der Fragebogendramaturgie sind die eher persönlichen Fragen, die die eigene Kompetenz der Lehrenden im Hinblick auf Diagnose, Vermittlung und Bewertung sowie Ausbildung in den Mittelpunkt stellen, an das Ende der jeweiligen Bögen gestellt.[28]

In einem zweiten Fragebogen werden persönliche Angaben zu Tätigkeitsfeldern und dem Unterricht in bestimmten Fächern der Fächergruppe erfragt. Im Abgleich zwischen Arbeitsbereich und Unterrichtsfach sowie der Beurteilung der Kompetenzen kann untersucht werden, inwieweit es fachspezifische Unterschiede gibt. Weiterhin wird zu prüfen sein, ob sich in bestimmten Bereichen wie Ausbildung, konzeptioneller Arbeit oder Publikation Tätige durch vergleichbare oder divergierende Beurteilungen auszeichnen.

Auswahl der Experten

Der erstellte Fragebogen fungiert im weitesten Sinn als ein Instrument für ein schriftliches Experteninterview.[29] Dieses Instrument ist in der empirischen Sozialforschung ein eher untergeordnetes Verfahren, das vor allem seinen Platz in der Bildungsforschung besitzt. Es geht um die „Erfassung von praxisgesättigtem Expertenwissen"[30], wobei der Begriff des Experten nicht klar definiert ist. Der Expertenstatus einer Person ist abhängig vom jeweiligen Forschungsinteresse.

---

[27] vgl. Atteslander, Peter (1993), S. 179
[28] vgl. ebd., S. 190
[29] vgl. Meuser, Michael/ Nagel, Ulrike (1997), S. 481 - 491
[30] ebd., S. 481

Dabei interessiert der Experte weniger als Vertreter einer persönlichen Meinung bzw. subjektiven Theorie, sondern vor allem als in einen bestimmten Funktionskontext eingebundene Person. Von Interesse ist einerseits die Bedeutung eines Experten in seinem jeweiligen Arbeitsfeld, aber auch der kontrastierende Vergleich divergierender Positionen. Um alle Fächer der Fächergruppe und die auf verschiedenen Ebenen der Fachdidaktik Tätigen zu berücksichtigen, damit ein möglichst großes Spektrum und eine tragfähige Basis entstehen, werden die Experten aus folgenden Bereichen zusammengestellt:

- Alle Bundesländer
- Vertreter aller Fächer der Fachgruppe
- Lehrerausbildung Universität
- Lehrerausbildung Referendariat
- Praktikantenbetreuung
- Mentor/in
- Lehrerfortbildung
- Zusatzqualifikation
- Verfasser fachdidaktischer Literatur
- Verfasser fachwissenschaftlicher Literatur
- Schulbuchautoren Sekundarstufe I und II
- Lehrplanarbeit
- Verbandsarbeit
- Redakteure fachdidaktischer Literatur
- Lehrer verschiedener Schulformen und -stufen (Sek. I, Sek. II)

Eine bundesweite Erhebung innerhalb dieser vielfältigen fachdidaktischen Arbeitsbereiche kann nicht als Totalerhebung durchgeführt werden. Dies würde zum einen den finanziellen und zeitlichen Rahmen sprengen, zum anderen ist die zugrunde liegende Grundgesamtheit aus verschiedenen, noch auszuführenden Gründen nicht bestimmbar. Es müssen daher Stichproben gezogen werden. Stichproben lassen sich nach verschiedenen Auswahlkriterien zusammenstellen. Zufallsstichproben, bei denen jedes Mitglied der Grundgesamtheit die gleichen Chancen hat, in die Stichprobe aufgenommen zu werden, haben den höchsten Grad an Repräsentativität. In der vorliegenden Untersuchung käme diese Auswahlmöglichkeit nur für einen Teil der Experten in Frage, da die Grundgesamtheit der meisten Teilstichproben nicht bekannt ist. Die Anzahl fachdidaktischer Professuren beispielsweise lässt sich mit drei Personen exakt benennen, die Anzahl der Ethik und Philosophie unterrichtenden Lehrkräfte aber, die zum Teil auch fachfremd eingesetzt werden, ist nicht bestimmbar. Viele Einsatzbereiche sind durch Internetrecherche oder Kurzbiografien in Publikationen oder auf Plattformen der Fachverbände nicht genannt, dies gilt vor allem für Mentorentätigkeit und Praktikantenbetreuung. Für pädagogische Entwicklungsforschung ist Repräsentativität jedoch auch nicht unbedingt der Gütemaßstab. Es gilt viel-

mehr: „Untersuchungsziele einerseits und Untersuchungs- und Stichprobenplan andererseits sollen zusammenpassen."[31]
Das aufgrund dieser Voraussetzungen gewählte Verfahren kann daher nicht zufallsgesteuert sein. Es findet vielmehr eine bewusste Auswahl der Experten statt, die planvoll, aufgrund vorheriger Überlegungen, nach Kriterien, die für den Forschungszweck sinnvoll erscheinen, vorgenommen wird. Um in die Stichprobe aufgenommen zu werden, muss ein Element bestimmte Merkmale oder Merkmalskombinationen aufweisen, deren Festlegung sich nach dem Forschungsinteresse richtet. Bewusste Auswahlverfahren eignen sich immer dann, wenn relativ gesicherte Kenntnisse über die Struktur der Grundgesamtheit, in diesem Fall die fachdidaktischen Arbeitsbereiche, vorliegen. Als Auswahl nach dem Konzentrationsprinzip[32] wurden für die Untersuchung besonders ins Gewicht fallende Fälle zusammengestellt. Die Bedeutsamkeit der Experten galt als ein Kriterium für ihre Auswahl. In der vorliegenden Untersuchung wurden sie im Hinblick auf ihre Wirkung als Multiplikatoren in allen fachdidaktisch relevanten Arbeitsfeldern ausgewählt. Durch Aufteilung in fachdidaktische Teilgesamtheiten entsteht eine geschichtete Stichprobe[33]. Da der Umfang und die Verteilung der Teilgesamtheiten sehr unterschiedlich sind und um eine größere Variation der Merkmalsausprägung zu erreichen, wurde eine disproportional geschichtete Stichprobe gewählt. Wie Häder feststellt, wäre es grundsätzlich ausreichend, wenn die verschiedenen Paradigmen durch jeweils einen Teilnehmer vertreten würden.[34]
Um eine solide Basis zu erhalten, werden aus jedem Bundesland mindestens drei bis fünf Befragte rekrutiert. Die Anzahl orientiert sich an der jeweiligen Bevölkerungszahl. Durch Kombination mit mehreren der oben genannten Merkmale ergibt sich eine Zahl von 60 zu Befragenden, die aufgrund ihrer Expertise ausgewählt werden. Personengruppen wie die Fachdidaktischen Professuren oder kleine Bundesländer sind überproportional vertreten. Hätte sich die Auswahl bei Berücksichtigung einer Mindestzahl zum Beispiel pro Bundesland proportional an Bremen orientiert, wäre die Anzahl der zu Befragenden, übertragen auf die bevölkerungsreichen Bundesländer, erheblich. Die gewählte Schichtung bietet die Chance, den notwendigen Stichprobenumfang so klein wie möglich zu halten[35].
Alle Experten zeichnen sich vor allem durch ihre Multiplikatorenfunktion im Bereich Ausbildung und konzeptionelle Arbeit sowie im Hinblick auf ihre Meinungsführerschaft durch Publikationen in Form von Schulbüchern, Unterrichtsmaterialien und Fachdidaktiken aus. Viele sind in mehreren Arbeitsfeldern tätig, so dass jede Kategorie mehrfach vertreten wird. Nicht alle Experten sind andererseits Spezialisten im Bereich Kompetenzorientierung in der Fächergruppe.

---

[31] ebd.
[32] vgl. Kromrey, Helmut (2006), S. 284
[33] vgl. Kromrey, Helmut (2000), S. 283ff.
[34] Häder, Michael (2002), S.31
[35] vgl. Kromrey, Helmut (2000), S. 285

Dies ist, so Meuser/ Nagel[36], auch nicht zwingend erforderlich. Auch wenn sich die befragten Personen nicht ausdrücklich und direkt mit dem Forschungsthema befasst haben, d.h. ein reflexives Wissen zum Thema besitzen, ist es ohne weiteres denkbar, unbewusstes Wissen, dass sich in Form subjektiver Theorien in der Praxis manifestiert hat und subjektiv handlungsleitend ist, zu erfragen. Für die Auswahl der für diese Untersuchung in Frage kommenden Experten bedeutet dies, dass sie bisher nicht explizit über die im Ethik- und Philosophieunterricht zu vermittelnden Kompetenzen reflektiert oder sogar publiziert haben müssen. Ihre Unterrichtsplanung und Ausbildungstätigkeit jedoch wird auch indirekt von Vorstellungen über das Fach geleitet, die man erfragen kann. Durch die Fragen werden Einstellungen und Entscheidungsprozesse bewusst und transparent gemacht.

Die Auswahl der Experten wurde anhand verschiedener Informationsquellen vorgenommen. Zum einen wurde auf den Internetseiten der Bundesländer recherchiert, wer für Lehrplanarbeit und Fortbildung zuständig ist. Auch die über die Fachbereiche der Universitäten informierenden Webseiten wurden in die Expertensuche mit einbezogen. Die Homepage des Forums für Didaktik der Philosophie und Ethik wurde ebenso aufgesucht wie die Mitteilungen der Bundes- und Landesfachverbände. Die Autoren von Schulbüchern wurden in den Verlagen recherchiert. Weiterhin wurde auf eine Autorenkartei der Zeitschrift Ethik & Unterricht zurückgegriffen. Alle diese Recherchen zeichnen sich nicht durch Repräsentativität aus. Die Grundgesamtheit aller Experten konnte nicht erhoben werden. Entscheidend waren vielmehr die Erreichbarkeit der Informanten sowie die Streuung der Arbeitsbereiche über die Bundesländer und Fächer.[37] Wissen und Erfahrung der Informanten, Reflexionsfähigkeit sowie die Bereitschaft zur Mitarbeit standen im Vordergrund.

---

[36] vgl. Meuser, Michael/ Nagel, Ulrike (1997). S. 485f.
[37] vgl. Merkens, Heinz (1997), S. 97-101

8. Auswertung der empirischen Untersuchung

„"The magic of numbers cannot produce cognitive rabbits out of truly empty hats."[1]

Für die Konzeption des Fragebogens waren verschiedene Gesichtspunkte leitend[2], die nun als Analysekriterien der Expertenbefragung herangezogen werden. Zum einen soll untersucht werden, inwiefern es sich bei den aus den Lehrplänen extrahierten Befähigungen um Kompetenzen im Sinne des zuvor definierten Arbeitsbegriffs handelt. Weiterhin soll die Selbsteinschätzung der Experten in der Vermittlung dieser Kompetenzen sowie ihre Ausbildung ausgewertet und auf verallgemeinerbare Tendenzen hin geprüft werden.

8.1. Analyse der Stichprobe

Für die empirische Untersuchung wurden gezielt Experten verschiedener Tätigkeitsfelder, die eine Multiplikatorenfunktion besitzen, aus allen Bundesländern befragt. Unter Berücksichtigung einer möglichst großen Streuung der Arbeitsbereiche wurden die Experten gezielt ausgewählt. Es ergab sich eine Zahl von 59 Experten, die brieflich um ihre Mitarbeit gebeten wurden. Mehrere ausgewählte Experten meldeten sich und baten, den Fragebogen an aus ihrer Sicht kompetentere Personen weiterleiten zu dürfen. Da die Stichprobe keinen repräsentativen Status besitzt, sondern vor allem Wissen und Erfahrung der Experten im Vordergrund stehen, wurde dieser Bitte Folge geleistet. In einer ersten Fragerunde sowie einer einmaligen Nachfassaktion konnte eine bereinigte Stichprobe von 58 Experten erzielt werden.[3] Von diesen Experten sandten 41 den ausgefüllten Fragebogen zurück. Dies bedeutet eine Rücklaufquote von 70,68%. Dies ist als eine sehr hohe Ausschöpfungsquote zu werten, wobei von einer generell erforderlichen Mindestausschöpfung bei empirischen Umfragen nicht die Rede sein kann. „Wie bei der Ausschöpfungsproblematik generell, bewegen wir uns auch bei der Frage nach der ‚notwendigen' Ausschöpfung auf dünnem Eis: Man findet zwar gelegentlich entsprechende Forderungen, ohne dass aber eigentlich begründet würde, warum gerade xx% und nicht eher yy%."[4] Die Werte schwanken zwischen 35% und 80%. Die Ausschöpfungsquote bei postalischen Befragungen ist dabei im Unterschied zu persönlichen und telefonischen Befragungen am geringsten.

Da es in der durchgeführten Umfrage nicht um Repräsentativität geht, wohl aber um eine möglichst breit gestreute Verteilung der Experten auf Bundesländer, Schulformen, Fächer und Tätigkeitsfelder, werden die Auskünfte der persönli-

---

[1] Kaplan, Abraham (1964), S. 220, zitiert nach Kromrey, Helmut (2006), S. 417
[2] vgl. Kap. 7: Forschungsdesign
[3] Es gab einen stichprobenneutralen Ausfall: Eine aktuelle Adresse war nicht zu recherchieren.
[4] Porst, Rolf u.a. (1998), S. 6

chen Daten zunächst analysiert, bevor die Fragen zu einzelnen Kompetenzen und Kompetenzkriterien ausgewertet werden.
Trotz Ausfällen im Rücklauf des Fragebogens konnten Experten aus allen Bundesländern gewonnen werden. Die Ausschöpfung entspricht prozentual im Wesentlichen dem Verhältnis der Bevölkerungszahlen, so dass aus den bevölkerungsreichsten Bundesländern drei bis fünf Experten gewonnen werden konnten, während kleinere Länder durch ein bis zwei Experten vertreten sind (vgl. Abbildung 6).

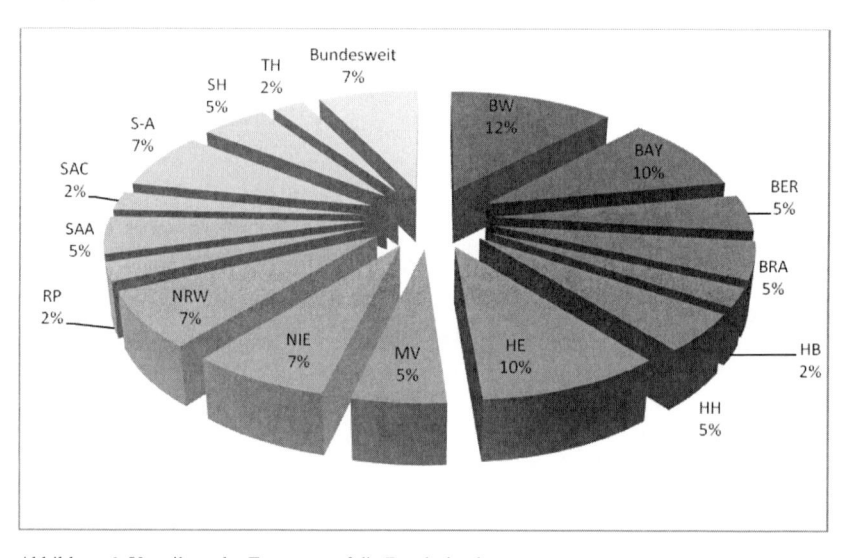

Abbildung 6: Verteilung der Experten auf die Bundesländer

Die Verteilung auf die Fächer macht die Situation in vielen Bundesländern deutlich. Häufig wird Philosophie auch in den Ländern in der gymnasialen Oberstufe angeboten, in denen andere Fächer wie Werte und Normen, LER, Praktische Philosophie und Ethik bereits in der Sekundarstufe I unterrichtet werden. Für 44% der Befragten gilt dieser unterrichtliche Einsatz. Die Lehrer/innen, die nur ein Fach unterrichten, sind sowohl in den Bundesländern anzutreffen, in denen ausschließlich ein Fach angeboten wird, aber auch dort, wo zwei Fächer nebeneinander existieren. Dies hängt zum einen mit den Schulformen zusammen, an denen sie tätig sind, ist zum anderen aber auch damit zu erklären, dass, wie es auch in Hessen der Fall ist, nicht alle Schulen aus personellen Gründen Philosophie in der Sekundarstufe II anbieten können, obwohl Lehrpläne für dieses Fach existieren (vgl. Abbildung 7).

Empirische Untersuchung - Auswertung | 115

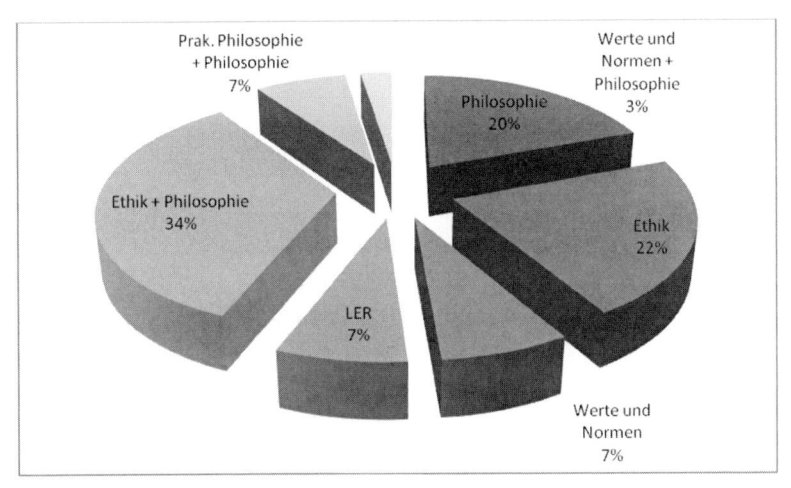

Abbildung 7: Fächer

Bei den Schulformen ist das Gymnasium mit 59 % überproportional vertreten (vgl. Abbildung 8). Dies lässt sich damit erklären, dass vor allem die Gymnasiallehrer eine universitäre Ausbildung zumeist in Philosophie erhalten haben. Viele haben auch ihr Referendariat in diesem Fach absolviert. Für die anderen Schulformen gilt dies häufig nicht.[5]

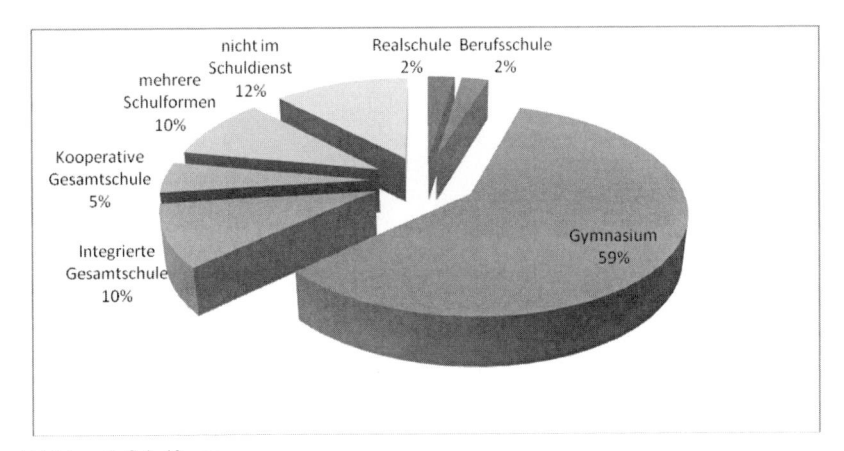

Abbildung 8: Schulformen

Viele Lehrkräfte unterrichten an diesen Schulen fachfremd, häufig gibt es gar keine oder nur unzureichende Ausbildungsmöglichkeiten für Ethik oder ver-

---

[5] vgl. Kap. 2

gleichbare Fächer. Daher ist es auch nicht verwunderlich, wenn sich vor allem die Gymnasiallehrer in der Aus- und Fortbildung, in den Fachverbänden, bei der Entwicklung der Lehrpläne sowie publizierend engagieren und nur wenige Lehrkräfte anderer Schulformen als Experten in Erscheinung treten. Nicht im Schuldienst tätig sind in der Stichprobe Redakteur/innen sowie hauptamtlich an der Universität Beschäftigte.

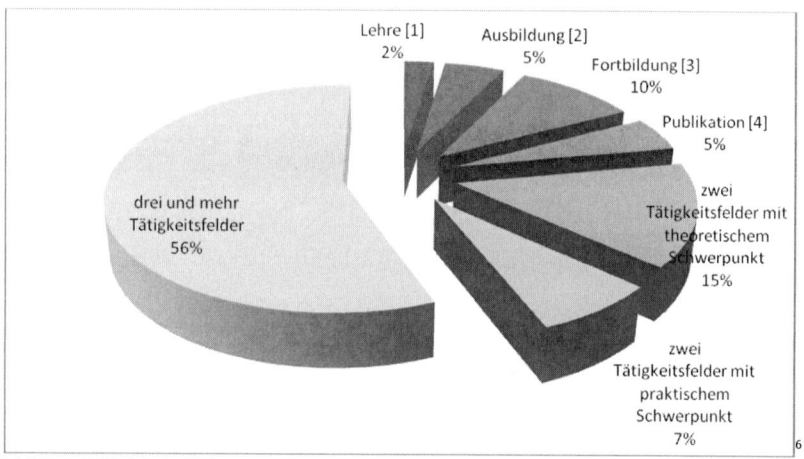

[Abbildung 9: Kreisdiagramm mit folgenden Werten: Lehre [1] 2%, Ausbildung [2] 5%, Fortbildung [3] 10%, Publikation [4] 5%, drei und mehr Tätigkeitsfelder 56%, zwei Tätigkeitsfelder mit theoretischem Schwerpunkt 15%, zwei Tätigkeitsfelder mit praktischem Schwerpunkt 7%]

Abbildung 9: Tätigkeitsfelder

Die Experten wurden aufgrund ihrer Tätigkeiten und ihrer Multiplikatorenfunktion ausgewählt (vgl. Abbildung 9). Dies macht sich in der Auswertung deutlich bemerkbar. 56% sind in drei und mehr Tätigkeitsfeldern aktiv, weitere 22% engagieren sich in zwei Tätigkeitsfeldern. Da die Anzahl der Experten pro Bundesland und Fach nicht sehr hoch ist, werden viele, die sich in der Fortbildung und/ oder Verbandsarbeit hervorgetan haben, oft auch für die Lehrplanarbeit und die Ausbildung herangezogen. Diese vielfachen Einsatzgebiete der Befragten lassen darauf schließen, dass sich in ihren Antworten vielfältige eigene und auch fremde Erfahrungen spiegeln, was mit der Auswahl der Experten ja auch intendiert war. Andererseits wirken sie durch ihre vielfältigen Tätigkeitsbereiche auch als Meinungsführer und wirken gestaltend auf Lehrpläne, Schulbücher und Ausbildungskonzepte ein. Obwohl die Stichprobe insgesamt nicht repräsentativ ist, kann somit angenommen werden, dass sie in ihrer natürlichen Zusammensetzung und Aussagekraft die tatsächliche Situation ausreichend genau abbildet.

---

[6] [1] Professur. Wiss. Mitarbeiter, Abordnung, Lehrauftrag
[2] Fachleiter/in, Mentor/in, Praktikantenbetreuung
[3] Lehrerfortbildung, Fachberater, Zusatzqualifikation
[4] Fachdidaktik, Fachwissenschaft, Unterrichtsmaterialien, Redakteur/in

Empirische Untersuchung - Auswertung | 117

8.2. Überprüfung der Kompetenzkriterien

In diesem Kapitel wird zu prüfen sein, inwieweit die Kriterien, die eine Kompetenz definieren[7], nach Ansicht der Experten auf alle sechzehn der in den bundesdeutschen Lehrplänen gefundenen Kompetenzen zutreffen. Die Analyse basiert auf deskriptiver Statistik. Es wird eine univariate Auswertung der Datenmatrix vorgenommen, indem einzelne Variablen eindimensional beschrieben werden. Die Ergebnisse werden entweder durch prozentuale Verteilung oder durch Mittelwertbildung verglichen. Zwecks besserer Vergleichbarkeit werden einige Ergebnisse grafisch, andere tabellarisch aufbereitet.

Als Arbeitsbegriff[8] wurde eine Kompetenz unter anderem als Disposition zum Handeln definiert, die aus einer untrennbaren Einheit von Sach-, Methoden-, Selbst- und Sozialkompetenz zusammengesetzt ist. Unter Berücksichtigung dieser Definition wurden die Experten gebeten, alle fraglichen Kompetenzen einer Überprüfung im Hinblick auf diese Kompetenzdimensionen zu unterziehen. Sie sollten sich mit der Frage auseinandersetzen, inwieweit sie einen der Kompetenz inhärenten Anteil von Sach-, Methoden-, Selbst- und Sozialkompetenz vollkommen oder teilweise erkennen bzw. diese Anteile teilweise oder gar nicht in den Kompetenzen identifizieren können. Die Auswertung geschieht zum einen als Prozentangaben für alle Teildimensionen und Kompetenzen, wurde aber auch durch Mittelwertbildung vorgenommen. Den Angaben wurden die Werte von 1 bis 4 zugeordnet, wobei 1 als vollständige Ablehnung und 4 als völlige Zustimmung definiert ist[9]. Die möglichen Ergebnisse bewegen sich somit auf einer Skala von 1 bis 4.

Insgesamt ist eine relativ hohe Zustimmungsrate zu allen Teildimensionen bei allen Kompetenzen festzustellen, obwohl es doch in einzelnen Fällen signifikante Unterschiede gibt (vgl. Abbildung 10 und Tabellen 11-14).

Auf die Frage nach Anteilen an Sachkompetenz (vgl. Tabelle 11) erzielten elf Kompetenzen einen Wert über 3,5 bei einem möglichen Maximalwert von 4. Eine sehr hohe Zustimmungsrate mit über 70% Stimmen in der Kategorie ‚Stimme völlig zu' erreichten die Text- und die Sprachkompetenz ebenso wie die Fähigkeit zur Reflexion und zum Interdisziplinären Arbeiten. Alle Argumentationsfähigkeiten fallen ebenfalls in diese Kategorie. Nicht ganz so einhellig fällt die Zustimmung bei der Wahrnehmungskompetenz, der Perspektivübernahme, der Interkulturellen Kompetenz sowie der Befähigung zum Diskurs und zur Darstellung aus. Bei diesen Kompetenzen ist ein erhöhter Anteil an Stimmen in der Rubrik ‚Stimme teilweise zu' zu konstatieren. Alle bisher genannten Kompetenzen erhalten jedoch trotz zum Teil eingeschränkter Befürwortung Zustim-

---

[7] vgl. Kapitel 3.3
[8] siehe Kap. 3.3.
[9] Bei allen Auswertungen, bei denen ein Mittelwert gebildet wurde, wurde diese Bewertung zugrunde gelegt.

mungswerte um die 90%, die Ablehnungsquote fällt mit Werten zwischen 2,4 und 9,8 % sehr gering aus.

Sachkompetenz

Angabe in Prozent/ n=41	Stimme völlig zu	Stimme teilweise zu	Stimme teilweise nicht zu	Stimme überhaupt nicht zu	Keine Angaben
Wahrnehmung	41,5	46,3	7,3	4,8	/
Perspektivübernahme	51,2	34,1	2,4	9,8	2,4
Empathie	17,1	34,1	29,3	19,5	/
Interkulturelle Kompetenz	63,4	29,3	7,3	/	/
Textkompetenz	73,2	24,4	/	2,4	/
Sprachkompetenz	78,0	12,2	9,8	/	/
Reflexion	87,8	4,8	4,8	/	2,4
Interdisziplinär	85,4	12,2	/	/	2,4
Argumentation und Urteil	87,8	12,2	/	/	/
Moralisches Urteil	80,5	14,6	4,8	/	/
Ethisches Urteil	87,8	9,8	2,4	/	/
Diskurs	65,9	26,8	7,3	/	/
Darstellung	61,0	26,8	9,8	/	2,4
Konflikt	41,5	43,9	14,6	/	/
Orientierung	56,1	31,7	2,4	4,8	4,8
Handlung	46,3	31,7	17,1	4,8	/

Tabelle 11: Sachkompetenz

Diese Ergebnisse sind insoweit aufschlussreich, als sie die hohe Bedeutung, die der Wissensvermittlung und dem Kenntniserwerb zugemessen werden, deutlich machen.
Dies ist anders bei der Empathie, der Konfliktlösungsfähigkeit und der Handlungskompetenz.[10] Die Experten lehnen den Anteil an Sachkompetenz bei diesen Befähigungen im zweistelligen Bereich ab. Einen besonders hohen Wert mit fast 50 % Ablehnung (29,3 % ‚Stimme teilweise nicht zu' und 19,5% ‚Stimme überhaupt nicht zu') erzielt die Empathiefähigkeit. Sie fällt damit deutlich aus dem Rahmen aller untersuchten Kompetenzen. Dies ist so zu interpretieren, dass für die Experten der hohe Anteil an Sozial- und Selbstkompetenz[11] eher in Zusammenhang mit Emotionen als mit Wissen steht.
Für die Methodenkompetenz ergibt sich ein differenzierteres Bild (vgl. Tabelle 12). Die Werte unterscheiden sich deutlicher.

---

[10] Eine inhaltliche Auseinandersetzung mit strittigen Merkmalen erfolgt im Rahmen der Darstellung der jeweiligen Kompetenz in den Kapiteln 10 bis 14.
[11] siehe auch Kap. 11.3.

Methodenkompetenz

Angabe in Prozent/ n=41	Stimme völlig zu	Stimme teilweise zu	Stimme teilweise nicht zu	Stimme überhaupt nicht zu	Keine Angaben
Wahrnehmung	41,5	41,5	14,6	2,4	/
Perspektivübernahme	51,2	39,0	7,3	/	2,4
Empathie	19,5	39,0	29,3	12,2	/
Interkulturelle Kompetenz	41,5	41,5	12,2	4,8	/
Textkompetenz	85,4	14,6	/	/	/
Sprachkompetenz	75,6	22,9	2,4	/	/
Reflexion	78,0	19,5	/	/	2,4
Interdisziplinär	82,9	14,6	/	/	/
Argumentation und Urteil	82,9	17,1	/	/	/
Moralisches Urteil	58,5	36,6	4,8	/	/
Ethisches Urteil	82,9	17,1	/	/	/
Diskurs	73,2	21,6	4,8	/	/
Darstellung	70,7	24,4	2,2	/	2,4
Konflikt	63,4	29,3	7,3	/	/
Orientierung	43,9	41,5	4,8	4,8	4,8
Handlung	36,6	31,7	17,1	14,6	/

Tabelle 12: Methodenkompetenz

Vor allem die Kompetenzen aus den Bereichen ‚Analysieren und Reflektieren' sowie ‚Argumentieren und Urteilen' erzielen besonders hohe Zustimmungswerte, dies gilt auch für die Darstellungskompetenz. Auch für die Methodenkompetenz gilt, dass zwölf von sechzehn Kompetenzen zustimmende Werte von über 90% erzielen. Es kann daher angenommen werden, dass die Experten diesen Kompetenzen ein hohes Maß an methodischen Anteilen in Form lehr- und lernbarer und durch Übung zu vertiefender Handlungsweisen zuschreiben. Bei vier Kompetenzen dagegen wird von einem deutlichen Anteil von Experten der Anteil an Methodenkompetenz abgelehnt. Zu dieser Kategorie gehören die Wahrnehmungskompetenz mit 20%, die Interkulturelle Kompetenz mit 17%, die Handlungskompetenz mit 31,7% und als Spitzenreiter wiederum die Empathiefähigkeit mit 41,5%, die sich als besonders umstritten erweist. Nur 19,5% stimmen einem deutlichen Anteil an Methodenkompetenz bei der Empathiefähigkeit zu. Diese Ergebnisse lassen den Schluss zu, dass diese Kompetenzen vor allem als Persönlichkeitsanteile verstanden werden, auf die ein geringerer Einfluss von Seiten der Lehrkräfte besteht und die nur zu einem geringen Maß durch Übung erworben werden können.

Sozialkompetenz

Angabe in Prozent/ n=41	Stimme völlig zu	Stimme teilweise zu	Stimme teilweise nicht zu	Stimme überhaupt nicht zu	Keine Angaben
Wahrnehmung	65,9	22,0	9,8	2,4	/
Perspektivübernahme	58,5	31,7	4,8	2,4	2,4
Empathie	80,5	12,2	2,4	4,8	/
Interkulturelle Kompetenz	65,6	24,4	7,3	2,4	/
Textkompetenz	12,2	43,9	31,7	9,8	2,4
Sprachkompetenz	19,5	41,5	26,8	12,2	/
Reflexion	39,0	34,1	19,5	4,8	2,4
Interdisziplinär	24,4	29,3	31,7	12,2	2,4
Argumentation und Urteil	56,1	34,1	4,8	4,8	/
Moralisches Urteil	56,1	36,6	4,8	2,4	/
Ethisches Urteil	58,5	34,1	2,4	4,8	/
Diskurs	73,2	24,4	2,4	/	/
Darstellung	46,3	29,3	14,6	7,3	2,4
Konflikt	87,8	12,2	/	/	/
Orientierung	43,9	39,0	7,3	4,8	4,8
Handlung	83,0	14,6	/	2,4	/

Tabelle 13: Sozialkompetenz

Bei den folgenden Teildimensionen, der Selbst- und Sozialkompetenz, kippt das Bild erwartungsgemäß (vgl. Tabelle 13 und 14). Kompetenzen, denen hohe Anteile an Sach- und Methodenkompetenz zugesprochen wurden, erhalten niedrige Werte in diesen Teildimensionen. Dies gilt vor allem für die Kompetenzen aus dem Bereich ‚Analysieren und Reflektieren', da diese Fähigkeiten vor allem individuell zu erbringen sind. Dabei unterscheiden sich die Werte zwischen diesen Teildimensionen noch. Vor allem der Textkompetenz wird mit nur 12,2% Anteilen im Bereich ‚Stimme völlig zu' und 43,9% ‚Stimme teilweise zu', jedoch mit 31,7% ‚Stimme teilweise nicht zu' ein deutlicher Anteil an Sozialkompetenz abgesprochen. Nicht ganz so deutlich, aber vergleichbar fallen die Werte für die Sprachkompetenz aus. Auch bei der Reflexions- und der Interdisziplinären Kompetenz sind sich die Experten nicht einig, aber ihre Zustimmungsrate fällt höher aus.

Sehr hohe Zustimmungsraten erzielen die Kompetenzen aus den Bereichen ‚Argumentieren und Urteilen' sowie ‚Interagieren und Sich-Mitteilen' in der Kategorie Sozialkompetenz. Obwohl diese Kompetenzen hohe methodische Fähigkeiten enthalten, äußern sie sich vor allem in der Auseinandersetzung mit anderen. Sie erfordern das Wahrnehmen und Verstehen anderer Positionen, den Abgleich mit anderen Aussagen und das reflektierte Eingehen auf das Gegenüber.

In der Kategorie Selbstkompetenz (vgl. Tabelle 14) sind insgesamt höhere Zustimmungsraten erzielt worden. Ablehnende Antworten erhielten mit 31,7% die

Empirische Untersuchung - Auswertung | 121

Interdisziplinäre und die Sprachkompetenz sowie mit 24% die Textkompetenz. Hier scheint für die Experten eher der Wissenserwerb im Vordergrund zu stehen, der aus ihrer Sicht relativ unabhängig von der Persönlichkeit gesehen wird. Motivationen, Einstellungen und Werthaltungen, so hat es den Anschein, werden für die Anwendung dieser Kompetenz als unbedeutend angesehen.

Selbstkompetenz

Angabe in Prozent/ n= 41	Stimme völlig zu	Stimme teilweise zu	Stimme teilweise nicht zu	Stimme überhaupt nicht zu	Keine Angaben
Wahrnehmung	73,2	14,6	9,8	2,4	/
Perspektivübernahme	65,9	21,6	4,8	/	2,4
Empathie	68,3	14,6	9,8	7,3	/
Interkulturelle Kompetenz	56,1	41,5	2,4	/	/
Textkompetenz	31,7	41,5	21,6	2,4	2,2
Sprachkompetenz	31,7	36,6	19,5	12,2	/
Reflexion	61,0	29,3	4,8	2,4	2,4
Interdisziplinär	31,7	34,1	19,5	12,2	2,4
Argumentation und Urteil	68,3	26,8	2,4	4,8	/
Moralisches Urteil	68,3	29,3	2,4	/	/
Ethisches Urteil	70,7	26,8	2,4	/	/
Diskurs	75,6	21,6	2,4	/	/
Darstellung	56,1	29,3	7,3	4,8	2,4
Konflikt	85,4	12,2	2,4	/	/
Orientierung	63,4	26,8	4,8	/	4,8
Handlung	80,5	19,5	/	/	/

Tabelle 14: Selbstkompetenz

Betrachtet man die Antworten zu den Teildimensionen einer Kompetenz insgesamt, fällt eine Dreiteilung der Kompetenzen auf. (vgl. Abbildung 10) Es gibt zum einen die eher kognitiv-methodisch, zum anderen die vor allem sozial und personal ausgerichteten Kompetenzen sowie eine dritte Gruppe, die sich durch eine relative Ausgewogenheit der Teildimensionen auszeichnet. Zu der erstgenannten Gruppe zählen alle Kompetenzen aus der Kategorie ‚Analysieren und Reflektieren'. Kompetenzen mit eher sozialem und personalem Schwerpunkt sind die Kompetenzen der Bereiche ‚Wahrnehmen und Verstehen' sowie ‚Sich-Orientieren und Handeln'. Vor allem die Empathiefähigkeit erzielt eine besonders geringe Antwortquote für die Sach- und Methodenkompetenz. Kompetenzen, die alle Teildimensionen relativ ausgewogen abdecken, sind die Bereiche ‚Argumentieren und Urteilen' sowie ‚Interagieren und Sich-Mitteilen'. Abhängig vom Inhalt und der Zielsetzung des Unterrichts können also unterschiedliche

Kompetenzdimensionen gefördert werden, die, werden sie ausgewogen berücksichtigt, eine ganzheitliche Förderung ermöglichen.

	Sachkompetenz	Methodenkompetenz	Selbstkompetenz	Sozialkompetenz
Handlungskompetenz	3,6	2,9	3,8	3,8
Orientierungskompetenz	3,4	3,3	3,3	3,6
Konfliktlösung	3,3	3,6	3,9	3,8
Darstellung	3,5	3,7	3,2	3,4
Diskurs	3,6	3,4	3,7	3,7
Ethisches Urteil	3,9	3,8	3,5	3,7
Moralisches Urteil	3,8	3,5	3,5	3,7
Argumentation und Urteil	3,9	3,8	3,4	3,6
Interdisziplinäre Kompetenz	3,9	3,8	2,7	2,9
Reflexionskompetenz	3,9	3,8	3,1	3,5
Sprachkompetenz	3,7	3,4	2,7	2,9
Textkompetenz	3,7	3,6	2,6	3
Interkulturelle Kompetenz	3,6	3,2	3,6	3,6
Empathie	2,5	2,7	3,7	3,4
Perspektivübernahme	3,3	3,5	3,5	3,6
Wahrnehmung	3,3	3,2	3,5	3,6

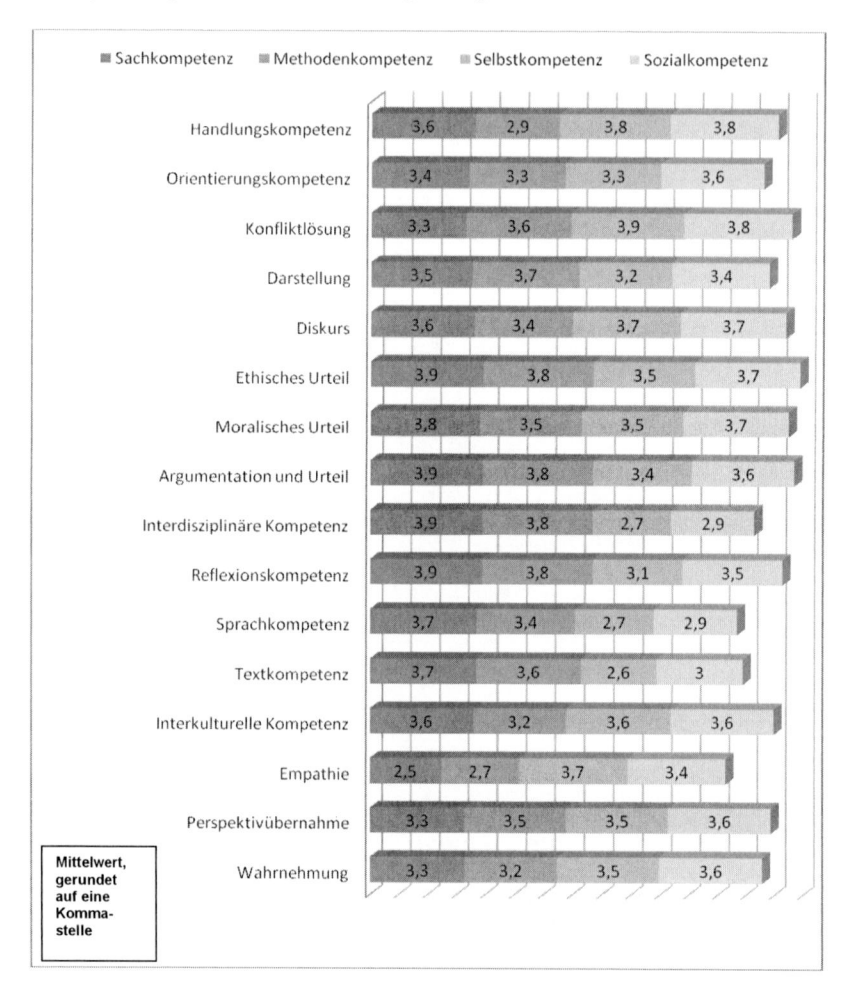

Mittelwert, gerundet auf eine Kommastelle

Abbildung 10: Anteile der Kompetenzdimensionen/ Mittelwert

Eine Kompetenz zeichnet sich neben Anteilen der Teildimensionen Sach-, Methoden-, Selbst- und Sozialkompetenz unter anderem dadurch aus, dass sie erlernbar und im Unterricht vermittelbar ist. Die Experten wurden auch um eine Beurteilung aller sechzehn Kompetenzen unter diesem Gesichtspunkt gebeten (vgl. Abbildung 11).
Insgesamt ist eine sehr hohe Zustimmung zu diesem Kriterium bei allen Kompetenzen festzustellen. Trotzdem sind Unterschiede zu konstatieren. Elf von sech-

Empirische Untersuchung - Auswertung | 123

zehn Kompetenzen erreichen einen Mittelwert von 3,5 oder höher bei einem Maximum von 4. Drei Kompetenzen, nämlich die Interkulturelle Kompetenz, die Konfliktlösung und die Orientierungskompetenz erreichen Werte im Spektrum von 3 bis 3,5. Die Handlungskompetenz sowie die Empathie bleiben unter diesem Wert (vgl. Tabellen 15 und 16), wobei die Empathie am schlechtesten abschneidet. Der Erlernbarkeit der Empathie und Handlungskompetenz wird von einer großen Zahl von Experten nur teilweise zugestimmt.

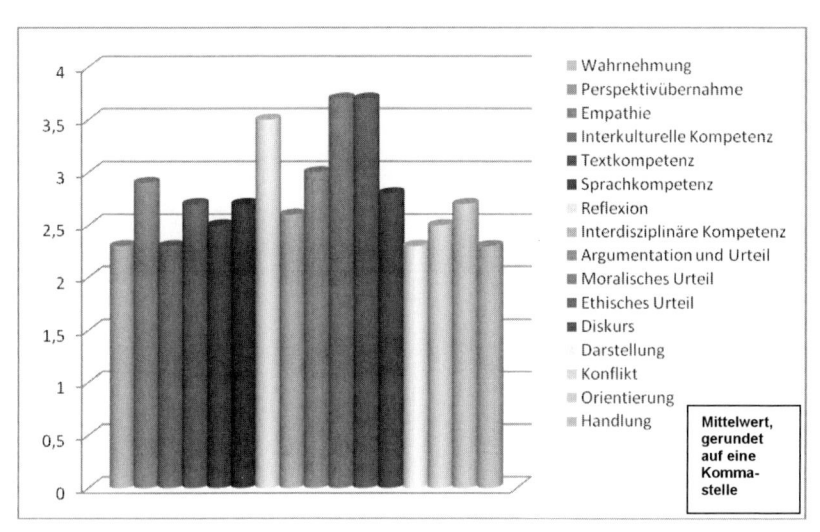

Abbildung 11: Erlernbarkeit

Empathie Angabe in Prozent	Stimme völlig zu	Stimme teilweise zu	Stimme teilweise nicht zu	Stimme überhaupt nicht zu	Mittelwert
erlernbar	31,7	43,9	19,5	4,8	3,0
fachspezifisch	12,2	39,0	17,1	29,3	2,3
Anteile von Sachkompetenz	17,1	34,1	29,3	19,5	2,5
Anteile von Methodenkompetenz	19,5	39,0	29,3	12,2	2,7
Anteile von Sozialkompetenz	80,5	12,2	2,4	4,8	3,7
Anteile von Selbstkompetenz	68,3	14,6	9,8	7,3%	3,4

Tabelle 15: Empathie

124 | Teil 1 - Grundlagen

Handlungskompetenz Angabe in Prozent	Stimme völlig zu	Stimme teilweise zu	Stimme teilweise nicht zu	Stimme überhaupt nicht zu	Mittelwert
erlernbar	21,6	48,8	21,6	7,3	2,8
fachspezifisch	9,8	36,6	26,8	24,4	2,3
Anteile von Sachkompetenz	46,3	31,7	17,1	4,8	3,6
Anteile von Methodenkompetenz	36,6	31,7	17,1	14,6	2,9
Anteile von Sozialkompetenz	83,0	14,6	/	2,4	3,8
Anteile von Selbstkompetenz	80,5	19,5	/	/	3,8

Tabelle 16: Handlungskompetenz

Kompetenzen werden innerhalb einer Domäne erworben, d.h. sie können nur an fachspezifischen Inhalten erlernt werden. Dies schließt jedoch nicht aus, dass sich verschiedene Fächer an der Vermittlung einer Kompetenz beteiligen. Jedes Fach setzt jedoch seinen eigenen Schwerpunkt durch fachspezifische Inhalte und Methoden.

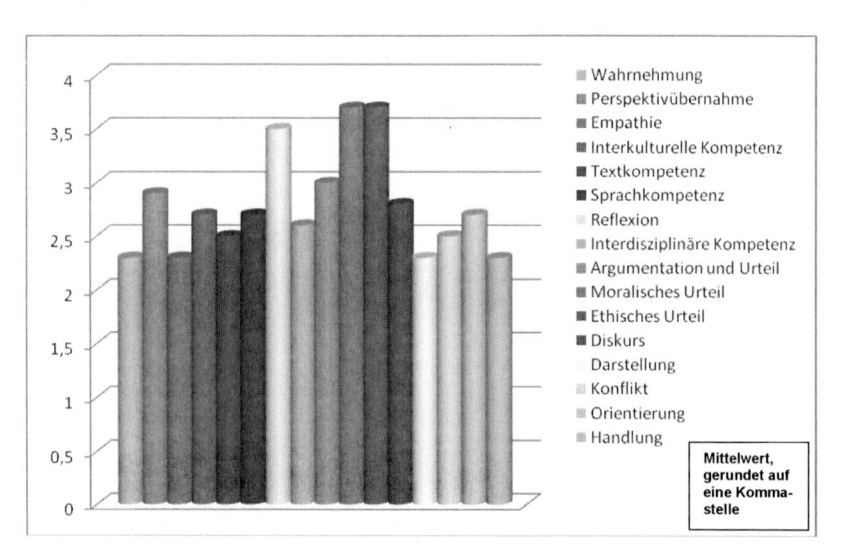

Abbildung 12: Fachspezifik

Erwartungsgemäß wird daher auch die Fachspezifik nicht allen Kompetenzen uneingeschränkt zugestanden (vgl. Abbildung 12). Die Mittelwerte fallen mit einem Schwerpunkt der Werte zwischen 2 und 3 deutlich niedriger aus als bei anderen Fragestellungen. Die höchsten Werte erzielen die Reflexionskompetenz sowie die Ethische und die Moralische Urteilskompetenz. Diese Kompetenzen können demzufolge als fachspezifisch gelten. Sie werden nicht oder nur im Ansatz in anderen Fächern erworben. In der Rangliste folgen die allgemeine Argumentations- und Urteilsfähigkeit, Perspektivübernahme und Diskursfähigkeit. Besonders niedrige Werte erzielen die Wahrnehmungskompetenz, die Empathiefähigkeit, die Darstellungs- sowie die Handlungskompetenz. Die Darstellungskompetenz wird in allen Fächern, vor allem in Zeiten zunehmender Präsentationsprüfungen, gefördert. Wahrnehmung, Empathie und Handlungskompetenz erscheinen den Experten, so ist zu vermuten, als fächerübergreifende Kompetenzen, zu denen alle Fächer ihren Beitrag leisten. Dies gilt sicherlich vor allem für die Handlungskompetenz, die in den Lehrplänen einiger Bundesländer (Mecklenburg-Vorpommern, Hamburg, Niedersachsen, Rheinland-Pfalz, Sachsen-Anhalt) als übergeordnetes Ziel formuliert wird.

Kompetenzen werden als Dispositionen zum Handeln verstanden. Demzufolge muss der Lernzuwachs durch spezifische Aufgabenstellungen (vgl. Abbildung 13) befördert werden können und der Kompetenzzuwachs messbar sein.

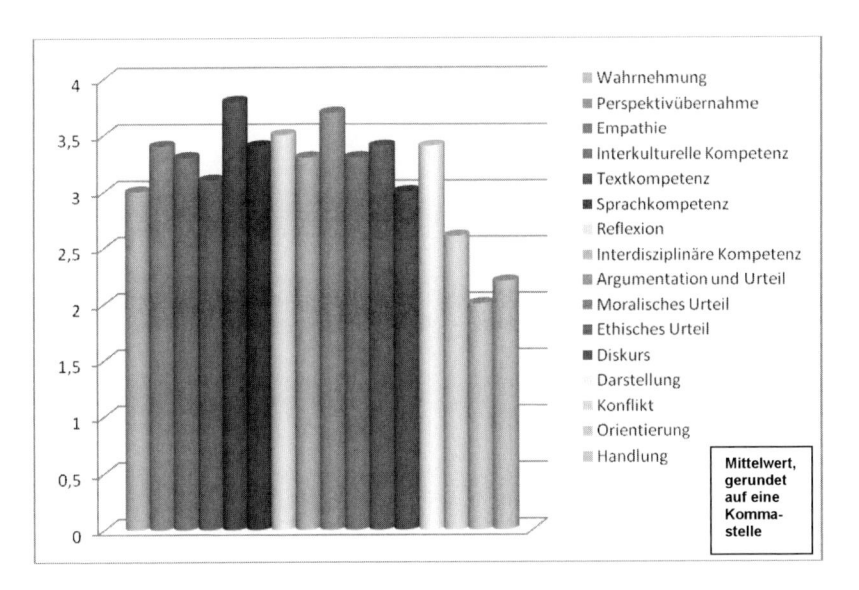

Abbildung 13: Aufgabenstellungen

Vor allem die Kompetenzbereiche ‚Wahrnehmen und Verstehen', ‚Analysieren und Reflektieren' sowie ‚Argumentieren und Urteilen' lassen sich nach Ansicht der Experten relativ problemlos in Aufgabenstellungen umsetzen. Dies gilt auch für die Diskursfähigkeit sowie die Darstellungskompetenz. Probleme sehen die Experten nur in den Bereichen Konfliktlösung, Orientierungs- und Handlungskompetenz, alles Befähigungen, die zum einen in das Alltagshandeln eingebun-

126 | Teil 1 - Grundlagen

den sind und sich zum anderen schwerpunktmäßig außerhalb der Schule erweisen. Umso erstaunlicher sind vor diesem Hintergrund die Ergebnisse zur Überprüfbarkeit der Kompetenzen (vgl. Abbildung 14).
Einen Fortschritt an Orientierungskompetenz, die als nur schwer in Aufgabenstellungen umsetzbar gilt, glauben viele Experten messen zu können. Umgekehrt halten sie den Kompetenzzuwachs im Bereich ‚Wahrnehmen und Verstehen', den sie für in Aufgabenstellungen umsetzbar halten, für nur eingeschränkt messbar. Bei diesen beiden Fragen ist ein deutlicher Zusammenhang zur Analyse der Teildimensionen erkennbar (vgl. Abbildung 10).

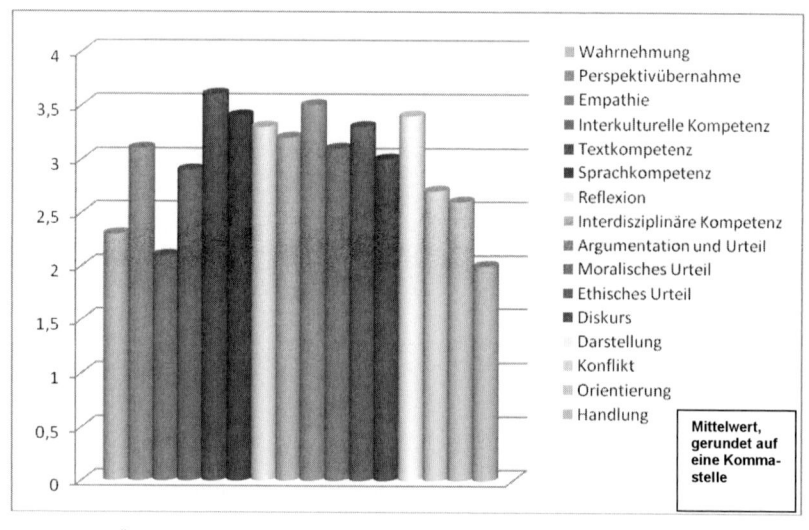

Abbildung 14: Überprüfbarkeit

Kognitiv-methodische und ganzheitliche Kompetenzen gelten als leichter durch spezifische Aufgabenstellungen vermittelbar und überprüfbar, während Kompetenzen mit sozialem und personalem Schwerpunkt hier mehr Probleme bereiten. Inwieweit diese Schwierigkeiten auch in einem Zusammenhang mit der Ausbildung der Lehrkräfte stehen, wird zu einem späteren Zeitpunkt zu analysieren sein.

8.3. Zuordnung zu Fächern und Schulstufen

Die Analyse der Lehrpläne und der fachdidaktischen Veröffentlichungen ergab große Differenzen in der Präferenz einzelner Bundesländer für einzelne Kompetenzen und zeigte deutliche Unterschiede zwischen den Fächern Philosophie auf der einen sowie Ethik und verwandten Fächern auf der anderen Seite. Auch die Zuordnung zu Schulstufen war durch Diskrepanzen charakterisiert: Während in

der Sekundarstufe I das Gewicht stärker auf der Entwicklung personaler und sozialer Kompetenzen lag, wurde in der Sekundarstufe II ein deutlicher Schwerpunkt auf das analytisch-abstrakte Denken gelegt. Von Interesse ist nun, ob die schulischen Experten diesen Vorgaben vor dem Hintergrund ihrer Unterrichtspraxis zustimmen.
Auffällig ist, dass sie dies nicht tun. Alle Kompetenzen erhalten für alle Fächer und alle Schulstufen eine breite Zustimmung. Hier die Ergebnisse im Einzelnen (vgl. Abbildung 15). Mit einer Zustimmung von 92,7 bis 97,6 % wird die Relevanz der Kompetenzen für alle Fächer beurteilt. Nur eine zu vernachlässigende Anzahl von jeweils einer oder zwei Personen präferierten einzelne Fächer. Damit unterscheidet sich dieses Ergebnis deutlich von den bisherigen Analyseergebnissen der Lehrpläne und Didaktiken.
Ausreißer sind ein wenig die Perspektivübernahme sowie die Interdisziplinäre Kompetenz. Sie werden eher dem Fach Ethik zugeordnet, jedoch sind auch hier die Abweichungen geringfügig.

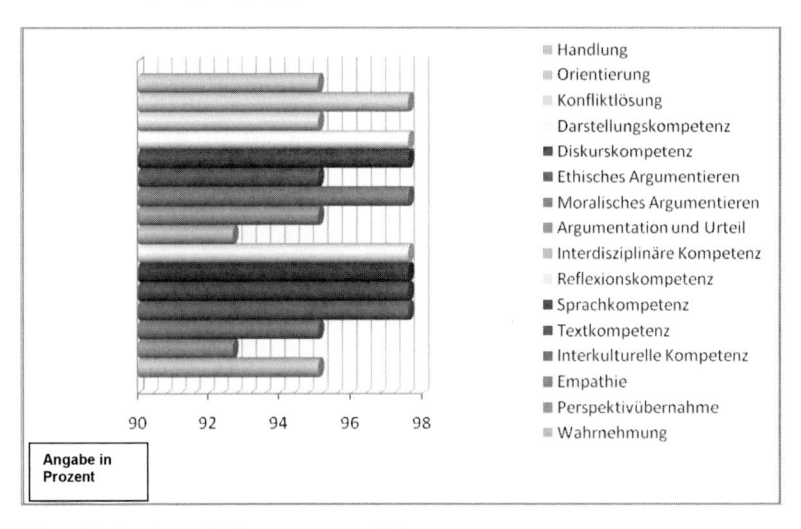

Abbildung 15: Zuordnung der Kompetenzen zu Fächern

Vergleichbares gilt für die Zuordnung zu Schulstufen (vgl. Abbildung 16). Hier schwanken die Werte zwischen 80,5 und 100%.
Wer den Erwerb einer Kompetenz nicht in der gesamten Schullaufbahn verortet, hält eine Vermittlung ab der Sekundarstufe I oder spätestens ab Klasse 7 für möglich. Auch dieses Ergebnis unterscheidet sich wesentlich vom Befund der Lehrplananalyse (vgl. Tabelle 17). Vor allem die Interkulturelle Kompetenz, die in der Befragung einen 100%-Wert erzielt, fand in den Lehrplänen der Sekundarstufe II fast keine Berücksichtigung mehr. Vergleichbares gilt für die Wahrnehmungskompetenz und die Perspektivübernahme.

Dieses Ergebnis ist kompatibel mit der Relevanz, die den Kompetenzen generell zu geschrieben werden (vgl. Abbildung 17). Mit Ausnahme der Handlungskompetenz erreichen alle Kompetenzen Werte von 3,6 und mehr Punkten. Die Handlungskompetenz mit 1,9 Punkten fällt hier deutlich aus dem Rahmen. Dies ist erstaunlich, da diverse Lehrpläne[12] die Handlungskompetenz als oberstes Kompetenzziel in ihren Lehrplänen für alle Fächer ausgewiesen haben (vgl. auch Tabelle 4).

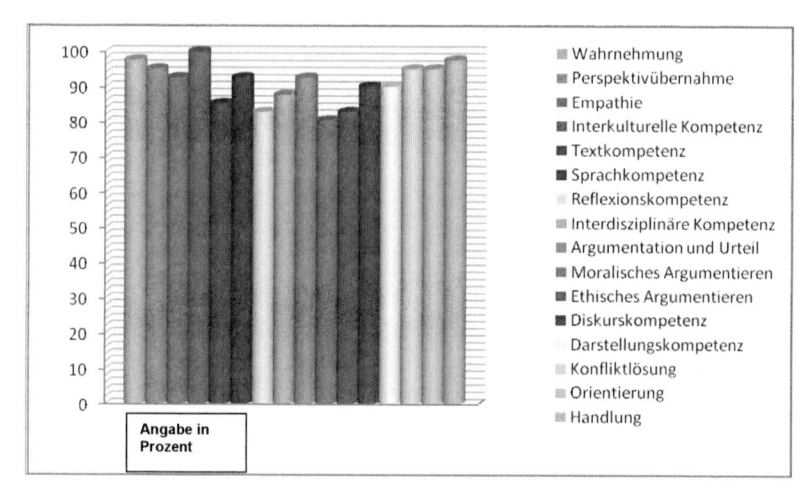

Abbildung 16: Zuordnung der Kompetenzen zu Schulstufen

Relevanz/ Schulstufen n = 41/ Angabe in Prozent	Alle Schulstufen[13]	Ab Grundschule	Sek. I	Ab Kl. 7	Sek. I und II	Sek. II
Wahrnehmung	97,6	/	/	/	/	2,4
Perspektivübernahme	95,1	/	2,4	/	2,4	/
Empathie	92,7	/	2,4	/	/	4,8
Interkulturelle Kompetenz	100,0	/	/	/	/	/
Textkompetenz	85,4	/	4,8	2,4	2,4	4,8
Sprachkompetenz	92,7	/	/	4,8		2,4
Reflexionskompetenz	82,9	/	2,4	4,8	2,4	7,3
Interdisziplinäre Kompetenz	87,8	/	2,4	2,4	/	7,3
Argumentation und Urteil	92,7	2,4	2,4	/	2,4	/
Moralisches Argumentieren	80,5	/	/	4,8	7,3	7,3

---

[12] vgl. Überblick über die Lehrplananalyse/ Kompetenzbegriff, Kap. 5.3.1.
[13] Wenn auf die Frage nach der Relevanz für alle Schulstufen mit stimme zu/ stimme teilweise zu geantwortet wurde und keine Angaben zur Schulstufe gemacht wurden.

Empirische Untersuchung - Auswertung | 129

Ethisches Argumentieren	82,9	/	4,8	7,3	2,4	2,4
Diskurskompetenz	90,2	/	2,4	/	/	7,3
Darstellungskompetenz	90,2	/	4,8	/	/	4,8
Konfliktlösung	95,1	/	2,4	/	/	2,4
Orientierung	95,1	/	/	/	/	2,4
Handlung	97,6	/	/	/	/	2,4

Tabelle 17: Zuordnung zu Schulstufen/ Prozentwerte

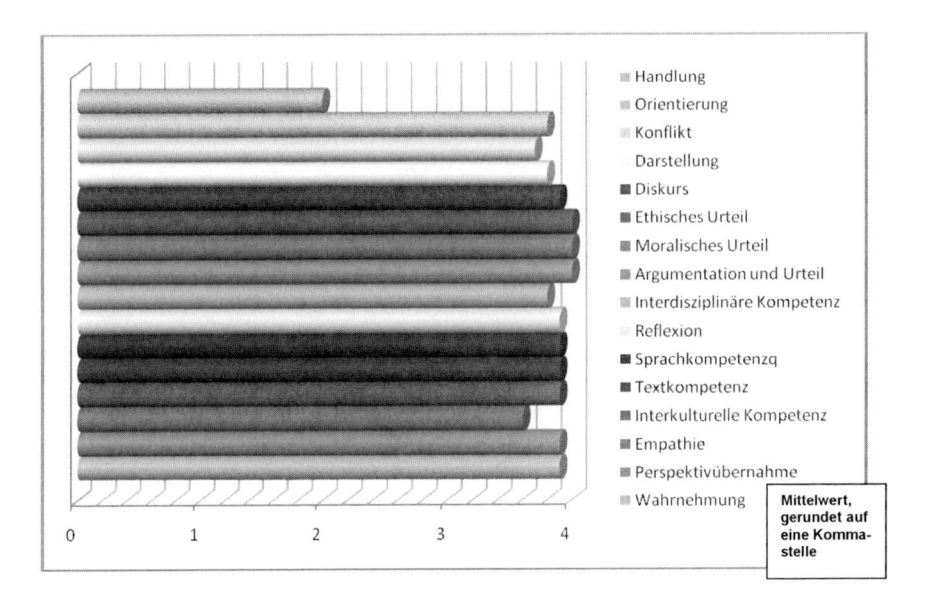

Abbildung 17: Relevanz

Zu vermuten ist, dass sich die Diskrepanzen zwischen Lehrplänen und Fachdidaktiken auf der einen sowie Expertenmeinungen auf der anderen Seite durch unterrichtspraktische Erfahrungen ergeben. Die Schülerklientel der Fächergruppe Ethik/ Philosophie zeichnet sich aufgrund des Fächerstatus durch eine besondere Heterogenität in Bezug auf Nation, Kultur, Sprache und Religion aus. Diese Bedingungen schlagen sich im Unterrichtsalltag nieder. Sie erzeugen ein hohes Spannungs- und Konfliktpotential, dem im Unterricht begegnet werden muss. Diese Situation ist nicht auf die Sekundarstufe I oder eine bestimmte Schulform, auch nicht auf ein ausgewähltes Fach der Fächergruppe beschränkt, sondern erstreckt sich über alle Fächer und bis in die Oberstufe. Lehrkräfte müssen auf diese Situation reagieren. Sie tun dies, indem sie die vorhandene Situation als Chance begreifen, das Spektrum an Kompetenzen ihrer Schüler/innen zu erweitern, dadurch dass sie die Situation der Lerngruppen organisch in den Unterrichtsprozess integrieren, thematisieren und reflektieren. Ein Blick auf die Ausbildungssituation der Lehrkräfte im folgenden Kapitel zeigt, wie die Unterrichtenden auf die unterrichtlichen Bedingungen reagieren.

8.4. Kompetenzen und Ausbildung der Lehrkräfte

Die Analyse der Selbsteinschätzung der Lehrkräfte im Hinblick auf ihre Kompetenz und Ausbildung wird in einer univariaten Auswertung vorgenommen (vgl. Abbildung 18 bis 20). Zum einen interessiert die Sicherheit in Diagnose, Vermittlung und Bewertung. Auf der anderen Seite ist aufgrund der großen Unterschiede zwischen Lehrplänen und Fachdidaktik auf der einen und der sich in der Expertenbefragung spiegelnden Unterrichtspraxis auf der anderen Seite interessant, an welchen Maßstäben sich die Ausbildung orientiert. Spielen hier die Lehrpläne oder eher die Erfordernisse des Unterrichtsalltags eine größere Rolle? Weiterhin ist von Interesse, ob es einen Zusammenhang zwischen Ausbildung und Sicherheit im Hinblick auf Diagnostik, Vermittlung und Bewertung gibt.

Die Sicherheit der Bewertung tritt ein wenig hinter der der Diagnose zurück. Die Lehrer/innen scheinen zwar eine relative Sicherheit zu besitzen, was ihre Schüler/innen können und wo die Defizite liegen, in Fragen der Bewertung ist diese Sicherheit jedoch nicht ganz so ausgeprägt, obwohl der Unterschied nicht erheblich ist. Die einzige Ausnahme bildet die Textkompetenz: Hier überwiegt die Sicherheit in der Bewertung gegenüber der Diagnose.

Alle die Kompetenzen, bei deren Vermittlung eine große Sicherheit in der Lehrerschaft herrscht, wurden im Vorfeld als entweder kognitiv-methodisch oder aber als eher ganzheitliche Fähigkeiten mit einem hohen Anteil an Sachkompetenz charakterisiert (vgl. Abbildung 10).

Dementsprechend anders sieht das Ergebnis bei den Kompetenzen aus, die vor allem im sozialen und personalen Bereich verortet werden. Hierzu gehören die Kompetenzen aus dem Bereich ‚Wahrnehmen und Verstehen' mit Ausnahme der Perspektivübernahme, die vor allem kognitive Fähigkeiten verlangt, sowie neben den Kompetenzen der Kategorie ‚Sich-Orientieren und Handeln' die Konfliktlösung. Doch auch hier ist eine vergleichbare Beobachtung zu den sicher beherrschten Kompetenzen zu verzeichnen: Bei aller dokumentierten Unsicherheit empfinden sich die Lehrkräfte noch am ehesten befähigt, diese Kompetenzen in Aufgaben umzusetzen und sie zu vermitteln. Im Bereich der Diagnostik schätzen sie sich immerhin noch ein wenig sicherer ein als bei der Bewertung des Kompetenzstandes. Hier spielt sicherlich der hohe Anteil an sozialen und personalen Befähigungen eine Rolle, der zu einer großen Unsicherheit führt. Es ist anzunehmen, dass die Experten eine Beurteilung dieser Kompetenzen als Bewertung des Charakters, der Persönlichkeit und der persönlichen Einstellungen empfinden. Der geringere Anteil an Sachkompetenz lässt eine objektive Bewertung nicht möglich erscheinen, denn er liefert weniger Möglichkeiten, abfragbares Wissen zu überprüfen. Da den Experten die Vermittlung dieser Kompetenzen mit Ausnahme der Handlungskompetenz jedoch eminent wichtig er-

Empirische Untersuchung - Auswertung | 131

scheint, müsste es ein Ziel der verschiedenen Stadien der Ausbildung sein, hier eine ausgeprägtere Befähigung zu erreichen.

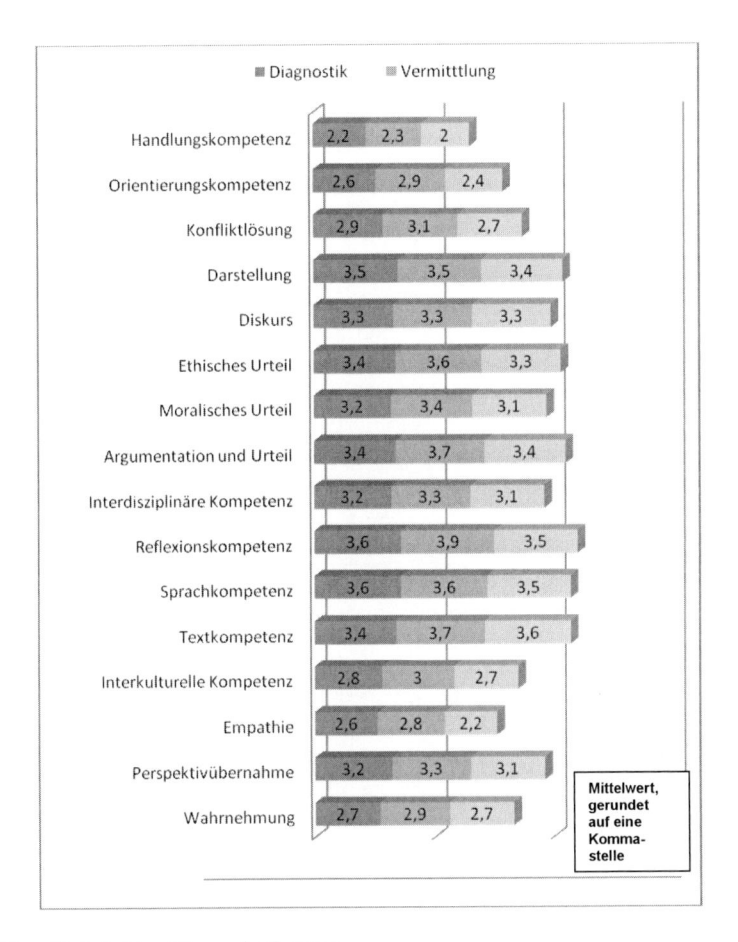

	Diagnostik	Vermittlung	Bewertung
Handlungskompetenz	2,2	2,3	2
Orientierungskompetenz	2,6	2,9	2,4
Konfliktlösung	2,9	3,1	2,7
Darstellung	3,5	3,5	3,4
Diskurs	3,3	3,3	3,3
Ethisches Urteil	3,4	3,6	3,3
Moralisches Urteil	3,2	3,4	3,1
Argumentation und Urteil	3,4	3,7	3,4
Interdisziplinäre Kompetenz	3,2	3,3	3,1
Reflexionskompetenz	3,6	3,9	3,5
Sprachkompetenz	3,6	3,6	3,5
Textkompetenz	3,4	3,7	3,6
Interkulturelle Kompetenz	2,8	3	2,7
Empathie	2,6	2,8	2,2
Perspektivübernahme	3,2	3,3	3,1
Wahrnehmung	2,7	2,9	2,7

Mittelwert, gerundet auf eine Kommastelle

Abbildung 18: Selbsteinschätzung der Experten

Dieses Ziel steht in einem direkten Zusammenhang mit der Ausbildung der Lehrkräfte. Wo haben sie Kenntnisse über die Kompetenzen erworben?
Die Ergebnisse auf diese Frage stehen in einem direkten Zusammenhang mit der Sicherheit in den Bereichen Diagnostik, Vermittlung und Bewertung. Alle Kompetenzen, für die eine hohe Vermittlungssicherheit angegeben wird, wurden auf vielfältige Weise und über den gesamten Zeitraum der Ausbildung– und Berufstätigkeit vermittelt (vgl. Tabelle 18/ Abbildung 19). Die intensivste Ausbildung haben die Experten offenbar im Bereich der Text- und Sprachkompetenz erhal-

ten. Dementsprechend wird ein nur geringerer Bedarf an Fort- und Weiterbildung angegeben. Nicht ganz so hohe Werte wurden auch bei der Reflexionskompetenz, den Argumentationskompetenzen und der Darstellungskompetenz erzielt (vgl. Abbildung 19/ Tabelle 18).

Ausbildung der Lehrkräfte n = 41 Angabe in Prozent	Studium	Referendariat	Fortbildung	Selbststudium	Gar nicht	Ausbildung[14]	Weiterbildung[15]	Studium + Selbststudium	Vertiefung[16]	Drei u. mehr Angaben
Wahrnehmung	4,8	2,4	/	17,1	/	2,4	21,6	7,3	4,8	39
Perspektivübernahme	12,2	2,4	/	7,3	2,4	2,4	14,6	12,2	/	39
Empathie	4,8	7,3	/	19,5	4,8	2,4	21,6	4,8	2,4	24,4
Interkulturelle Kompetenz	4,8	2,4	2,4	18,5	4,8	2,4	24,4	7,3	2,4	24,4
Textkompetenz	9,8	/	/	4,8	/	4,8	4,8	14,6	2,4	53,7
Sprachkompetenz	4,8	/	/	7,3	2,4	9,8	2,4	12,2	2,4	53,7
Reflexionskompetenz	7,3	/	/	4,8	/	4,8	19,5	4,8	4,8	46,3
Interdisziplinäre Kompetenz	7,3	/	/	14,6	4,8	4,8	17,1	7,3	/	34,1
Argumentation und Urteil	7,3	2,4	/	7,3	/	7,3	9,8	12,2	2,4	46,3
Moralisches Argumentieren	9,8	/	/	7,3	2,4	2,4	17,1	7,3	7,3	39
Ethisches Argumentieren	7,3	2,4	/	9,8	/	4,8	9,8	12,2	2,4	46,3
Diskurskompetenz	4,8	/	/	17,1	2,4	7,3	17,1	9,8	2,4	31,7
Darstellungskompetenz	2,4	/	/	9,8	4,8	9,8	9,8	9,8	4,8	41,5
Konfliktlösung	/	4,8	7,3	14,6	2,4	2,4	24,4	9,8	2,4	22
Orientierung	/	2,4	2,4	9,8	4,8	2,4	26,8	9,8	4,8	24,4
Handlung	/	7,3	/	12,2	12,2	2,4	22	4,8	7,3	24,4

Tabelle 18: Ausbildung der Lehrkräfte

Dies lässt vermuten, wie das Studium und Referendariat der Lehrkräfte verlaufen. Es wird auf einer hohen abstrakten Ebene gelehrt, die sich schwerpunktmäßig auf die Analyse philosophischer Texte und die Auseinandersetzung mit ihren Inhalten erstreckt. Vorrangig Sach- und Methodenkompetenz scheinen im Mittelpunkt zu stehen. Es ist daher auch nicht verwunderlich, dass die Befragten

---

[14] Studium, Referendariat
[15] Fortbildung, Selbststudium
[16] Studium oder Referendariat + Fortbildung oder Selbststudium

Empirische Untersuchung - Auswertung | 133

hier ihre größte Sicherheit empfinden, da auf diese Kompetenzen seit Beginn ihrer Ausbildung und im Grunde genommen schon in ihrer Schulzeit ein Schwerpunkt gelegt wurde.

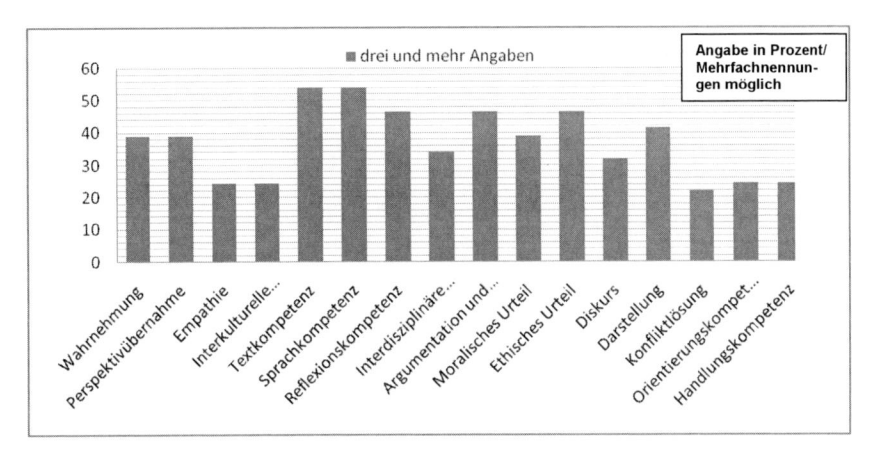

Abbildung 19: Umfangreiche Ausbildung

Dementsprechend zeigen die Werte in den Kategorien, die vor allem soziale und personale Fähigkeiten erfordern, eine gegensätzliche Tendenz. Nur eine geringe Ausbildung erhielten die Lehrkräfte für Kompetenzen der Kategorie ‚Wahrnehmen und Verstehen' sowie ‚Sich-Orientieren und Handeln', außerdem im Bereich der Konfliktlösung. Mehrfachnennungen gab es hier deutlich weniger. Auf der anderen Seite ist ein stark erhöhter Anteil an Stimmen in den Bereichen Selbststudium und Weiterbildung zu verzeichnen (vgl. Abbildung 20). Das lässt darauf schließen, dass diese Kompetenzen durchaus in der Praxis benötigt wurden, die Lehrkräfte ihre eigenen Unsicherheiten und Defizite erkannten und sich dementsprechend aus eigenem Antrieb weitergebildet haben.

Dies bestätigen die vorher getroffenen Aussagen über die Ausbildungsstruktur, die offenbar stark kognitiv und nur unvollkommen auf den Bedarf des konkreten Unterrichts ausgerichtet ist.[17] Es wird anscheinend die Situation der Schülerschaft der Fächergruppe in der Ausbildung, aber auch in den didaktischen Veröffentlichungen vernachlässigt.

---

[17] siehe auch Kap. 15

134 | Teil 1 - Grundlagen

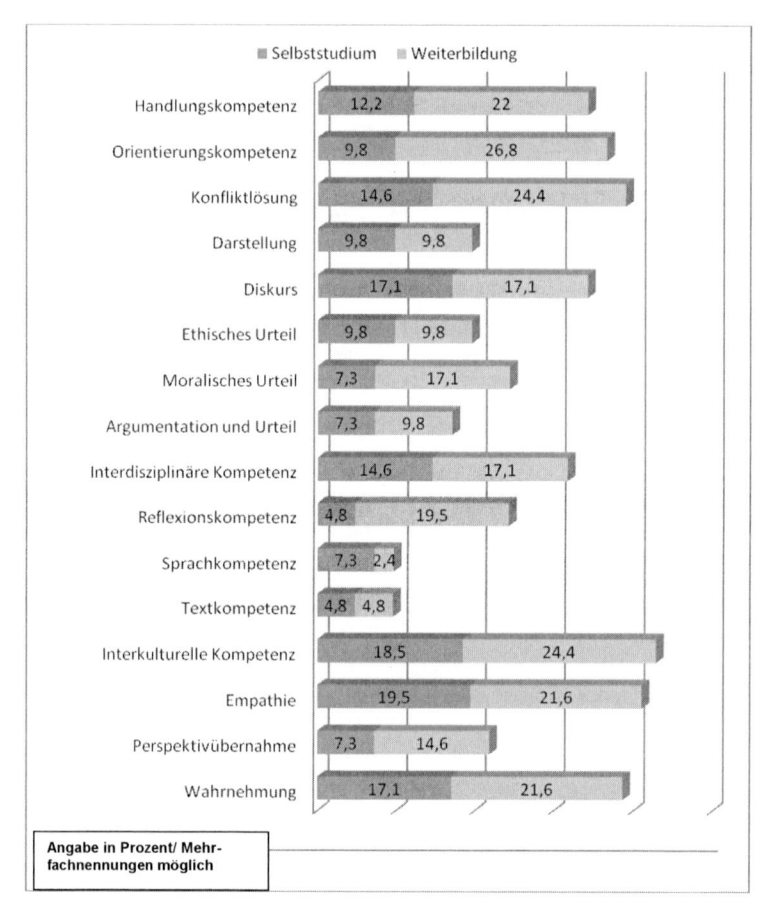

Kompetenz	Selbststudium	Weiterbildung
Handlungskompetenz	12,2	22
Orientierungskompetenz	9,8	26,8
Konfliktlösung	14,6	24,4
Darstellung	9,8	9,8
Diskurs	17,1	17,1
Ethisches Urteil	9,8	9,8
Moralisches Urteil	7,3	17,1
Argumentation und Urteil	7,3	9,8
Interdisziplinäre Kompetenz	14,6	17,1
Reflexionskompetenz	4,8	19,5
Sprachkompetenz	7,3	2,4
Textkompetenz	4,8	4,8
Interkulturelle Kompetenz	18,5	24,4
Empathie	19,5	21,6
Perspektivübernahme	7,3	14,6
Wahrnehmung	17,1	21,6

Angabe in Prozent/ Mehrfachnennungen möglich

Abbildung 20: Selbststudium und Weiterbildung

Die hohen Anteile an Weiterbildungsbemühungen im Bereich Interkulturelle Kompetenz, Orientierung und Konfliktlösung machen dies deutlich, vor allem wenn man berücksichtigt, dass diesen Kompetenzen eine große Bedeutung für alle Fächer der Fächergruppe und alle Schulstufen zugemessen wird. Dies ist auch nicht verwunderlich, denn egal ob Philosophie, Ethik, Praktische Philosophie, Werte und Normen oder LER, immer sitzen in diesen Lerngruppen, vor allem der Sekundarstufe I, Schüler/innen ganz unterschiedlicher Herkunft zusammen. Nicht nur, dass in nur wenigen anderen Unterrichtsstunden so viele unterschiedliche Nationalitäten, Sprachen, Religionen aufeinandertreffen, nein, es kollidieren auch die unterschiedlichsten Wertesysteme. Eine an Textinterpretation, Sprachanalyse und Argumentation ausgerichtete Ausbildung greift hier zu kurz. Diese Kompetenzen sind ausgesprochen wichtig. Sie lassen sich in den

dargestellten Lerngruppen jedoch erst vermitteln, wenn eine Atmosphäre geschaffen wurde, die ein konstruktives Arbeiten, ein miteinander und voneinander Lernen überhaupt erst möglich macht.
Die 100%-Zustimmung zur Interkulturellen Kompetenz in allen Schulstufen spiegelt die Schülersituation besonders gut wieder. Umso erschreckender erscheint es, dass weder die Lehrpläne noch die fachdidaktischen Veröffentlichungen hier verstärkt darauf ein gehen. Auf der anderen Seite weisen die Fort- und Weiterbildungsbemühungen der Experten darauf hin, dass sie hier großen Handlungsbedarf sehen.
Fachdidaktiken und Ausbildung orientieren sich demgegenüber an der Philosophie, die in vielen Bundesländern in der Sekundarstufe II ein Wahlpflichtfach ist. Schüler/innen, die freiwillig dieses Fach wählen, bringen zumeist Interessen und Fähigkeiten mit, die ein Arbeiten auf hohem Abstraktionsniveau möglich machen. Für diesen Unterricht, der deutlich geringere Anteile umfasst, werden die meisten Lehrkräfte gut ausgebildet, nicht jedoch für die Basisarbeit in der Sekundarstufe I.

8.5. Zusammenfassung der Ergebnisse

Die Expertenbefragung hat Untersuchungsergebnisse erzielt, die deutlich von den Erkenntnissen der Lehrplananalyse und der Fachdidaktiken abweichen.
- Alle sechzehn Kompetenzen, die aus den Lehrplänen extrahiert wurden, werden von den Experten als Kompetenzen anerkannt. Wenn auch unterschiedliche Anteile an Sach- und Methodenkompetenz auf der einen sowie Sozial- und Selbstkompetenz auf der anderen Seite herausgestellt wurden, so konnten doch allen Kompetenzen deutliche Anteile dieser Kompetenzdimensionen zugeordnet werden.
- Weiterhin gelten alle Kompetenzen als erlernbar. Die geringsten Werte erzielten in diesem Zusammenhang die Empathiefähigkeit und die Handlungskompetenz, die sich ohnehin als die umstrittensten Kompetenzen erwiesen haben.
- Mehrheitlich wurde die Möglichkeit gesehen, die Kompetenzen in Aufgabenstellungen umzusetzen. Die größten Schwierigkeiten wurden in diesem Zusammenhang bei der Orientierungs- und der Handlungskompetenz festgestellt, die vor allem außerhalb der Schule Anwendung finden.
- Auch die Überprüfbarkeit des Kompetenzzuwachses wurde durchweg konstatiert. Unstrittig waren bei dieser Fragestellung die Kompetenzen der Bereiche ‚Analysieren und Reflektieren' sowie ‚Argumentieren und Urteilen', die durch einen hohen Anteil an Sachkompetenz charakterisiert sind, sowie die Diskurs- und Darstellungsfähigkeit, die einen erhöhten Anteil an Methodenkompetenz umfassen. Größere Schwierigkeiten wurden bei den Kompetenzen der Kategorie ‚Wahrnehmen und Verstehen' sowie ‚Sich-Orientieren

und Handeln' konstatiert, die sich durch größere Anteile an Sozial- und Selbstkompetenz definieren lassen.
- Die Zuordnung der Kompetenzen zu allen Fächern wurde mit über 92% vorgenommen, die Zuordnung zu allen Schulstufen mit Werten zwischen 80 und 100%. Interessant ist in diesem Zusammenhang, dass die Entwicklung sozialer und personaler Fähigkeiten nicht auf die Sekundarstufe I beschränkt bleiben soll. Wenn Einschränkungen vorgenommen werden, dann nicht, weil Schüler/innen diese Ausbildung nicht mehr benötigen, sondern weil man glaubt, sie seien noch nicht in der Lage, diese Kompetenz zu erwerben.
- Mit Ausnahme der Handlungskompetenz, die allerdings in vielen Lehrplänen oberstes Kompetenzziel ist, wird allen Kompetenzen eine sehr hohe Relevanz zugewiesen.
- Die Lehrkräfte fühlen sich in den Bereichen Diagnostik, Vermittlung und Bewertung vor allem bei kognitiv-methodischen Kompetenzen sicher. Sie zeigen Unsicherheiten bei stärker sozial-personal ausgerichteten Fähigkeiten.
- Dies geht einher mit der Ausbildung der Lehrkräfte, die einen eindeutigen Schwerpunkt im abstrakt-reflexiven Bereich legt.
- Ausbildung und Didaktiken legen einen deutlichen Schwerpunkt auf das *Was* der Vermittlung, berücksichtigen aber nicht genügend, *wem* sie diese Inhalte und Kompetenzen vermitteln möchten.
- Lehrkräfte versuchen, Ausbildungsdefizite in den Bereichen ‚Wahrnehmen und Verstehen', ‚Interagieren und Sich-Mitteilen' sowie ‚Sich-Orientieren und Handeln' durch Selbststudium und Fortbildung zu kompensieren. Ihre Motivation resultiert aus der Arbeit mit extrem heterogenen Lerngruppen, in denen diese Kompetenzen benötigt werden.

9. Kompetenzraster - Aufbauprinzipien und Funktion

„Kompetenzraster stecken einen Entwicklungshorizont ab (Horizont-Didaktik), in dem sie in differenzierter Weise den Weg beschreiben von einfachen Grundkenntnissen bis hin zu komplexen Fähigkeitsstufen."[1]

Die Auswertung der Expertenbefragung hat alle aus den Lehrplänen extrahierten Kompetenzen als dem Kompetenzbegriff entsprechend bestätigt. Auf der Basis der Analyseergebnisse können nun Kompetenzraster für alle sechzehn Kompetenzen entwickelt werden. Dieses Kapitel definiert im Vorfeld, was unter Kompetenzrastern zu verstehen ist und legt die Grundprinzipien fest, nach denen die Raster im Folgenden konzipiert werden. Zugleich liefert es einen Ausblick auf die Einsatzmöglichkeiten dieses Instruments. Abschließend werden die Grundzüge der Konzeption von Beispielaufgaben dargelegt.

9.1. Ursprung und Einsatzmöglichkeiten

Im angelsächsischen Raum sind Rubrics schon seit einigen Jahren gebräuchliche Instrumente für eine transparente Leistungsbewertung.[2] Im deutschsprachigen Raum spielen Kompetenzraster dagegen das erste Mal eine signifikante Rolle im Europäischen Referenzrahmen für das Lehren und Lernen moderner Fremdsprachen.[3] Sie wurden mit dem Ziel erstellt, Sprachlern- und -lehrsituationen zu analysieren, um für alle an Sprachlernprozessen Beteiligten wie Lehrende und Lernende, Bildungsverwaltung, Prüfer sowie Autor/innen von Lehrmaterial klare und einheitliche Zielsetzungen zu formulieren, die innerhalb Europas und für verschiedene Fremdsprachen Gültigkeit besitzen. Zu diesem Zweck wurde ein aus Kompetenzrastern bestehendes Kompetenzmodell erstellt. Die Raster sind horizontal und vertikal konstruiert. Die Vertikale stellt Teilkompetenzen zusammen, die in der Horizontale durch Kompetenzniveaus[4] konkretisiert werden. Dies „ermöglicht, dass man ein zwar einfaches, aber übersichtliches Profil oder eine Art Landkarte des Spektrums sprachlichen Lernens entwerfen kann."[5] Eine dritte Dimension wäre durch Hinzufügen der Lebensbereiche, in denen die Sprache verwendet wird, bzw. allgemein der fachspezifischen Inhalte möglich.

---

[1] Müller, Andreas (2003), S. 5f.
[2] z.B. Goodrich Andrade, Heidi (2000) oder Quinlan, Audrey M. (2006)
[3] Europarat. Rat für kulturelle Zusammenarbeit (2001)
[4] In der Literatur werden oft die Begriffe *Kompetenzstufen* und *Kompetenzniveaus* synonym verwendet. Stufenmodell suggerieren qualitative Unterschiede. In der Regel dienen die Stufenmodelle jedoch vor allem einer Vereinfachung der Leistungsmessung und einer Kommunikationsgrundlage, die Einteilungen sind nicht empirisch überprüft. Aus diesem Grund schlagen Klieme/ Hartwig (2006), S. 134 vor, den Begriff Kompetenzniveau zu verwenden. Klieme selbst verwendet in anderen Texten allerdings ebenfalls den Begriff Kompetenzstufe. Hier werden daher beide Begriffe synonym verwendet.
[5] ebd., S. 27

Es würde ein Kompetenz-Würfel entstehen, der aber zu unübersichtlich wäre.[6] Jede Kompetenz lässt sich jedoch fachspezifisch ausdifferenzieren und konkretisieren. Der Leiter des schweizerischen Internats Institut Beatenberg, Andreas Müller, hat dieses Modell übernommen und für seine Schüler/innen als grundlegend eingeführt. Für jedes Fach wurde von den unterrichtenden Lehrkräften ein Kompetenzraster erstellt, das den Referenzrahmen für die zu erbringenden Leistungen absteckt. Die Can-do-Formulierungen der Raster sind die Referenzwerte, zu denen die Leistungen der Schüler/innen in Beziehung gesetzt werden. Von Müller wird, um das Prozesshafte des Lernens zu betonen, daher auch von einer „Lernbaustelle"[7] gesprochen.

Es sind zwei Formen von Kompetenzrastern zu unterscheiden. Von den nur wenigen Veröffentlichungen im deutschsprachigen Raum greifen einige das angelsächsische Vorgehen auf.[8] Es werden zu verschiedenen Unterrichtsthemen oder methodischen Anforderungen wie Präsentationen oder Interpretationen Kompetenzraster erstellt, die eine transparente Rückmeldung, Selbsteinschätzung und Beurteilung ermöglichen sollen. Durch klare Vorgaben der erwarteten Kriterien soll den Schüler/innen bei der Bearbeitung einer Aufgabe eine Orientierungshilfe gegeben werden. Diese Kompetenzraster setzen klare Bezugsnormen für das Erbringen von Leistungen und deren Beurteilung, indem sie Schülerorientierung mit Leistungsorientierung verbinden. Sie bieten sowohl den Lehrenden als auch den Lernenden die Möglichkeit, Leistungen einzuschätzen. Wenn auch diese Raster nicht für eine Einzelleistung, sondern für eine kontinuierliche Lernbegleitung erstellt werden, zielen sie doch auf einen zeitlichen Ausschnitt im Lernprozess, bilden eine Momentaufnahme ab, so zum Beispiel auf das Üben von Präsentationen in der Sekundarstufe II. „Die doppelte Frage – Was können Schülerinnen und Schüler, die über diese Kompetenz verfügen?, und: Wann können sie dies hinreichend, wann können sie es ‚ordentlich' und wann können sie es ‚gut'?"[9] ist leitend für die Konzeption und Verwendung dieser Kompetenzraster. Die vom Europarat und dem Institut Beatenberg konzipierten Raster stecken demgegenüber einen erheblich weiteren Rahmen ab. Sie bilden ein Kompetenzmodell und definieren die Kompetenzen, die innerhalb einer Domäne erworben werden können bzw. sollen. Damit betonen sie noch stärker das Prozesshafte des Lernens und die Lernbegleitung, indem sie die Leistungen innerhalb einer Domäne vom Anfänger- bis zum Expertenniveau differenziert aufschlüsseln. Diese Raster zielen nicht auf einen Ausschnitt im Lernprozess, sondern wollen den gesamten schulischen[10] Lernprozess abbilden. Sie haben daher nicht vorrangig die

---

[6] vgl. ebd.
[7] Müller, Andreas (2003), S. 7
[8] Schrempf, Renate (2002), Schrempf, Renate (2003); Merziger, Petra/ Schnack, Jochen (2005)
[9] Ziener, Gerhard (2006), S. 35
[10] Das Europäische Sprachenportfolio erstreckt sich auch auf außerschulisches Lernen und Erwachsenenbildung.

Funktion, eine Teilleistung zu bewerten, auch wenn sich diese ebenfalls einordnen lässt, sondern den Lernstand innerhalb eines Faches diagnostizieren zu können. Anhand der Raster lassen sich Fortschritte im Lernen konstatieren. „Kompetenzraster stärken neben der sozialen Bezugsnorm (der Vergleich mit anderen) und der absoluten Bezugsnorm (der Vergleich mit einer gesetzlichen Größe) vor allem die individuelle Bezugsnorm (der Vergleich zu eigenen bereits erbrachten Leistungen). [...] Lernen wird dadurch definiert als Brückenschlag, bzw. – um das Prozesshafte des Unternehmens auszudrücken – Näherungsanstrengung vom ‚Ist' zum ‚Kann' bzw. ‚Soll'."[11]

Während die erstgenannte Form der Raster auf die Beurteilung von Leistungen zielt, also sich hinter jeder Stufe eine Note verbirgt, sind die Niveaustufen der zweiten Form nicht mit Notenstufen gleichzusetzen. Vielmehr ist jede einzelne Stufe wiederum ausdifferenzierbar in Notenstufen. Hinter jedem Kompetenzniveau findet sich zudem eine ganze „Lernlandschaft"[12] in Form von Aufgaben und Materialien, mit denen auf dieser Stufe gearbeitet und geübt werden kann. In der Fächergruppe Ethik/ Philosophie herrschte bislang kein Konsens über die zu erwerbenden Kompetenzen. Für diese Arbeit ist daher die zweite Form der Kompetenzraster leitend, da auf der Basis der Befragung nun zum ersten Mal ein Kompetenzmodell für die Fächergruppe erstellt werden kann, bevor an die Ausdifferenzierung einzelner Teilleistungen zu denken ist.

9.2. Aufbauprinzipien

Der Referenzrahmen für Sprachen wurde von einem europäischen Expertengremium unter Einbeziehung von Lehrkräften aller beteiligten Länder erstellt. Die Herausgeber haben Kriterien aufgestellt, die auch für das Kompetenzmodell für die Fächergruppe Ethik/ Philosophie gelten können und sollen.[13]
Das Kompetenzmodell soll so umfassend sein, dass es ein breites Spektrum von Kenntnissen möglichst detailliert darstellen kann. Es muss eine genügende Anzahl von Bezugspunkten in Form von Niveaustufen anbieten, mit deren Hilfe man Lernfortschritte beschreiben kann. Transparente und widerspruchsfreie Formulierungen müssen es für den Benutzer eindeutig und leicht verständlich machen. Die Autoren haben den Referenzrahmen für Sprachen offen und flexibel formuliert. Er soll adaptierbar für die Benutzung unter verschiedenen Umständen und Bedingungen sein und eine Offenheit für Erweiterungen und Verfeinerungen aufweisen. Durch Evaluation in der Praxis und weitere Anpassungen und Überarbeitungen ist er dynamisch und veränderbar. Die Kompetenzraster sind für eine große Bandbreite von Zielsetzungen und Planungen einsetzbar und daher multifunktional und benutzerfreundlich. Entscheidend ist jedoch auch,

---

[11] Merziger, Petra (2007), S. 112
[12] Müller, Andreas (2003), S. 6f.
[13] vgl. Europarat. Rat für kulturelle Zusammenarbeit (2001), S. 19f.

dass die Raster undogmatisch, d.h. keinem speziellen didaktischen Ansatz verpflichtet sind.
Weil Lernen sich über einen größeren Zeitraum erstreckt, muss es in Einheiten aufgeteilt werden, die Progression und Lernfortschritt berücksichtigen und Kontinuität ermöglichen. Da jeder Lernprozess individuell ist und keine zwei Lernenden über exakt die gleichen Kompetenzen bzw. Kompetenzausprägungen verfügen, können die Stufen nur Richtwerte angeben, denn „jeder Versuch, ‚Niveaustufen' der Sprachkompetenz festzusetzen, ist daher bis zu einem gewissen Grad willkürlich, wie das in allen Bereichen des Wissens und der Fertigkeiten der Fall ist."[14]
In der Literatur herrschen, abhängig von der Funktion, die die Kompetenzraster haben sollen, verschiedene Einstellungen über die Anzahl der Kompetenzstufen. Während Ziener[15] dreistufige Skalen für die Konkretisierung von Bildungsstandards zum Zweck der Leistungsbeurteilung entwirft, plädiert der Europarat ebenso wie Müller für sechs Niveaustufen, die den gesamten Lernprozess innerhalb einer Domäne abbilden.
Da hier ein umfassendes Kompetenzmodell entworfen werden soll, wird sich dem letztgenannten Konzept angeschlossen. Will man einen gesamten Lernprozess in einem Fach abbilden, muss die Anzahl der Niveaus so gewählt werden, dass sie in verschiedenen Bereichen Fortschritte erfassen. Es darf jedoch keine so feinstufige Differenzierung vorgenommen werden, die es unmöglich macht, Unterscheidungen zu treffen. Der Europarat unterscheidet dementsprechend sechs Niveaus auf drei Ebenen. Die Entwicklung geht von der elementaren über die selbständige zur kompetenten Sprachverwendung,[16] d.h. es geht auch immer um eine Beschreibung der Fähigkeiten, Defizite werden nicht formuliert. Kompetenzraster sind also in jedem Fall fähigkeitsorientiert. Jedes Niveau umfasst die darunter liegenden. „Das heißt, dass die Einträge auf jedem Referenzniveau selektiv beschreiben, was als charakteristisch ins Auge fällt. Sie wiederholen also nicht systematisch all die Elemente, die auf dem Niveau darunter aufgeführt sind, mit geringfügig geänderten Formulierungen, um einen höheren Schwierigkeitsgrad zu signalisieren."[17] Alle Kompetenzniveaus können verfeinert, ausdifferenziert und durch den Bezug zu Inhalten konkretisiert werden.
Um diese Niveaustufen zu formulieren, haben die Autoren des Referenzrahmens für Sprachen eine Kombination intuitiver, qualitativer und quantitativer Methoden eingesetzt.[18] „Das intuitive Formulieren von Niveaustufen durch Autorenteams mag für die Entwicklung von Systemen in bestimmten Kontexten vielleicht hilfreich sein, es hat aber seine Grenzen, wenn es um die Entwicklung ei-

---

[14] ebd., S. 28
[15] Ziener, Gerhard (2006), S.
[16] elementar: A1 und A2, selbständig: B1 und B2, kompetent: C1 und C2
[17] Europarat (2001), S. 45
[18] vgl. ebd., S. 32

nes gemeinsamen Referenzrahmens geht,"[19] denn die Platzierung einer Formulierung erscheint subjektiv. Für europaweite Vergleiche mag dies der richtige Weg sein, der aber in der Praxis eines einzigen Faches kurzfristig nicht machbar ist. Ziener stellt dieser Forderung daher die Praktikabilität des Unterrichts entgegen, in dem sich die Raster zu bewähren haben. „Bei den in diesem Schritt gefundenen Kompetenzstufen kann es sich nicht um wissenschaftlich validierte Skalierungen handeln. [...] Es geht in diesem Schritt schlicht um ein Raster, das Lehrkräfte befähigt, auf der Grundlage von Bildungsstandards Unterricht zu planen und durchzuführen sowie Schülerleistungen und Lernentwicklungen zu diagnostizieren. Bewährungsfeld muss der alltägliche Unterricht sein."[20]

Um für alle Fächer Kompetenzmodelle zu entwickeln, unterscheidet Ziener unterschiedliche Variationen, die von Fächern und Kompetenzen abhängig sind. Ziener differenziert[21]:

1. Sachlogisch-graduelle Stufen: Auf der Basis erworbener Grundfertigkeiten können weitergehende Aufgaben gelöst werden. Für die Fächergruppe Ethik/ Philosophie gilt dies beispielsweise für die Argumentations- und Urteilskompetenz. Bevor Schüler/innen in der Lage sind, auf der Basis eigener Argumentationen ein Urteil zu fällen, müssen sie befähigt werden, sich zwischen vorgegebenen Positionen zu entscheiden.
2. Verschiedene Stufen der Verknüpfung: Die Verknüpfung verschiedener Kenntnisse, Fertigkeiten und Einstellungen nimmt auf höheren Kompetenzstufen an Komplexität zu. So setzt die Fähigkeit, einen Konflikt gewaltfrei zu lösen, das Wissen über Konfliktlösestrategien und die Bereitschaft, sie anzuwenden, voraus.
3. Stufen der Diversifizierung: Die Fähigkeiten nehmen in der Breite zu. Die angemessene Darstellung eines ethisch-philosophischen Sachverhalts beispielsweise professionalisiert sich mit dem Wissen um und dem Beherrschen von verschiedenen Methoden der Präsentation, zwischen denen ausgewählt werden kann.
4. Entwicklungspsychologisch bedingte Stufen: Die Überschneidung von Kompetenzniveaus mit lern- und entwicklungspsychologischen Entwicklungsständen gilt beispielsweise für die Fähigkeit zur Perspektivübernahme, die entwicklungs- und altersabhängig ist. Auch das Empathievermögen und die moralische Urteilskompetenz sind in Abhängigkeit von Alter, Entwicklung, aber auch Wissen und Erfahrung zu verstehen.

Überschneidungen zwischen diesen Kompetenzmodellen sind denkbar. Hierzu gehört beispielsweise die interkulturelle Kompetenz, die neben dem Ausbau einer größeren Breite an Fähigkeiten von entwicklungspsychologischen bedingten Befähigungen abhängig ist.

---

[19] ebd.
[20] Ziener, Gerhard (2006), S. 45
[21] vgl. Ziener, Gerhard (2006), S. 37-39

Weiterhin unterscheidet Ziener, basierend auf den Kompetenzbereichen Sach-, Methoden-, Selbst- und Sozialkompetenz, vier Kategorien von Befähigungen, die er auf der Basis der in den Bildungsstandards verwendeten Prädikate zusammengestellt hat.[22] Im kognitiven Bereich verläuft die Entwicklung von Wissen über Grundzüge zur Reflexion von Hintergründen und weiter zum Transfer. Auf der kommunikativen Ebene ist ein Fortschritt vom gegenstandsbezogenen über das adressatenbezogene Reden zur diskursiven Reflexion zu beobachten. Der Lernfortschritt im methodisch-kreativen Bereich verläuft von der Reproduktion erworbenen Wissens über die Rekonstruktion strukturverwandter Aufgaben zur Transformation auf unbekannte Formen und Inhalte. Personal-soziale Entwicklungen dagegen zeichnen sich durch den Übergang von der angeleiteten Reaktion über die selbständige Aktion zur gestaltenden und koordinierenden Konstruktion aus.

Kompetenzstufen lassen sich als Qualitätsstufen oder Verlaufsstufen unterscheiden. Qualitätsstufen beschreiben die gleiche Kompetenz auf unterschiedlichem Niveau, Verlaufsstufen steigern die Komplexität, indem sie von Stufe zu Stufe den Anforderungsbereich erweitern.

Da die für das Kompetenzmodell Ethik/ Philosophie zusammengestellten Kompetenzen jedoch alle Teilkompetenzen in unterschiedlicher Schwerpunktsetzung umfassen, wird zu prüfen sein, welches Kompetenzmodell mit welcher Stufung im Einzelfall angemessen ist. In jedem Fall werden jedoch Verlaufsstufen formuliert, da das entstehende Kompetenzmodell unabhängig von Themen und Altersstufen Gültigkeit besitzen soll. Jede Stufe müsste anschließend wiederum durch Qualitätsstufen konkretisiert werden.

Ein Blick auf ein Kompetenzraster suggeriert, dass die Niveaustufen den gleichen Abstand voneinander zu haben scheinen. Das Spektrum der Aktivitäten erweitert sich jedoch von Skala A bis C erheblich. Erfahrungsgemäß benötigen Lernende demzufolge für einen Fortschritt von Niveaustufe A nach B weniger Zeit als von B nach C. Der letztere Schritt dauert in der Regel etwa doppelt so lange, weil der Anspruch steigt.[23]

9.3. Mit Kompetenzrastern unterrichten und ausbilden

Welchen Nutzen können angehende Lehrer/innen und im Berufsleben stehende Lehrkräfte aus der Konzeption von Kompetenzrastern für die Fächergruppe Ethik/ Philosophie ziehen? Wie können sie als Diagnoseinstrumente sowie Grundlage der Selbst- und Fremdreflexion in den Unterrichtsplanungsprozess einbezogen werden?

Um diese Fragen zu beantworten, muss man sich noch einmal die Schüler/innenklientel der Fächergruppe vergegenwärtigen. Es kann wohl mit Recht

---

[22] vgl. Ziener, Gerhard (2006), S. 45-47 und 54f.
[23] vgl. Europarat (2001), S. 29

behauptet werden, dass in kaum einem anderen Unterrichtsfach die Heterogenität der Schülerschaft so ausgeprägt ist wie in diesen Fächern. Dies liegt am Fächerstatus als Alternativ- bzw. Ersatzfach, der es mit sich bringt, dass sich im Ethikunterricht bzw. in verwandten Fächern fast alle Schüler/innen mit Migrationshintergrund versammeln.[24] Dies hat eine multikulturelle sowie multireligiöse Schülerschaft zur Folge, ergänzt durch Kinder und Jugendliche, die keiner Kirchengemeinschaft angehören. „Auch die Adressatenschaft bietet durch ihre heterogene Zusammensetzung ein erhebliches Problempotential: So akzeptieren die verschiedenen weltanschaulichen Gruppen, die im Ethikunterricht versammelt sind, nicht unbedingt die an Immanuel Kant orientierte eurozentrisch-nachaufklärerische Kulturtradition."[25] Damit verbunden ist je nach Einzugsgebiet der Schule zusätzlich oft eine Häufung vielfältiger Probleme wie unzureichende Deutschkenntnisse, vor allem im schriftlichen Bereich, allgemeine Bildungsferne und gehäufte soziale Probleme durch eine ungeklärte Aufenthaltssituation oder Arbeitslosigkeit.

Weiterhin verschärft sich die Heterogenität der Lerngruppen durch die Möglichkeit, sich nach eigenem oder elterlichem Ermessen vom Religionsunterricht ab- und im Alternativfach anzumelden. So ist von unterschiedlichen Vorkenntnissen auszugehen, die sich zum einen auf Inhalte, vor allem aber auf Unterrichtsformen und -methoden wie das ethische Argumentieren, den Umgang mit Dilemmata oder Gedankenexperimenten beziehen.

Eine große Heterogenität entsteht jedoch vor allem auch dadurch, dass alle Schüler/innen bereits eine Prägung durch ihr Umfeld, vor allem das Elternhaus, aber auch die Religion erfahren haben. Alle bringen, z.T. unbewusst und unreflektiert, Wertvorstellungen mit in den Unterricht. Diese prallen bisweilen äußerst kontrovers aufeinander. Da der Unterricht in der Fächergruppe in besonderer Weise an der Erfahrungswelt der Schüler/innen ansetzt, ist eine Diagnose als Bestandsaufnahme von Einstellungen und Haltungen, aber auch Fähigkeiten und Fertigkeiten besonders dringlich.

Die Auswertung der Fragebögen hat dies deutlich gemacht. Vor allem im Bereich der Diagnose von Kompetenzen mit hohen personalen und sozialen Anteilen empfinden die befragten Experten eine große Unsicherheit, schätzen aber gerade die Vermittlung dieser Kompetenzen als besonders wichtig ein. Die Arbeit mit einem Kompetenzraster kann helfen, den Lernstand besser einzuschätzen.

Ist der Kompetenzstand eruiert, können sich die Lehrkräfte fragen, auf welchen Fähigkeiten aufgebaut und an welchem Inhalt die nötigen Kompetenzen erworben werden können. Die Niveaustufen sagen noch nichts über den Lernprozess und die ausgewählten Mittel zur Förderung aus.[26] Sie können den Lehrenden a-

---

[24] vgl. Kapitel 2
[25] Marsal, Eva (2002), S. 18
[26] vgl. Europarat (2001), S. 29

ber helfen, sich über Ziele und Absichten klar zu werden und Medien und Methoden passgenauer auszuwählen.
Ist die Ausgangslage festgestellt, hilft dies, die Unterrichtsreihe so zu planen, dass bestimmte Kompetenzen gefördert werden. Dies können durchaus mehrere Kompetenzen gleichzeitig sein. So kann eine Einheit, die sich dem Thema Perspektivwechsel widmet, durch die Arbeit mit Texten und die kreative Umsetzung der Inhalte zugleich die Text- und die Darstellungskompetenz fördern. Ist das Ziel festgelegt, hilft die Einordnung in die Kompetenzraster zur passgenauen Auswahl von Medien, Methoden und Aufgabenstellungen. Die Benotung und Rückmeldung über den erzielten Lernfortschritt kann ebenfalls am Kompetenzraster ausgerichtet sein. Zugleich wird mit einer abschließenden Beurteilung der Ausgangspunkt für die nächste Unterrichtsreihe gelegt.
Auch für die Lehrerausbildung sind Kompetenzraster ein hilfreiches Instrument. Referendar/innen können mit Hilfe ausgewählter Kompetenzen aus dem Kompetenzmodell gezielt in einer Lerngruppe hospitieren und auf dieser Grundlage präzise diagnostizierende Lerngruppenbeschreibungen verfassen. Der erfasste Lernstand dient als Basis für die Unterrichtplanung vor dem Hintergrund präzise formulierter Kompetenzziele. Sowohl als Folie für die Selbstreflexion sowie als Basis von Unterrichtsnachbesprechungen kann das Kompetenzraster den Hintergrund bilden. Planung, Verlauf und Ertrag des Unterrichts können vor diesem Hintergrund reflektiert werden.

9.4. Zusammenfassung

Aus den vorhergehenden Ausführungen ergeben sich für die Formulierung der Kompetenzraster abschließend folgende Kriterien:
- Es wird ein Kompetenzmodell entwickelt, das den gesamten Lernprozess innerhalb der Fächergruppe vom Anfänger- bis zum Expertenstatus abbildet.
- Die Niveaustufen erstrecken sich über den Unterrichtszeitraum von Klasse 5 bis zum Abschluss der Sekundarstufe II.
- Das Kompetenzmodell basiert auf Teilkompetenzen.
- Es werden sechs Stufen, bestehend aus drei Niveaus (A, B, C) mit jeweils zwei Unterkategorien (A1, A2, B1, B2, C1, C2), formuliert. [27]
- Jedes Niveau erhält eine charakteristische Bezeichnung, um die Art der Kompetenzentwicklung zu verdeutlichen.
- Die Niveaus gestalten sich je nach Kompetenz unterschiedlich. So ist z.B. eine Ausweitung vom Konkreten zum Abstrakten oder eine Erweiterung des Horizonts vom Einzelnen zur Gemeinschaft kennzeichnend.

---

[27] In Anlehnung an den Europäischen Referenzrahmen Sprachen

Kompetenzraster | 145

- Jede Stufe beinhaltet die Vorgängerstufe.
- Einige Teilkompetenzen sind entwicklungsabhängig.
- Die Stufen stellen Verlaufsstufen dar. Ihnen entsprechen keine Noten.
- Die Stufen sind stärken-, nicht defizitorientiert. Dies drückt sich in Cando-Formulierungen aus.
- Den Kompetenzniveaus lassen sich Lehrplaninhalte zuordnen.
- Den Stufen können bestimmte Aufgabenformate zugeordnet werden.
- Jede Stufe wird durch exemplarische Indikatoren erläutert.

Diese Kriterien sind leitend für die Gestaltung der folgenden Kapitel. Die Abschnitte sind in der Reihenfolge der im Fragebogen abgefragten Kompetenzen angeordnet.[28] Die einzelnen Kompetenzen werden, wie in Kapitel 5 erläutert,[29] zu Kompetenzbereichen zusammengefasst.

Die Unterkapitel folgen alle dem gleichen Aufbauschema. Jedes Kapitel beginnt mit einer (philosophischen) Skizzierung der jeweiligen Kompetenz. Der Schwerpunkt wurde in jedem Fall so gelegt, dass die Auswahl relevanter philosophischer Theorien unter dem Gesichtspunkt vorgenommen wurde, welche Hinweise aus der Theorie für die Vermittlung dieser Kompetenz abgeleitet werden können. Die philosophischen Hintergründe können nur angerissen werden, ein Anspruch auf Vollständigkeit wird keinesfalls erhoben.

Der allgemeinen Darstellung der Kompetenz folgt eine Analyse und Erläuterung der Ergebnisse der Expertenbefragung. Strittige Gesichtspunkte werden erläutert, Differenzen, soweit möglich, ausgeräumt. Aus diesen Analysen wird die Konzeption der Kompetenzraster abgeleitet, die durch Musteraufgaben illustriert werden.[30] Die Kompetenzen werden in ein Gesamtmodell eingebettet werden.

9.5. Konzeption der Aufgabenbeispiele

Um sich ein Bild davon machen zu können, wie der Erwerb und die Anwendung der Teilkompetenzen geschehen können, wird jede Niveaustufe einer Kompetenz durch ein Aufgabenbeispiel illustriert. Kompetenzen können an diversen Inhalten erworben werden. Die Aufgaben können daher nur exemplarisch sein und einen möglichen Inhalt in den Mittelpunkt stellen. Sie sollen ein Muster für die Konzeption eigener Aufgaben darstellen.

Die Funktion der Beispielaufgaben besteht zum einen in einer Illustration der Niveaustufen und zum anderen in einer Momentaufnahme bezüglich der beim Schüler vorhandenen Kompetenzausprägung. Indem die Aufgaben gelöst werden, zeigen sich zur Verfügung stehende Kompetenzen, die durch die Beschäftigung mit der Aufgabe zugleich auch eine weitere Konsolidierung bzw. Erweite-

---

[28] Eine Ausnahme bilden die Orientierungs- und Handlungskompetenz. Die Begründung dafür ist in Kap. 10. nachzulesen.
[29] Siehe Kapitel 5.4. und 5.5.
[30] Die Beispielaufgaben finden sich nach Kompetenzbereichen geordnet auf der beigefügten CD.

rung erfahren. Die konstruierten Lernszenarien helfen daher sowohl bei der Entwicklung des Könnens wie bei der Überprüfung der erfolgreichen Anwendung.[31] Sie sind Ausgangspunkt und Ziel zugleich. Kompetenzorientiertes Unterrichten erfordert es, dass die Lehrkräfte „Anforderungssituationen schaffen, deren Bewältigung den Rückschluss auf bestimmte Leistungsdispositionen erlaubt."[32] Die Aufgaben illustrieren exemplarisch die Indikatoren, die die Kompetenzformulierungen ergänzen und konkretisieren. Die Indikatoren geben Hinweise auf beobachtbares und beschreibbares Verhalten. Da dieses auch von der jeweiligen Aufgabenstellung und der Einbettung in eine Unterrichtseinheit abhängig ist, kann die Indikatorenliste keinen Anspruch auf Vollständigkeit erheben.

Durch die Zuordnung der Beispielaufgaben zu einer Niveaustufe jeder Teilkompetenz wird jeweils ein inhaltlicher Schwerpunkt gesetzt, der jedoch keine Ausschließlichkeit beansprucht. Zu den vorgestellten Materialien wären auch andere Aufgabenstellungen und damit Zuordnungen zu anderen Kompetenzen möglich. Wo dies besonders evident ist, werden Verweise gegeben. Die enge Verzahnung der Teilkompetenzen lässt es nicht zu, diese im Unterricht strikt zu separieren, auch ist dies weder sinnvoll noch angestrebt. Vielmehr fließen unterschiedliche Anforderungen und Befähigungen in die Lösungen mit ein. Eine Lehrkraft sollte sich jedoch immer im Klaren darüber sein, welche Kompetenz jeweils im Mittelpunkt ihres Unterrichts steht. Dies ist zum einen nötig, um die Schüler/innen nicht zu überfordern. Andererseits erfordern Kompetenzen sehr unterschiedliche Persönlichkeitseigenschaften, so dass auch die Lernwege entsprechend variabel gestaltet sein müssen. Der Blick muss also konsequent auf „das angestrebte Können und seine Voraussetzungen"[33] gerichtet werden.

Alle Aufgabenbeispiele wurden so konzipiert, dass sie, wenn möglich, Anteile an Sach-, Methoden- Selbst- und Sozialkompetenz umfassen. Sie sind entsprechend der Kompetenzdefinition problem-, anwendungs- und prozessorientiert konstruiert. Das bedeutet zugleich, dass die Schüler/innen sich und ihr Lernen und Arbeiten gezielt in den Blick nehmen, auf einer Metaebene ihre Ergebnisse und ihren Lernprozess reflektieren und daraus Erkenntnisse für die Weiterarbeit gewinnen. Alle Aufgaben gehen davon aus, dass die Teilkompetenzen auf einer darunter liegenden Niveaustufe bereits erworben wurden und integrieren diese Befähigungen. Sie unterstützen den Erwerb von fachspezifischem Wissen ebenso wie kooperative Lernsituationen. Die Lernaufgaben sind differenziert und zeichnen sich auf höheren Niveaustufen durch einen hohen Grad an Selbständigkeit aus. Die Grafik macht noch einmal charakteristische Merkmale der konzipierten Aufgaben deutlich (vgl. Abbildung 21).

---

[31] vgl. ebd., S. 8
[32] Köster, Juliane (2004), S. 175
[33] Abraham, Ulf u.a. (2007), S. 7

Kompetenzraster | 147

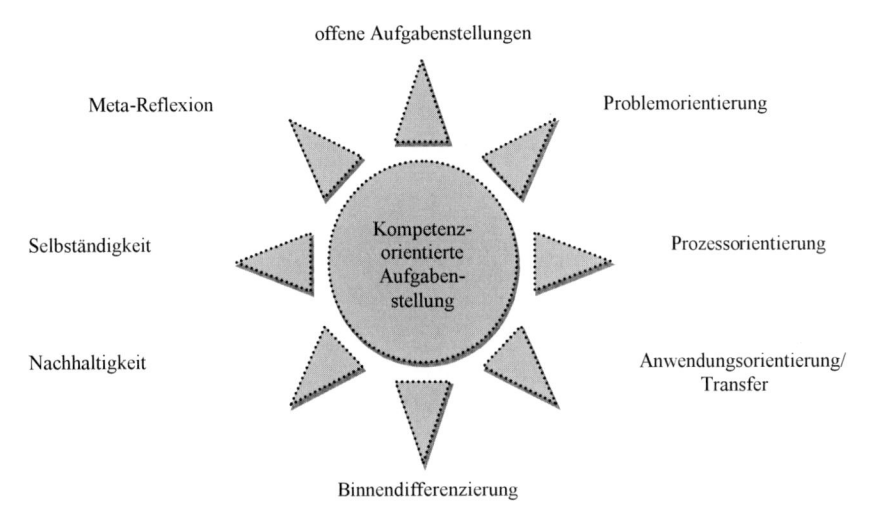

```
        offene Aufgabenstellungen

Meta-Reflexion                      Problemorientierung


Selbständigkeit    Kompetenz-       Prozessorientierung
                   orientierte
                   Aufgaben-
                   stellung

Nachhaltigkeit                      Anwendungsorientierung/
                                    Transfer


            Binnendifferenzierung
```

Abbildung 21: Kompetenzorientierte Aufgaben

Die dargestellten Aufgaben können immer nur ein Schlaglicht auf mögliche Lernszenarien werfen. Schon aus Platzgründen wurden häufig keine ganzen Unterrichtseinheiten, sondern nur Sequenzen skizziert. Auf eine Erläuterung der Aufgaben und mögliche Lösungsansätze wurde bewusst verzichtet, da davon ausgegangen werden kann, dass die Aufgaben selbsterklärend sind. Jeder Leser/ jede Leserin möge selbst entscheiden, wo diese Aufgabe Platz in einem eigenen Unterrichtsszenario finden kann.

Operatoren

Alle Arbeitsaufträge der Musteraufgaben wurden mit Operatoren, d.h. Schlüsselwörtern formuliert, die zu konkreten Aktivitäten anregen sollen. Die verwendeten Verben wurden so gewählt, dass sie Fähigkeiten und Fertigkeiten aktivieren und konkrete Tätigkeiten benennen, die diagnostiziert, vermittelt und bewertet werden können.

Die folgende Übersicht stellt alle verwendeten Operatoren zusammen, spezifiziert sie, wenn nötig mit fachspezifischer Konkretisierung, und ordnet sie einer Anforderungsebene zu. Diese Zuordnung lässt sich jedoch nicht immer trennscharf vornehmen und hängt im Einzelfall auch von der Formulierung der Aufgabe und deren Kontext ab.

Es wurde immer angestrebt, Aufgaben möglichst schülerorientiert und anschaulich zu formulieren. Die Tabelle listet jedoch aus Gründen der Übersichtlichkeit nur die einfachen Verbformen auf.

Anforderungsebene I: Reproduzieren	
Assoziationen entwickeln	zu einem Thema/ Bild/ Sachverhalt gedankliche Verknüpfungen zusammentragen
aufzeichnen	eine Szene, eine Diskussion mit Video zu Analysezwecken dokumentieren
auswählen/ aussuchen	aus vorgegebenen Sachverhalten/ Aspekten begründet eine Wahl treffen
beschreiben	Merkmale einer Beobachtung/ eines Materials detailliert mit eigenen Worten darlegen
berichten	Ereignisse mit eigenen Worten mitteilen
beobachten/ betrachten	Sachverhalte unter bestimmten Gesichtspunkten wahrnehmen
beschriften	Begriffe einer Zeichnung, einem Schema begründet zuordnen
darstellen	Sachverhalte/ Zusammenhänge mit eigenen Worten wiedergeben
definieren	Sachverhalte sprachlich präzise benennen
eine Situation erfinden/ ein Beispiel geben	einen Sachverhalt durch eine fiktive Situation/ ein Beispiel konkretisieren
ergänzen	Inhalte durch eigene Überlegungen erweitern
erzählen	einen Sachverhalt narrativ darlegen
etwas auswählen/ übernehmen	aus vorgegebenen Alternativen eine begründete Entscheidung treffen
etwas spielen/ eine Rolle spielen/ inszenieren	einen Sachverhalt in eine Spielszene umsetzen
festlegen	sich auf Kriterien, ein Thema, eine Vorgehensweise einigen
formulieren/ umformulieren	Themen/ Sachverhalte/ Problemstellungen/ Fragestellungen sprachlich präzise (neu) ausdrücken
Interview führen/ jemanden befragen	zu einem Thema jemandem vorbereitete Fragen stellen
konkretisieren	einen abstrakten Sachverhalt oder Zusammenhang mit einem Beispiel illustrieren
Materialien (Bilder, Zeichnungen) zusammenstellen	zu einen Sachverhalt oder Zusammenhang veranschaulichende Materialien zusammentragen
notieren	Sachverhalte schriftlich festhalten
sich bewusst machen/ rekapitulieren	eigene Handlungen und Gedankengänge nachvollziehen
sich hineinversetzen	sich in Situationen und/ oder Empfindungen anderer hineinfühlen
über Empfindungen sprechen	Gefühle artikulieren
Überschriften finden	Texte durch prägnante Überschriften zusammenfassen
zusammenfassen	das Wesentliche eines Textes konzentriert wiedergeben
zusammenstellen/ erstellen	Aspekte eines Themas strukturiert ordnen
Anforderungsebene II: Selbständiges Verarbeiten und Anwenden	
ableiten	aus vorhandenem Wissen neue Überlegungen folgern
anwenden/ verwenden/ übertragen auf .../ Zusammenhänge herstellen	erworbenes Wissen oder methodische Kenntnisse auf neue Kontexte anwenden

analysieren/ untersuchen	Zusammenhänge oder Texte unter einer bestimmten Fragestellung systematisch erschließen
Beispiele finden/ hinzufügen/ einen Fall konstruieren	Ein Thema/ einen Sachverhalt/ eine Fragestellung durch Beispiele konkretisieren
durchführen	Experimente/ Exkursionen/ Beobachtungen ... ausführen
ein Fazit ziehen	Untersuchungsergebnisse strukturiert zusammenfassen
ein Handout erstellen	für die Zuhörer eines Vortrags ein begleitendes (Thesen-)papier verfassen
ein Thema auswählen/ sich auf ein Thema einigen	zu einer Fragestellung/ einem methodischen Vorgehen ein geeignetes Thema (angeleitet oder selbständig) wählen
eine Ausstellung zusammenstellen	ein Thema/ einen Sachverhalt visualisieren und einer Öffentlichkeit präsentieren
eine Begegnung planen	den Kontakt mit einem Experten inhaltlich und organisatorisch vorbereiten
eine Geschichte/ Strophe/ Szene/ Fortsetzung/ einen Brief schreiben	ein Thema/ einen Sachverhalt durch kreatives Schreiben konkretisieren
einen Bezug herstellen	Zusammenhänge unter vorgegebenen oder selbst gewählten Gesichtspunkten begründet herstellen
einen Vortrag/ eine Präsentation erstellen	einen (mediengestützten) Vortrag zu einem Thema anfertigen und halten
einen Sachverhalt klären	Informationen zur Klärung eines Aspektes organisieren und anwenden
einen (Sach-)Text schreiben	einen konkreten Sachverhalt in einen abstrakten Text transformieren
entwerfen	Sachverhalte kreativ entfalten
erarbeiten	aus Materialien Sachverhalte herausstellen, die nicht explizit benannt werden
Erfahrungen austauschen	im Gespräch über Erfahrungen berichten, sich zuhören
erklären/ erläutern	einen Sachverhalt nachvollziehbar begreiflich machen
kategorisieren/ gewichten/ ordnen	Fakten begründet gliedern
Kriterien zusammenstellen/ eine Kriterienliste erstellen	unterscheidende Merkmale erarbeiten
modifizieren	Thesen/ Fragestellungen/ Ausführungen überprüfen und überarbeiten
recherchieren/ sich informieren/ Zusatzinformationen einholen	eigenständig zu einem Thema aus Literatur und Internet Informationen beschaffen
sich vorstellen, dass ...	ein Gedankenexperiment durchführen
strukturieren	Gedankengänge/ Sachverhalte gliedern
überprüfen	Hypothesen auf ihre Gültigkeit untersuchen
umgestalten	Materialien inhaltlich/ formal variieren
vergleichen	Gemeinsamkeiten, Ähnlichkeiten und Unterschiede nach eigenen oder selbst gewählten Kriterien herausarbeiten
visualisieren/ zeichnen	abstrakte Sachverhalte grafisch/ zeichnerisch darstellen
zuordnen	Fakten ordnen und vorgegebenen Kategorien zuteilen

Anforderungsebene III: Reflektieren und bewerten	
argumentieren/ begründen	eine Aussage durch nachvollziehbare Begründungen stützen
beurteilen/ bewerten/ ein Urteil fällen/ Stellung nehmen/ sich eine Meinung bilden	zu einem Sachverhalt eine selbständige Schlussfolgerung unter Anwendung von Fachwissen und Fachmethoden ziehen
diskutieren/ erörtern/ einen Diskurs führen	mit anderen ein Streitgespräch führen
ein Lesetagebuch/ Briefbuch/ Philosophisches Tagebuch führen	eigene Gedanken zu einem vorgegebenen Thema/ einer vorgegebenen Fragestellung selbständig strukturieren und gestaltend darlegen
ein Projekt planen/ ein Projekt durchführen/ organisieren	ein Thema selbständig aufbereiten
eine Fragestellung/ Problemstellung formulieren	neue Fragen oder Perspektiven als Grundlage einer Untersuchung entwickeln
einen Arbeitsprozess einer Metareflexion unterziehen	die eigene Arbeit/ die Arbeit der Gruppe im Hinblick auf Planung, Durchführung und Ergebnis einer wertenden Betrachtung unterziehen
eigene Überlegungen entwickeln/ sich überlegen	einen eigenen (wertenden) Gedankengang zu einem Thema entfalten
(sich) entscheiden/ Position/ Stellung beziehen/ sich verorten/ abstimmen	zwischen vorgegebenen Meinungen/ Sachverhalten eine begründete Auswahl treffen
kommentieren/ kritisch betrachten/ sich kritisch auseinander setzen/ eine Rezension schreiben	die eigene problematisierende Position zu einem Sachverhalt/ Zusammenhang begründet darlegen
präsentieren	Sachverhalte/ Zusammenhänge für einen konkreten Adressatenkreis medial aufbereiten und darbieten
raten/ einen Rat geben	auf der Basis eigener Überlegungen/ Erfahrungen konkrete Handlungsvorschläge unterbreiten
reflektieren	über Sachverhalte und Zusammenhänge nachdenken, Verknüpfungen herstellen und diskutieren
überarbeiten	eigene oder fremde Arbeitsprodukte kritisch beurteilen und korrigieren

Tabelle 19: Operatoren

Teil 2 – Kompetenzmodell

Nach Analyse und Erläuterung aller relevanten Grundlagen im ersten Teil umfasst der zweite Teil der Arbeit das Kompetenzmodell, das sich aus der Grundlagenarbeit, speziell der Lehrplananalyse und der Expertenbefragung extrahieren ließ, und bildet damit den Kern der Arbeit. Die Kompetenzen werden nach den entwickelten Kompetenzbereichen[1] zusammengefasst, so dass die Kapitel *Sich-Orientieren und Handeln (10) Wahrnehmen und Verstehen (11), Analysieren und Reflektieren (12), Argumentieren und Urteilen (13), Interagieren und Sich-Mitteilen (14)*, entstehen. Jede Kompetenz wird separat erläutert. Die Kompetenzbereiche und die Teilkompetenzen werden in ein Kompetenzmodell integriert, das von Kapitel zu Kapitel wächst und mit Kapitel 14 seinen Abschluss findet. In diesem Modell werden die Beziehungen der Kompetenzen herausgearbeitet und erläutert.
Alle Kompetenzbeschreibungen folgen einem identischen Aufbauschema: Nach einer überblicksartigen Darstellung der Kompetenz, die abschließend in einer Grafik zusammengefasst wird, erfolgt eine Auswertung der Expertenbefragung. Aus diesen Erkenntnissen wird ein Kompetenzraster abgeleitet, das abschließend durch eine Musteraufgabe zu jeder Kompetenzstufe illustriert wird.
Der innovative Ansatz dieser Arbeit besteht in der Nutzbarmachung empirischer Unterrichtsforschung auch anderer Fächer für den Unterricht der Fächergruppe Ethik/ Philosophie und der darauf aufbauenden Erarbeitung eines Kompetenzmodells. Dieser Teil der Arbeit stellt dementsprechend einen fachdidaktischen Entwurf, keine philosophische Abhandlung dar. Damit wird sich deutlich und bewusst von den bisher erschienenen Fachdidaktiken abgegrenzt, die ihren Ausgangspunkt schwerpunktmäßig in der Philosophie und meines Erachtens zu wenig bei den Lernprozessen der Schüler/innen genommen haben.[2] Dies soll im Folgenden explizit erläutert werden, indem dargelegt wird, was geleistet und was nicht geleistet werden kann und soll.
Was kann die Darstellung der Kompetenzen leisten?
Ziel ist eine kurze Skizze der Kompetenz, die den Rahmen absteckt für das Kompetenzraster, das jeweils im Mittelpunkt des Kapitels steht. Angestrebt ist jeweils ein kurzer Überblicksartikel, der das Kompetenzraster und die Beispielaufgaben in diesen Horizont einordnen hilft. Es geht vorrangig um die Beschreibung einer Kompetenz mit den Teilleistungen, die diese konstituieren. Erläutert wird zugleich ein Entwicklungsprozess. Aus diesem Grund muss sich die Darstellung vorrangig an der Schulwirklichkeit, d.h. an der Situation der Fächer und der daraus resultierenden heterogenen Schülerklientel[3], den Lehrplaninhalten[4] und der Ausbildungssituation der Lehrkräfte[5], orientieren.

---

[1] siehe Kapitel 5
[2] vgl. Kapitel 6
[3] vgl. Kapitel 2

Im Mittelpunkt stehen grundlegende Handlungsanforderungen, mit denen Schüler/innen in der Fächergruppe Philosophie/ Ethik konfrontiert werden, d.h. die Ausführungen sind im Grenzbereich zwischen Fachwissenschaft und Pädagogik angesiedelt. Die Grundlage dieser Kompetenzbeschreibungen ist demgemäß vielfältig. Sie basiert auf fachwissenschaftlicher, philosophischer, soweit vorhanden fachdidaktischer sowie pädagogischer und psychologischer Literatur. Fachdidaktiken und empirische Forschung anderer Unterrichtsfächer, vor allem Deutsch und Politik/ Wirtschaft werden als Unterstützung hinzugezogen, wo die Literatur im eigenen Fach noch fehlt, was häufig der Fall ist. Da die Kompetenzbeschreibung eine Verbindung zwischen der Persönlichkeitsentwicklung der Schüler/innen und den oben genannten Zubringerdisziplinen herstellen will, ist sie an den Schüler/innen und ihren Lernvoraussetzungen ausgerichtet. In diesem Zusammenhang ist eindeutig zu konstatieren, dass philosophische Literatur an vielen Stellen der (empirischen) Unterrichtsforschung nachgeordnet ist. Die philosophische Diskussion wird daher herunter gebrochen auf Unterrichtspraxis, denn das Dargestellte muss sich immer in konkreten Unterricht umsetzen lassen. Es ist daher wichtig zu betonen, dass Konkretion im Hinblick auf das für Schüler/innen Leistbare, nicht Abstraktion im Hinblick auf das philosophisch Denkbare angestrebt wird. Alle Erläuterungen geschehen zudem vor dem Hintergrund eigener jahrelanger Unterrichtserfahrungen als Lehrerin und Ausbilderin.
Was kann und soll nicht geleistet werden?
Aus dem vorher Erläuterten ergibt sich, dass es sich nicht um einen philosophischen, sondern um einen fachdidaktischen Text handelt. Das fachdidaktische Ziel ist es zu veranschaulichen, wie - in diesem Fall philosophische und ethische - Inhalte vermittelt und Kompetenzen erworben werden können. Daher kann es nicht um eine philosophische Diskussion gehen, die unabhängig vom Unterricht geführt wird oder aus der die Unterrichtswirklichkeit abstrakt erläutert wird bzw. auf die Schule abzielen soll. Vor diesem Hintergrund wird verständlich, dass es nicht möglich und für den Unterricht auch nicht relevant ist, die philosophische Diskussion zu einzelnen Teildisziplinen vollständig zu referieren, denn es geht nicht um die Definition philosophischer Begriffe im Sinne eines Lexikonartikels oder die ausführliche Darstellung einer philosophischen Disziplin. Vielmehr kann auf philosophische Diskussionen zu einzelnen Kompetenzen nur verwiesen werden, da sie zum einen den Rahmen sprengen würden, aber auch für die Diagnose, Vermittlung und Bewertung einer Kompetenz nicht zielführend sind. Die Vielfalt an Orientierungspunkten und Zubringerdisziplinen macht ohnehin deutlich, dass eine vollständige Diskussion der Kompetenz weder intendiert noch geleistet werden kann. Auch ist es nicht erforderlich bzw. eher kontraproduktiv, eine eigene Positionierung im Sinne von etwas Neuem zu

---

[4] vgl. Kapitel 5
[5] vgl. Kapitel 8

Sich-Orientieren und Handeln | 153

vollziehen, denn es soll, durch die Lehrplananalyse und die Expertenbefragung vorbereitet, eine konsensorientierte Basis gelegt werden.

Vor diesem Hintergrund werden die Kompetenzen in den folgenden Kapiteln definiert und begründet Kompetenzraster[6] für die Teilkompetenzen der Kapitel 11 bis 14 erstellt.[7] Es werden auffällige und unter Umständen strittige Gesichtspunkte der Expertenbefragung erörtert. Abgeschlossen wird jedes Teilkapitel[8] durch Aufgabenbeispiele[9] für jede Kompetenzstufe, die an exemplarischen Inhalten und Materialien sowohl den Erwerb als auch die Anwendung der Teilfähigkeiten illustrieren.

---

[6] Die Kompetenzraster finden sich noch einmal im Format Din A4 auf der beiliegenden CD.
[7] Kap.10/ Sich-Orientieren und Handeln bildet eine Ausnahme. Diese wird im Vorspann des Kapitels erläutert.
[8] Ausnahme siehe oben
[9] vgl. beiliegende CD

10. Sich-Orientieren und Handeln

> „'Sich-Orientieren' heißt, nicht zu handeln, ohne von etwas Kenntnis genommen und es in Überlegungen, wie zu handeln sei, berücksichtigt zu haben."[10]

Die für die Fächergruppe Ethik/ Philosophie konstitutiven Kompetenzen lassen sich in einer Kompetenzpyramide[11] abbilden, deren Spitze von den Kompetenzen *Orientierungskompetenz* und *Handlungskompetenz* gebildet wird. In einem einleitenden Text zu diesen beiden Kompetenzen wird zum einen erläutert, warum diese beiden Kompetenzen das Ziel der Kompetenzentwicklung bilden, und zum anderen überblicksartig, in welchem Zusammenhang alle Kompetenzen des Kompetenzmodells zueinander stehen.[12]
Handlungskompetenz wird im Rahmen dieser Arbeit und auf die Fächer der Fächergruppe Ethik/ Philosophie bezogen vor allem als Bereitschaft zur Verantwortungsübernahme verstanden.[13] Verantwortung setzt einen komplexen Wahrnehmungs-, Reflexions- und Urteilsprozess voraus. Verantwortlichkeit steht immer in einer Wechselwirkung mit von der Umwelt kommenden wahrgenommenen Anforderungen und der Antwort des Menschen darauf.[14] Um diese Anforderungen wahrnehmen zu können, sind Teilkompetenzen des Kompetenzbereichs *Wahrnehmen und Verstehen* erforderlich. Handlungsfolgen abzuschätzen hängt auch mit Perspektivübernahme und Empathievermögen zusammen. Auch der Kompetenzbereich *Argumentieren und Urteilen* kommt ins Spiel, denn „Verantwortung braucht [...] die soziale Eingebundenheit sowie das Eingebettetsein in Wertsysteme."[15] Das Einüben in Vernunft und Verantwortung geschieht durch die Ausbildung der Fähigkeit, denkend und argumentierend Wertmaßstäbe zu begründen.
Wie die Grafik zeigt, münden alle Kompetenzen immer wieder zurück in die Teilkompetenz *Reflektieren*. Dargestellt ist also kein linearer Prozess, sondern ein zirkulärer. Auf einer Metaebene werden die Kompetenzen immer wieder reflektiert und die Ergebnisse dieser Reflexion fließen erneut in die Weiterentwicklung der Teilkompetenzen ein. Die Aufgaben der Reflexion in diesem Kompetenzmodell sind vielfältig.[16] Will man sich zum Tun und Lassen, dem eigenen und dem anderer, verhalten, geschieht dies durch *Wahrnehmen und Verstehen* sowie *Analysieren und Reflektieren*. In der Tätigkeit des *Analysierens*

---

[10] Ott, Konrad (1993), S. 73
[11] siehe Abbildung 17
[12] Detaillierte Zusammenhänge der Teilkompetenzen werden in den Kap. 11, 12, 13 und 14 erläutert.
[13] vgl. Kap. 10.2.
[14] vgl. Auhagen, Ann Elisabeth (1999), S. 47
[15] ebd., S. 27
[16] vgl. auch Girmes, Renate (2004), S. 81f.

und *Reflektierens* sowie *Argumentierens und Urteilens* stellt sich ein Individuum der Kontingenz und Pluralität der eigenen Erfahrungen, aber auch der Lebenswelt. Wer Entscheidungen angesichts pluraler Möglichkeiten fällt, greift auf Fähigkeiten aus den Kompetenzbereichen *Analysieren und Reflektieren* sowie *Sich-Orientieren und Handeln* zurück. Der Austausch mit anderen ist auf Kompetenzen aus dem Bereich *Interagieren und Sich-Mitteilen* angewiesen. Es „muss festgehalten werden, dass Sinn immer auch *einleuchten* muss, dass man ihn *begreifen* und *verstehen* muss, dass er *begründet, vertreten* und *verteidigt* werden kann, dass man *kritisch* mit ihm umgehen muss, ihn *abgrenzen* und *ausgrenzen, verwerfen* und *konstituieren*, ihn *formulieren* und *artikulieren* muss. Kurz gesagt, die *Arbeit am Sinn* erfordert in anthropologischem Sinne eine *Theoriefähigkeit*, die geübt werden will."[17] Auf der Ebene des Verfügungswissens[18] verbinden sich instrumentelles Wissen und fachliches Können. Notwendig sind stabile Wissensbestände, zu denen auch die kulturelle Orientierung, also der Aufbau einer stabilen kulturellen Identität gehört. Auf der Stufe des Orientierungswissens geht es um Eingriffsmöglichkeiten des Menschen und daraus resultierende Folgen, Bedingungen der menschlichen Existenz sowie Sinn- und Wertfragen. Auf der Ebene des Könnens stehen kommunikative Fähigkeiten wie Diskursfähigkeit, Textkompetenz, also „denkendes Beobachten"[19] im Vordergrund. Hinzu kommen moralische Urteilsfähigkeit, Aufgeschlossenheit sowie die Bereitschaft zur Übernahme von Verantwortung.

Doch trotz ihrer Bedeutung im dargestellten Prozess ist die Reflexion in der Kompetenzpyramide nicht an der Spitze angesiedelt. Dies ist insofern zu begründen, da alle Kompetenzen immer wieder in einen Reflexionsprozess einmünden, der dann, wie oben gezeigt, einen erneuten Durchlauf durch die Kompetenzbereiche initiiert. Jeder Reflexionsprozess verändert. Wahrgenommenes wird erneut in den Blick genommen, Analysiertes unter Umständen noch einmal aus anderer Perspektive betrachtet, Argumentationen beeinflusst, Interaktion neu bestimmt. Beschrieben wird ein vielfältig zirkulärer Prozess. Abschließend sollte dieser jedoch in einen Fortschritt der Orientierung und in eine daraus resultierende Handlung münden. Daher stehen diese beiden Kompetenzen an der Spitze des Modells. Vor allem diese Kompetenzen zeichnen sich durch einen in hohem Maße gegebenen Anwendungscharakter außerhalb der Schule aus. Sie sind es, die aus trägem Wissen[20] und künstlich erzeugten Erfahrungen in der Schule Orientierung und Handlungsfähigkeit im Leben befördern können. Damit machen sie aber auch zugleich auf die Grenzen der Kompetenzorientierung aufmerksam. Nicht alles lässt sich gezielt vermitteln, vermessen und bewerten. Orientierung und Handlung sind, noch mehr als andere Kompetenzen, von persönlichen Faktoren abhängig. Sie entziehen sich damit weitgehend der Beobachtung und Ü-

---

[17] Duncker, Ludwig (2000), S. 186
[18] zur Unterscheidung von Orientierungs- und Verfügungswissen vgl. Kap. 4.3.
[19] Böger, Klaus (2005), S. 15
[20] vgl. Kap. 4.5.

berprüfung. Dies zum einen, da sich diese Prozesse räumlich und zeitlich außerhalb der Schule vollziehen, aber auch, da die Wahrung der Persönlichkeit des Schülers/ der Schülerin es verbietet, diese Kompetenzen zu vermessen. Sollen die Orientierungs- und Handlungskompetenz trotzdem angestrebt werden, kann dies nur indirekt geschehen. Wie dieses Kapitel und die Grafik zeigen, hängen die Kompetenzen alle miteinander zusammen, sie bedingen und ergänzen sich. Somit bleibt die berechtigte Hoffnung, dass eine Förderung der übrigen vierzehn Kompetenzen aus den Kompetenzbereichen *Wahrnehmen und Verstehen, Analysieren und Reflektieren, Argumentieren und Urteilen* und *Interagieren und Sich-Mitteilen* auch einen Orientierungsfortschritt und eine verstärkte Bereitschaft zur verantwortlichen Handlung nach sich ziehen.

Der Tatsache, dass ein Kompetenzmodell bei diesen Kompetenzen an seine Grenzen stößt, wird insofern Rechnung getragen, dass bei diesen Kompetenzen bewusst auf die Konzeption von Kompetenzrastern und Musteraufgaben verzichtet wird. Die Aufgaben zu den übrigen Kompetenzen sind jedoch, wo möglich, projekt- und handlungsorientiert entworfen, so dass die Orientierungs- und Handlungskompetenz im Unterricht immer mitschwingen.

Sich-Orientieren und Handeln | 157

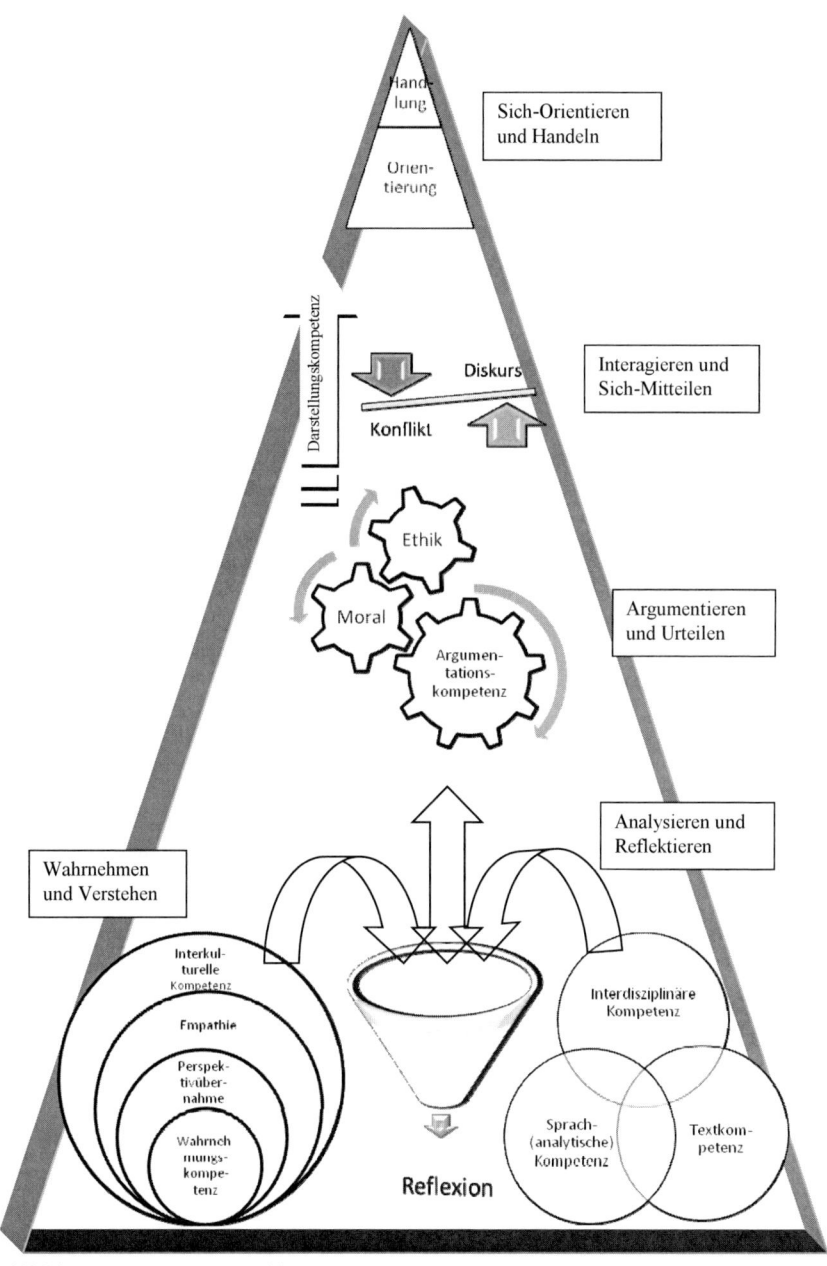

Abbildung 22: Kompetenzpyramide

10.1. Orientierungskompetenz

> „Zur Orientierung gehört somit jenseits der recht bescheidenen, mehr oder weniger unmittelbaren praktischen Handlungs- und Lebensorientierung die berechtigterweise *anmaßende* philosophische Reflexion über die maßgeblichen Voraussetzungen unseres Denkens und Handelns."[1]

Philosophieren als Kulturtechnik

Orientierungskompetenz zu fördern ist das übergeordnete Ziel einiger Lehrpläne sowie der Einheitlichen Prüfungsanforderungen für das Abiturfach Ethik.[2] Angebahnt werden soll diese Kompetenz im Ethikunterricht in Bayern, Bremen und Thüringen sowie im Philosophieunterricht von Hamburg, Mecklenburg-Vorpommern, Niedersachsen und Schleswig-Holstein. Es stellt sich die Frage, was unter dieser Kompetenz zu verstehen ist und ob bzw. wie sie von Schüler/innen im Unterricht erworben werden kann.

Um verstehen zu können, wer sich wie und woran orientieren sollte, muss zunächst die Ausgangslage eruiert werden, in der Orientierung notwendig wird. Die Verwendung des Orientierungsbegriffs zur Beschreibung gegenwärtiger Lebensbedingungen divergiert. Üblich ist eine Charakterisierung des unübersichtlichen, konfliktreichen Lebens des Menschen in der modernen Gegenwart, die mit Begriffen wie Orientierungslosigkeit und Orientierungskrise umschrieben wird.[3] Alte Verhaltensmuster haben für viele ihre Gültigkeit verloren. Kulturell unterschiedliche Orientierungen erscheinen ungenügend angesichts der Prozesse der Globalisierung in Wirtschaft, Technik, neuen Medien.

Was für die Menschen der Gegenwart generell gilt, zeigt sich in besonderer Weise für die Jugendlichen. Für die Lebenssituation Jugendlicher trifft weitgehend zu, dass sie als zunehmend vielfältig, aber damit auch wenig gelenkt erlebt wird. Was vordergründig als Freiheit der Ziele und Wege zu interpretieren ist, geht jedoch auch mit diversen negativen Erfahrungen und damit verbunden einer großen Unsicherheit einher. Die wesentlichen Faktoren seien hier nur überblicksartig genannt: Es herrscht vielerorts eine zunehmende Statusunsicherheit, die eine Verschlechterung der Zukunftsperspektiven und Unsicherheit im Hinblick auf die Lebensperspektive nach sich zieht. Daneben werden Ungewissheiten im Hinblick auf familiäre und private Lebensformen erlebt. Der Bedeutungsverlust traditioneller Institutionen der Orientierungshilfe wie Kirchen, Verbände und Gewerkschaften, begleitet von multikulturellen Umgangs- und Verbindungsformen destabilisiert ebenso wie die Bedrohung natürlicher Lebensgrundlagen. Die Informationsvielfalt und die damit verbundene relative Zunahme mittelbarer Erfahrungen an der Gesamterfahrung werden nicht nur als Bereicherung erfahren, sondern stellen zugleich die Frage nach der adäquaten Aus-

---

[1] Martens, Ekkehard (2007), S. 7
[2] vgl. Kap. 5/ Lehrplananalyse
[3] vgl. Dölle-Oelmüller (1998), S. 9

wahl für den einzelnen bedeutsamer Informationen.[4] Für alle diese Faktoren gilt: „Sie spiegeln Potentiale von Unsicherheit wider, mit denen sowohl Entwicklungschancen als auch Problemlagen verbunden sind."[5]
Angesichts der immer komplexer werdenden gesellschaftlichen Herausforderungen müssen die Individuen ihre Handlungskompetenz vergrößern, d.h. sie müssen lernen, mit gegebenen Situationen angemessen und zumeist selbständig umzugehen. Diese Kompetenz erwerben sich Individuen im Verlauf ihres Entwicklungsprozesses unter anderem durch Individuierung sowie Enkulturation.[6] Individuierung vollzieht sich im Prozess der Personwerdung, die durch das Hineinwachsen in eine Kultur befördert wird. Dieser Prägungs- und Anpassungsprozess gelingt nicht allein durch Wissens- und Informationsvermittlung. Vielmehr ist eine Auseinandersetzung mit der Kultur gefragt. Doch um welche Kultur handelt es sich? Gilt generell, dass Kultur nicht statisch, sondern dynamisch ist, so kann heute angesichts multikultureller Gesellschaften längst nicht mehr von der Kultur die Rede sein.[7] Jugendliche können sich daher nicht mehr auf einen breiten kulturellen Konsens stützen. In besonderer Zuspitzung gilt dies für die Schüler/innen der Fächergruppe Ethik/ Philosophie mit ihren multikulturellen und multireligiösen Heimaten. Die Folge ist eine „Aufsplitterung der Sinnfrage in zahllose Varianten"[8].
Diese Sinnstiftung kann die Schule jedoch nur in einem sehr eingeschränkten und indirekten Maße vermitteln. Kenntnisse über unterschiedliche Begründungen menschlichen Handelns, über Angebote aus Religionen und Weltanschauungen können in der Schule vermittelt werden, reichen aber nicht aus.[9] Erst eine kritische Auseinandersetzung mit Antwortversuchen, Selbst-Denken, nicht Nach-Denken, kann zur eigenen Orientierung führen. „Für ein solches Orientierungswissen sind Traditionsbewahrung und Traditionskritik notwendig,"[10] denn Orientierung bedeutet auch, kulturelle Werte zu reflektieren und zu verlebendigen. Dies geschieht, indem eine Orientierungskompetenz angestrebt wird, die stets auch in der Fähigkeit besteht, eine kritische Distanz zu bestehenden Normen einzunehmen und begründet Alternativen zu diskutieren.[11]
Konsens besteht daher darin, dass Jugendlichen Orientierung vermittelt werden soll. Weil Jugendliche immer schon „diverse soziale Imperative verinnerlicht"[12] haben, das heißt, sie schon über eine gewisse lebenspraktische Orientierung verfügen, muss der Unterricht daher bei den Interessen, Erfahrungen und Proble-

---

[4] ich folge hier: Herzig, Bardo (1998), S. 18ff.
[5] ebd., S. 20
[6] ich folge hier: Duncker, Ludwig (1996), S. 11
[7] vgl. Kap. 11.4./ Interkulturelle Kompetenz
[8] ebd., S. 32f.
[9] vgl. auch Kap. 4.3: Information und Wissen. In diesem Kapitel wird der Gegensatz von Verfügungs- und Orientierungswissen genauer erläutert. Auf weitere Ausführungen zu diesem Gegensatzpaar sei an dieser Stelle daher verzichtet.
[10] ebd., S. 21
[11] vgl. Thomas, Philipp (2004), S. 27
[12] ebd., S. 32

men der Schüler/innen ansetzen. Welche Orientierungsmöglichkeiten lassen sich angesichts der geschilderten Orientierungsdefizite anbieten? Um diese Frage beantworten zu können, muss zunächst genauer beleuchtet werden, was unter Orientierung zu verstehen ist. Orientierungssuche kann als anthropologische Konstante verstanden werden. Der Mensch stellt letzte Fragen, auf die er Antworten sucht. In diesem Zusammenhang sind die Fragen im Anschluss an Kant *Was kann ich wissen? Was darf ich hoffen? Was soll ich tun? Was ist der Mensch?* als grundlegende, die Menschen in allen Kulturen und zu allen Zeiten beschäftigende Fragen zu nennen. Wird Orientierungssuche so verstanden, bewegt sie sich auf einer rein reflexiven Ebene. Fasst man das Spektrum von Orientierung weiter, dann ist darunter auch räumliches und praktisches Sich-Zurechtfinden zu fassen. Orientierung so verstanden schließt einen kognitiven Anteil, das heißt die Wahrnehmung von Umwelt, Personen, Situationen und Anforderungen, ebenso wie einen praktischen Anteil in Form einer angemessenen Berücksichtigung dieser Kenntnisse bei einer Handlung ein.[13] Wer orientiert ist, erhöht die Rationalität seiner Handlung.[14] Orientieren bedeutet auch, das auszuwählen, was zur Ausrichtung einer Handlung sinnvoll ist und Hinderliches oder Entbehrliches unberücksichtigt zu lassen. Orientieren kann man sich an vielen Aspekten,[15] den eigenen Interessen, an Situation und Logik, an gültigen Regeln, an Leitbildern, an einem Ich-Ideal, an Bildungsgängen und Karriereplänen, am Verhalten anderer, an Normen eines bestimmten Berufsethos, an Gesetzen und Verfassung, an der Stimme des Gewissens, an internalisierten moralischen Geboten, am Wohl anderer sowie an religiösen Überzeugungen. Die Ethik bietet eine zusätzliche Orientierung, die die anderen nicht ersetzt, wohl aber ergänzt. Sie kann in Fällen entscheiden, in denen sich andere Orientierungen widersprechen. Daher stellt Ott fest: „Der entscheidende Grund für die Notwendigkeit einer zusätzlich-ergänzenden Orientierung liegt m.E. in dem Umstand, dass in hochkomplexen Gesellschaften, die unterschiedliche Lebensformen und kulturelle Milieus freisetzen und zudem wissenschaftliche, technologische und legislative Innovationen gleichermaßen auf Dauer stellen, moralisch-normative Konflikte erzeugt werden, die aus der nur vor-ethisch orientierten Perspektive nicht befriedigend gelöst werden können."[16]

Ein philosophischer Orientierungsbegriff muss daher „prozedural"[17] sein, er muss Gelegenheit zur Reflexion vorhandenen, pluralen Orientierungswissens geben. Dafür ist ein Prüfverfahren erforderlich, das den Vergleich zwischen verschiedenen Handlungsoptionen ermöglicht. Es dient der persönlichen Standortbestimmung. Diese wird weder durch Lebenshilfe noch durch eine theoretische Ethik- und Philosophiegeschichte angebahnt. „Wenn wir den jungen Menschen Orientierungshilfe geben wollen, dann muss sie einerseits die historische Ein-

---

[13] vgl. ebd.
[14] vgl. Gosepath, Stefan (1992, 1999)
[15] im Folgenden: nach Ott, Konrad (1993), S. 74-76
[16] ebd., S. 77
[17] Thomas, Philipp (2004), S. 24

bindung des Einzelnen aufzeigen, andererseits aber eine machbare Perspektive angesichts der eigenen Möglichkeiten und Begrenztheiten bieten."[18] Hier spielt das Philosophieren im Sinne Martens als Kulturtechnik eine entscheidende Rolle.[19] Ein so verstandenes Philosophieren hilft, sich im Denken zu orientieren und theoretische Klarheit im eigenen „Denkhaushalt"[20] zu gewinnen. Erworben werden handlungs- und lebenspraktische Maßstäbe. Gefragt ist nicht, wie schon Popper kritisiert und worauf Martens hinweist[21], eine philosophische „Neigung zum Argumentieren ohne ernsthaftes Problem"[22]. In Abgrenzung zu Popper weist Martens zu Recht darauf hin, dass nicht die Philosophie den Menschen eine bessere Orientierung liefern soll, sondern dass es darum geht, die Menschen selbst zu einer besseren und selbständigeren Orientierung zu veranlassen.[23] Aufgabe des Unterrichts der Fächergruppe Ethik/ Philosophie ist daher nicht die Vermittlung von „Denkprodukten", sondern der Anstoß zu „Denkprozessen"[24]. Es geht um angewandte Ethik und Philosophie, um angewandtes Philosophieren, das aus der personalen Perspektive den Blick auf die gesellschaftliche Perspektive eröffnet oder umgekehrt, aus der ideengeschichtlichen Perspektive heraus eine Problemlösung sucht.[25] Dies kann nicht ohne Vermittlung eines formalen Könnens, aber auch nicht ohne inhaltliches Wissen geschehen. Grundlegend für einen fruchtbaren Lernprozess ist ein „explizites inhaltliches Struktur- und Überblickswissen"[26].

Wie nun kann konkret Orientierungskompetenz erworben werden? Die Fülle des möglichen Wissens muss der Erfahrung zugänglich gemacht werden. Es stellt sich jedoch die Frage, ob der Anspruch, Lernen mit Erfahrung zu verknüpfen, in der Schule überhaupt eingelöst werden kann. Möglich erscheint dies, wenn man wie Combe und Gebhard einen Erfahrungsbegriff zugrunde legt, der es zulässt, geistigen Prozessen Sinn und biografische Bedeutsamkeit zuzuschreiben.[27] „Unser zentraler Gedanke ist folgender: Nur wenn es den Subjekten gelingt, Lernprozesse mit einer Erfahrungsbewegung zu verbinden, nur wenn es schließlich den Subjekten gelingt, ihre Auseinandersetzung mit (Lern-)gegenständen als sinnvoll zu interpretieren, werden persönlichkeitswirksame Lernprozesse nachhaltig stattfinden."[28] Erfahrungen sind immer zugleich Prozess und Resultat. Menschen können sowohl Erfahrungen machen als auch Erfahrungen haben, sie sind Ereignissen ausgesetzt und gewinnen daraus Verständnis. Erfahrungen haben somit aktive und passive Anteile. Sie müssen sich einstellen, sie können

---

[18] Sommer, Barbara (2007), S. 5
[19] vgl. Martens, Ekkehard (1995, 2003, 2007)
[20] Martens, Ekkehard (2007), S. 8
[21] vgl. ebd.
[22] Popper, Karl R. (1973), S. 43f.
[23] vgl. Martens, Ekkehard (2007), S. 9
[24] ebd.
[25] vgl. auch Kap. 5.5./ Basiskonzepte
[26] ebd. S. 15
[27] im Folgenden nach: Combe, Arno/ Gebhard, Ulrich (2007), S. 7 - 12
[28] ebd., S. 7

weder erzwungen, noch inszeniert werden. Da Erfahrungen oft mit Krisen im Leben verbunden sind, geht man aus ihnen zumeist in irgendeiner Weise verändert hervor. Aus diesem Grund können sie aber nicht ohne weiteres mit theoretischem Lernen in Verbindung gebracht werden. Schule kann daher grundsätzlich nur „stellvertretende Erfahrungen"[29] vermitteln. Da Sinn, Erfahrung und Orientierung grundsätzlich individuelle, wenn auch gesellschaftlich und kulturell bestimmte Begriffe sind, kann dieses Lernen nur individualisiert vollzogen werden.[30] „Bildung beruht einerseits auf dem Zeigen dessen, was als kulturell wertvoll gilt und deshalb geeignet erscheint, kommenden Generationen aufgeschlossen und erklärt zu werden. Andererseits ist Bildung immer auch *Selbst*bildung, sie bedarf also der Bereitschaft des einzelnen, sich einer Sache mit Intensität und Interesse zu widmen."[31] Sinnangebote können nicht qua Belehrung aufgedrängt werden, „[...] weil der Sinnbegriff nicht exakt aufschlüsselbar und schon gar nicht operational handhabbar gemacht werden kann."[32] Unterricht kann nicht sicherstellen, dass die Sinnangebote auch angenommen werden, „denn Sinnorientierungen sind gerade im Bildungsgeschehen vorwiegend auf einer Zeitachse angesiedelt, die sich von der Vergangenheit über die Gegenwart in die Zukunft hinein erstreckt."[33]

Sachkompetenz
- Ideengeschichte
- inhaltliches Struktur- und Überblickswissen
- Verfügungswissen
- Orientierungswissen

Methodenkompetenz
- Philosophieren als Kulturtechnik
- Angewandtes Philosophieren

Philosophieren als Kulturtechnik

Selbstkompetenz
- Orientierungsdefizite
- Individuelle Perspektive
- Sinn
- Erfahrung
- Persönliche Standortbestimmung

Sozialkompetenz
- Gesellschaftliche Perspektive

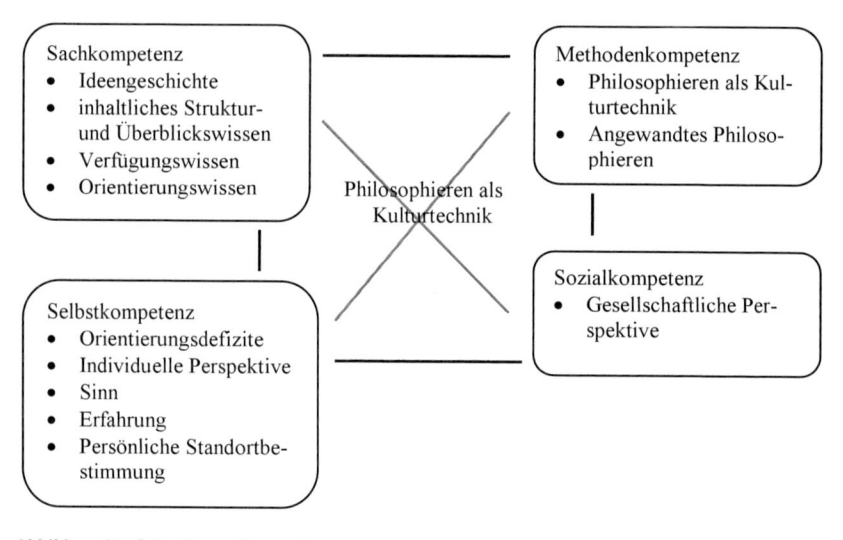

Abbildung 23: Orientierungskompetenz

---

[29] Baumert Jürgen (2006), S. 42
[30] vgl. auch Combe, Arno/ Gebhard, Ulrich (2007), S. 17f.
[31] Duncker, Ludwig (1996), S. 18
[32] ebd., S. 40
[33] Duncker, Ludwig (2000), S. 182

Vieles, was in der Schule angeregt und angestoßen wird, trägt seine Früchte räumlich und zeitlich außerhalb des Unterrichts. Hinzu kommt, dass eine vertikale Orientierung in einer Zeit des ständigen kulturellen Wandels nur bedingt möglich ist. Daher greifen Menschen oft auf eine horizontale Sinnsuche zurück, indem sie sich aus verschiedenen Bausteinen einen persönlichen Sinn zusammenstellen. Da Schule keinen für alle gültigen Sinn vermitteln kann, will und darf, muss sie „die Fähigkeit ausbilden, mit Sinnangeboten zu arbeiten"[34], kritisch mit ihnen umzugehen, sie zu prüfen und zu bewerten.
Das Zusammenspiel der erläuterten Aspekte und Komponenten zeigt die Abbildung 34.

Orientierung als Kompetenz – Ergebnisse der Expertenbefragung
Obwohl die orientierende Gestaltung des eigenen Lebens ein zentrales Anliegen der von der Kultusministerkonferenz formulierten Bildungsziele ist,[35] ist es doch schwer, dieses Ziel konkreten Fächern und Unterrichtsinhalten zuzuordnen. Vielmehr erscheint Orientierung als die Summe aller Bildungsbemühungen, zu denen jedes Fach einen spezifischen Beitrag leistet. Vor diesem Hintergrund sind die eher zurückhaltenden Antworten der Experten in der durchgeführten Expertenbefragung[36] einzuordnen. Gerade die Fachspezifik erzielt in der dieser Arbeit zugrunde liegenden Befragung mit 2,7 (bei einem möglichen Maximum von 4) nur einen geringen Wert. Die besondere Bedeutung, die zum Beispiel Martens der Orientierungskompetenz als Kulturtechnik und damit als spezifisch philosophische Aufgabe zugesteht, spiegelt sich in dieser Antwort nicht. Die Experten scheinen Orientierungskompetenz eher als Summe vieler Kompetenzen und damit auch Domänen zu verstehen.
Obwohl die Experten die Orientierungskompetenz als aus allen Teilkompetenzen Sach-, Methoden-, Selbst- und Sozialkompetenz bestehend auffassen, werden die Bestandteile doch unterschiedlich eingestuft. Die höchste Zustimmung mit 56,1% und 63,4% erzielen die Sach- und Selbstkompetenz. Orientierung wird also auf der einen Seite als individuelle Kompetenz aufgefasst, die aber nicht ohne eine solide Wissensbasis auskommt. Demgegenüber sind die Methoden- und Sozialkompetenz mit jeweils 43,9% uneingeschränkter Zustimmung von geringerer Bedeutung. Die hohen persönlichen Anteile sind vermutlich ein Grund dafür, dass die befragten Experten die Erlernbarkeit mit einem Mittelwert von 2,7 geringer einstufen als die anderer Kompetenzen. Hierin spiegelt sich das Problembewusstsein der Experten, inwieweit Schule einen direkten Einfluss auf persönliche Sinnfragen von Schüler/innen nehmen darf. Diese kritische Sicht wird durch die Antworten auf die Frage nach der Umsetzbarkeit in Aufgabenstellungen noch deutlicher. Hier erzielt die Orientierungskompetenz in der Be-

---

[34] ebd., S. 184
[35] vgl. Kap. 2.1.
[36] vgl. Kap. 8

fragung mit Abstand den geringsten Wert mit einem Mittelwert von 2,0 bei einem möglichen Maximum von 4. Da die Orientierungskompetenz sich sowohl räumlich als auch zeitlich außerhalb der Schule bewähren muss, kann sie nur indirekt im Unterricht angestrebt werden. Dementsprechend ist auch die Überprüfbarkeit nur unzureichend gegeben. Dass die Antworten auf diese Frage in der Expertenbefragung mit einem Mittelwert von 2,6 nicht ganz so kritisch ausfallen, könnte mit dem hohen Anteil an Sachkompetenz zusammenhängen, der sich immerhin in Lernkontrollen spiegeln kann. Die personalen Anteile dagegen entziehen sich weitgehend einer Überprüfung.

Trotz aller Skepsis schätzen die befragten Experten die Orientierungskompetenz für alle Fächer und Schulstufen als sehr wichtig ein. 97,6% ordnen sie allen Fächern der Fächergruppe, 95,1% allen Schulstufen zu. Auch die Relevanz wird mit einem Mittelwert von 3,8 als sehr hoch eingestuft.

Die große Spannbreite der erzielten Umfragewerte macht die Diskrepanz deutlich, vor der Unterricht nur allzu oft steht. Vieles von dem, was in den Bereich der Persönlichkeitsbildung eingeordnet wird, erscheint Lehrer/innen zwar grundlegend, zeigt aber auch deutlich die Grenzen des Vermittelbaren auf. Diese Besonderheiten der Orientierungskompetenz spiegeln sich auch in der Selbsteinschätzung der befragten Experten. In den Bereichen Diagnostik, Vermittlung und Bewertung steht diese Kompetenz fast am unteren Ende der Skala in der Selbsteinschätzung. Nur die Handlungskompetenz erzielt noch niedrigere Werte. Mit einem Mittelwert von 2,6 bei der Diagnostik, 2,9 bei der Vermittlung und 2,4 bei der Bewertung bei einem möglichen Maximum von 4 schätzen die Experten sich als eher unsicher ein, den Kompetenzerwerb im Unterricht zu fördern. Dies ist neben hohen Anteilen an Persönlichkeitsbildung, die die Orientierungskompetenz auszeichnen, sicherlich auch vor allem darin zu sehen, dass sich diese Befähigung eher im Alltag und damit außerhalb der Schule beweisen muss.

Der hohe Anteil an personaler Kompetenz, der der Orientierungskompetenz inhärent ist, gilt nicht nur für die Lernenden, sondern auch für die Lehrenden. Dementsprechend ist zu erwarten, dass auch die eigene Ausbildung als sehr unterschiedlich wahrgenommen wird. Auffällig ist es, dass diese Kompetenz im Studium und im Referendariat so gut wie gar nicht erworben werden konnte. Dies korrespondiert mit den Beobachtungen, dass die universitäre Ausbildung vor allem kognitiv und reflexiv ausgerichtet ist.[37] Der Anteil derjenigen Experten, die drei und mehr Angaben über den Erwerb ihrer eigenen Kompetenz gemacht haben, fällt dementsprechend mit 24,4% sehr niedrig aus und wird nur noch von der Konfliktlösung unterboten.[38] Kompetenzen, die vergleichbar niedrige Werte erzielten, wiesen demgegenüber sehr hohe Werte bei der Aus- und Weiterbildung auf. Dies gilt auch für die Orientierungskompetenz, die im Bereich Weiterbildung (Fortbildung, Selbststudium) einen Wert von 26,8% erziel-

---

[37] vgl. Kap. 4.4
[38] Mehrfachnennungen waren möglich.

te. Damit ist augenfällig, dass Vermittlungssicherheit einer Kompetenz vor allem dann gegeben ist, wenn sie über den gesamten Zeitraum der Ausbildung vom Studium bis zur Berufstätigkeit erworben wurde. Ist die Ausbildung jedoch erst in die Zeit der eigenen Berufstätigkeit verlagert, korrespondiert dies mit einer hohen Unsicherheit der befragten Experten.

10.2. Handlungskompetenz

„Denn nichts garantiert, dass jemand so handelt, wie er denkt, und dass sein Urteilsvermögen mit seinem Handeln-Können in Einklang steht."[1]

Verantwortung übernehmen im Denken und Handeln

Handlungskompetenz steht in dieser Arbeit an der Spitze der Kompetenzpyramide für den Ethik- und Philosophieunterricht.[2] Diese Kompetenz wird in vielen Bundesländern als fachspezifisch bedeutungsvoll angesehen.[3] Auffällig ist, dass der Schwerpunkt auf die Sekundarstufe I gelegt wird. In vielen Lehrplänen wird die Handlungskompetenz zudem als fachübergreifende Kompetenz aufgeführt. Hier sind Mecklenburg-Vorpommern, Niedersachsen, Sachsen-Anhalt sowie Hamburg zu nennen.

Bei diesen unterschiedlichen Zielsetzungen stellt sich die grundsätzliche Frage: Was eigentlich ist eine Handlung? Handeln wird in der psychologischen Fachliteratur folgendermaßen definiert: „Wir verstehen darunter ein Verhalten, das (wenigstens zum Teil) bewusst, auf ein Ziel ausgerichtet, geplant und beabsichtigt (intendiert, gewollt) verläuft."[4] Bewusst ist eine Handlung dann, wenn sie kognitiv repräsentiert ist, dies muss aber nicht für alle Teile einer Handlung gelten. Ziel einer Handlung ist der vor und während der Handlung vorgestellte Zustand am Ende der Aktion. Der Handelnde ist dabei zwei Polen ausgesetzt: Zum einen besitzt er eigene Ziele sowie die Fähigkeit, diese selbständig zu erreichen, er ist autonom. Auf der anderen Seite steht ihm die Welt gegenüber, die eine Eigengesetzlichkeit besitzt und nicht gänzlich vorhergesehen und beeinflusst werden kann.[5] Unser Handeln ist daher immer kontextgebunden und situationsbezogen.[6] An diesen Gegebenheiten kann und muss sich ein Handelnder orientieren, wenn er einen Plan für eine Zielerreichung macht. Handeln wird somit definiert als „sinn- und wirkungsvolle Antwort auf die Situation"[7] In diesem Sinne verstanden bedeutet Handeln immer auch Interaktion mit der Umwelt. Daher gilt, dass der Handelnde „kein Welten-Bauer, sondern ein Welten-Wanderer"[8] ist. Situationsbezogenes Handeln steht in unmittelbarem Zusammenhang mit Erfahrungen.[9] Erfahrungen können verstanden werden als Anpassungs- und Transformationshandeln, das Organismen in ihrer Auseinandersetzung mit ihrer Um-

---

[1] Böhme, Gernot (1997), S. 34
[2] Zur Begründung für die Anordnung der Kompetenzen siehe Kap. 10
[3] vgl. die Lehrplananalysen Kap. 5.3.2.
[4] Cranach, Mario von/ Kalbermatten, Urs/ Indermühle, Katrin/ Gugler, Beat (1980), S. 24
[5] Auf eine philosophische Diskussion des Themenfeldes Freiheit und Determination kann an dieser Stelle nicht eingegangen werden.
[6] vgl. Volpert, Walter (2003), S. 57ff.
[7] ebd., S. 60
[8] ebd., S. 61
[9] vgl. auch Dewey, John (2004): Dewey bezeichnet Lernen als Erfahrungshandeln

welt vollziehen.[10] Dieses Erfahrungshandeln ist unmittelbar verbunden mit Reflexion. Individuen reflektieren zum einen sich selbst, zum anderen aber auch ihre eigenen Erfahrungen. So können indirekte Erfahrungen gemacht werden. In der Handlungsforschung gibt es zwei Richtungen, eine eher an Motorik und Maschinenmodellen orientierte Anwendungstheorie, die für den Unterricht wenig geeignet ist, und eine Plantheorie, die stärker kognitive und motivationale Elemente integriert.[11] Letztere ist für den Unterricht zielführender. Sie zeichnet sich durch folgende Elemente aus: Handlungen resultieren aus der Diskrepanz von Ist-Soll-Zuständen, die durch eine Handlung minimiert werden sollen. Mögliche eigene Handlungen werden mit einem erwarteten Handlungsergebnis in Beziehung gesetzt. Auf einer kognitiven Ebene werden das Handlungsergebnis und die erwarteten Folgen verglichen. Voraussetzung ist die eigene Kompetenzeinschätzung. Es wird reflektiert, inwieweit eine persönliche Handlungskompetenz vorhanden ist, die geeignet erscheint, wünschenswerte Konsequenzen herbeizuführen, d.h. es wird eine Selbstwirksamkeitseinschätzung vorgenommen. Verbunden ist diese Reflexion mit einer subjektiven Bewertung von Handlungsergebnis und Handlungsfolgen. Es gilt daher, dass Handlungen „Mischungen aus Aktivitäten, Einschätzungen, Bewertungen und Motiven"[12] sind.

Dieses Verständnis von Erfahrung, Reflexion und Handeln korrespondiert mit dem Rationalitätsbegriff. Rationalität ist nach Gosepath in allen Verwendungen mit Wohlbegründetheit gleichzusetzen.[13] „Etwas (Meinung, Handlung, Wunsch, Ziel, Norm etc.) ist rational, wenn es begründet, d.h. durch Gründe gerechtfertigt ist."[14] Handlungen sind dann rational, wenn sie begründbar, zielgerichtet, absichtlich, intentional, zweckgerichtet, in ihrer Zweck-Mittel-Relation begründet und eventuell, je nach Situation, an Normen und Regeln orientiert sind. Rational ist eine Handlung also immer dann, wenn es Gründe gibt, die die Wahl dieser Handlung vor möglichen Alternativen auszeichnet. Relevant für die Auswahl einer Handlung vor anderen sind „motivierende Gründe"[15], d.h. Interessen oder Wünsche einer Person. Welche von mehreren vorhandenen Möglichkeiten, ein Ziel zu erreichen, eine Person ergreift, hängt von ihren Überzeugungen und weiteren Kompetenzen ab.[16] Es gilt also: „Eine Handlung lässt sich auffassen als eine Kette oder ein System von Verhaltensweisen, die durch ein gemeinsames Ziel integriert und nach einem Plan gesteuert werden."[17] Das Verhältnis von Rationalität und Handlung stellt sich dementsprechend folgendermaßen dar: „Handeln […] sei abzugrenzen von bloßem Verhalten, und Erziehung, so fordert man mit Recht, solle nicht Dressur, vielmehr Befähigung zu intelligentem Handeln

---

[10] ich folge hier: Gil, Thomas (1998), S. 99f.
[11] vgl. Neuweg, Georg Hans (2000), S. 66f./ Auhagen, Ann Elisabeth (1999), S. 75f.
[12] Auhagen, Ann Elisabeth (1999), S. 76
[13] Gosepath, Stefan (1992), Gosepath, Stefan (1999a)
[14] Gosepath, Stefan (1992), S. 49
[15] ebd., S. 215
[16] vgl. Kap. 10
[17] Preiser, Siegfried 1988), S. 43, zitiert nach Auhagen, Ann Elisabeth (1999), S. 75

sein."[18] Intelligentes Handeln wird in der Psychologie daher als eine „Tandem-Tätigkeit"[19] von Erwägen und Ausführen verstanden. Es stellt sich die Frage, wie dieses intelligente Handeln im Unterricht angebahnt werden kann und um welche Handlungen es konkret im Unterricht der Fächergruppe Ethik und Philosophie gehen kann.

Für den Unterricht der Fächergruppe Ethik/ Philosophie kann verantwortliches Handeln als Ziel genannt werden. Verantwortung ist immer in Lebenszusammenhänge eingebettet, sie kann daher nicht direkt beobachtet, aber als Konstrukt und Begriff beschrieben werden. Eine für den Ethik- und Philosophieunterricht besonders interessante, weil alle Kompetenzbereiche umfassende Definition von Verantwortung formuliert Auhagen: „Verantwortung ist ein soziales Phänomen unter Menschen mit dem Charakter eines Interpretationskonstruktes. Verantwortung ist als Relationsbegriff mit mindestens drei Relationen beschreibbar: für etwas, gegenüber jemandem, im Hinblick auf eine Instanz verantwortlich sein. Verantwortung schließt Aspekte der Moral, der Handlung und der Berücksichtigung der Handlungsfolgen ein: Ein Mensch handelt verantwortlich, wenn er unter der Berücksichtigung ethisch-moralischer Gesichtspunkte handelt und bereit ist, für die Folgen beziehungsweise Konsequenzen seines Handels einzustehen. Verantwortung kann sowohl zugeschrieben als auch erlebt werden."[20] Handlung und Verantwortung stehen somit in einem direkten Zusammenhang, denn ohne praktische Ausführung macht Verantwortung keinen Sinn.

Auch die Sprachlichkeit des Menschen hängt eng mit seiner Verantwortung zusammen, denn „Sprache haben bedeutet die Fähigkeit zur Distanz, die Möglichkeit zur Reflexion."[21] Erkennbar ist dieser Zusammenhang an der etymologischen Bedeutung von Verantwortung im Sinne von ‚auf etwas eine Antwort geben'. Verantwortung impliziert, später Antwort auf mögliche Fragen zur eigenen Handlung geben, sich rechtfertigen zu können. Verantwortung stellt also menschliches Handeln in kausale Zusammenhänge. Dieses Übernehmen oder Ablehnen von Verantwortung ist „eine Artikulation des Personalen"[22] Insofern ist Verantwortung immer auch ein Sich-Verantworten. Dabei sind Selbstverantwortung und Verantwortung vor anderen nicht zu trennen.

Eine verantwortliche Handlung vollzieht sich in drei Phasen[23]: Zu Beginn wird ein Mensch mit einer Situation konfrontiert, die Verantwortung erfordert. Der Realisierung der Situation folgt ein Abwägen und Planen der Alternativen, wie sich der betreffende Mensch verhalten wird. Diese Planungsphase mündet in die Handlungsphase, die die Möglichkeiten auf eine Wirklichkeit reduziert. Sie steht für das Handeln im engeren Sinne. Entscheidend für Planung und Durchführung einer Handlung sind das Selbst mit seinen moralischen Zielen sowie andere

---

[18] Neuweg, Georg Hans (2000b), S, 65
[19] ebd.
[20] Auhagen, Ann Elisabeth (1999), S. 37
[21] vgl. Piepmeier, Rainer (1995), S. 86
[22] ebd., S. 88
[23] ich folge hier: Auhagen, Ann Elisabeth (1999), S. 76-82

Menschen. Diese sind nicht nur als Verantwortungsobjekte, sondern auch als Kommunikationspartner wichtig, wenn Aktivitäten zwischen mehreren Menschen stattfinden müssen. Beurteilungsinstanz ist nicht nur das Ich, sondern auch die Umwelt. „Jemand ist verantwortlich für etwas, und er ist verantwortlich vor einer Instanz."[24] Verantwortliches Handeln kann jedoch auch im Unterlassen von Handlungen bestehen, z.b. beim Nicht-Mitmachen bei einer als unverantwortlich erkannten Handlung. In der Endphase der Handlung wird eine Bestandsaufnahme vorgenommen, die reflektiert, inwieweit die Handlungsziele erreicht wurden und welche Konsequenzen sich aus der erreichten Handlung ergeben. Unter Umständen mündet diese Phase direkt wieder in eine erneute Planungsphase.

Verantwortung wird in der Praxis nicht immer als vollkommen freiwillig erlebt, sondern z.b. auch als Pflicht.[25] Dies kann zu Abwehrreaktionen führen. Neben einem Mangel an Freiwilligkeit und Selbstbestimmung sind auch andere Gründe für eine Verantwortungsabwehr denkbar. So ist es möglich, dass ein Mensch keine moralischen Motive oder Ziele erkennen kann oder ihm für die beobachtete Situation keine moralischen Standards zur Beurteilung zur Verfügung stehen. Auch wenn die Situation mit wenig Bezug zur eigenen Person erlebt wird oder die Bewältigungsmöglichkeit als gering eingeschätzt oder die eigene Kompetenz als unzureichend erlebt wird, kann es zur Verantwortungsabwehr kommen. Dies gilt auch für Situationen, in denen große Einschränkungen der aktiven Handlungs- und Kontrollmöglichkeiten antizipiert oder wenn die Umstände als sehr bedrohlich und angstauslösend erlebt werden.

Grundsätzlich gibt es die Beobachtung, dass Verantwortung in der Gegenwart zum Problem geworden ist. Zum einen hat sich der Verantwortungsbereich zu sehr vergrößert. Auf der anderen Seite fehlen Instanzen, vor denen man sich verantworten muss, und Werte und Normen verlieren an Verbindlichkeit.[26]
Es stellt sich die Frage, welche Rolle der Unterricht in der Fächergruppe Ethik und Philosophie spielen kann, um allgemein die Handlungskompetenz zu steigern und speziell die Bereitschaft zur Verantwortungsübernahme zu vergrößern. Verantwortung kann nicht durch Lektüre und eine moralische Belehrung angeleitet werden, sondern kann nur im praktischen Tun gedeihen und muss geübt werden. Sie muss eingebettet sein in praktisches Tun und in Reflexion. Vielfältige Kompetenzen sind erforderlich, um Verantwortung wahrzunehmen und auszuüben. „Verantwortungsbereitschaft erfordert eine Einstellung, die sich positiv auf gemeinsame Vorhaben erstreckt, die sorgsam und nachhaltig auf den Erhalt und die Weiterentwicklung gemeinsamer Belange ausgerichtet ist, sie erfordert Einfühlungsvermögen und Engagement, Gemeinsinn und Rücksichtnahme, die Entfaltung der Kompetenz zu Rollenübernahme und Perspektiven-

---

[24] Piepmeier, Rainer (1995), S. 92
[25] im Folgenden nach: Auhagen, Ann Elisabeth (1999), S. 243-246
[26] vgl. Piepmeier, Rainer (1999), S. 92 und Kap. 10 und 10.1.

wechsel."[27] Der Unterricht der Fächergruppe Ethik/ Philosophie stößt hier an seine schulorganisatorischen Grenzen. Ein Unterricht, der projektartig angelegt ist und der nicht nur in Ausnahmesituationen Gelegenheit zur Verantwortungsübernahme bietet, ist in der Schule in größerem Umfang schwer zu verwirklichen. Ein zumeist zweistündiger Unterricht im Kursverband in der Fächergruppe Ethik/ Philosophie erschwert projektorientiertes Arbeiten zusätzlich. Wenn aber Projekte organisatorisch möglich sind, kommen als Projektthemen vor allem solche in Frage, die der sozialen Lebenswelt entstammen und geeignet sind, Verantwortung gegenüber anderen Mitmenschen wahrnehmen zu können (z.B. Aussiedlerfamilien in unserer Gemeinde, Hausaufgabenbetreuung, Im Altersheim...) Über die Artikulation einer geteilten Erfahrung werden kommunikative Fähigkeiten wie Empathie, Rollendistanz und Ambiguitätstoleranz[28] aktiviert. Soziale Verantwortung ergibt sich aber nicht nur durch das Thema, sondern auch durch die kooperativen Formen gemeinsamen Lernens, durch Verantwortung gegenüber Sachen und Situationen und der eigenen Person. Erziehung zur Verantwortung muss also eine Balance zwischen Sach-, Selbst- und Sozialkompetenz finden. „Der anthropologische Kern des Projektunterrichts liegt darin, dass der Mensch als handelndes Wesen betrachtet wird, das gestaltend in die Wirklichkeit eingreift, sich seine Kultur schafft und dabei sein Eingreifen und Gestalten vor sich und seinen Mitmenschen verantwortet."[29]

Sachkompetenz
- Ist-Soll-Zustände
- Sprachlichkeit

Methodenkompetenz
- Rationales Handeln
- Planung-, Handlungs-, Reflexionsphase
- Praktisches Tun

Verantwortung

Selbstkompetenz
- Erfahrungen
- Selbstwirksamkeitseinschätzung
- Rechtfertigung
- Sich Verantworten
- Perspektivwechsel
- Empathie

Sozialkompetenz
- Verantwortung für etwas
- Verantwortung gegenüber jemandem
- Verantwortung vor einer Instanz

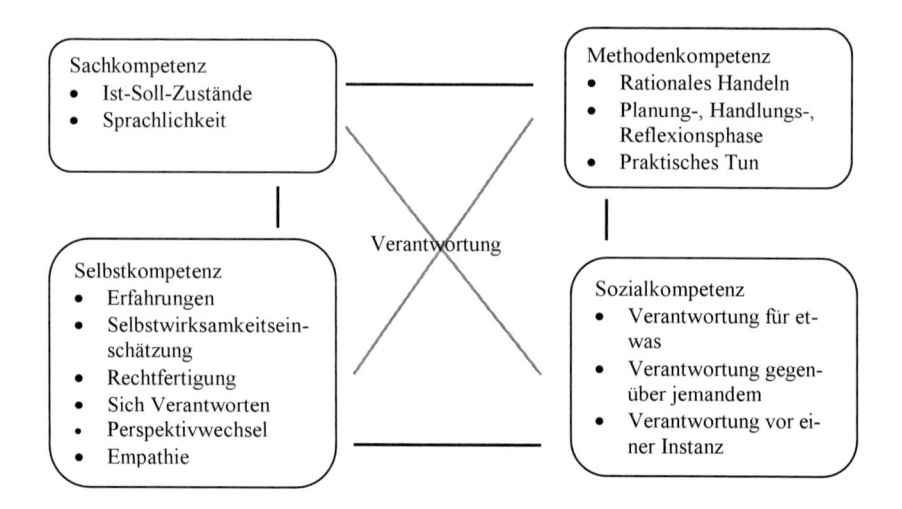

Abbildung 24: Handlungskompetenz

---

[27] Duncker, Ludwig (2007), S. 272
[28] vgl. ebd., S. 275f.
[29] ebd., S. 277

Allerdings divergieren Denken und Problemlösen innerhalb und außerhalb der Schule erheblich. So ist der Wissenstransfer zwischen Schule und außerschulischem Erfahrungsraum oft nur gering. Im Unterricht entsteht oft nur träges Wissen,[30] das außerhalb des Unterrichts nicht präsent ist und somit als Handlungsoption nicht reflektiert und damit auch nicht ausgewählt werden kann. Im Sinne des Theorie-Praxis-Problems gilt daher, dass Wissensexperten nicht Handlungsexperten sein müssen. Auf die Nachhaltigkeit des Unterrichts hat die Lehrkraft daher oft nur eingeschränkten Einfluss.
In Abbildung 24 werden alle die Handlungskompetenz charakterisierenden Komponenten noch einmal im Überblick dargestellt.

Verantwortung übernehmen als Kompetenz – Ergebnisse der Expertenbefragung
Die Handlungskompetenz ist eine bei den in der empirischen Untersuchung befragten Experten[31] in vielerlei Hinsicht besonders umstrittene Kompetenz. Da sich verantwortliches Handeln sowohl räumlich als auch zeitlich oft außerhalb der Schule abspielt, ist die Skepsis der Befragten besonders groß.
Unstrittig ist die Beurteilung der Teilkompetenzen. Eindeutig werden der Handlungskompetenz hohe Anteile an Sozialkompetenz (83,0%) und Personalkompetenz (80,5%) zugesprochen. In dieser Einschätzung spiegelt sich die Tatsache, dass verantwortliches Handeln neben Verantwortung für andere auch eine hohe Selbstverantwortung beinhaltet. Sachkompetenz (46,3%) und Methodenkompetenz (36,6%) erhalten dagegen einen geringeren Zuspruch, da jede Situation speziell ist und daher keine Rezepte für verantwortliches Handeln gegeben werden können. Diese hohen Anteile an sozialen und personalen Anteilen ziehen aber auch Bedenken nach sich, wie es auch bei der Empathiefähigkeit beobachtet werden kann.[32] Eindeutige Zweifel haben die Experten gegenüber der Erlernbarkeit der Handlungskompetenz, die einen Mittelwert von 2,8 (bei einem möglichen Maximum von 4) erzielt. Handlungen in der Schule haben immer etwas Künstliches, weil Inszeniertes. Inwieweit die in der Schule erworbene Handlungskompetenz auf die außerschulische Realität übertragbar ist, bleibt daher fraglich. Mit diesen Ergebnissen korrespondieren die niedrigen Werte, die auf die Frage nach der Umsetzbarkeit in Aufgabenstellungen (2,2) und die Messbarkeit (2,0) erzielt wurden.
Da die Handlungskompetenz in einigen Bundesländern als fachübergreifendes Bildungsziel formuliert wird,[33] ist es nahe liegend, dass auch die Fachspezifik mit einem Mittelwert von 2,3 nur schlecht abschneidet. Der fachspezifische Anteil ist sicherlich vor allem im Bereich der Verantwortung auszumachen, doch

---

[30] vgl. Kap. 4.4.
[31] vgl. Kap. 8
[32] vgl. Kap. 11.3.
[33] vgl. Kap. 5

ist Handlungskompetenz umfassender und insofern in vielen Fächern mit unterschiedlichen Schwerpunkten anzusetzen. Trotz der berechtigten Bedenken wird die Handlungskompetenz mit 95,1% allen Fächern und mit 97,6% allen Schulstufen zugeordnet. In auffälligem Widerspruch zu diesen Ergebnissen und zu der Tatsache, dass die Handlungskompetenz in einigen Bundesländern übergeordnetes Bildungsziel ist, stehen die geringen Werte für die Relevanz, die dieser Kompetenz generell zugesprochen wird. Sie erzielt nur einen Mittelwert von 1,9 in der Befragung. Für diesen Befund kann es mehrere mögliche Erklärungen geben. Zum einen ist die Handlungskompetenz etwas sehr Persönliches, dass sich der Bewertung teilweise entzieht. Auf der anderen Seite korrespondiert dieser Befund mit der immer noch gängigen Unterrichtsweise, in der Projekt- und Handlungsorientierung nur einen untergeordneten Stellenwert haben und der Vermittlung von Wissen immer noch Vorrang vor der Kompetenzentwicklung eingeräumt wird.[34] Die Aufgabe von Schule, vielfältige Anwendungsbezüge von schulischem Wissen herzustellen, hat sich in der Einschätzung der Lehrkräfte anscheinend weitgehend noch nicht durchgesetzt.

---

[34] vgl. Kap. 4.4.

11. Wahrnehmen und Verstehen

„Es wird Abschied genommen von ‚Bescheidwissen'; Lernen verlangsamt und schärft den Blick; es umfasst Stutzen, Staunen, Entdecken, Imaginieren, Mitleiden, Deuten, Vergleichen, Urteilen, die Fähigkeit, Dinge aus verschiedenen Perspektiven zu gestalten und zu betrachten, die Wahrnehmung von Widersprüchen und Brüchen."[1]

Der Kompetenzbereich *Wahrnehmen und Verstehen* umfasst die Teilkompetenzen *Wahrnehmungskompetenz*[2], *Perspektivübernahme*[3], *Empathie*[4] sowie die *Interkulturelle Kompetenz*[5]. Diese Teilkompetenzen stehen in einem engen Verhältnis zueinander.

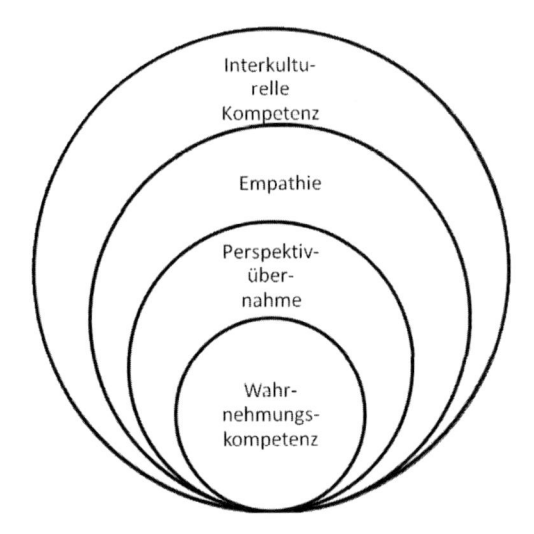

Abbildung 25: Verhältnis der Teilkompetenzen Wahrnehmungskompetenz, Perspektivübernahme, Empathie, Interkulturelle Kompetenz

Sie bauen auf einander auf, ergänzen einander und zeichnen sich durch einen zunehmend erhöhten Grad an Komplexität aus. So können diese Kompetenzen zwar nicht direkt als Stufen in einem Entwicklungsprozess verstanden werden, wohl aber, wie die Grafik es zeigt, als überlappende Elemente. Mit jeder Kompetenz, die neu erworben wird, wird zugleich die darunter liegende Kompetenz

---

[1] Biehl, Peter (1997), S. 405f. (zitiert nach Dittmar, Werner (2005), S. 201)
[2] vgl. Kap. 5.5. und Kap. 11.1
[3] vgl. Kap. 5.5. und 11.2.
[4] vgl. Kap. 5.5. und Kap. 11.3.
[5] vgl. Kap. 5.5. und 11.4.

wiederum um ein Element erweitert und modifiziert. Das bedeutet, dass der Entwicklungsprozess nach einer ersten Basisarbeit stetig auf allen vier Kompetenzebenen parallel verläuft, wobei die erreichten Niveaustufen nicht identisch sind. Damit ist aber auch die Erkenntnis verbunden, dass die Diagnose der Lernvoraussetzungen von Schüler/innen immer alle vier Teilkompetenzen in den Blick nehmen muss, sollen nicht Überforderung und Misserfolge vorprogrammiert sein.

Grundlage aller Kompetenzen ist die Wahrnehmung. Das Nachvollziehen einer anderen Perspektive und das sich Einfühlen in eine andere Person erfordern eine unvoreingenommene Beobachtung und Beschreibung. Sie kann im weiteren Verlauf zunächst durch den kognitiven Nachvollzug der Motive und Beweggründe des anderen, später auch durch eine emotionale Komponente erweitert und gedeutet werden. Erst wer das Wahrgenommene interpretieren kann, ist in der Lage, sich in die Perspektive eines anderen hineinzuversetzen, dessen Situation selbst noch nicht erlebt wurde. Vergleichbares gilt für die Empathie. Nur wer fähig ist, in eine gewisse Distanz zu sich selbst zu treten und die emotionalen Konsequenzen eigener Handlungen für andere zu bedenken, verfügt über eine hinreichende Selbstsicherheit, um eine Haltung des Verstehenwollens bei extremen Unterschieden oder im Konfliktfall einnehmen zu können. Die Interkulturelle Kompetenz bildet die höchste Stufe dieses Entwicklungsprozesses, denn das Verstehen eines anderen kulturellen Horizonts ist abhängig von der Fähigkeit zur Selbstwahrnehmung und Selbstdistanzierung. Das Bewusstsein der eigenen Person sowie die Fähigkeit, sich aus einem anderen Blickwinkel betrachten zu können, sind eine grundlegende Voraussetzung für Ambiguitätstoleranz und Dialogfähigkeit.

Alle Teilkompetenzen erweitern den Blickwinkel und damit das Spektrum an Fähigkeiten. Immer ausgehend vom Vertrauten, Eigenen wird der Horizont erweitert zum Fremden, zunächst noch Ähnlichen und dann weiter zum Anderen, Unbekannten, Neuen.

In den nun folgenden Teilkapiteln werden die Kompetenzen im Einzelnen dargestellt. Als Basis der Kompetenzraster und Musteraufgaben werden vorab die dafür relevanten Ergebnisse der Expertenbefragung analysiert.

11.1. Wahrnehmungskompetenz

„Alles Erkennen ist ein Prozess zwischen dem Individuum, seinem Denkstil, der aus der Zugehörigkeit zu einer sozialen Gruppe folgt, und dem Objekt."[1]

Wahrnehmung als philosophisches Phänomen

Obwohl sich der Begriff Wissen vom lateinischen ‚videre' – ‚sehen' ableitet, ist dieses Wissen, so sicher es uns zumeist erscheint, doch nicht unanfechtbar. Erfahrungen, die jeder bereits gemacht hat, machen dies deutlich: Wir können uns leicht täuschen lassen, indem wir Dinge sehen, die nicht da sind, oder Dinge nicht erkennen, obwohl sie da sind. Mehrere Menschen sehen, obwohl sie das gleiche betrachten, verschiedenes. Was also ist Wahrnehmung? Außerhalb von philosophischen Diskursen ist die Definition kein Problem. Wahrnehmung wird als die Fähigkeit von Lebewesen verstanden, mittels ihrer Sinnesorgane Informationen über ihre materielle Umwelt aufzunehmen. Die Philosophie betrachtet Wahrnehmung jedoch weiter gefasst. Sie versteht Wahrnehmen als Gewahrwerden, als ein Erfassen von Sachverhalten mittels Sinneswahrnehmung und Sinnwahrnehmung[2] und hinterfragt deshalb die Gültigkeit dieser allgemeinen Definition. Sie behauptet: „Der Begriff der Wahrnehmung lässt sich nicht definieren."[3], sondern an die Stelle der abgeschlossenen Definition muss die Reflexion treten.

Es gibt drei Ansatzmöglichkeiten, sich mit der menschlichen Wahrnehmung aus philosophischer Perspektive zu befassen.[4] Zum einen ist es möglich, den Wahrnehmungsvorgang als solchen zu beschreiben. In diesem Fall wird Wahrnehmung als Erfassen von Eigenschaften der Objekte und deren mentaler Repräsentation aufgefasst. Bei diesem Vorgehen spielt die philosophische Denkrichtung der Phänomenologie eine wichtige Rolle, die Grundlagen für die unterrichtliche Aufbereitung der Wahrnehmung liefern kann. Ein Phänomen ist wörtlich aus dem Griechischen übertragen das, was sich von sich her zeigt, was in Erscheinung tritt. Es ist entweder eine Tatsache oder etwas Außerordentliches, Phänomenales.[5] Philosophisches, phänomenologisch orientiertes Denken bezieht sich auf konkrete, sinnliche Erfahrungen. Schon Husserl forderte ‚Zurück zu den Sachen selbst'.[6] Doch die Dinge liegen uns nicht mehr unverstellt vor Augen, sie haben ihre Ursprünglichkeit verloren, denn sie sind zugedeckt von Gewohnheiten. Phänomenologisches Denken bedeutet Abkehr von Vertrautem: Der Blick soll sich von Vormeinungen, traditionellen Vorbehalten, wissenschaftlichen Zwängen befreien und die methodischen Gesichtspunkte der Betrachtung rein

---

[1] Fleck, Ludwik (1983), S. 168
[2] vgl. Welsch, Wolfgang (1995), S. 48-50
[3] Wiesing, Lambert (2002), S. 10
[4] vgl. Rehkämper, Klaus (2006), S. 4
[5] vgl. Martens, Ekkehard (2003), S. 66
[6] vgl. ebd. S. 67

aus der Sache selbst entwickeln. Die Erscheinungen selbst werden zum Sprechen gebracht und lösen damit einen Erkenntnisprozess aus. In diesem Sinne gibt es keine phänomenologische Methode, die auf alles anwendbar ist, sondern diese ergibt sich aus dem angemessenen Zugang zur Sache selbst.[7] Die Phänomenologie untersucht die Struktur der Erscheinungen der Dinge aus der „Ersten-Person-Perspektive"[8]. Der Reflektierende betrachtet sich zugleich dabei, wie er sich als Beobachter zur Welt verhält. „Die Phänomenologie hat es also nicht mit konkreten, beobachtbaren Dingen zu tun, sondern mit Bewusstseinsleistungen, die im Medium der Beschreibung anschaulich werden."[9]

Hierin überschneiden sich die Phänomenologie und die neurobiologischen Erkenntnisse, denn der Konstruktivismus der Neurobiologie lehnt die Annahme einer strukturierten Welt ab. Folgt man dieser Theorie, dann hängt die Wirklichkeit, die wir wahrnehmen, ausschließlich von den wahrnehmenden Organismen ab. Erkennen ist dann keine Repräsentation der Welt, sondern ein andauerndes Hervorbringen einer Welt durch ihre Beobachter.[10] Wahrnehmung liefert nicht einfach eine Abbildung der Umwelt mithilfe der Sinne, sondern ist ein aktiver Selektions- und Konstruktionsprozess, der abhängig ist von den unabänderlichen Bedingungen des menschlichen Erkenntnisapparates. „Dazu gehört, dass die (kulturellen) Prägungen, die ein Lebewesen erfahren hat, seinen Erkenntnisprozess leiten. Aus der Fülle der Informationen wählt es diejenigen aus, die ihm wichtig erscheinen und die sein bisheriges Weltbild leiten."[11] Nicht, was etwas ist, sondern wie es uns erscheint, ist relevant.

Wahrnehmung ist zunächst das Sehen von Ganzheiten, die Elemente sieht man erst später oder auch gar nicht. Diese Einheiten werden von der Psychologie ‚Gestalten' genannt.[12] Um eine Gestalt zu kennen, muss man auch die konkurrierenden Formen kennen, um sich von ihnen abzugrenzen. Wir sehen nicht nur Punkte, Kreise, d.h. Einzelteile, sondern fügen das Gesehene sofort zu einem Ganzen, z.B. zu einem Haus, zusammen. Die Gestalten, die wir sehen, sind kulturabhängig. Sie werden durch die Umgebung, die Sprachgewohnheit, die Tradition bestimmt. Z.B. wird ein Auto nur von einem Menschen unserer Gesellschaft als Auto gesehen werden.[13] „Wir schauen mit den eigenen Augen, aber wir sehen mit den Augen des Kollektivs Gestalten, deren Sinn und Bereich zulässiger Transpositionen das Kollektiv geschaffen hat."[14] Sieht man einen unbekannten Gegenstand, versucht man automatisch, bekannte Muster zu entdecken und ihn mit bekannten Gestalten zu vergleichen. Dabei wird der Seh- und Denkprozess durch das kollektive Leben und den kollektiven Denk- und Sprachstil bestimmt.

---

[7] vgl. Biehl, Peter (1998), S. 18f.
[8] Rehkämper, Klaus (2006), S. 8
[9] ebd., S. 18
[10] vgl. Maturana, Humberto/Varela, Francisco (1987), S. 7ff.
[11] Mühlenberg, Sascha/ Gerhardus, Norbert (2006), S. 21
[12] Fleck, Ludwig (1983), S. 149
[13] vgl. ebd., S. 156ff.
[14] ebd., S. 157

„Mit den sich aufzwingenden ganzheitlichen Gestalten, mit der verbreiteten allgemeinen Auffassung in einem Gebiet, mit der allgemein angenommenen Analyse der Elemente, mit der Technik, der Kunst und der Wissenschaft, mit der Alltagsgewohnheit, der Legende, der Religion, selbst bereits mit der benutzten Sprache – dringt das Kollektiv in den Prozess des Schauens und Sehens, Denkens und Erkennens ein. Wenn jede Beobachtung, sei es eine alltäglich gemeine oder auch die genaueste wissenschaftliche, ein Modellieren ist, dann liefert die Schablone das Kollektiv."[15] So wie sich im Wahrgenommenen nicht nur der Gegenstand, sondern vor allem der Wahrnehmende spiegelt, zeigt sich im Produkt der Wahrnehmung auch die Einstellung, die wir gegenüber den Dingen einnehmen. Auch eine Verweigerung der Wahrnehmung, bewusst oder unbewusst, ist möglich. „Wir nehmen niemals alles wahr, was es wahrzunehmen gibt, und wie es eine Kunst der Wahrnehmung gibt, so gibt es auch eine Kunst der Nicht-Wahrnehmung, ein Einüben in das Nicht-Hinsehen."[16] Auch Gleichgültigkeit kann erlernt werden.

Die Sprache einer Kultur spielt in diesem Prozess eine entscheidende Rolle. Die Adverbialtheorie der Wahrnehmung setzt hier an. Sie befasst sich nicht mit der Analyse der Wahrnehmung direkt, sondern setzt die sprachphilosophische Analyse von Wahrnehmungsaussagen an deren Stelle. Sie setzt sich damit auseinander, ob bzw. wie sich Phänomene der Wahrnehmung mit sprachlichen Aussagen widerspruchsfrei beschreiben lassen. „Der Beobachter – ein Lebewesen-in-der-Sprache – wird in den Mittelpunkt jeden Verstehens und jeder Realitätsauffassung gestellt."[17] Die Erfahrungen als Wahrnehmender können nur mittels sprachlich vermittelter Reflexion weitergegeben werden. Dadurch entsteht zwangsläufig „ein interpretierender, medialer Abstand zu den Phänomenen"[18], so dass die Unmittelbarkeit der Reflexion spätestens mit ihrer sprachlichen Mitteilung aufgegeben wird.

Für den Unterricht lassen sich alle drei Ansätze gewinnbringend und sich ergänzend einsetzen. Die stark medial geprägte Umwelt und die Schwierigkeiten vieler Schüler/innen, das Beobachtete in Worte zu fassen, müssen dabei berücksichtigt werden. Ein reichhaltiger Wortschatz, vielfältige Möglichkeiten der Verknüpfung, ein zielsicherer Gebrauch der Wortarten werden benötigt, um reale Dinge und Produkte des Bewusstseins beschreiben zu können und um über sie zu kommunizieren.[19] Da das Ausdrucksvermögen der Jugendlichen aber stark reduziert ist, müssen sich phänomenologische Prozesse auch sprachbildend betätigen.

Die für den Unterricht geeignete phänomenologische Methode ist die der Reduktion. Eine Sache wird von verschiedenen Seiten betrachtet, in verschiedenen

---

[15] ebd., S. 168
[16] Hauskeller, Michael (2003a), S. 169
[17] ebd., S. 13
[18] Wiesing, Lambert (2002), S. 21
[19] vgl. Schröder-Werle, Renate (2003), S. 59

Variationen beschrieben. Dabei wird sich zunächst jeder Interpretation oder wissenschaftlichen Erklärung enthalten. Die Beobachtungen werden dann auf lebensweltliche Erfahrungen zurückgeführt, denn jeder bezieht sich bei der Beurteilung von Wahrnehmungen auf die eigene Anschauung und das eigene Empfinden. Da unsere Urteile immer an Voraussetzungen gebunden sind, muss es Ziel des Unterrichts sein, sich dieser Voraussetzungen bewusst zu werden. Thomas Rentzsch betrachtet dieses Vorgehen zu Recht als einen aufklärerischen Prozess, denn im genauen Einüben des Sehens, Beschreibens und Analysierens wird ein „Stück Weg zur Wiedergewinnung von vernünftiger Selbsterkenntnis und Selbstbestimmung"[20] zurückgelegt, indem selbst denken durch „selbst wahrnehmen, sehen und beschreiben" ergänzt wird.[21] Erforderlich ist eine Entschleunigung, eine bewusste Verlangsamung des Wahrnehmungsvorgangs, das sprachliche Erproben verschiedener Beschreibungen, ein bewusstes, reflektiertes Agieren. Das Phänomen dient jedoch nicht nur als äußerer Anlass oder Motivation, sondern ist an sich von Interesse.

Welche Erfahrungen bringen die Schüler/innen über die Sache selbst mit, wo sind sie mit dem Beobachteten in ihrer Alltagswelt in Berührung gekommen?

Sachkompetenz
- Phänomene
- Konkrete sinnliche Erfahrungen
- Vorwissen leitet Beobachtungen
- Kulturell geprägte Schablone für das Sehen und Interpretieren

Reduktion
Analyse

Methodenkompetenz
- Sehen – Beschreiben – Analysieren
- Verlangsamung des Wahrnehmungsprozesses
- Phänomenologie
- Adverbialtheorie der Wahrnehmung

Reflexion

Selbstkompetenz
- Ich-Perspektive
- Aktiver Selektions- und Konstruktionsprozess der Wahrnehmung
- Reflexion der eigenen Wahrnehmung

Sozialkompetenz
- Kulturelle Prägung des Wahrnehmungs- und Erkenntnisprozesses
- Pluralität und Perspektivität der Wahrnehmung

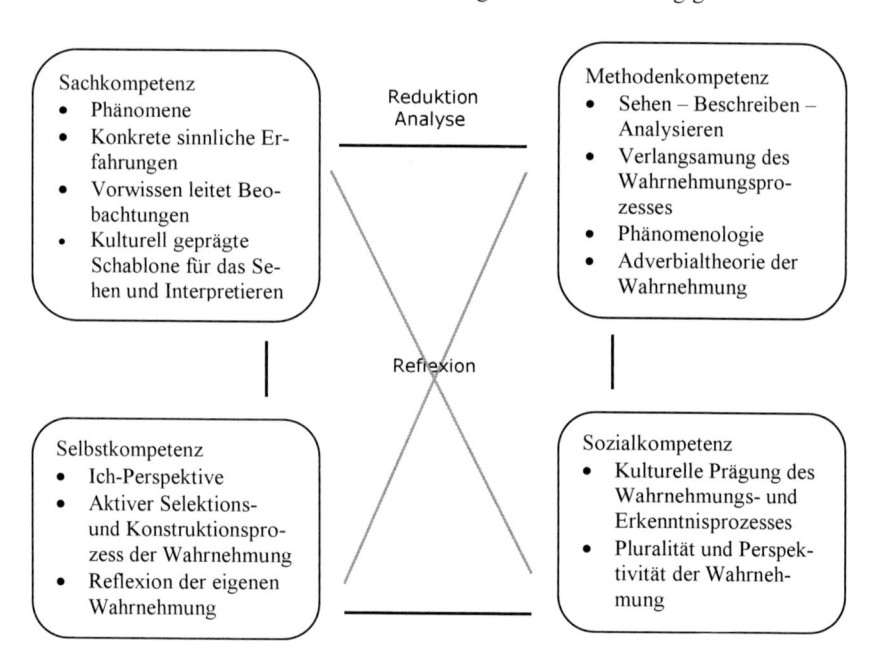

Abbildung 26: Wahrnehmungskompetenz

---

[20] Rentsch, Thomas (2002), S. 19
[21] ebd.

Vorkenntnisse können in die Analyse eingebracht werden und lassen sich mit wissenschaftlichen, gesellschaftlichen und kulturellen Kenntnissen verbinden.[22] Abbildung 26 fasst noch einmal die wesentlichen Elemente der Wahrnehmungskompetenz zusammen.

Wahrnehmung als Kompetenz – Ergebnisse der Expertenbefragung

Nur ein Wahrnehmender kann wissen, was Wahrnehmung ist, indem er auf seine Wahrnehmung reflektiert. Bewusste Wahrnehmung bedeutet daher auch immer eine Selbstbeobachtung des Wahrnehmungsprozesses. Selbstverständliches wird problematisiert, das scheinbar Bekannte wird im Prozess der „Entselbstverständlichung"[23] zunächst zum Unbekannten und dann zum unter Umständen neu Bekannten. „Es wird Abschied genommen von ‚Bescheidwissen' (H. Rumpf); Lernen verlangsamt und schärft den Blick; es umfasst Stutzen, Staunen, Entdecken, Imaginieren, Mitleiden, Deuten, Vergleichen, Urteilen, die Fähigkeit, Dinge aus verschiedenen Perspektiven zu gestalten und zu betrachten, die Wahrnehmung von Widersprüchen und Brüchen."[24] Beschreibung ist immer an Wahrnehmung gebunden, beide sind unlösbar miteinander verbunden. Wahrnehmung findet deshalb immer sprachlich statt und wird geprägt von den Möglichkeiten, das Wahrgenommene in Worte zu fassen. „Sie ist eine Verflechtung kognitiver, körperlich-sinnlicher, kultureller, sozialer und immer auch sprachlicher Tätigkeit."[25] Wahrnehmungskompetenz umfasst also die Fähigkeit zur differenzierten Beobachtung, begleitet von der Fähigkeit, Beobachtungen so zu beschreiben, dass sie für andere nachvollziehbar sind. In diesen Teilaspekten fügen sich Sach- und Methodenkompetenz auf der einen sowie Selbst- und Sozialkompetenz auf der anderen Seite zu einem Ganzen.[26] Die in der empirischen Untersuchung befragten Experten[27] sahen höhere Anteile auf der sozial-personalen Ebene, etwas geringere Aspekte auf der Sach- und Methodenebene. Doch Wahrnehmung ist, wie oben dargestellt, immer abhängig vom Vorwissen, das unsere Beobachtungen leitet und prägt. Theoretisches Wissen über Wahrnehmung erleichtert das Verständnis des Wahrnehmungsprozesses und hilft, Diskrepanzen in der Wahrnehmung zu klären. Die Fähigkeit, dem Gegenstand angemessene Beobachtungs- und Beschreibungskriterien auszuwählen, gehört ebenso zu den methodischen Fähigkeiten wie eine adäquate sprachliche Ausdrucksfähigkeit. Dementsprechend sind sich die befragten Experten einig, dass diese Kompetenz erlernbar und in Aufgabenstellungen umsetzbar ist. Probleme werden allerdings darin gesehen, die Wahrnehmungskompetenz als fachspezifi-

---

[22] vgl. Martens, Ekkehard (2003), S. 99f.
[23] Rumpf, Horst (1991), S. 318, zitiert nach Dittmar, Werner (2005), S. 191
[24] Biehl, Peter (1997),S. 405f., zitiert nach Dittmar, Werner (2005), S. 201
[25] Klotz, Peter/ Lubkoll, Christine (2005), S, 8
[26] vgl. auch Abbildung 10
[27] vgl. auch Kap. 8

sche Befähigung zu kennzeichnen. Es ist sicherlich korrekt, dass diese Fähigkeit in allen Fächern mit spezifischer Ausprägung und Schwerpunktsetzung geschult wird. Die Fächergruppe Ethik/ Philosophie setzt daher auch ihren ganz eigenen Schwerpunkt, indem im Unterricht nicht nur an der Beobachtungs- und Beschreibungsfähigkeit gearbeitet, sondern auch die Selbstreflexion geschult wird. Es wird die Perspektivität der Wahrnehmung sowie deren Abhängigkeit von gesellschaftlichen, kulturellen und religiösen Hintergründen deutlich. Gerade auf der Ebene der Sachkompetenz, aber auch der Selbstkompetenz erweitern diese Fächer das Kompetenzspektrum somit erheblich.

In der Befragung sehen die Experten die Wahrnehmungskompetenz als besonders problematisch an, wenn es darum geht, den Kompetenzzuwachs zu messen (Mittelwert 2,2, bei einem erreichbaren Maximum von 4). Dies korrespondiert mit einer nur schwach ausgeprägten Selbstsicherheit im Umgang mit Diagnose (Mittelwert 2,7), Vermittlung (2,9) und Bewertung (2,7). Die relativ hohen Angaben in den Bereichen Selbststudium und Fortbildung unterstützen diese Beobachtung, scheint doch das Bestreben vorzuherrschen, wahrgenommene Defizite auszugleichen. Dass dies als notwendig angesehen wird, zeigt die eindeutig konstatierte Relevanz dieser Kompetenz in allen Fächern mit 95% und in allen Schulstufen mit 97%.

Kompetenzraster Wahrnehmungskompetenz

Unsicherheiten in Diagnose, Vermittlung und Bewertung lassen sich mindern, wenn deutlich ist, in welchen Schritten eine Kompetenz ausgebildet wird. Das Kompetenzraster gibt einen ersten Einblick. Die Entwicklung der Kompetenz wurde entsprechend der drei Ansätze, Wahrnehmung philosophisch zu betrachten, konstruiert. Es stuft die Wahrnehmungskompetenz in die drei Niveaus *Reduktion*, *Analyse* und *Reflexion* und integriert phänomenologische, konstruktivistische und sprachphilosophische Elemente.

Das Basisniveau *Reduktion* wurde ausgehend von der Beobachtung entwickelt, dass es Schüler/innen angesichts des verbreiteten Medienkonsums relativ schwer fällt, gezielt und sorgfältig zu beobachten und ihre Beobachtungen sprachlich differenziert zu artikulieren. Ausgangsbasis einer fundierten Wahrnehmungskompetenz muss es daher sein, Sachverhalte präzise zu beobachten, indem sich zunächst jeder Interpretation des Beobachteten enthalten wird. (A1) Anfänger benötigen zur Entwicklung dieser Fähigkeit Hilfestellung in Form vorgegebener Beobachtungs- und Beschreibungskriterien. Fortgeschrittenere zeichnen sich dadurch aus, dass sie in der Lage sind, dem Beobachtungsgegenstand angemessene eigene Kriterien zu verwenden, deren Anwendung selbstkritisch zu reflektieren und bei Bedarf zu modifizieren. (A2) Auf beiden Niveaustufen ist an der sprachlichen Gestaltung der Beschreibung zu arbeiten. Der Wortschatz muss erweitert, die Beschreibung präzisiert werden. Die Wirkung verschiedener sprachlicher Variationen ist zu diskutieren.

Werden diese Basisfähigkeiten beherrscht, ist an eine *Analyse* der eigenen Beobachtungen zu denken. Das Wahrgenommene kann nun in einem ersten Schritt interpretiert, die Interpretation mit anderen abgeglichen und bei Bedarf modifiziert werden. (B1) Andere Beobachtungen und Interpretationen der Mitschüler/innen werden zum Anlass genommen, sich erneut der Wahrnehmung zuzuwenden und sich den Sachverhalten aus neuem Blickwinkel zu nähern. Die Schüler/innen können die Erfahrung machen, dass Wahrnehmung, ihre Interpretation und Beschreibung von affektiven Komponenten begleitet werden, die abhängig sind von lebensweltlichen Erfahrungen des einzelnen. In einem weiteren Schritt können dann zum ersten Mal Erkenntnisse und Erfahrungen, die außerhalb der eigenen Person liegen, zur Interpretation hinzugezogen werden. (B2) Die Erweiterung um wissenschaftliche Erkenntnisse hilft, die eigene Wahrnehmung in einem größeren Horizont zu betrachten, sie zu relativieren, zu ergänzen und zu modifizieren.

Auf einem dritten Niveau, der *Reflexion*, wird die Wahrnehmung selbst zum Beobachtungsgegenstand. Die Schüler/innen lernen, sich als Wahrnehmende zu reflektieren und sich ihrer Perspektivität von Wahrnehmung bewusst zu werden. (C1) Sie erkennen, dass Erfahrungen, Vorwissen und Erwartungen ihre Wahrnehmung beeinflussen und erleben die Relativität des Wahrgenommenen. Auf einem fortgeschritteneren Niveau erfahren sie, dass diese Perspektivität und Pluralität von historischen, gesellschaftlichen, kulturellen, religiösen, sprachlichen oder auch geschlechtlichen Voraussetzungen abhängig ist, und sie können ihre eigene Wahrnehmung und deren Interpretation in diesen Kontext einordnen. (C2) Jede vertiefte Analyse und Reflexion der Wahrnehmung führt in einem hermeneutischen Zirkel zu einer erneuten Wahrnehmung mit geschärftem Blick und größerer Sensibilität. Die Entwicklung der Wahrnehmungskompetenz zeichnet sich durch eine immer größere Komplexität und die Fähigkeit zu immer weitreichenderen Verknüpfungen aus.

Wie sich die Wahrnehmung im Entwicklungsprozess entwickelt, machen das Kompetenzraster und die Musteraufgaben[28] deutlich.

---

[28] vgl. beiliegende CD

182 | Teil 2 - Kompetenzmodell

Die Schülerin/ der Schüler ...

	A1	A2	B1	B2	C1	C2
	Reduktion		Analyse		Reflexion	
Wahrnehmungskompetenz: Situationen und Probleme der individuellen, sozialen und natürlichen Lebenswelt wahrnehmen, beschreiben und deuten.	... kann angeleitet Situationen und Phänomene unter Vorgabe von Beobachtungs- und Beschreibungskategorien wahrnehmen und beschreiben	... kann selbständig Situationen und Phänomene unter Verwendung eigener Beobachtungs- und Beschreibungskategorien wahrnehmen und beschreiben	... kann das Wahrgenommene interpretieren, ihre/ seine Interpretationen begründen und mit anderen vergleichen	... kann das Wahrgenommene unter Anwendung wissenschaftlicher, gesellschaftlicher und kultureller Kenntnisse interpretieren	... kann den eigenen Wahrnehmungs- und Deutungsprozess beobachten, beschreiben und reflektieren	... kann Wahrnehmung als gesellschaftlich und kulturell bestimmt einordnen und reflektieren
Indikatoren (exemplarisch)	... kann • Situationen und Phänomene aus verschiedenen vorgegeben Perspektiven beschreiben • sprachliche Variationen erproben • die sprachliche Gestaltung der Beschreibung optimieren	... kann • dem Sachverhalt angemessene Beobachtungs- und Beschreibungskategorien entwickeln und verwenden • die Wahl der Kategorien begründen	... kann • lebensweltliche Erfahrungen in die Interpretation einbringen • sich affektiver Elemente im Prozess der Wahrnehmung bewusst werden und diese reflektieren	... kann • die eigene Wahrnehmung relativieren • die eigene Interpretation anhand wissenschaftlicher, gesellschaftlicher und kultureller Kenntnisse überprüfen, modifizieren und ergänzen	... kann • die Perspektivität von Wahrnehmung erkennen • beobachten und beschreiben, wie eigene Erfahrungen und Vorwissen die Wahrnehmung beeinflussen • beobachten, wie Erwartungen die Wahrnehmung beeinflussen	... kann • die Pluralität von Wahrnehmung erkennen • die Wahrnehmung als von religiösen, kulturellen, historischen, sprachlichen und geschlechtlichen Voraussetzungen abhängig erkennen • kann andere Wahrnehmungen respektieren

Tabelle 20: Kompetenzraster Wahrnehmungskompetenz

11.2. Perspektivübernahme

> „Die Perspektive anderer einzunehmen ist der Beginn des Verständnisses ihrer Gefühle und Emotionen ebenso wie ihrer Motive und Handlungen."[1]

Perspektivübernahme als Auseinandersetzung mit anderen Denkkontexten
Der Ausdruck Perspektivenübernahme signalisiert ein Hereinnehmen der Perspektive einer anderen Person und ihre Koordination mit der eigenen Sichtweise. Dieses Sichhineindenken hat Einfluss auf das eigene Handeln und bewirkt, dass Menschen ihre Beziehungen auf gegenseitige Einsicht gründen. „Man spricht von Perspektivenübernahme, wenn es darum geht, psychische Zustände und Prozesse, wie etwa das Denken, Fühlen und Wollen einer anderen Person zu verstehen, indem die Situationsgebundenheit des Handelns (bildlich also: ihre Perspektive) erkannt und entsprechende Schlussfolgerungen gezogen werden."[2] Perspektivübernahme basiert nicht nur auf einer rein quantitativen Zunahme von Wissen, sondern bedeutet einen qualitativen Wandel darin, wie ein Mensch das Verständnis der eigenen Perspektive und der anderer strukturiert. Diese Fähigkeit ist bereits von jüngster Kindheit an erlernbar und verläuft von einer Strukturstufe, in der das Kind nur einen Gesichtspunkt einnehmen kann, zu einer Stufe, in der es den eigenen Gesichtspunkt in Zusammenhang mit anderen sehen kann. Parallel dazu vollzieht sich ein Wandel in der Persönlichkeitsentwicklung und in der Befähigung zu sozialen Beziehungen.[3]
Mit Hilfe von Dilemmata und basierend auf Kohlbergs Stufenschema der moralischen Entwicklung[4] hat Robert Selman ein Stufenmodell der Perspektivenübernahme für die Kindheit und das Jugendalter entwickelt.[5] Selman beschränkt seine Untersuchungen auf die Lebensspanne von Kindheit und Jugendalter. Er zeigt die Entwicklung der Fähigkeit, die Perspektive eines konkreten anderen nachzuvollziehen hin zur Möglichkeit, eine Gruppenperspektive einzunehmen, auf. Die Fähigkeit zur Perspektivenübernahme kann jedoch auf einer höheren Ebene auch helfen, etwas über sich selbst in Erfahrung zu bringen, indem ein gegenüber sich selbst distanzierter Blick eingenommen wird. Die Selbstdistanzierung kann dazu dienen, durch das Bewusstmachen des eigenen blinden Flecks zu vertiefter Selbsterkenntnis zu gelangen.[6] Durch den Wechsel von der eigenen zu mehreren anderen Perspektiven, die sowohl intra- als auch interkulturell sein können, werden komplexere Wahrnehmungen ermöglicht. Sie helfen, den Horizont zu erweitern und einen „höheren Überblicksstandpunkt"[7] einzunehmen. Mehrperspektivität ermöglicht einen Erkenntnisgewinn. Perspektivität

---
[1] Selman, Robert L. (1982), S. 246
[2] Silbereisen, Rainer K. (1987), S. 706
[3] vgl. Selman, Robert L. (1982), S. 226
[4] vgl. Kap. 13.2.
[5] Selman, Robert L. (1982), S. 228 - 238
[6] vgl. Münnix, Gabriele (2002), S. 1174f.
[7] ebd., S. 1175

ist somit eine grundlegende Bedingung von Reflexion.[8] Auf sie kann besonders gut in den Fächern der Fächergruppe Ethik/ Philosophie eingegangen werden, da sie per se eingeschränkte Perspektiven verlassen und im Streben nach Erkenntnis über das Allgemeine hinausgehen.
Doch wie kann es überhaupt möglich sein, die Perspektive eines anderen einzunehmen? Wie kann ich wissen, was andere Menschen denken und welche Handlungsmotive sie leiten? Thomas Nagel führt seine Einwände am Beispiel einer Fledermaus aus.[9] Auch wenn wir hirnphysiologische Prozesse anderer Wesen objektiv beschreiben können, ist uns deren Subjektivität nicht aus der Innensicht zugänglich, sondern nur aus der Außensicht. „Wir können nicht wissen, wie es ist, eine Fledermaus (oder ein anderes Individuum) zu *sein*: Ein andere Sinnesausstattung macht dies für uns prinzipiell unerfahrbar."[10] Dies gilt auch für Wahrnehmungen innerhalb einer Art. Unterschiedliche Wahrnehmungstypen und konstruktivistische Erkenntnisse veranschaulichen dies. Eine vollständige Perspektivenübernahme ist also nicht möglich. Wie aber kann man sich der Perspektive des anderen möglichst gut annähern? Der Übergang von einer Ausprägung der Person zu einer anderen scheint möglich durch sich überschneidende Gemeinsamkeiten. Je größer diese Schnittmengen, desto tiefer das Verständnis. So erkennt man Fremdes im Eigenen und Eigenes im Fremden. Das Fremde wird auf diese Weise nicht immer nur außerhalb und als Bedrohung der eigenen Identität erlebt. „Auf der Basis gemeinsamer Erfahrungen erscheinen also doch Übergänge von Mensch zu Mensch und von Kultur zu Kultur möglich, auch wenn völliges ‚Erfassen' vielleicht eine Fiktion bleiben wird."[11]
Die Fähigkeit zur Perspektivenübernahme ist die Voraussetzung für verschiedene andere Fähigkeiten.[12] Sie wird benötigt, um soziale Interaktionsprobleme zu bewältigen und dient der Kommunikation und Überzeugung. Weiterhin bildet sie die Voraussetzung für das Verständnis von den Gefühlen anderer (Sympathie, Empathie) sowie von Fairness und Gerechtigkeit. Schließlich ist sie die Grundlage für die Entwicklung des moralischen Urteilens und Argumentierens und die Basis sozialer Handlungsfähigkeit. „Begrifflich kann Perspektivenübernahme beschrieben werden als eine Form sozialer Kognition, die zwischen logischem und moralischem Denken steht." [13]
Soziales Handeln ist unmittelbar von der Fähigkeit zur Perspektivenübernahme abhängig. Um uns in unseren Handlungen zu orientieren, müssen wir uns ein Bild vom anderen und seinen Absichten machen, wir müssen einschätzen können, wie unser eigenes Handeln wirkt und beurteilt wird.[14] Sichtbares Verhalten bietet wichtige Hinweise, aber keine hinreichende Basis für die Erkenntnis der

---

[8] vgl. Münnix, Gabriele (2004), S. 184ff.
[9] Nagel, Thomas (1974)
[10] Münnix, Gabriele (2002), S. 1175
[11] Münnix, Gabriele (2002), S. 1177
[12] im Folgenden nach: Münnix, Gabriele (2004)., S. 227
[13] ebd., S. 239
[14] vgl. Geulen, Dieter (1982), S, 48ff.

Handlungsorientierung des anderen, da sie sich vor allem auf künftige und daher nicht wahrnehmbare Handlungen richtet.[15] Die Einschätzung des anderen ist kein Wissen, sondern kann immer nur eine begründete Annahme sein, die sich aufgrund verschiedener gegebener Informationen konstruieren und zuschreiben lässt. Perspektivenübernahme begegnet diesen Problemen, indem sie das Verstehen des anderen von vornherein als „Rekonstruieren seiner Perspektive von der Situation"[16] her auffasst. Außer Informationen aus seinem sichtbaren Verhalten werden Informationen über die gemeinsame Situation und die Stellung der Beteiligten in dieser verarbeitet. Diese Informationen sind ohne weiteres zugänglich. Gegebene Daten werden also umstrukturiert und interpretiert, um daraus Erkenntnisse für die eigene Handlungsorientierung ableiten zu können. Vorverständnis und Vorwissen gehen dabei in unsere Wahrnehmungen des anderen ein und „initiieren Deutungsprozesse"[17].

Die folgende Grafik zeigt noch einmal das Verhältnis der verschiedenen Komponenten der Befähigung zum Perspektivwechsel.

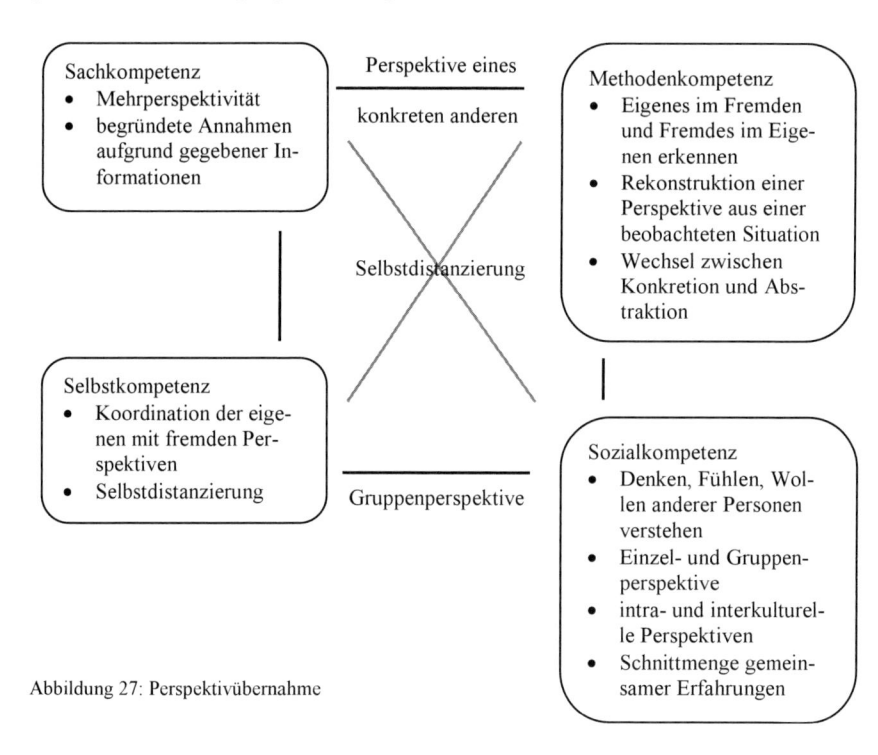

Sachkompetenz
- Mehrperspektivität
- begründete Annahmen aufgrund gegebener Informationen

Perspektive eines konkreten anderen

Methodenkompetenz
- Eigenes im Fremden und Fremdes im Eigenen erkennen
- Rekonstruktion einer Perspektive aus einer beobachteten Situation
- Wechsel zwischen Konkretion und Abstraktion

Selbstdistanzierung

Selbstkompetenz
- Koordination der eigenen mit fremden Perspektiven
- Selbstdistanzierung

Gruppenperspektive

Sozialkompetenz
- Denken, Fühlen, Wollen anderer Personen verstehen
- Einzel- und Gruppenperspektive
- intra- und interkulturelle Perspektiven
- Schnittmenge gemeinsamer Erfahrungen

Abbildung 27: Perspektivübernahme

---

[15] vgl. ebd., S. 51f.
[16] ebd., S. 53
[17] Münnix, Gabriele (2004), S. 1177

Perspektivübernahme als Kompetenz – Ergebnisse der Expertenbefragung

Das Training der Perspektivenübernahme erfordert einen Wechsel zwischen Konkretion und Abstraktion, zwischen allgemeinen Erkenntnissen und Beispielen. Der Unterricht muss so gestaltet werden, dass er multiperspektivische Ansätze bietet. Eine solche Unterrichtskonzeption ist besonders gut in der Lage, kognitive und affektive Dimensionen zu berücksichtigen.

Vergleichbare Einschätzungen haben auch die befragten Experten[18] vertreten, die der Perspektivübernahme hohe Werte in allen vier Kompetenzdimensionen zugewiesen haben. Sie schätzen diese Kompetenz allerdings entgegen der psychologischen Fachliteratur stärker im personal-sozialen als im methodisch-kognitiven Bereich verankert ein.[19] Da diese Kompetenz für das soziale Miteinander eminent wichtig ist, ist dies nachvollziehbar. Verhalten wird wesentlich davon bestimmt, wie ich mein Gegenüber wahrnehme, welche Reaktionen anderer ich auf meine Handlungsweisen erwarte. Um diese Wechselbeziehungen zu verstehen, werden aber auch große Anteile an Wissen über den Zusammenhang von Situation und Verhalten einer Person benötigt, um die Perspektivität einer Handlung nachvollziehen zu können. Das Antizipieren und sich Einstellen auf andere Menschen hängt wesentlich von diesem Wissen sowie den daraus resultierenden Handlungen ab. Die hohen kognitiven Anteile korrespondieren mit der Einschätzung, dass diese Kompetenz im Unterricht erlernbar sei. Dementsprechend erscheint auch die Umsetzung in Aufgabenstellungen problemlos. Die Messbarkeit wird in Korrespondenz zu den hohen sozialen Anteilen etwas kritischer gesehen, liegt aber mit einem Mittelwert von 3,0 (bei einem möglichen Maximum von 4) immer noch in einem sehr hohen Bereich.

Wie bei vielen anderen Kompetenzen auch erkennen die Experten in der empirischen Untersuchung zurecht, dass dies keine Fähigkeiten sind, die ausschließlich im Unterricht der Fächergruppe Ethik/ Philosophie erworben werden, doch liegt diese Kompetenz mit einem Mittelwert von 2,3 immer noch an fünfter Stelle der fachspezifischen Kompetenzen. Der fachspezifische Schwerpunkt wird durch die implizit in dieser Kompetenz liegende Fähigkeit zur Selbstdistanzierung sowie zum Abgleich von Selbst- und Fremdwahrnehmung gesetzt. Weiterhin enthält die Fähigkeit zur Perspektivenübernahme moralische Komponenten, die vor allem in der Fächergruppe Ethik/ Philosophie vermittelt und erworben werden können. Allerdings wird die Perspektivübernahme vor allem Ethik und verwandten Fächern zuerkannt. Für das Fach Philosophie erscheint diese Kompetenz den meisten befragten Experten weniger relevant. Zugleich wird jedoch mit 95% zugestanden, dass die Perspektivenübernahme eine Fertigkeit ist, die für alle Schulstufen bedeutsam ist.

Die in der Untersuchung befragten Lehrkräfte fühlen sich durchschnittlich befähigt, den Kompetenzstand ihrer Schüler/innen in dieser Kompetenz zu diagnos-

---

[18] vgl. auch Kap. 8
[19] vgl. auch Abbildung 10

tizieren (3,2 bei einem möglichen Maximum von 4), zu vermitteln (3,3) und zu bewerten (3,1). Der Ausbildungsstand zeichnet sich durch eine große Bandbreite aus. Viele Experten sind bereits während des Studiums mit dieser Kompetenz in Berührung gekommen, eine größere Zahl hat sich in Fort- und Weiterbildung Wissen angeeignet. Diese Befunde unterstützen die Einschätzung der Relevanz, die dieser Kompetenz zugeschrieben wird und deren Notwendigkeit sich im Unterrichtsalltag zur Förderung sozialen Verhaltens erweist. Gerade die heterogene Schülerschaft macht es unabdingbar erforderlich, sich in die Perspektive anderer, vor allem vor dem Hintergrund verschiedener kultureller Horizonte, versetzen zu können, um andere Verhaltensweisen einordnen und nachvollziehen zu können.

Kompetenzraster Perspektivübernahme

Robert Selman hat in vielen Untersuchungen, basierend auf Kohlbergs Erkenntnissen, ein Stufenmodell der Perspektivübernahme vom Kleinkind- bis ins Jugendalter entwickelt. Das Kompetenzraster Perspektivübernahme gliedert sich in die drei Niveaustufen *Perspektive eines konkreten anderen*, *Gruppenperspektive* und *Selbstdistanzierung*. Es wurde in Anlehnung an die empirischen Befunde Robert Selmans entwickelt, beginnt allerdings erst bei Selmans Stufe II, der selbstreflexiven Perspektivübernahme, denn diese wird im Alter von 8 bis zehn Jahren angesetzt, einem Alter, in dem Schüler/innen auf weiterführende Schulen wechseln.[20]

Auf der ersten Stufe, der *Perspektive eines konkreten anderen*, müssen die Kinder lernen, unterschiedliches Verhalten einzelner Personen differenziert wahrzunehmen und zu erklären. (A1) Die von Selman festgelegte Stufe II wird aus Gründen der Vermittlung dazu in zwei Niveaus unterteilt. Zunächst müssen die Schüler/innen erkennen, dass alles Verhalten individuell ist und diese Perspektivität ihre Ursache in Erfahrungen hat, die zwischen den Menschen differieren. Zugleich muss ihnen bewusst werden, dass mit der Feststellung der Divergenz zunächst keine Wertung verbunden ist.

Die Perspektivität der anderen macht ihnen im nächsten Schritt plausibel, wie und warum andere auf das eigene Verhalten reagieren. (A2) Die Reaktionen lassen sich nun im Vorfeld antizipieren und das eigene Handeln lässt sich daran ausrichten. Reaktionen anderer können kognitiv ohne Durchführung der Handlung erfasst und reflektiert werden. Fehlverhalten lässt sich so vermeiden, erwünschte Handlungsweisen initiieren. Die ersten beiden Stufen bewegen sich auf der Paarebene. Eine größere Anzahl von Personen in den Blick zu nehmen, ist noch nicht möglich. Es geht immer um einen konkreten anderen in einer konkreten Situation.

Auf dem Niveau *Gruppenperspektive* erweitert sich der Horizont. Die Schüler/innen sind nun in der Lage, einen Sachverhalt aus verschiedenen Perspekti-

---

[20] Selman, Robert L. (1982)

ven zu betrachten. (B1) Sie können Situationen, auch wenn sie nicht selbst erlebt wurden, aus der reflektierenden Distanz betrachten und das Auftreten der beteiligten Personen erläutern. Zunehmend erkennen sie, dass eine Haltung durch Normen einer Gruppe geprägt wird. (B2) Sie können die Regeln und Konventionen, die die Gruppe leiten, erkennen und sich ihnen anschließen. Gruppennormen werden zur Richtschnur für eigenes Auftreten und zum Beurteilungsmaßstab eigener und fremder Handlungsweisen. So lassen sich auch in der Vergangenheit liegende Einstellungen und Verhaltensweisen erklären und verstehen. Aus der Betrachtung dieser Situationen können, wenn auch zumeist unbewusst, Lernprozesse für eigenes Verhalten abgeleitet werden.

Auf einem noch höher entwickelten Niveau ist das Einnehmen einer *selbstdistanzierten* Perspektive möglich. Den Jugendlichen sollte es nun gelingen, sich aus der Perspektive anderer zu betrachten und ihre Selbst- und Fremdwahrnehmung abzugleichen. (C1) Der blinde Fleck der Selbsterkenntnis kann eingegrenzt und verringert werden. Prozesse, die vorher noch unbewusst abliefen, werden nun bewusst nachvollzogen und beurteilt.

Die höchste Kompetenz erlangt, wer in der Lage ist, einen Standpunkt der Unparteilichkeit einzunehmen. (C2) Mit dem Ziel des Erkenntnisgewinns kann die eigene Perspektive auf diesem Niveau erläutert, mit anderen abgeglichen, modifiziert und durch einen Standpunkt der Multiperspektivität der Horizont erweitert werden.

Einen zusammenhängenden Überblick über die Entwicklung der Perspektivübernahme gibt das folgende Kompetenzraster, das durch Musteraufgaben[21] veranschaulicht wird.

---

[21] vgl. beiliegende CD

Perspektivübernahme | 189

Die Schülerin/ der Schüler ...

	A1	A2	B1	B2	C1	C2
	\multicolumn{2}{}{Perspektive eines konkreten anderen}		\multicolumn{2}{}{Gruppenperspektive}		\multicolumn{2}{}{Selbstdistanzierung}
Perspektivübernahme: Sich mit einem anderen Denkkontext auseinandersetzen und die eigene Position kritisch reflektieren.	... kann die Subjektivität von Perspektiven erkennen.	... kann die Reaktionen der anderen auf eigenes Handeln antizipieren.	... kann gedanklich aus einer Situation heraustreten und diese beurteilen. Dabei kann sie/ er sich in verschiedene an der Situation beteiligte Personen hineinversetzen.	... kann die Perspektive einer sozialen Bezugsgruppe und ihrer Normen übernehmen und so angemessen verstehen und kommunizieren.	... kann sich selbst aus der Perspektive anderer betrachten und die persönliche Selbstwahrnehmung bei Bedarf modifizieren	... kann einen Erkenntnisgegenstand aus verschiedenen Perspektiven beleuchten, sich mit anderen über die Erkenntnisse austauschen, sie bei Bedarf modifizieren.
Indikatoren (exemplarisch)	... kann • Perspektiven unterscheiden und erläutern • erkennen und erläutern, dass Menschen unterschiedlich denken, fühlen und handeln, weil jeder eigenen Wertvorstellungen und Absichten folgt • erkennen und beschreiben, dass Perspektiven von Voraussetzungen wie Alter, Geschlecht, Erfahrung abhängen	... kann • begründet die Reaktionen der Mitmenschen mit dem eigenen Handeln in Verbindung bringen • im Vorfeld einer Handlung die Reaktion der Umwelt antizipieren und die eigene Handlung daran ausrichten	... kann • eine Situation aus verschiedenen Perspektiven beleuchten • sich gedanklich in verschiedene Personen hineinversetzen • das Verhalten einer Person erläutern und beurteilen • die Folgen eigenen und fremden Handelns für sich und andere differenziert bewerten	... kann • sich begründet einer Gruppenperspektive anschließen • begründet die Regeln und Konventionen einer Gruppe übernehmen • das Verhalten anderer auf Gruppennormen zurückführen und erläutern • eigenes und fremdes Verhalten auf der Basis von Gruppennormen erklären und begründet beurteilen	... kann • begründet reflektieren, wie sie/ er auf andere wirkt • sich aus einer Fremdperspektive beschreiben • Reaktionen anderer auf eigenes Verhalten antizipieren • das eigene Rollenverhalten begründet reflektieren	... kann • einen Sachverhalt aus verschiedenen Perspektiven betrachten und dabei einen Standpunkt der Unparteilichkeit einnehmen • die eigene Perspektive erläutern • die eigene Perspektive begründet modifizieren • ein begründetes Urteil fällen

Tabelle 21: Kompetenzraster Perspektivübernahme

11.3. Empathie

„Die Erlebniswelt einer anderen Person kennenlernen zu wollen: das verlangt Behutsamkeit, Achtsamkeit, Zurückhaltung, um nicht Eindringling zu werden. Aber auch Neugierde, die Freude, eingeladen zu werden in eine Wahrnehmungswelt, die nicht die eigene ist."[1]

Empathie als monologische und dialogische Befähigung

Die Empathiefähigkeit ist unter den sechzehn für die Fächergruppe Ethik/ Philosophie erarbeiteten Kompetenzen eine der umstrittensten Befähigungen, die von den Experten in mehrfacher Hinsicht skeptisch eingeschätzt wird. Bevor auf diese Ergebnisse der Expertenbefragung im Einzelnen eingegangen wird, erfolgt zunächst eine Klärung dessen, was unter Empathie als Kompetenz verstanden werden soll.

Empathie ist eine „stellvertretende emotional-mitfühlende Reaktion gegenüber einer anderen Person"[2] und damit eine entscheidende motivationale Basis für moralisches Handeln. Drei Komponenten bilden gemeinsam die Fähigkeit zu empathischen Handlungsweisen. Eine empathische Reaktion gegenüber dem Leiden anderer wird durch affektauslösende, kognitive und motivationale Aspekte erzeugt.[3] Die Empathieerregung wird durch verschiedene Reize ausgelöst[4]: Der Schlüsselreiz des Schmerzes oder der Freude, die von einer anderen Person ausgehen, rufen beim Beobachter Assoziationen in der Vergangenheit selbst erlebter Gefühle hervor und wecken eine empathische Reaktion. Weiterhin wird Empathie durch die Vorstellung, dass die auf andere einwirkenden Ereignisse selbst erfahren werden könnten, erweckt. Diese Empathieauslösung umfasst kognitive Anteile, denn durch eine kognitive Rekonstruktion der Ereignisse ist eine bewusste Kontrolle der Gefühle möglich.

Bereits bei kleinen Kindern entwickelt sich die Empathiefähigkeit.[5] Während Kinder im ersten Lebensjahr noch nicht die Möglichkeit haben, zwischen sich und anderen zu unterscheiden und demzufolge nicht registrieren, wer das wahrgenommene Leid erfährt, entfaltet sich im zweiten Lebensjahr durch die Herausbildung eines Begriffs vom anderen als von einem von sich selbst unabhängigen Wesen das Bewusstsein, dass der andere leidet, nicht man selbst. Im Alter von zwei bis drei Jahren entsteht Klarheit darüber, dass die Gefühle und Gedanken anderer von den eigenen divergieren. Das Kind wird aufmerksamer für die Signale der anderen, es kann in diesem Alter einfache Zeichen des Glücks oder der Freude erkennen. Erst in der späten Kindheit bzw. der frühen Adoleszenz werden andere Menschen als Personen mit eigener Geschichte und Identität ver-

---

[1] Emme, Martina (1996), S. 9
[2] Hoffmann, Martin (1979), S. 253
[3] vgl. ebd., S. 254
[4] vgl. Hoffmann, Martin (1979), S. 254ff.
[5] im Folgenden nach: ebd., S. 255-258

ständlich. Das Kind nimmt nun wahr, dass andere Freude und Schmerz nicht nur in verschiedenen Situationen, sondern abhängig vom Kontext ihrer Lebenserfahrungen empfinden. Das Kind „[...] kann nun nicht nur auf ihr vorübergehendes, situationsspezifisches Leiden, sondern auch auf ihre vermutete allgemeine Befindlichkeit reagieren."[6] Im weiteren Verlauf der Entwicklung wird dieses Verständnis erweitert und auf ganze Gruppen von Menschen, z.B. Unterdrückte, Unterprivilegierte oder Behinderte ausgedehnt. Diese Befähigung besitzt zwar einen affektiven Kern, bewegt sich aber auf einem hohen kognitiven Niveau. Dieser kognitive Anteil ist die Voraussetzung für eine generalisierte Fähigkeit zu empathischem Leiden.

Die Entwicklung der Empathiefähigkeit schreitet über das empathische, quasi egoistische Leiden zum sympathetischen Leiden voran. Während zu Beginn das Leiden eines anderen bei einem selbst Unwohlsein und Kummer erzeugt und der Wunsch nach Hilfe damit verbunden ist, sich selbst von diesem empathischen Mitleiden zu befreien, hat der sympathetisch Mitleidende vorrangig das Bedürfnis, das Leid des anderen unabhängig von den eigenen Empfindungen zu mindern. Das Hauptziel besteht darin, dem anderen zu helfen, nicht sich selbst. Das „Belohnungspotential"[7] hängt von der Linderung des Leidens des anderen ab.

Wenn ein Mensch empathisch auf einen leidenden Mitmenschen reagiert, wenn er sich selbst als Verursacher von dessen Leiden erkennt, führt dies zum Erleben von Schuld. Das Bewusstsein, jemanden verletzt zu haben und die Erkenntnis, nichts getan zu haben, um das Leiden des anderen zu mindern, obwohl man dazu in der Lage gewesen wäre und deshalb möglicherweise für das Fortdauern des Leides verantwortlich ist, erzeugen Schuldgefühle. Diese Form antizipatorischer Schuld erfordert hohe kognitive Fähigkeiten. Sich über eine nicht vollzogene Handlung auch die darauf wahrscheinlich erfolgende Leidensreaktion des anderen zu vergegenwärtigen, ist mit einem hohen Abstraktionsvermögen verbunden. Schuld wegen Unterlassung ist eine Konsequenz sympathetischen Leidens.

Wir nehmen nicht nur wahr, dass andere Lebewesen über ein Bewusstsein verfügen, sondern in gewissem Sinne auch das, was in ihnen vorgeht. Es stellt sich die Frage, inwieweit reflektiertes Wissen überhaupt für empathisches Erleben relevant ist. Kann man nicht auch am Gefühl einer anderen Person teilnehmen, ohne darüber zu reflektieren und verbal Auskunft zu geben? Voraussetzung für das Verständnis ist, dass man über die Situation hinausblickt und die Lebensumstände und das Lebensumfeld mit betrachtet. Je besser man jemanden kennt, desto sicherer kann man das Verhalten interpretieren. Oft sehen wir nur einen abstrakten Menschen, ohne auf das Individuum zu achten. „Die Wahrnehmung dieser Einzigartigkeit aber ist eine Voraussetzung für die Anteilnahme an die-

---

[6] ebd., S. 257
[7] ebd., S. 262

sem Schicksal."[8] Wenn ich den anderen in seiner Einzigartigkeit wahrnehme, dann nehme ich auch Anteil an seinem Schicksal, seinen Empfindungen.
In all den beschriebenen Entwicklungsstadien der Empathie ist diese Fähigkeit eine monologische. Das Mitleiden bewegt sich auf der subjektiven Ebene, es muss nicht kommuniziert werden, aber im günstigsten Fall wird es in Handlungen umgesetzt. Diese Verhaltensweise setzt voraus, dass ich als Beobachter Empfindungen wahrnehme, die ich teilen und annehmen kann. Was aber, wenn ich auf Empfindungen stoße, die Unverständnis auslösen, die mich sogar abstoßen? Hier setzt Martina Emme an, die Empathie als konsequent dialogisch versteht.[9] Empathie, so definiert, will etwas verstehen, was auf den ersten Blick unverständlich und fremd ist. Sie möchte über die Einfühlung die Haltung einer anderen Person und deren Weltsicht kennen lernen. Durch das Überschreiten der Grenzen des eigenen Erfahrungshorizonts wird sich der Denk- und Erlebniswelt eines anderen mit dem Ziel angenähert, die Sicht des anderen kennen zu lernen, die Welt mit seinen Augen zu sehen.
Emme unternimmt den Versuch, bei Empathie den Begriff Macht mitzudenken, den sie durch den Begriff „gesellschaftliche Trennlinien"[10] ersetzt. Sie fragt: „Ist ein Verständigungsversuch denkbar, der das Machtgefälle und die realen Unterschiede zwischen den Beteiligten nicht leugnet, sondern von ihnen ausgeht?"[11] Sie entwickelt ein dialogisches Empathieverständnis, dem sie eine moralische Dimension zuschreibt.[12] Diese Befähigung entspricht weitgehend dem Perspektivwechsel, der durch das sich in die Situation eines anderen Hineindenken eng an kognitive Prozesse gebunden ist. Die dialogische Empathiefähigkeit integriert affektive Elemente in diesen kognitiven Prozess. „Nicht über den Weg der *Gedanken* – mittels einer Vorstellung oder Phantasie –, nicht über den Weg der Gefühle im Sinne eines (monologisch-gedachten) Einfühlens, sondern als *Erlebnis* erfährt das ‚Ich' die Situation zugleich von der des ‚Du' aus. Das ‚Ich' *erfährt* die gemeinsame Situation von der Gegenseite aus." [13]
Emme stellt die Frage angesichts der Ereignisse des Holocaust, ob überhaupt und unter welchen Bedingungen Empathie in extremster Feindseligkeit existieren kann.[14] Wenn Empathie als dialogisches, aber nicht harmonisierendes Empathieverständnis verstanden wird, als der Versuch, verstehen zu wollen, was auf den ersten Blick unverständlich und fremd erscheint, hält sie dies für möglich. „Empathie meint, sich zu öffnen für eine Perspektive auf die Welt, die nicht die eigene ist. Sie ist gebunden an eine Haltung, die sich der Denk- und Erfahrungswelt eines Gegenübers annähern, nicht aber diese in Besitz nehmen will."[15]

---

[8] Hauskeller, Michael (2003a), S. 164
[9] vgl. Emme, Martina (1996), S. 9
[10] ebd., S. 12
[11] ebd., S. 13
[12] vgl. ebd., S. 15
[13] ebd., S. 35
[14] vgl. ebd., S. 218
[15] ebd., S. 356

Empathie, so verstanden, weicht dem Dissens nicht aus, ist kein „harmonizistisches Konsensmodell"[16]. Emme versteht Empathie unter diesen extremen Bedingungen als die Bereitschaft, sich für die Unterschiede zu interessieren, sie wahrzunehmen und auszuhalten, aber auch die Offenheit, sich irritieren zu lassen, wenn die Unterschiede zur eigenen Denkwelt zu groß sind. Verstehenwollen bedeutet nicht zustimmen. „Ein Versuch, den Feind zu verstehen, heißt nicht, ihn oder seine Taten zu entschuldigen; *hinter seine Person* zu kommen ist nicht gleichbedeutend mit moralischer Neutralität."[17] Diese Haltung ist verbunden mit dem Mut zur Konfrontation. Voraussetzung ist eine Atmosphäre der Offenheit.

Im folgenden Schaubild werden überblicksartig alle relevanten Komponenten der Empathie in ihrem Verhältnis zueinander dargestellt.

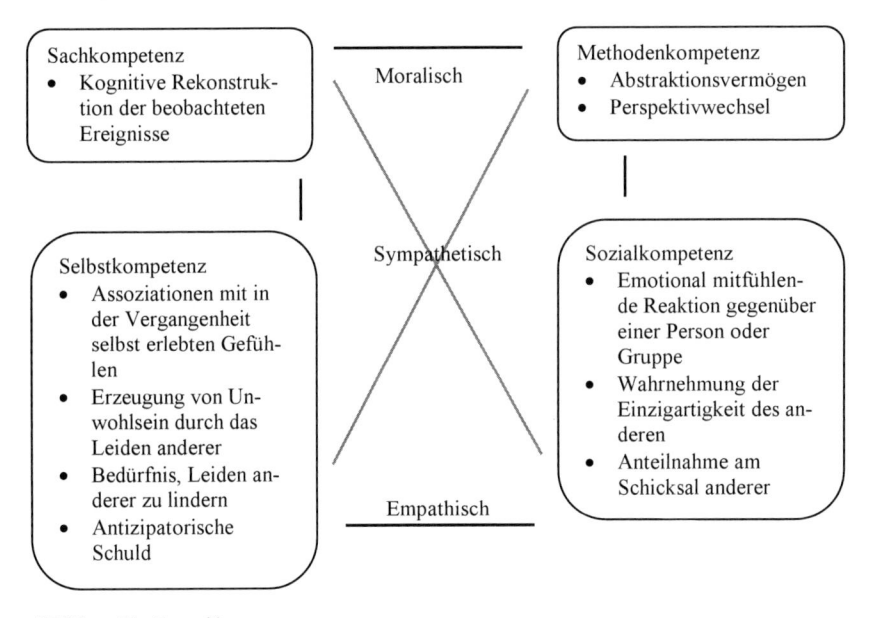

Sachkompetenz • Kognitive Rekonstruktion der beobachteten Ereignisse	Moralisch	Methodenkompetenz • Abstraktionsvermögen • Perspektivwechsel
Selbstkompetenz • Assoziationen mit in der Vergangenheit selbst erlebten Gefühlen • Erzeugung von Unwohlsein durch das Leiden anderer • Bedürfnis, Leiden anderer zu lindern • Antizipatorische Schuld	Sympathetisch Empathisch	Sozialkompetenz • Emotional mitfühlende Reaktion gegenüber einer Person oder Gruppe • Wahrnehmung der Einzigartigkeit des anderen • Anteilnahme am Schicksal anderer

Abbildung 28: Empathie

Empathie als Kompetenz – Ergebnisse der Expertenbefragung
Die Empathie ist in mehrfacher Hinsicht eine der umstrittensten Kompetenzen und erzielte bei den in dieser Untersuchung befragten Experten zu vielen Fragen die geringsten Werte[18]. Dies hängt sicherlich damit zusammen, dass dieser

---

[16] ebd., S. 355
[17] ebd.
[18] vgl. auch Kap. 8

Kompetenz von allen Kompetenzen mit Abstand die geringsten Werte an Sach- und Methodenkompetenz zugesprochen werden.[19] Bei keiner anderen Kompetenz sind so große Unterschiede zwischen den kognitiven und den persönlichen Anteilen festzustellen. 50% der Befragten sehen keine oder nur geringe Anteile an Sachkompetenz. Entsprechend gering werden auch die Erlernbarkeit und die Überprüfbarkeit des Kompetenzzuwachses eingeschätzt. Schule wird nicht als der Ort wahrgenommen, an dem an der Persönlichkeitsbildung gearbeitet wird, sondern eher als Institution, die für die Vermittlung kognitiver Fähigkeiten zuständig ist. Dementsprechend fällt auch die Einschätzung der Befragten, dass es sich bei der Empathie um eine fachspezifische Kompetenz handelt, mit einem Mittelwert von 2,3 bei einem möglichen Maximum von 4 sehr gering aus. Dieser Einschätzung ist sicherlich zuzustimmen, wenn man Empathie nur als monologische Qualifikation einordnet. Weitet man aber das Spektrum in den Bereich des Dialogischen und Moralischen aus, erhält diese Kompetenz eine spezifisch ethische Dimension. Sympathetisches und moralisches Einfühlen erfordern nicht nur persönliche und soziale Kompetenzen. Das Antizipieren der Gefühle und Handlungen anderer ist eine kognitive Leistung. Das Ableiten sozialer Handlungen aus wahrgenommenen und antizipierten Empfindungen ist ohne Sachkompetenz nicht denkbar, will es nicht auf der Ebene der reinen Betroffenheit verbleiben. Ebenso können Differenzerfahrungen nur durch die Vermittlung von Fachwissen und Emotionen empfunden und reflektiert werden.

Erstaunlich bei aller Skepsis, die die hinzugezogenen Experten der Empathiefähigkeit entgegenbringen, ist es, dass sie doch relativ einhellig der Überzeugung sind, die Vermittlung dieser Kompetenz sei problemlos mit Hilfe von Aufgabenstellungen zu bewältigen (Mittelwert 3,3). Weiterhin wird diese Kompetenz mit 95,1% als für alle Fächer und mit 92,7% als für alle Schulstufen relevant und generell mit einem Mittelwert von 3,7 (bei einem erreichbaren Maximum von 4) als bedeutsam angesehen. Dies sind insgesamt relativ widersprüchliche Ergebnisse, zeigen sie doch zum einen, dass auch die Persönlichkeitsbildung im Ethik- und Philosophieunterricht nach Ansicht der fachdidaktischen Experten in allen Jahrgangsstufen einen wichtigen Platz einnimmt, zugleich aber die gängigen Formen der Leistungsüberprüfung als ungeeignet angesehen werden, den Kompetenzzuwachs zu messen. Diese Deutung der Ergebnisse korreliert mit der Selbsteinschätzung der Befragten im Hinblick auf ihre diagnostischen und vermittelnden Fähigkeiten. Die in der empirischen Untersuchung befragten Experten beurteilen sich nur sehr eingeschränkt als kompetent. Die Empathie steht damit an vorletzter Stelle in der Selbsteinschätzung. Auch hier wird die Bewertung als für die befragten Lehrkräfte besonders schwierig angesehen. Im Bereich der Diagnose herrscht eine etwas größere Sicherheit, die von der Routine in Fragen der Vermittlung noch ein wenig übertroffen wird. Betrachtet man die Ausbildungssituation, ist diese Unsicherheit nicht verwunderlich, fallen doch die

---

[19] vgl. auch Abbildung 10

Werte der Fort- und Weiterbildung im Unterschied zu den sehr niedrigen aus Studium und Ausbildung besonders hoch aus. Diese Werte machen wiederum, wie bereits bei den vorangehenden Kompetenzen, deutlich, dass der konkrete Unterrichtsalltag zusätzliche Qualifikationen der Lehrenden und Lernenden erfordert, auf die die Ausbildung nur bedingt vorbereitet. Die Unsicherheiten und die umfangreichen Weiterbildungsbemühungen signalisieren dies.

Kompetenzraster Empathie
Bei der Entwicklung des Kompetenzrasters zur Empathiefähigkeit wurden zum einen entwicklungspsychologische Erkenntnisse in die Konzeption integriert. Es wurde zugleich darauf geachtet, ausreichende Anteile an Sachkompetenz einzubinden, um die Vermittlung und Bewertung in der Schule möglich zu machen. Die Entwicklung der Empathiefähigkeit zeichnet sich durch einen zunehmenden Grad an Komplexität aus, der sich sowohl auf die Personen bzw. Personengruppen bezieht, deren Empfindungen nachvollzogen werden sollen, als auch auf den Umgang mit diesen Empfindungen.

Das Raster baut sich aus zwei monologischen und einem dialogischen Niveau auf. Die monologischen Niveaus gliedern sich in eine empathische und sympathetische Ebene. Auf der *empathischen* Ebene werden die Basisfähigkeiten erworben. In diesem Stadium der Kompetenzentwicklung sind zunächst vor allem persönliche und soziale Kompetenzen gefragt. Zunächst muss ein Kind in der Lage sein, sich in Gefühle hineinzuversetzen, die bereits selbst erlebt wurden (A1). Es muss lernen, Emotionen anderer korrekt zu interpretieren und das eigene Verhalten daran auszurichten. Erweitert wird diese Kompetenz dann um die Befähigung, auch Gefühle nach- und mitzuempfinden, die nicht selbst erlebt wurden (A2). Ein Mensch, der dazu befähigt ist, kann seine Handlungsweisen an den individuellen Bedürfnissen des Gegenübers ausrichten. Ist diese Basis gelegt, kann der Horizont auf eine *sympathetische* Ebene erweitert werden. Wurde zunächst nur auf das reagiert, was beobachtet werden konnte, erweitert sich nun das Blickfeld und ein Mensch ist fähig, im vorhinein Konsequenzen seiner Handlungen auf andere zu antizipieren und das eigene Verhalten daran zu orientieren (B1). Während diese Erweiterung zunächst auf einzelne Menschen oder kleine Gruppen bezogen ist, die sich in der eigenen oder einer vergleichbaren Situationen befinden, kann im folgenden Schritt der Blick auf soziale Gruppen gerichtet werden, deren Erleben nicht aus eigener Anschauung oder Betroffenheit bekannt ist (B2). Soziales Engagement wird auf dieser Ebene möglich.

Einfühlung ist zunächst meist nur auf die Menschen oder Gruppen bezogen, deren Emotionen oder Verhalten man nachvollziehen kann. Die Akzeptanz, sich auch um das Verständnis Andersdenkender oder sogar einer anderen Konfliktpartei zu bemühen, wird auf dem dritten, dem *moralischen* Niveau, erlangt. Es erfordert dialogische Fähigkeiten, denn die Einfühlung ist durch Beobachtung unter Umständen nur schwer möglich. Eine Haltung des Verstehenwollens gerade des Andersartigen ist die Grundlage (C1). Ausgebaut wird diese Stufe schließlich durch Mut zur Konfrontation, Aushalten von Dissens bei gleichzeitigem Bemühen um Verständigung (C2). In diesem Abschlussstadium ist die Bereitschaft vorhanden, sich dem anderen trotz Dissens anzunähern. Dies bedeutet nicht die selbstverständliche Akzeptanz und Toleranz des Andersartigen, aber die Offenheit, sich einzulassen, das Bemühen, die unterschiedlichen Perspektiven abzugleichen. Wissen über den anderen und Verständigung mit ihm sind die Voraussetzungen. Negative Emotionen können kognitiv kontrolliert werden.

Die Empathiefähigkeit dehnt im Verlauf der Entwicklung ihren Grad an Komplexität aus. Sie bewegt sich vom Eigenen zum Fremden, vom Einzelnen über die Gruppe zu gesellschaftlichen Gruppierungen, vom Bekannten und Akzeptierten zum Unbekannten und Abgelehnten, vom Wunsch nach Hilfe und Unterstützung zur Bereitschaft, die Konfrontation auszuhalten, von der reinen Emotion hin zum emotionalen und kognitiven Zugang.

Die Entwicklung der Empathiefähigkeit wird im folgenden Kompetenzraster und den Musteraufgaben[20] veranschaulicht.

---

[20] vgl. beiliegende CD

Empathie | 197

Die Schülerin/ der Schüler ...

	A1	A2	B1	B2	C1	C2
	Empathisch		Sympathetisch		Moralisch	
Empathiefähigkeit: Sich in die Situation und das Erleben anderer versetzen und ihre Handlungen, Gefühle und Entscheidungen nachvollziehen.	... kann sich in Gefühle anderer hineinversetzen, wenn diese Gefühle bereits selbst erlebt wurden.	... kann die individualtypische Andersartigkeit im Erleben von Gefühlen erkennen, reflektieren und akzeptieren.	... kann die Konsequenzen des eigenen Handelns und Unterlassens auf die Empfindungen anderer voraussehen.	... kann sich nicht nur in einzelne Personen, sondern auch in Gruppen von Menschen hin-ein versetzen (z.B. sozial Benachteiligte, Minderheiten).	... kann das Trennende in der Begegnung mit dem anderen wahrnehmen, es akzeptieren, sich um Verstehen bemühen.	... kann Möglichkeiten des Umgangs mit dem anderen trotz Unterschieden entwickeln.
Indikatoren (exemplarisch)	... kann • sich in bekannte Gefühle hineinversetzen und diese beschreiben • begründet eine Verbindung zwischen Erleben und Gefühl herstellen • helfen, indem sie/ er das für andere tut, was ihr/ ihm selbst gut tun würde.	... kann • Gefühle nachempfinden und beschreiben, auch wenn sie nicht selbst erlebt wurden • die Subjektivität von Gefühlen erkennen, beschreiben und begründen • Empfindungen vergleichen und erklären • Sachverhalte aus anderen Perspektiven schildern • ihr/ sein Mitgefühl den Bedürfnissen der anderen anpassen	... kann • emotionales Reagieren anderer auf eigenes Handeln antizipieren und erläutern • sich in die Situation und das Erleben anderer hineinversetzen und ihre Handlungen, Gefühle und Entscheidungen nachvollziehen	... kann • situationsbedingtes Leiden erfassen, beschreiben und erläutern • existentielle Betroffenheit aufgrund der Differenzerfahrung empfinden und daraus begründet konkrete Möglichkeiten der Hilfe ableiten	... kann • eine Haltung des Verstehenwollens entwickeln und es artikulieren • sich über die Denk- und Erfahrungswelt des anderen informieren • sich der Denk- und Erfahrungswelt des anderen aufgeschlossen annähern und sie erläutern	... kann • Raum schaffen, in dem Verständigung möglich ist • Dissens aushalten und die eigene Position begründet vertreten • negative Emotionen wahrnehmen, beschreiben und sich mit ihnen konstruktiv auseinander setzen • unterschiedliche Perspektiven vergleichen und bewerten

Tabelle 22: Kompetenzraster Empathie

11.4. Interkulturelle Kompetenz

„Identität bedarf des Fremden. Ent-fremdung, d.h. die Verbannung oder Ausmerzung des Fremden, bedeutet Identitätsverlust."[1]

Interkulturelle Kompetenz in der Begegnung mit dem Eigenen und dem Fremden

Interkulturelle Begegnungen zeichnen sich durch den Umgang mit dem Fremden aus. Fremdheit ist dabei nicht als Eigenschaft von Personen oder Dingen zu verstehen, sondern sie ist ein „Beziehungsmodus"[2], eine Art, in der wir „externen Phänomenen"[3] begegnen. Fremdheit drückt eine Relation zwischen zwei Personen oder Personengruppen aus. Dabei sind die im Deutschen als fremd bezeichneten Phänomene sehr verschieden. Fremdheit kann sich auf den Ort, den Besitz oder die Art beziehen.[4] Fremd ist zum einen, was sich außerhalb des eigenen Bereiches befindet oder was einem anderen gehört. Fremd ist aber auch, was von fremder Art, also fremdartig ist. Schäfer unterscheidet das Unbekannte, das Unvertraute und das Uneigene.[5] Das Unbekannte ist das in unserer Erfahrung mangels Wissen nicht Verfügbare, eine Leerstelle unserer Erfahrung. Wissen reicht oft nicht aus, diese Fremdheit zu überwinden, denn Wissen ohne Erfahrung erzeugt oft nur das Unvertraute. Langfristig jedoch ist die Fremdheit des Unbekannten und Unvertrauten durch Wissensvermittlung und Kontakt aufhebbar. Dies gilt nicht für das Uneigene, für das, was sich von mir abgrenzt. Es gewinnt seine Bedeutung immer in Beziehung zu mir. Es definiert mich durch das, was ich nicht bin. „Das Uneigene wird dadurch zum Fremden, als es zur Bestimmung meiner selbst definitiv nicht gehört."[6] Die Identität einer Person wird durch das bestimmt, was sie auszeichnet, aber auch durch das, was sie von anderen abgrenzt. „Eigenheit und Fremdheit sind also nicht unabhängig voneinander. Sie stehen in einem Bedingungsverhältnis. Insofern hat das Andere nicht nur Anspruch auf Existenz, sondern ist Voraussetzung von Eigenheit. Etwas wird dadurch fremd, dass es die Definition des Selbst in Frage stellt, es steht immer dem Eigenen entgegen, es geht aus Ein- und Ausgrenzung hervor. Das Fremde als das Uneigene tritt durch näheren Umgang besonders deutlich in seiner Fremdheit hervor. „Subjektwerdung geschieht im Durchgang durch das *Fremde*, in der Wahrnehmung des anderen, die ihn als *anderen* anerkennt, sowie in der Wahrnehmung der kulturellen Differenz."[7]

Von fremden Kulturen lernen schließt also die Deutung der eigenen Kultur ein. Wer sich bewusst den Wertvorstellungen, Glaubensüberzeugungen und kulturell

---

[1] Schäfer, Bernd (1993), S. 8
[2] Schäffter, Ottfried (2001), S. 12
[3] ebd.
[4] vgl. Waldenfels, Bernhard (1997), S. 20-22
[5] vgl. Schäfer, Bernd (1993), S. 3
[6] ebd.
[7] Biehl, Peter (1998), S. 27

bestimmten Lebensweisen anderer Menschen nähert, indem er bewusst die Vorprägungen der eigenen Wirklichkeitswahrnehmung reflektiert, vertieft damit zugleich das Wissen über die eigene Kultur.[8] Diese Identitätsbildung wird nicht nur durch Information und Wissen geprägt, sondern umfasst auch ein Beziehungsgeschehen, das durch Emotionen und Ängste beeinflusst ist. Unabdingbar für Identitätsbildung sind daher nicht nur Verständigungs-, sondern auch Entfremdungsprozesse, nicht nur die Betonung des Gemeinsamen, sondern auch des Trennenden. Identitätsbildung fordert immer auch Distanzierung vom Gegenüber, sie ist ein interaktiver Prozess mit Zustimmungen und Abgrenzungen von beiden Seiten.[9]

Diese Distanzierung kann auf sozialer oder kultureller Ebene geschehen. Sozial fremd ist, wer nicht zu einer sozialen Einheit oder Gruppe gehört. Diese Fremdheit entsteht durch Grenzziehung und Ausschluss, die als Selbst- und Fremdexklusion möglich ist.[10] Jede Distanzierung hat einen affektiven Charakter und ist mit einer negativen Bewertung verbunden. Als fremd gilt, was aus der kollektiven Sphäre ausgeschlossen ist, was nicht mit anderen geteilt wird. „Fremdheit bedeutet in diesem Sinne Nichtzugehörigkeit zu einem Wir."[11] Kulturelle Fremdheit dagegen zeichnet sich durch Konfrontation mit einer anderen Wirklichkeitsordnung aus. Die Störung von Vertrautheit erzeugt eine kognitive Distanziertheit. Damit verbunden ist nicht unbedingt eine negative Bewertung, sondern oft auch eine ambivalente oder positive Grundeinstellung, denn der Mangel an Verständnis kann durch Neugier und die Herausforderung zu neuem Verstehen ausgeglichen werden.[12] Lebensweltliche und kulturelle Fremdheit lassen sich auflösen durch Prozesse des Lernens und der Umgewöhnung, die ein Verständnis herbeiführen. Durch die Zunahme von Wissen schwindet jedoch nur die lebensweltlich-kulturelle, nicht aber die soziale Fremdheit.

Die Wahrnehmung des Fremden wird durch Kategorisierungen beeinflusst, deren Gebrauch kulturspezifisch variieren kann.[13] Diese Kategorisierungen sind abhängig von Umfeld, Erfahrung und Sozialisation. Kulturelle Denkmuster prägen unsere Wahrnehmung, denn Interpretations- sowie Denk- und Argumentationsformen sind kulturspezifisch geprägt. Sie ordnen die Fülle von Eindrücken und strukturieren, sie erleichtern das Wahrnehmen von Wiederkehrendem und das Reagieren auf Unbekanntes. Durch die Vereinfachungen, die sie vornehmen, werden Kategorisierungen zu Orientierungshilfen. Wahrgenommenes wird strukturiert, ergänzt und geglättet, damit es in unsere Kategorien passt. Der Gebrauch vorgefertigter Einteilungen kann uns aber auch hindern, Details wahrzunehmen, die nicht in die gebräuchliche Struktur passen. Dies kann auch für kul-

---

[8] vgl. Heimbrock, Hans-Günter (1998b), S. 112-118
[9] vgl. ebd. S. 122f.
[10] vgl. Waldenfels, Bernhard (1999), S. 90
[11] Waldenfels, Bernhard (1997), S. 22
[12] vgl. ebd., S. 91f.
[13] vgl. Apeltauer, Ernst (2000), S. 108ff.

turelle Unterschiede gelten. Was wir nicht kennen, nicht verstehen, nicht einordnen können, was durch das Raster des Vertrauten fällt, wird entweder gar nicht wahrgenommen oder aus Mangel an Verständnis als feindlich eingestuft. Die Folge ist, dass sich unsere Schablonen nicht nur auf unsere Wahrnehmungen und die Verarbeitung von Informationen, sondern auch auf unsere Gefühle und unsere Einstellungen zu anderen Menschen auswirken, denn sie sind meistens auch mit Bewertungen verbunden.[14] Oft haben wir sogar gerade über Dinge, die uns nicht bekannt sind, eine dezidierte Meinung. Leerräume der Erfahrung werden durch die Übernahme von Stereotypen und Vorurteilen, durch „vorgefertigte Beurteilungsmuster unserer Kommunikationsgemeinschaft"[15] gefüllt. Fehlurteile entstehen, wenn wir uns auf unvollständige und verzerrte Wahrnehmungen stützen oder Prämissen aus unserer Sozialisation ungeprüft übernehmen.

Welche Möglichkeiten der Annäherung und Verständigung kann es geben? Jede Kultur verfügt über verbale, nonverbale und parasprachliche Mittel der Verständigung.[16] Treffen zwei Kulturen aufeinander, gibt es Schnittmengen zwischen diesen Verständigungssystemen, die als Verständigungs-Brücken dienen, aber auch Missverständnisse erzeugen können, vor allem dann, wenn die Überschneidungen nur klein sind. Da nicht alle denkbaren Situationen im Vorhinein bedacht werden können, stellt Apeltauer die wichtige These auf, dass es interkulturelle Kompetenz für alle potentiellen Begegnungen nicht geben kann. Was aber kann durch interkulturelle Lernprozesse überhaupt erreicht werden? Wie kann man sich auf interkulturelle Begegnungen vorbereiten? Auernheimer formuliert als Leitmotive interkultureller Pädagogik „das Eintreten für die Gleichheit aller ungeachtet der Herkunft, die Haltung des Respekts für Andersheit, die Befähigung zum interkulturellen Verstehen, die Befähigung zum interkulturellen Dialog".[17] Dies wird möglich, wenn sich die einzelnen sozial und kulturell verorten, sich ins Verhältnis zu sich und zur Gesellschaft setzen. „Bildung bedeutet Selbstverständnis und Selbstpositionierung, Stellungnehmen, aber verbunden mit dem Offenhalten von Weltsichten durch die Bereitschaft, Erfahrungen neu zu interpretieren, im Dialog einen Perspektivenwechsel zu vollziehen. Entfremdung ist ein wesentliches Element des Bildungsprozesses, Multiperspektivität leitende Intention."[18]

Dass keiner frei ist von einem kulturellen Kontext, muss bewusst gemacht werden, denn Identität ist auch immer Gruppen- und kulturelle Identität. Dazu gehört der bewusste Umgang mit den kulturellen Symbolbeständen, also mit Religion, Sprache sowie das reflektierte Verhältnis zur Geschichte der eigenen Gruppe.[19]

---

[14] vgl. ebd., S. 115
[15] Schäfer, Bernd (1993), S. 4
[16] vgl. ebd., S 125-129
[17] Auernheimer, Georg (³2003), S. 121
[18] ebd., S. 67f.
[19] vgl. ebd., S. 70

Interkulturelles Lernen verläuft als stufenweiser Prozess, dessen Lernniveaus bisher nicht empirisch überprüft wurden.[20] Die Gefahr besteht, die Ziele zu hoch zu stecken, denn das interkulturelle Lernen ist abhängig von anderen Kompetenzen, der Wahrnehmungskompetenz, der Fähigkeit zur Perspektivenübernahme und zur Empathie. Dies muss bei der Planung von Lernprozessen berücksichtigt werden.

Verschiedene Autoren haben sich Gedanken über einen progressiven Verlauf interkultureller Kompetenzentwicklung gemacht und Ziele dieses Lernprozesses formuliert. Leenen und Grosch[21] gehen von der Erkenntnis der generellen Kulturgebundenheit aus. Die Konfrontation mit fremdkulturellen Mustern hilft zur Identifikation mit eigenen Kulturstandards. Ein erweitertes Deutungswissen über bestimmte Fremdkulturen mündet in Verständnis und Respekt für fremde Kulturen. Dadurch werden die eigenen kulturellen Optionen erweitert und letztendlich der Aufbau interkultureller Beziehungen sowie ein konstruktiver Umgang mit interkulturellen Konflikten ermöglicht.

Nieke verfolgt mit interkultureller Erziehung und Bildung zehn Zielsetzungen, die eine progressive Entwicklung darstellen.[22] Er bindet interkulturelle Bildung in den Horizont von Kultur, Allgemeinbildung, sozialem Lernen und politischer Bildung ein, geht damit also deutlich über die begrenzten Möglichkeiten der Schule hinaus. Offenheit, Kontaktbereitschaft, das Bemühen um Verständnis, Ernstnehmen sowie die Anerkennung des bzw. der anderen sind die Basis für das Erkennen von Stereotypisierungstendenzen, die Reflexion eigener Vorurteile und die Aufmerksamkeit für rassistische Strukturen. Wer diese Stufen erreicht hat, besitzt die Einsicht in die Kulturgebundenheit menschlichen Verhaltens generell, er kann sich eigenes Befremden eingestehen und mit Angst umgehen. Abgeschlossen wird der Lernprozess durch die Fähigkeit interkulturellen Verstehens und Kommunizierens im Bewusstsein um Machtasymmetrien und die Befähigung zum Dialog.

Münix[23] wiederum strebt für die interkulturelle Philosophiedidaktik das Verstehen und Verständnis des Andersartigen an, das nicht assimiliert, aber zugänglich gemacht wird. Wissen und Kenntnisse der nicht vertrauten anderen Denkformen führen zu Anerkennung und Achtung auch des Nichtverstandenen in seiner Andersartigkeit. Die Bereitschaft, immer neue Gemeinsamkeiten zu suchen und zu identifizieren, und das gemeinsame Bemühen um gemeinsame Erkenntnisgegenstände aus verschiedenen Perspektiven sind abhängig von der Bereitschaft zum Perspektivwechsel. Ein weiteres für sie elementares Ziel ist das Bemühen um Gerechtigkeit.

---

[20] vgl. ebd., S. 124
[21] Leenen, Wolf Rainer/ Grosch, Harald (1998), S. 40
[22] Nieke, Wolfgang (2000), S. 202ff.
[23] Münnix, Gabriele (2000), S. 171

Jagusch[24] schließlich konstatiert, dass der Prozess interkulturellen Lernens auf verschiedenen Ebenen stattfindet. Die Analysekompetenz, d.h. das Wissen über eigene und fremde Kulturen und Lebenssituationen reicht nicht aus. Wichtiger sind vielmehr die Aneignung von Basiskompetenzen des Umgangs miteinander und der eigenen Wahrnehmung der Jugendlichen. Dazu gehört die Handlungskompetenz als Ausbildung der Fähigkeit, eine Begegnung bezogen auf Sprache, Kommunikation, Teamfähigkeit und Konfliktfähigkeit bewusst gestalten zu können. Empathie und Ambiguitätstoleranz sind dazu essentiell. Denn „es ist nicht selbstverständlich, dass man im Umgang mit anderen Menschen Unsicherheit, Unwissen, Fremdheit oder Mehrdeutigkeiten aushalten kann, ohne sich entweder zurückzuziehen oder eine eigene – oftmals falsche – Interpretation des Nichtverstandenen vorzunehmen."[25] Interkulturelles Lernen muss Jugendlichen Mittel an die Hand geben, wie Konflikte konstruktiv gelöst werden und Dialoge auch bei Meinungsverschiedenheiten aufrechterhalten werden können. Hinzukommen muss als Reflexionskompetenz die Erkenntnis, dass jeder Mensch von kulturellen Werten, Einstellungen und Normen beeinflusst wird, die das Selbst- und Fremdbild beeinflussen. Dies wird durch einen Perspektivwechsel ermöglicht, der offen für die Reflexion von Eigen- und Fremdbild macht. In interkulturellen Lernprozessen muss Informationsvermittlung daher immer mit selbstreflexiver Auseinandersetzung verbunden sein.

Einig sind sich die Autoren jedoch, dass sich interkulturelle Kompetenz dynamisch entwickelt, in einem – oft spiralförmigen – Lernprozess verläuft und das Resultat eines lebenslangen Lernprozesses ist. Fasst man die Konzepte zusammen, so schließt interkulturelle Kompetenz folgende Elemente ein: Ein offener Zugang auf Gruppen mit anderer kultureller Orientierung und Menschen mit anderen Identitätsentwürfen und die Anerkennung anderer Orientierungssysteme und Identitätskonstrukte helfen bei der Überwindung von Vorurteilen. Misstrauen gegenüber den eigenen Wahrnehmungs- und Bewertungsschemata beginnt mit angeleiteter Selbsterfahrung und kritischer Selbstreflexion. Anerkennung des Fremden ist Voraussetzung für interkulturelles Verstehen. Grundlegende Bedingungen sind auf der personalen Ebene die Empathiefähigkeit sowie kognitiv die Fähigkeit, das Handeln der anderen im Kontext ihrer Wertvorstellungen zu sehen. Wissen kann hilfreich sein, ebenso wichtig ist jedoch das Infragestellen der subjektiven Sicherheit des Verstehens.[26] Fremdverstehen und Selbsterkenntnis sind also zwei Dimensionen desselben Lernprozesses, in dessen Verlauf sich das Subjekt ein Bild von sich, von anderen und der Stellung im Kontext erarbeitet.[27]

Die folgende Grafik stellt noch einmal im Überblick wesentliche Elemente der interkulturellen Kompetenz in ihrem Verhältnis dar.

---

[24] Jagusch, Birgit (2004), S. 5f.
[25] ebd., S. 6
[26] vgl. Auernheimer, Georg (1998), S. 23f.
[27] vgl. Holzbrecher, Alfred (2004), S. 92

Interkulturelle Kompetenz | 203

Sachkompetenz
- Unbekanntes, Unvertrautes → durch Wissen aufhebbar
- Wissen über eigene Kultur und fremde Kulturen
- Soziale/ kulturelle Fremdheit
- Kulturgebundenheit menschlichen Verhaltens
- Wissen über Gruppenidentität und kulturelle Identität

Methodenkompetenz
- Kulturspezifische Interpretations-, Denk- und Argumentationsmuster
- Kategorisierung von Wahrgenommenem

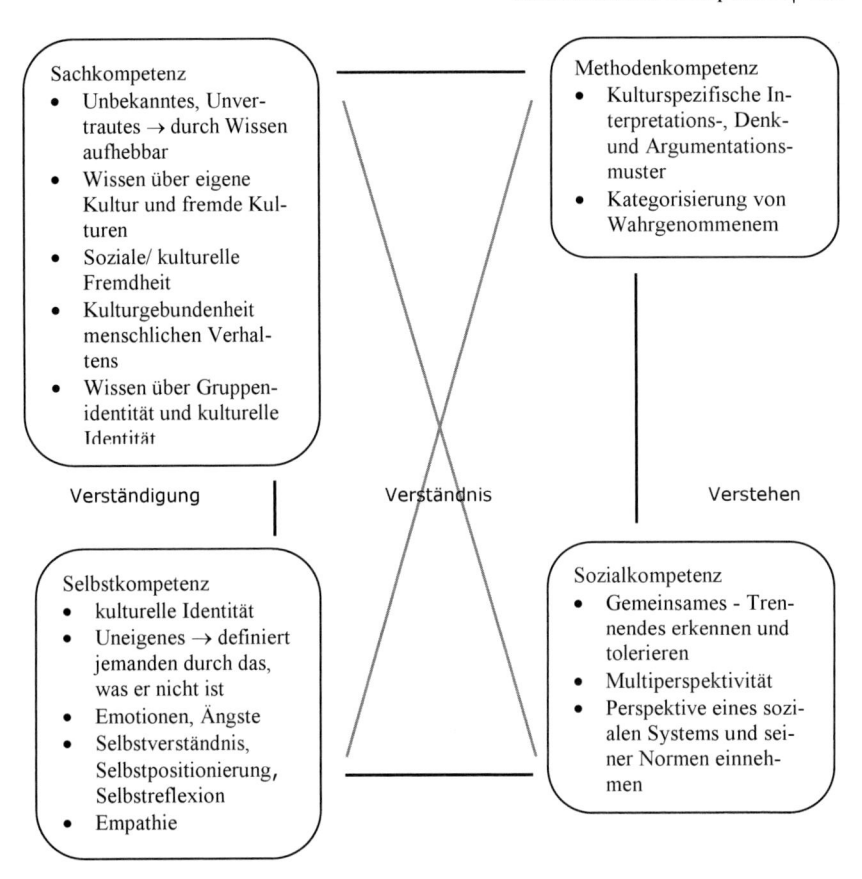

Verständigung | Verständnis | Verstehen

Selbstkompetenz
- kulturelle Identität
- Uneigenes → definiert jemanden durch das, was er nicht ist
- Emotionen, Ängste
- Selbstverständnis, Selbstpositionierung, Selbstreflexion
- Empathie

Sozialkompetenz
- Gemeinsames - Trennendes erkennen und tolerieren
- Multiperspektivität
- Perspektive eines sozialen Systems und seiner Normen einnehmen

Abbildung 29: Interkulturelle Kompetenz

Interkulturalität als Kompetenz – Ergebnisse der Expertenbefragung

Definiert man interkulturelle Kompetenz als „[...] die Kompetenz, auf Grundlage bestimmter Haltungen und Einstellungen sowie besonderer Handlungs- und Reflexionsfähigkeiten in interkulturellen Situationen effektiv und angemessen zu interagieren"[28], beinhaltet dies Fähigkeiten wie eine differenzierte Selbstwahrnehmung, eine realistische Selbsteinschätzung, emotionale Stabilität, die Achtung der anderen, Ambiguitätstoleranz, Empathiefähigkeit, Kooperations- und Konfliktfähigkeit, Offenheit, Vertrautheit mit kulturellen Bedeutungsmustern, die Fähigkeit, Normen situativ anzuwenden sowie ein breites Verhaltensrepertoire. Letztendlich verbirgt sich hinter dieser Aufzählung schwerpunktmäßig

---

[28] Bertelsmann-Stiftung (2006), S. 5

eine um die kulturelle Komponente erweiterte personale und soziale Kompetenz.[29]

Aufgrund des breiten Spektrums an Teilfähigkeiten sind sich die befragten Experten[30] deshalb auch einig, dass die interkulturelle Kompetenz hohe Anteile an Sach-, Selbst- und Sozialkompetenz umfasst, die Methodenkompetenz wird etwas geringer eingeschätzt.[31] Dies sicherlich zu Recht, gibt es doch kein Verhaltensrezept für alle möglichen interkulturellen Begegnungen, das man durch Übung aneignen kann. Vielmehr ist eine hohe Bereitschaft auf der persönlichen und sozialen Ebene, unterstützt durch Sachwissen die Basis. Ausgangspunkt interkultureller Kompetenz ist eine grundsätzlich positive Haltung und Einstellung gegenüber interkulturellen Situationen. Ambiguitätstoleranz, d.h. das sich immer wieder neu auf fremde Situationen Einlassen und die kontinuierliche Reflexion dieser Erfahrungen sind grundlegende Voraussetzungen. Offenheit ist ebenso entscheidend wie die kulturellen Lerninhalte selbst. Diese Einschätzung erklärt auch den Befund, dass die interkulturelle Kompetenz in der Befragung nur eingeschränkt als fachspezifisch eingestuft wird (Mittelwert 2,7 bei einem möglichen Maximum von 4), denn „Interkulturelles Lernen wird also als ein Prozess verstanden, in dessen Verlauf sich der Umgang mit eigener und fremder Kultur verändert"[32] und ist somit ein personaler und damit auch fächerübergreifender Entwicklungsprozess.

Aufgrund des hohen Anteils an Sachkompetenz, der als der interkulturellen Kompetenz inhärent angesehen wird, erscheint die Erlernbarkeit (Mittelwert 2,7) sowie die Umsetzung in Aufgabenstellungen (Mittelwert 3,1) für die Experten relativ unproblematisch. Gleiches gilt für die Messbarkeit des Leistungszuwachses (Mittelwert 2,9). 97,6% der Befragten sind der Ansicht, dass die interkulturelle Kompetenz für alle Fächer der Fächergruppe Relevanz besitzt. Mit 100% einmalig ist die Zuordnung zu allen Schulstufen. Keiner anderen Kompetenz wird eine solche Bedeutung für alle Altersstufen zugesprochen. Angesichts dieser Relevanz sollte man davon ausgehen, dass die Ausbildung umfangreich und die Sicherheit der Experten in der Praxis hoch ist, doch das Gegenteil ist der Fall. Nur wenige der befragten Experten fühlen sich uneingeschränkt kompetent und sicher. Wie bei fast allen Kompetenzen sind sich die Experten relativ sicher in der Vermittlung (3) gefolgt von der Diagnostik (2,8). Die Bewertung erzielt die geringsten Werte (2,7). Diese Ergebnisse korrelieren mit der Ausbildungssituation. Obwohl die interkulturelle Kompetenz für alle Schulstufen und Fächer besonders hohe Werte erzielt, ist die Ausbildung besonders dürftig. Neben der Konfliktlösungskompetenz ist die interkulturelle Kompetenz diejenige, die die niedrigsten Werte im Bereich einer breit gefächerten Ausbildung aufweisen kann. Um ihre persönlich empfundenen Defizite auszugleichen, haben sich be-

---

[29] vgl. Leenen. Wolf Rainer / Grosch, Harald (1998), S. 39
[30] vgl. auch Kap. 8
[31] vgl. auch Abbildung 10
[32] ebd., S. 37

sonders viele Experten dieser Untersuchung durch Weiterbildung und im Selbststudium mit dieser Kompetenz vertraut gemacht. Der Unterrichtsalltag mit multinationaler, multikultureller und multireligiöser Schülerschaft erfordert eine solide Ausbildung.

Kompetenzraster Interkulturalität
Wenn interkulturelle Kompetenz in einem lebenslangen Lernprozess erworben wird, stellt sich die Frage, welche Stufen dieses Lernprozesses in der Schule bewältigt werden können. Dabei muss der Entwicklungsstand der Heranwachsenden berücksichtigt werden. Während man im Kindesalter vorwiegend die Bereitschaft vertiefen kann, sich Eigenes bewusst zu machen und Andersartiges anzuerkennen, lässt sich im Jugendalter die Fähigkeit zum interkulturellen Verstehen und zum Dialog entwickeln.[33] Entwicklungspsychologische Voraussetzungen interkulturellen Lernens wurden bisher kaum erforscht, von Bedeutung erscheinen aber die Theorien zur Wahrnehmung, Perspektivübernahme und Empathie. Kinder verfügen oft noch nicht über die kognitive Struktur, um Menschen in anderen Lebenssituationen mit anderen kulturellen Normen voll zu verstehen. Erst Heranwachsenden im Alter von 12 Jahren ist es möglich, die Perspektive eines sozialen Systems und seiner Normen einzunehmen.[34] Interkulturelles Lernen kann daher nur als „stufenweiser Prozess"[35] verstanden werden.
Fasst man die von diversen Autoren formulierten Ziele und Stufen interkultureller Erziehung zusammen, so lässt sich mit Auernheimer interkulturelle Kompetenz als aus der Trias *Verständnis – Verstehen – Verständigung* bestehend definieren.[36] Verständnis für das Eigene führt über Verstehen als Anerkennung des Fremden zu Verständigung als Suche nach dem Gemeinsamen im interkulturellen Dialog. Dialogfähigkeit setzt die Anerkennung von Fremdheit und deren Verstehen voraus.
Diese Trias bildet die Basis des Kompetenzrasters zur interkulturellen Kompetenz. Sie setzt ein mit reflektierter Selbstwahrnehmung. Das *Verständnis* für die Kulturgebundenheit menschlichen Denkens und Handelns muss seinen Ausgangspunkt beim Eigenen nehmen. Gewohntes und Alltägliches (A1) müssen bewusst in den Blick genommen werden, um das Wissen über die eigene Kultur zu erweitern. Dies geschieht nicht im Sinne von Abgrenzung und Bewertung, sondern von Basis und Identitätsbildung. Grundlage sind Selbstvertrauen und die Sicherheit, den eigenen Standpunkt zu verstehen. Nur wer die generelle Kulturgebundenheit des Menschen erkennt, kann sich selbst verorten, erfährt Sicherheit und Zugehörigkeit. Die Erkenntnis, dass Identität grundsätzlich eine historisch-kulturelle Grundlage hat (A2), öffnet für das Fremde und eine andere

---
[33] vgl. Auernheimer, Georg (1998), S. 24
[34] vgl. Kap. 10.2.3.
[35] Auernheimer, Georg (1998), S. 23
[36] Auernheimer, Georg (1998) S. 22

Sicht auf die Dinge. Eine eigene kulturelle Identität ist die Basis von Offenheit und Toleranz. Wer eine gesicherte eigene Identität besitzt, fühlt sich durch das Fremde, Unbekannte nicht in Frage gestellt und verunsichert, sondern kann mit Neugier und Offenheit auf das Unbekannte zugehen (B1). „Die Angst vor der Bedrohung durch das Fremde sollte zur selbstbewussten Neugier auf Fremdes umgeprägt werden."[37] Das *Verstehen* des Fremden geht mit Ambiguitätstoleranz einher. Dies bedeutet, Unterschiede und Widersprüche wohl wahrzunehmen, aber nicht sofort entweder kritisch oder vorbehaltlos positiv zu beurteilen. Weder wird ein Versuch der Assimilierung unternommen noch eine bewusste Abgrenzung vorgenommen, sondern Verschiedenes kann wertfrei nebeneinander stehen bleiben. Restloses Verstehen des anderen ist weder möglich noch nötig, angestrebt wird vielmehr die Anerkennung und Achtung auch des Nichtverstandenen in seiner Andersartigkeit. Wer mit dieser Offenheit an fremde Kulturen herantritt, kann Verständnis und Respekt für andere Kulturen entwickeln (B2). Sachverhalte können nun auch aus einer fremdkulturellen Perspektive beleuchtet werden. Dies setzt voraus, dass Wissen über und Verständnis für die historische und religiöse Begründung von Normen, Werten und Lebensweisen anderer Kulturen vorhanden ist. *Verständnis* für das Eigene und *Verstehen* des Fremden sind die Basis für *Verständigung* auf einer gemeinsamen Ebene. Die jeweils eigene kulturelle Selbstsicherheit ist die Grundlage für eine Offenheit, nach Gemeinsamem und Trennendem zwischen den Kulturen zu suchen (C1) ohne den Anspruch, die anderen von der eigenen Sichtweise überzeugen zu müssen. Es geht dabei nicht um ein abstraktes, distanziertes Nachdenken über fremde Kulturen, sondern wenn möglich um ein gemeinsames Nachdenken mit Vertretern fremder Kulturen, was gegenseitige Perspektivwechsel erleichtert und Gemeinsamkeiten bewusst werden lässt. Der interkulturelle Dialog (C2) ist gekennzeichnet durch ein gemeinsames Bemühen um Erkenntnisgegenstände von gemeinsamem Interesse, die aus verschiedenen Perspektiven betrachtet werden. Auf dieser höchsten Stufe interkultureller Kompetenz, die für gleichberechtigte und wechselseitig zufrieden stellende interkulturelle Beziehungen erforderlich ist, ist eine Flexibilität im Umgang mit eigenen kulturellen Standards eine Grundvoraussetzung. Die Bereitschaft, selektiv fremde Kulturstandards aufnehmen zu können, ohne sich in der eigenen Identität in Frage gestellt zu fühlen, ist eine wichtige Voraussetzung, um Asymmetrien zu vermeiden und interkulturelle Konflikte konstruktiv lösen zu können. Diese Fähigkeit kann sicherlich nur in einem lebenslangen Lernprozess sowie in umfangreichen interkulturellen Kontakten gefestigt werden.

Das Kompetenzraster zur interkulturellen Kompetenz, konkretisiert durch Musteraufgaben[38], macht diesen Entwicklungsprozess im Folgenden anschaulich deutlich.

---

[37] Münnix, Gabriele (2000), S. 173
[38] vgl. beiliegende CD

Interkulturelle Kompetenz | 207

Die Schülerin/ der Schüler ...

	A1	A2	B1	B2	C1	C2
	Verständnis/ Eigenes		Verstehen/ Fremdes		Verständigung/ Gemeinsames	
Interkulturelle Kompetenz: Interkulturelle Gegebenheiten und differierende Wertvorstellungen wahrnehmen und sich mit ihnen auseinandersetzen.	... kann Gewohntes, Alltägliches bewusst wahrnehmen	... kann Gewohntes, Alltägliches in der Begegnung mit dem Fremden als historisch-kulturelle Konstruktion deuten	... kann fremdkulturelle Muster wahrnehmen und Ambiguitätstoleranz entwickeln	... kann Verständnis und Respekt für fremdkulturelle Muster entwickeln	... kann das Gemeinsame in den Wertvorstellungen, Glaubensüberzeugungen und kulturell bestimmten Lebensweisen der eigenen und fremder Kulturen erarbeiten	... kann sich im Diskurs um interkulturelle Verständigung bemühen
Indikatoren (exemplarisch)	... kann • die eigene Umwelt wahrnehmen und beschreiben • sich selbst im eigenen kulturellen Umfeld erfahren und reflektieren • das Wissen über die eigene Kultur konsolidieren und erweitern	... kann • die generelle Kulturgebundenheit menschlichen Verhaltens erkennen, erläutern und vergleichen • ein Bewusstsein vor eigenen kulturellen Identität entwickeln und es beschreiben • Verhaltensweisen vor ihrem kulturellen Hintergrund erklären	... kann • Verständnis und Akzeptanz für die fremdkulturellen Besonderheiten anderer entwickeln und in konkreten Situationen zeigen • andere Orientierungssysteme und Identitätskonstruktionen anerkennen • die Begegnung mit Mitgliedern einer anderen Kultur/ Religion planen und durchführen	... kann • Wissen über andere Kulturen erwerben und anwenden • fremde Weltsichten verstehen, Verständnis für die historische bzw. religiöse Begründung von Normen, Werten und Lebensweisen entwickeln und begründet artikulieren • eine fremdkulturelle Perspektive einnehmen	... kann • differierende Wertvorstellungen wahrnehmen, beschreiben und argumentativ erörtern • gemeinsame Erkenntnisgegenstände aus verschiedenen Perspektiven wahrnehmen und vergleichen • eine sachliche Basis der Verständigung einnehmen	... kann • moralische Grundpositionen anderer Kulturen/ Religionen formulieren • aus der Perspektive einer fremden Kultur/ Religion eine ethische Fragestellung beurteilen • die eigene Weltsicht begründet relativieren

Tabelle 23: Kompetenzraster Interkulturelle Kompetenz

12. Analysieren und Reflektieren

> „Was tun Philosophen, wenn sie philosophieren? Nichts ist leichter zu beantworten als das: *Philosophen denken nach*. [...] Philosophen denken nach und schlussfolgern aus dem, was sie aus dem Alltag und aus der Lektüre wissenschaftlicher Bücher wissen."[1]

Die in dem Bildungsstandard *Analysieren und Reflektieren* vereinigten Kompetenzen sind vor allem kognitiver Art und stehen insbesondere durch ihre analytischen Anteile in Verbindung.

Sprach- und *Textkompetenz*[1] stehen in einem engen Verhältnis zueinander. Die Analyse von Sprache verhilft zu einem vertieften Textverständnis. Auf der anderen Seite ist aber auch das Bewusstsein für Sprache und ihre gestalterischen, aber auch manipulativen Möglichkeiten abhängig von einem ausgeprägten Textverständnis, das erst die Sensibilität für die Feinheiten von Sprache schafft. Erst Flexibilität im Umgang mit verschiedenen Textformen und Inhalten öffnet den Blick für die Spielarten der Sprache und schafft Spielräume, diese selbständiger und zielgerichteter einzusetzen. Diese Kompetenz setzt sich in der *Schreibkompetenz*[2] fort. Je höher das Bewusstsein für Text und Sprache sowie für Textgattungen, desto umfangreicher ist das Repertoire, aus dem ausgewählt werden kann.

Diese Fähigkeiten spielen auch beim Erwerb der *Interdisziplinären Kompetenz*[3] eine Rolle. Nicht nur, dass Wissen zumeist textbasiert vermittelt wird, die Erkenntnisse interdisziplinären Arbeitens werden in der Regel ebenfalls schriftlich festgehalten. Jede Disziplin hat dabei ihre eigenen Textformen, verwendet die ihr eigene Sprache. Eine Einsicht in diese spezifischen Ausprägungen fachspezifischer Sprache ist zugleich mit einem Bewusstsein für Prinzipien und Methoden eines Faches verbunden, denn die Fachsprache spiegelt in besonderer Weise die Denk- und Handlungsweisen einer Disziplin. Eine Auseinandersetzung mit der jeweiligen Fachterminologie ist zugleich ein reflexiver Akt. Im Bewusstsein für eigene und fremde Denkweisen tritt das Individuum in einen Dialog mit eigenen und fremden Denkstrukturen und mit verschiedenen Fachwissenschaften und deren Inhalten. Es reflektiert auf einer Metaebene die gewonnenen Erkenntnisse und die eingeschlagenen Erkenntniswege. Intention dieses Reflexionsprozesses ist nicht Instruktion, nicht Vermitteln und Einüben von Wissen, sondern eine Begegnung des Einzelnen mit den Wissensinhalten. Diese Reflexionsprozesse fließen dann wieder zurück in neue Erkenntnisprozesse, denn „das philosophische Denken gleicht einer offenen Spirale."[4] Reflexionsprozesse vollziehen sich jedoch nicht nur auf der analytischen, d.h. kognitiven Ebene, sondern ebenfalls im Bereich der Wahrnehmung und damit auch auf affektivem Gebiet. Nicht nur

---

[1] vgl. Kap. 5.5. und Kap. 12.1. und 12.2.
[2] vgl. ebd.
[3] vgl. Kap. 5.5 und Kap. 12.4
[4] Martens, Ekkehard (2003), S. 57

Analysieren und Reflektieren | 209

analytische Fähigkeiten sind Grundlage des Reflexionsprozesses, sondern auch die Kompetenzen des Bereiches *Wahrnehmen und Verstehen*[5] fließen in diesen Vorgang ein. Reflexion ist nicht möglich ohne bewusste und reflektierte Wahrnehmung.

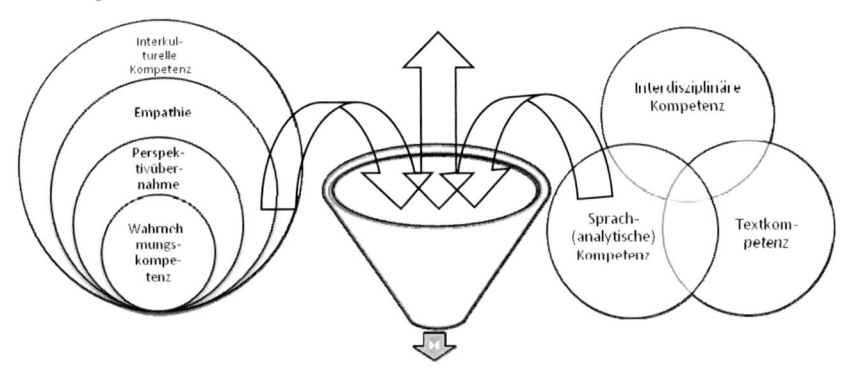

Abbildung 30: Verhältnis der Kompetenzbereiche Wahrnehmen und Verstehen/ Analysieren und Reflektieren

Ein Bewusstmachen der persönlichen Perspektive im Verhältnis zur Gruppe, ein Nachvollzug eigener und fremder Wahrnehmung und Empfindung kommt nicht ohne reflexive Momente aus. Ein Sichverhalten zu Situationen, Personen, Kulturen beinhaltet reflexive Anteile, die diesen Vorgang begleiten und steuern. Dies gilt vor allem auf höheren Kompetenzstufen. Ohnehin ist zu konstatieren, dass auf höheren Niveaustufen aller Kompetenzen verstärkt reflexive Anteile enthalten sind. Je höher eine Kompetenz ausgeprägt ist, desto stärker spielen Metakompetenzen eine Rolle. Alle Kompetenzen bewegen sich von einer oft eher persönlich ausgerichteten, im Umfang recht eingeschränkten Basis in konzentrischen Kreisen über das Fremde zurück zum Eigenen, das aus der Außenperspektive reflektiert wird. Dabei kommen sowohl das eigene Wissen wie das Nichtwissen bzw. die Grenzen der eigenen Erkenntnis in den Blick. „Ein Denken, das sich im Bewusstsein eigener Endlichkeit vollzieht, verabsolutiert sich nicht und glaubt daher auch nicht mehr zu wissen als es weiß."[6] Dieses selbstreflexive Bewusstsein erstreckt sich sowohl auf Fachwissen wie auf Kompetenzen.

In den folgenden Teilkapiteln werden die Kompetenzen des Kompetenzbereiches *Analysieren und Reflektieren* im Einzelnen erläutert sowie die dafür relevanten Ergebnisse der Expertenbefragung analysiert. Abschließend werden die Kompetenzen in einem Kompetenzraster und Musteraufgaben[7] konkretisiert.

---

[5] vgl. Kap. 11.1. – 11.4., CD
[6] Thomas, Philipp (2005), S. 133
[7] vgl. beiliegende CD

12.1. Textkompetenz

> „Wer einen Text verstehen will, vollzieht immer ein Entwerfen."[1]

Textkompetenz ist zu definieren als „die Fähigkeit, mit Texten rezeptiv und produktiv umzugehen"[2]. Wer über diese Fähigkeit verfügt, kann „Texte eigenständig lesen und die damit erworbenen Informationen für sein weiteres Denken, Sprechen und Schreiben nutzen."[3] Textkompetenz schließt somit die Befähigung ein, eigene Texte für sich und andere zu erstellen und die persönlichen Intentionen adäquat mitzuteilen. Vergleichbar ist diese Bestimmung mit dem angelsächsischen Literacy-Konzept, das Lesekompetenz nicht nur als Leseverständnis, sondern als einen angemessenen Umgang mit Texten definiert. „Im Mittelpunkt der internationalen Konzeption zur Lesekompetenz steht vielmehr der auf Verstehen, zielgerichtete Informationsentnahme und Reflektieren und Bewerten ausgerichtete Umgang mit lebenspraktisch relevantem Textmaterial."[4] Das Verstehen eines Textes und die Fähigkeit, das Verstandene in Worte zu fassen, sind zwei Teilleistungen einer Kompetenz.[5] Vor diesem Hintergrund wird die Darstellung der Textkompetenz in zwei Unterkapitel – Lesekompetenz und Schreibkompetenz – differenziert und erst in der Konzeption eines Kompetenzrasters sowie der Musteraufgaben[6] wieder zusammengeführt.

Textverstehen als hermeneutische Kompetenz

Die PISA-Studien haben große Defizite vieler Jugendlicher im Bereich der Lesekompetenz diagnostiziert. Diese Ergebnisse betreffen nicht nur den Deutschunterricht, in dem das literarische Lesen im Vordergrund steht, sondern alle Fächer, in denen Sachtexte, spezifische Aufgabenformate und nicht-kontinuierliche Texte wie Grafiken und Tabellen ihren Platz haben.[7] Lesen und Leseverständnis werden in den meisten Fächern einfach vorausgesetzt und nicht als spezifische Aufgabe der jeweiligen Fächer angesehen. Doch alle Textsorten haben ihre spezifischen Charakteristika, die sich durch spezielle Fragestellungen erschließen lassen, die von den Leser/innen an den Text heran getragen werden müssen. Die Fachdidaktiken müssen daher Lesestrategien für ihre fachspezifischen Textsorten entwickeln. Die in der Fächergruppe Ethik/ Philosophie eingesetzten Texte entstammen ganz verschiedenen Textgattungen. Neben philosophischen Texten, die vor allem ihren Platz in der Sekundarstufe II haben, werden im Unterricht auch Sachtexte sowie literarische Texte eingesetzt, die aufgrund ihrer Thematik zum Philosophieren anregen können. Der Umgang mit

---

[1] Gadamer, Hans-Georg (1999), S. 59
[2] Portmann-Tselikas, Paul R. (2002), S. 14
[3] ebd.
[4] Artelt, Cordula u.a. (2004), S. 141
[5] vgl. Spinner, Kaspar H. (2004), S. 133
[6] vgl. beiliegende CD
[7] vgl. Hildebrandt, Elke (2003), S. 85ff.

diesen Textgattungen erfordert jeweils spezifische Lesestrategien, die im Unterricht durch unterschiedliche Methoden der Texterschließung geschult werden müssen. Während im Deutschunterricht häufig textproduzierende Verfahren eingesetzt werden, die für die Rekonstruktion ähnlich strukturierter Texte hilfreich sind, gilt dies für andere Fächer oft nicht. Auch im Unterricht der Fächer Philosophie und Ethik erhalten erst langsam textproduzierende Unterrichtsmethoden, die über die klassische Reproduktion eines Textes und eine anschließende Stellungnahme hinausgehen, einen größeren Stellenwert.

Die Wahl adäquater Unterrichtsmethoden muss Erkenntnisse der Leseprozessforschung berücksichtigen. Eine Theorie des Leseverstehens legt die Psychologie des Lesens zugrunde, nicht eine literaturwissenschaftliche bzw. philosophische Richtung oder Theorie.[8] Trotzdem berühren sich die Hermeneutik als Philosophie des Verstehens und die Lesepsychologie in wesentlichen Punkten. Lesen ist ein hochkomplexer, aus verschiedenen Teilfähigkeiten und Operationen zusammengesetzter Entwicklungsgang. „Gelernt werden muss nämlich der wahrlich abenteuerliche Prozess, ein kompliziertes Gebäude von Informationen zu nichts anderem als der puren Verteilung von Farbe auf einem Blatt Papier geistig zu konstruieren. Lesen ist der paradoxe Prozess, dass Rezeption nur durch die *geistige Konstruktion von Information zu einer visuellen Wahrnehmung* zustande kommt."[9] Lange Zeit ging man von einem reinen bottom-up-Verstehensprozess beim Lesen aus. Wenn Buchstaben, Wörter und Sätze dekodiert und mit Hilfe von grammatikalischen und syntaktischen Erkenntnissen verbunden würden, wäre ein Text verstanden.[10] Textverständnis geht jedoch über den Bereich des rein sprachlichen Verstehens weit hinaus. Eine Übersetzung einzelner ‚Vokabeln' reicht für die Informationsentnahme aus Texten nicht aus. Denn „[…] jedes sprachliche oder nichtsprachliche Zeichen [wird] nicht an sich verarbeitet, sondern interpretiert und in ein bestehendes Netz von bereits verarbeiteten und internalisierten Zeichen und den bereits vorhandenen Wissensbestand eingepasst und vernetzt […]." Verstehen ist also ein aktiver Konstruktions- und Interpretationsprozess, der abhängig ist vom aktivierten Vorwissen. Lesen ist somit zugleich ein top-down-Prozess, der vom Leser bzw. Hörer zum Text verläuft.[11] Der Interpret, seine Wahrnehmungen und Zugangsweisen spielen eine entscheidende Rolle.

Textverstehen hat immer den Charakter des Problemlösens. Der Leser strukturiert einen Text auf der Basis bestehender Wissenskonzepte und versucht, fehlende Informationen durch Schlussfolgerungen, Antizipationen oder Hypothesen zu ergänzen. Diese Antizipationen dürfen jedoch nicht willkürlich vollzogen werden, sondern müssen bewusst geschehen mit der Bereitschaft, sie zu kontrollieren, zu überprüfen und zu revidieren.[12] Der Vorentwurf, mit dem man an ei-

---

[8] Grezesik, Jürgen (1990), S. 12
[9] ebd. S, 9
[10] vgl. Kühn, Peter (2003), S. 4
[11] vgl. ebd.
[12] vgl. Gadamer, Hans-Georg (1999), S. 61

nen Text herantritt, wird bei der weiteren Lektüre ständig bestätigt oder revidiert, die Vormeinung des Lesers wird laufend auf ihre Legitimation hin überprüft.[13] Dabei werden auch indirekte Zusammenhänge aktiviert. Je besser die Themen präsent oder vorbereitet sind, desto schneller laufen die Verbindungen zum vorhandenen Wissen ab. Dies setzt allerdings ein Minimum an vorhandenem Wissen voraus. Über das reine Faktenwissen wird die ganze Person in ihrer gesellschaftlichen und kulturellen Prägung, in ihrer eigenen Bildung und Entwicklung mit einbezogen.[14] Für den Verstehensprozess können auch emotionale Spuren leitend sein, die ein Text anbietet.

Die Leseforschung spricht daher auch von einem Drei-Phasen-Modell: Leseverstehen beginnt bereits vor dem Lesen. Eine Aktivierung vorhandener Wissensbestände dient der Vorbereitung des Textverständnisses, dem Aufbau eines Erwartungshorizontes, der thematischen Vorentlastung und Einordnung sowie der Formulierung von Verstehenszielen.[15] Es folgt eine Erschließung textbezogener Informationen durch Lesestrategien wie Markieren und Unterstreichen, die anschließend sprachlich und inhaltlich weiter verarbeitet werden. Textverstehen ist also aktives Verarbeiten. Immer verläuft der Leseweg „verstehensprogressiv"[16] vom Global- zum Detailverstehen. „Die Aufgabe ist, in konzentrischen Kreisen die Einheit des verstandenen Sinnes zu erweitern. Einstimmigkeit aller Einzelheiten zum Ganzen ist das jeweilige Kriterium für die Richtigkeit des Verstehens. Das Ausbleiben solcher Einstimmigkeit bedeutet Scheitern des Verstehens."[17]

Auch wenn das Verstehen vom Leser abhängig ist, ist es doch nicht beliebig. Hermeneutische Prozesse sind weitgehend methodisch objektivierbar und anhand benennbarer Kriterien diskutierbar. Interpretationen müssen immer am Text belegt werden. Umberto Eco weist daher zurecht darauf hin, dass ein Text nicht nur als eine Kettenreaktion existiere, die er auslöst, sondern dass „[...] die Wörter des Autors ein ziemlich sperriges Bündel handfester Indizien [bilden], die der Leser nicht einfach schweigend oder palavernd übergehen darf."[18] Die Absicht des Autors sei zwar kaum direkt zu ergründen, doch es gäbe eine Textintention, die am Text als kohärentem Ganzen überprüft werden könne.[19] Auch für Gadamer bildet eine historische Distanz zwischen Text und Leser kein Verständnisproblem, sondern kann eine „produktive Brücke des Verstehens"[20] sein. Zum einen kann der Leser den Akzent auf ein möglichst objektives Verständnis des Textes vor seinem historischen Hintergrund legen, andererseits ist eine Integration der Textaussage in unser heutiges Verständnis eine Möglichkeit, über

---

[13] Gadamer, Hans-Georg (1999), S. 59f.
[14] vgl. Steenblock, Volker (2001), S. 255
[15] vgl. Kühn, Peter (2003), S. 6
[16] ebd., S. 8
[17] Gadamer, Hans-Georg (1999), S. 57
[18] Eco, Umberto (1994), S. 30
[19] vgl. ebd. S. 73
[20] ebd., S. 61

den Text hinaus zu gehen. Ein Vorverständnis, das enttäuscht oder gestört wird, veranlasst den Interpreten, weiter zu fragen. Die Dynamik zwischen beiden Zugangsweisen schafft also die Bedingung für ein „dichtes, kohärentes Verstehen".[21] So definiertes hermeneutisches Lesen ist daher immer untrennbar mit einer Metareflexion des Lesevorgangs und einer Selbstreflexion des Lesers verbunden. Dies setzt allerdings bereits einen fachkundigen Leser voraus. Nur der kompetente Leser ist in der Lage, diese Diskrepanzen bewusst wahrzunehmen, sie konstruktiv in den Leseprozess zu integrieren und zu reflektieren. Schwache Leser bemerken nicht, wenn sie etwas nicht verstehen, sie tendieren dazu, schwierige Textpassagen zu übergehen und lesen über Widersprüche hinweg. Somit ist diese Form des Leseverstehens nur in der Sekundarstufe II zu praktizieren, jüngere Leser müssen durch spezifische Aufgabenstellungen langsam an selbständiges und selbstreflektiertes Lesen herangeführt werden.

Schreibfähigkeit als textuelle Handlungskompetenz

Schreibfähigkeit wird in der fachwissenschaftlichen Diskussion als textuelle Handlungskompetenz im Medium geschriebener Sprache verstanden.[22] „Als ‚textuelle Handlungskompetenz' ist dabei sowohl das für die *Produktion* erforderliche Wissen wie auch das für die *Kommunikation* mittels schriftlicher Texte erforderliche Wissen anzusprechen."[23]

Die textbasierte, schriftliche Kommunikation als eine Sonderform der Kommunikation macht besondere Teilkompetenzen erforderlich. Schon beim Schreiben ist die besondere Situation des Rezipienten zu berücksichtigen, wenn die schriftliche Verständigung gelingen soll. Da Texte ohne nonverbale und paraverbale Information auskommen müssen, ist ein Höchstmaß des Lesers an Sprachlichkeit erforderlich, denn wesentliche Stützen für das Verstehen, die es in der mündlichen Kommunikation gibt, entfallen.[24] Während Alltagsgespräche in konkreten Situationen stattfinden, sind Texte dagegen unabhängig von einer unmittelbaren Erfahrungssituation. Erst die Textsorte, das Thema und Hinweise im Text konstituieren einen Verwendungszusammenhang. Aufgrund dieser Hinweise müssen die Leser Wissensschemata aktivieren, um einen Verständnishorizont aufzubauen. Der Produzent des Textes muss diese Hinweise in sein Manuskript integrieren. Weiterhin sind Texte monologisch, d.h. sie behandeln bestimmte Themen, über die eine unmittelbare Klärung mit dem Gegenüber aber nicht möglich ist. Da die Texte festgelegt und statisch sind, ist die Aufgabe des Lesers eine rezeptive. Dies erfordert zum Teil ein bestimmtes Vorwissen, aber auch generell die Fähigkeit, sprachlich vermittelte komplexe Zusammenhänge zu einem mentalen Modell zu verarbeiten. Auch formal genügen Texte besonderen An-

---

[21] Pfeifer, Volker (2003), S. 117
[22] vgl. Feilke, Helmuth (1993), S. 18
[23] ebd.
[24] vgl. Portmann-Tselikas, Paul R. (2002), S. 14f.

forderungen. Textsignale über die besondere Form des Textes müssen in das Verständnis integriert werden. Alle diese Elemente sind in textbasierter Kommunikation gemeinsam wirksam und gehen über die Alltagskommunikation weit hinaus. Die Produzenten eines Textes müssen diese Voraussetzungen bei der Erstellung eines Textes berücksichtigen. Dabei werden verschiedene Wissensbereiche aktiviert.[25] Soziales Wissen über die normativen Rahmenbedingungen der Kommunikation und die Geltungsbereiche kommunikativer Werte wie Aufrichtigkeit, Objektivität und Verständlichkeit müssen ebenso berücksichtigt werden wie enzyklopädisches Weltwissen. Wissen über sprachliche Strukturen und Textformen ist ebenso zu integrieren wie praktisches Wissen der Orthografie und Interpunktion.

Unter Berücksichtigung dieser Erfordernisse ist "Schreibfähigkeit als eine komplexe Handlungskompetenz, die sich in einem eigenaktiven Prozess entwickelt"[26] zu definieren. Sprachliche Strukturen von Texten können daher als „Spuren von Problemlösungsprozessen"[27] im Schreiben verstanden werden. Immer ist das Schreiben in die „Situation einer schriftlichen Kommunikation"[28] eingebettet. Schreiben ist Teil einer kommunikativen Handlung, sei es, dass ich für mich oder für andere schreibe. Die damit verbundenen Anforderungen sind abhängig von der Textsorte und der Kommunikationsstruktur.

Die Entwicklung der Schreibkompetenz vollzieht sich in mehreren Stufen, die weniger abhängig vom biologischen Alter als von der Schreiberfahrung sind.[29] Die Anforderung steigt in dem Maße, in dem beim Schreiben Wissen zu bearbeiten ist.[30] Je weniger Wissen zu aktivieren und zu strukturieren ist, desto einfacher ist ein Text zu verfassen. Komplexer dagegen ist eine Aufgabe, die Anforderungen an die Textart und den Adressaten beinhaltet. Einfache Schreibaufgaben sind so konzipiert, dass Textstrukturen unter einfachem Rückgriff auf vorhandenes Wissen hergestellt werden. Gefordert ist die einfache Wiedergabe des Gewussten. Schwierige Schreibaufgaben dagegen stellen höhere Anforderungen. Diese Texte erfüllen ihre Funktion erst dann, wenn das Gewusste für die Darstellung unter einer bestimmten Perspektive verändert wird. In diese Kategorie gehören Textarten wie das Instruieren, Berichten, Zusammenfassen/ Reproduzieren und Protokollieren. In komplexen Schreibaufgaben wiederum muss aus eigenem und fremdem Wissen, meistens in Form vorhandener Texte sowie eigener Beobachtungen, neues Wissen geschaffen werden, das dann mit einem bestimmten Ziel und unter Berücksichtigung eines Adressaten darzustellen ist. Zu diesen komplexen Textformen gehören die Textanalyse, Erörterung, Rezension, das Referat, die Präsentation sowie die Facharbeit. Der Schwierigkeitsgrad der drei Stufen steigt mit dem Umfang und der Komplexität des darzustellenden

---

[25] vgl. Feilke, Helmuth (1993), S. 18
[26] Becker-Mrotzeck, Michael/ Böttcher, Ingrid (2006), S. 9
[27] Feilke, Helmuth (1993), S. 20
[28] Becker-Mrotzeck/ Böttcher, Ingrid (2006), S. 28
[29] vgl. ebd., S. 88
[30] vgl. ebd. S. 60-74

Sachverhaltes, der kommunikativen Erfordernisse und der kommunikativen Zweckerfüllung sowie dem Anspruch, selbstständig eine kommunikative Aufgabe zu erfüllen. Die Schreibentwicklung ist ein lebenslanger Prozess, der von ersten Schreibversuchen zu Beginn der Grundschulzeit über die Orientierung am Erlebten am Übergang zur weiterführenden Schule voranschreitet. Die Orientierung an der Sache und am Leser charakterisiert den Schreibprozess in der Sekundarstufe I und mündet schließlich mit Beginn der Adoleszenz in eine literale Orientierung. Der Zusammenhang von Lese- und Schreibkompetenz als Textkompetenz auf den Ebenen der Sach-, Methoden-, Selbst- und Sozialkompetenz wird noch einmal in der folgenden Grafik verdeutlicht.

Sachkompetenz
- Informationsentnahme
- Spezifische Aufgabenformate
- Nicht-kontinuierliche Texte
- Vorwissen/ Wissensschemata
- Textgattungen
- Drei-Phasen-Modell: Vor – während – nach dem Lesen

Information/ Vertrautes

Methodenkompetenz
- Lesestrategien
- Methoden der Texterschließung
- Verstandenes mündlich/ schriftlich in Worte fassen
- Produktion von Texten versch. Textgattungen

Interpretation/ Unbekanntes

Selbstkompetenz
- Aktiver Konstruktions- und Interpretationsprozess
- Einordnung neuer Informationen in ein Netz vorhandenen Wissens
- Text als Denkanstoß
- Verbales Selbstkonzept: prozessbegleitende reflexive Fähigkeiten

Bewertung/ Neues

Sozialkompetenz
- Anschlusskommunikation
- Adressatenbezug
- Schreiben: schriftlicher Problemlöseprozess

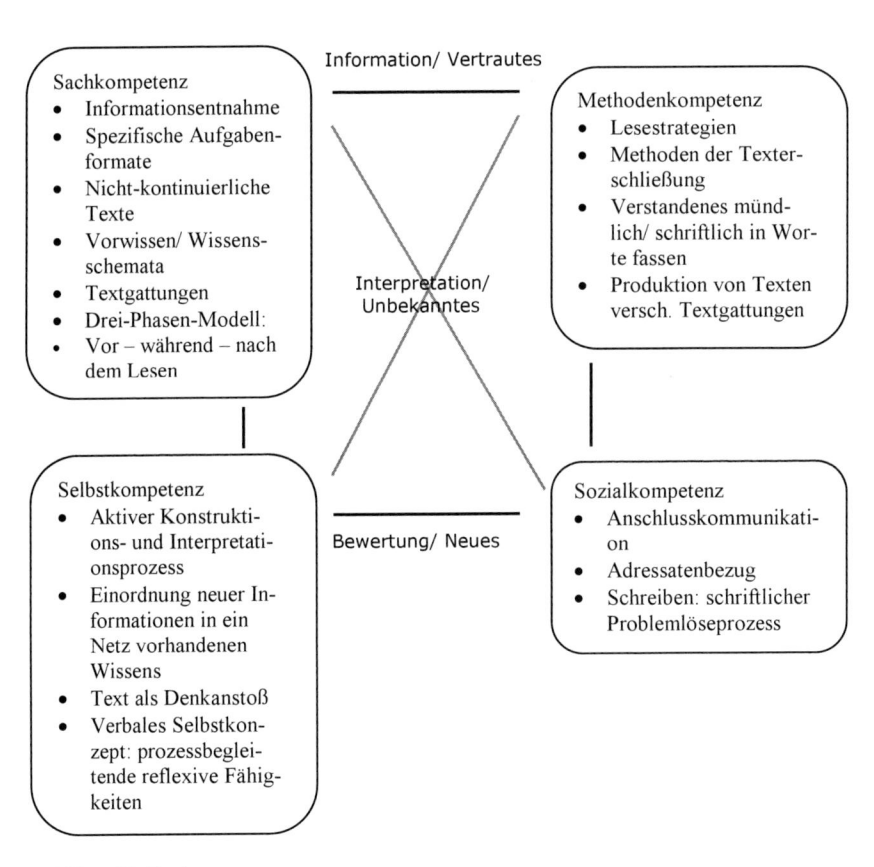

Abbildung 31: Textkompetenz

Kompetenz, philosophische Texte zu verstehen und zu verfassen – Ergebnisse der Expertenbefragung

Herbert Schnädelbach diagnostizierte 1981 die philosophische Erkrankung des *Morbus hermeneuticus*, die er folgendermaßen definierte: „Ein Symptom dieses Leidens ist die Überzeugung, dass das Philosophieren im Lesen der Werke von Philosophen bestehe, und dass Philosophieren dort stattfinde, wo philosophische Texte interpretiert werden."[31] Statt Philosophie als Literaturwissenschaft fordert er das Selbstdenken, in dem Texte als Dialogpartner eine helfende Rolle einnehmen können. „Was gefragt ist, ist die Erfahrung des Denkenkönnens, der intellektuellen Selbständigkeit, ist Überblick, Orientierung, Sich-Zurechtfinden in einer als chaotisch empfundenen kulturellen Gegenwart, [...] ein Sich-Auskennen in den Mächten, die das eigene Leben stimmen."[32] Es geht also nicht um eine textbasierte „Aneignung von Denkresultaten"[33], sondern um die Einübung des eigenen Denkens. In diesem Prozess können Texte zwei Funktionen übernehmen: Als Helfer unterstützen sie bei der Klärung schon erkannter Probleme, haben vorgedacht und fordern den Philosophierenden auf, diese Resultate zu überprüfen und eigenständig zu übernehmen. Als Förderer eröffnen sie neue Problemhorizonte und regen an, den Denkhorizont um bisher nicht gesehene Problemstellungen zu erweitern.[34] In beiden Fällen bedeutet dies einen aktiven Umgang mit Texten. Durch die Verknüpfung von Lese- und Schreibkompetenz wird diese textuelle Handlungskompetenz geschult.

Wird das Lesen philosophischer Texte als Literaturwissenschaft aufgefasst, steht naturgemäß die Sach- und Methodenkompetenz im Vordergrund. So erhalten auch diese Teildimensionen besonders hohe Zustimmungswerte in der Expertenbefragung[35]. Dass das Verständnis der Textarbeit im Unterricht der Fächergruppe mehrheitlich so aufgefasst wird, ist daran zu erkennen, dass von den Befragten Anteile an Sozialkompetenz mit 41,5% und Selbstkompetenz mit 24% abgelehnt werden. Betrachtet man Texte jedoch als Denkanstöße, die den Leser/ die Leserin zu einem aktiven Umgang mit den dargelegten Inhalten animieren, kommen automatisch auch die Sozial- und die Selbstkompetenz ins Spiel. Dies gilt vor allem dann, wenn, wie oft im Ethik- und Philosophieunterricht, das Produzieren von eigenen Texten am Ende einer Einheit steht. Wird Schreiben als schriftlicher Problemlöseprozess verstanden, der den Adressatenbezug des entstehenden Textes berücksichtigen muss, kann das Augenmerk nicht mehr nur auf Wissen und handwerkliche Fähigkeiten gelegt werden.

In Übereinstimmung mit den hohen Anteilen an Sach- und Methodenkompetenz, die der Textkompetenz von den befragten Experten zugesprochen werden, erzielen die Fragen nach der Erlernbarkeit, der Vermittlung durch entsprechende

---

[31] Schnädelbach, Herbert (1981), S. 3
[32] ebd., S. 5
[33] Langenbeck, Klaus (1985), S. 3
[34] vgl. ebd.
[35] vgl. auch Kap. 8/ vgl. Abbildung 10

Aufgabenstellungen sowie der Überprüfbarkeit in der Expertenbefragung hohe Werte über 3,5 bei einem möglichen Maximum von 4. Da das Lesen von Texten für viele Fächer kennzeichnend ist, wird der spezielle Fachbezug mit einem Mittelwert von 2,7 von den Teilnehmern der empirischen Untersuchung eher geringer eingeschätzt. Dem ist auf der einen Seite sicherlich zuzustimmen, bildet doch die Textarbeit eine wesentliche Grundlage vieler Fächer, auf der anderen Seite haben aber alle Disziplinen spezielle Textformate und Aufgabenstellungen, in die es einzuführen gilt. Vor diesem Hintergrund ist es auch verständlich, dass die Zuordnung zu allen Fächern einen Wert von 97,6% erzielt. Allerdings wird die Schulung der Textkompetenz vor allem in spätere Jahrgänge verlagert. Nur 85,4% der befragten Experten ordnen die Textkompetenz allen Schulstufen zu. Die übrigen knapp 15% verteilen sich auf die obere Sekundarstufe I und die Sekundarstufe II. Gleichzeitig wird der Textkompetenz aber, wie fast allen anderen Kompetenzen auch, eine besonders hohe Relevanz von 3,9 bei einem Maximum von 4 zugesprochen.

Wie bei allen Kompetenzen, denen hohe Anteile an Sach- und Methodenkompetenz zuerkannt werden, empfinden die befragten Experten eine relativ große Sicherheit in den Bereichen Diagnostik, Vermittlung und Bewertung, wobei, wie bei den meisten Kompetenzen, die diagnostischen Fähigkeiten mit 3,4 bei einem Maximum von 4 etwas geringer eingeschätzt werden. Verständlich ist die große Sicherheit vor dem Hintergrund, dass die Textkompetenz zu den Bereichen gehört, in dem die Befragten die umfangreichste Ausbildung erhalten haben. Der Bedarf an Fort- und Weiterbildung ist dementsprechend gering.

Kompetenzraster Textkompetenz

Da auch die Differenzierung der Textkompetenz in Teilkompetenzen wie Lesen und Schreiben noch zu allgemein ist, müssen sie weiter aufgeschlüsselt werden. Dem hier vorgestellten Kompetenzmodell liegen für die Lesekompetenz die fünf Kompetenzstufen der PISA-Studie zugrunde, die um eine zusätzliche Stufe erweitert wurden. Die Stufen der PISA-Studie beschreiben die Fähigkeit, Aufgaben mit unterschiedlich anspruchsvollen Anforderungsmerkmalen zu lösen.[36] Auf dem ersten Niveau ist es dem wenig versierten Leser/ der Leserin möglich, *Vertrautes* in Texten zu erkennen und *Informationen* zu entnehmen. Die Lesefähigkeit beginnt daher mit dem Verständnis einfacher Texte (A1). Informationen, die in Texten mit bekannter Form und Inhalt deutlich erkennbar sind, können aus dem Text herausgearbeitet werden. Das Herstellen offensichtlicher Verbindungen zwischen dem Gelesenen und allgemein bekanntem Alltagswissen ist möglich. Auf der nächsten Stufe ist es für den Leser/ die Leserin zusätzlich lösbar, Verbindungen zwischen Textteilen herzustellen und Schlussfolgerungen zu ziehen. Das Gelesene kann vor dem Hintergrund eigener Erfahrungen beurteilt werden (A2).

---

[36] vgl. Artelt, Cordula u.a. (2004), S. 144f

Während bisher das Wiedererkennen von Bekanntem eine Grundvoraussetzung war, ist auf der nächsten Niveaustufe die *Interpretation von Unbekanntem* möglich. Diese Kompetenz beginnt bei dem Verständnis von Texten eines mittleren Anspruchsniveaus (B1), aus denen auch indirekte Informationen gewonnen und in denen Widersprüche erkannt werden können. Eigenes Wissen kann gezielt eingesetzt werden, um das Gelesene zu beurteilen. Kann ein Leser/ eine Leserin Informationen des Textes gezielt der Aufgabenstellung gemäß organisieren und auch relativ komplexe und lange Texte flexibel nutzen und beurteilen, ist die nächste Stufe (B2) erreicht. Die *Bewertung* des Gelesenen und die Schaffung von *Neuem* schließlich zeichnet den kompetenten Leser/ die Leserin aus. Wer diese Stufe erreicht hat, ist in der Lage, aus Texten gewonnene Informationen flexibel zu nutzen, sie mit dem eigenen Wissen in Verbindung zu bringen und kritisch zu bewerten (C1). Die Aussagen verschiedener Texte können verglichen und relevante Aussagen selbständig organisiert werden. Die PISA-Studie untersuchte die Lesekompetenz von 15-jährigen Jugendlichen[37]. Ihren Tests lagen Texte zugrunde, die den Schüler/innen vorgelegt wurden. Eine Steigerung der Kompetenz (C2) ist darin zu sehen, sich selbständig Texte zu einem Thema zusammenzustellen und zu bearbeiten. Diese Kompetenz ist für die Anfertigung von Präsentationen und Facharbeiten unerlässlich.

Die Entwicklung der Schreibkompetenz verläuft parallel zur Lesekompetenz. Zunächst können Kinder einfache kurze Erzählungen bekannten Inhalts unter Anleitung verfassen (A1). Die Kompetenz erhöht sich durch die Anzahl der zu verarbeitenden Informationen (A2) sowie die Fähigkeit, die entstandenen eigenen Texte zu beurteilen. Die Fähigkeit, unbekannte Texte zu reproduzieren (B1) ist eine Grundvoraussetzung, um unbekannte Inhalte unter Berücksichtigung eines konkreten Adressatenbezugs (B2) zu verarbeiten. Die Kombination eigenen und fremden Wissens sowie die Berücksichtigung von Leser- und Schreiberperspektive ist ein erheblicher Fortschritt (C1). Die höchste Perfektion hat erreicht, wer selbständig ethische und philosophische Texte verfassen kann (C2).

Da textgebundene Aufgaben häufig in Schreibaufträge münden, wurden für die Aufgabenbeispiele kombinierte Aufgaben konzipiert.[38]

---

[37] vgl. ebd., S. 166
[38] vgl. beiliegende CD

Textkompetenz | 219

Die Schülerin/ der Schüler ...

	A1	A2	B1	B2	C1	C2
Textkompetenz: Texte fachspezifisch erschließen, interpretieren und verfassen.						
Lesekompetenz: Texte fachspezifisch erschließen, interpretieren und beurteilen.	Information/ Vertrautes		Interpretation/ Fremdes		Bewertung/ Neues	
	... kann aus kurzen, einfachen Texten mit ethischen/ philosophischen Themen unter Anleitung leicht auffindbare Informationen lokalisieren und mit Alltagswissen in Verbindung setzen.	... kann eine begrenzte Zahl von Informationen aus einem Text mit ethischen/ philosophischen Inhalten entnehmen, den Hauptgedanken erfassen und das Gelesene auf der Basis eigener persönlicher Erfahrungen beurteilen.	... kann Texte mit ethischen/ philosophischen Inhalten mittleren Schwierigkeitsgrades verstehen, widersprüchliche Informationen erkennen, auch indirekte Informationen erschließen und unter Berücksichtigung eigenen Wissens zum Thema das Gelesene beurteilen.	... kann komplexere Texte mit ethischen/ philosophischen Inhalten, deren Inhalt und Form nicht vertraut sind, verstehen, Informationen des Textes der Aufgabenstellung gemäß organisieren und aus dem eigenen Wissen die Fakten auswählen, die zu einer Interpretation benötigt werden.	... kann längere, unbekannte ethische/ philosophische Texte vollständig und detailliert verstehen, sie für verschiedene Zwecke flexibel nutzen, sie mit dem eigenen Wissen in Verbindung setzen und kritisch bewerten.	... kann zu einer Fragestellung eine größere Zahl unbekannter, auch ethischer, philosophischer Texte selbständig auswählen, Informationen flexibel verarbeiten, mit dem eigenen Wissen in Verbindung setzen und kritisch bewerten.
Indikatoren (exemplarisch)	... kann • den Inhalt kurzer Texte verstehen • einfache Fragen zum Text beantworten • den Inhalt mit eigenen Worten wiedergeben • persönliche Erfahrungen mit den Schilderungen des Textes vergleichen	... kann • den Hauptgedanken eines Textes in eigenen Worten wiedergeben • den Text durch ein eigenes Beispiel konkretisieren • eine begründete eigene Meinung zum im Text beschriebenen Sachverhalt vertreten	... kann • den Inhalt eines Textes in eigenen Worten wiedergeben • die Aussagen zweier Texte zum Thema vergleichen	... kann • aus den Aussagen des Textes Fragestellungen ableiten • selbständig Beispiele zusammentragen und daran die Aussagen des Textes überprüfen	... kann • eine eigene Position begründet mit unbekannten Texten vergleichen • die Informationen des Textes auf ein komplexes Problem anwenden • eine eigene Position entwickeln und begründen	... kann • selbständig zu einem Thema Texte auswählen • die Inhalte der Texte unter einer selbst gewählten Fragestellung erarbeiten • selbständig Problemstellungen und Problemlösungen erarbeiten

Tabelle 24: Kompetenzraster Lesekompetenz

Die Schülerin/ der Schüler ...

	A1	A2	B1	B2	C1	C2
	Information/ Vertrautes		Interpretation/ Fremdes		Bewertung/ Neues	
Textkompetenz: Texte fachspezifisch erschließen, interpretieren und verfassen. **Schreibkompetenz:** Texte unter Berücksichtigung von Thema und Adressatenbezug verfassen.	... kann einfache Informationen in kurzen Texten bekannten Formats unter Anleitung verschriftlichen	... kann eine begrenzte Zahl von Informationen in Texten bekannten Formats unter Anleitung verschriftlichen und beurteilen	... kann komplexere Texte reproduzieren und beurteilen	... kann komplexere Texte unter Berücksichtigung eines konkreten Adressatenbezugs und unter einer bestimmten Perspektive erstellen	... kann eigenes und fremdes Wissen unter Beachtung spezifischer Fragestellungen und mit Blick auf den Adressaten in zusammenhängender, logischer und verständlicher Weise darstellen	... kann auf der Basis gelesener ethischer/ philosophischer Texte eigene ethische/ philosophische Texte verfassen.
Indikatoren (exemplarisch)	...kann • ein persönliches Erlebnis beschreiben, das die Schilderung des Textes veranschaulicht • die Fortsetzung eines Textes verfassen	...kann • zu aus dem Text entwickelten Beispielen kurze Erzählungen verfassen • die Erzählungen vergleichen und bewerten	...kann • einen komplexeren Text mit eigenen Worten reproduzieren • das aus dem Text entnommene Wissen für die Bearbeitung einer (kreativen) Schreibaufgabe nutzen	...kann • aus Texten gewonnenes Wissen unter Berücksichtigung eigener Beispiele darlegen • die kommunikative Funktion des eigenen Textes berücksichtigen	...kann • die Schreiber- und die Leserperspektive berücksichtigen • kann verschiedene Formen wie beschreiben, berichten, Gründe anfühlen kombinieren	...kann • Problemstellungen eigenständig schriftlich darlegen • Eigene Problemlösungen begründet schriftlich entwickeln • Texte verfassen, die sich durch Folgerichtigkeit der Gedanken auszeichnen

Tabelle 25: Kompetenzraster Schreibkompetenz

12.2. Sprach(analytische) Kompetenz

„Jeder Begriff ist als ein geistiger Zugriff auf Welt eine mehr oder weniger komplexe Theorie."[1]

Sprachbewusstsein
Die Sprachphilosophie ist eine grundlegende philosophische Disziplin. Im Rahmen dieser Arbeit geht es jedoch nicht abstrakt um Sprache als anthropologisches Konstituens, sondern vor allem um Sprachverwendung im Zusammenhang mit Unterrichtskommunikation. Da alles Verstehen sprachlich ist, bildet Sprache die Grundlage unserer Weltorientierung.[2] Jedes Bemühen um Erkenntnis muss daher mit einer bewussten Verwendung der Sprache beginnen. Dies ist vor allem im Unterricht der Fächergruppe Philosophie/ Ethik ein besonderes Anliegen, zum einen aufgrund der fachspezifischen Arbeitsweisen und Unterrichtsmaterialien, vor allem aber, da die multinationale Herkunft der Schülerschaft oft mit einer Vielfalt an Muttersprachen und nicht selten Defiziten im Deutschen einher geht. Die Schulung sprach-(analytischer) Fähigkeiten muss also zumeist auf niedrigem Niveau beginnen. Zunächst muss ein Bewusstseinsprozess angestoßen werden, Sprache zielorientiert einzusetzen.
Philosophieren über Sprache kann im weiteren Verlauf des Vermittlungsprozesses helfen, Orientierungen zu liefern. Dabei kommt es zu einem mehrschichtigen Reflexionsprozess. Der Mensch als „das Lebewesen, das Sprache hat"[3], verwendet Sprache im Alltag nicht bewusst als ein Werkzeug, denn Werkzeuggebrauch setzt ein Bewusstsein der Tätigkeit voraus. Gadamer bezeichnet unseren Umgang in und mit Sprache daher auch als „wesenhafte Selbstvergessenheit"[4]. Sprachanalyse dagegen funktioniert nicht ohne einen Bewusstseinsprozess, eine Metareflexion, denn der Mensch kann nur im Modus der Sprache über Sprache reflektieren. In einem solchen Reflexionsprozess analysiert sich der Denkende bewusst als Sprechender.[5] Die Schüler/innen müssen also bewusst einen Schritt zurück treten und ihre Sprachverwendung aus der reflektierenden Distanz beobachten. Dies ist erst dem kompetenten Sprecher möglich. Kinder erlernen daher zunächst Sprache als Ganzes, bevor sie den eigenen Sprachgebrauch reflektieren können.[6]
Da Sprachbesitz nichts Individuelles, sondern ein Produkt der Gemeinschaft ist, hat Sprache viel mit sozialer und kultureller Identität zu tun. Am historisch gewordenen Sprachbesitz einer Gemeinschaft haben die einzelnen Mitglieder in

---

[1] Grezesik, Jürgen (1992), S. 28
[2] vgl. Gadamer, Hans-Georg (1999b), S. 184ff.
[3] Gadamer, Hans-Georg (1999a), S. 148
[4] ebd. S. 150
[5] vgl. ebd. S. 148f.
[6] vgl. Kambartel, Friedrich/ Stekeler-Weithofer, Pirmin (2005), S. 22f. Aus diesem Grund wurde auch die Sprachkompetenz im Anschluss an die Textkompetenz analysiert, denn die Analyse sprachlicher Feinheiten setzt ein Grundverständnis von geschriebenen und gesprochenen Texten voraus.

unterschiedlichem Maße Anteil.[7] Dieses Faktum erweist sich zum einen als besondere Bereicherung, aber auch Schwierigkeit für die Schüler/innen der Fächergruppe, werden sie doch oft nicht in ihrer Muttersprache unterrichtet oder wachsen sie zweisprachig und somit auch in zwei Kulturen auf. Dies ist umso bedeutsamer, da es sich häufig nicht um nordeuropäische Herkunftsländer handelt, sondern die Schüler/innen aus dem südeuropäischen, dem arabischen oder bisweilen asiatischen Raum stammen. Vor diesen unterschiedlichen kulturellen Hintergründen ergeben sich daher häufig Bedeutungsverschiebungen von Begriffen, die es zu klären gilt. Daher steht fest: „Wörter sind nie in sich oder für sich selbst; sie sind immer die Wörter von jemandem und für jemanden, der sie mit anderen teilt. Sie sind immer die Wörter einer – psychisch, nicht räumlich, zu verstehenden – Gemeinschaft."[8] Gauger definiert Sprachbesitz daher als „das, was wir sprachlich, als Potenz des Sprechens und Verstehens, in uns haben, auch wenn wir nicht sprechen und von jener Potenz keinen Gebrauch machen."[9] Eine Sprachäußerung ist dementsprechend die konkrete Verwendung, die das einzelne Individuum von seinem Sprachbesitz macht. In der Sprachäußerung verbindet sich Sprachliches mit einem bestimmten Inhalt. Sprache wird in der konkreten Anwendung zum Medium, das abhängig von der tatsächlichen Situation ist.

Sprachanalyse und -kritik können daher sowohl am Sprachbesitz als auch an der Sprachäußerung ansetzen. Die Benennung der Dinge, aber auch die Verwendung der Wörter kann kritikwürdig, in jedem Fall aber von analytischem Interesse sein. „*Kritik* hat in diesem Zusammenhang zuerst einmal den alten Sinn von *(Unter-)Scheidung, Untersuchung, Prüfung* – *Sprache kritisieren* ist dann eine Äußerung von Sprachbewusstsein."[10]

Gerade in der Schule lernen Schüler/innen viele (Fach-)Begriffe kennen, die verschiedene Funktionen im sprachlichen Handeln einnehmen. Zum einen selektieren sie das Erfahrene durch Bildung von Klassen gleicher und ähnlicher Fälle und speichern mit Hilfe von Wortbedeutungen Gruppen von Fällen im Gedächtnis.[11] Begriffe helfen somit, die Merkmalsfülle durch Bildung von Oberbegriffen zu reduzieren. Sie sind theoriebildend, indem sie helfen, Wahrgenommenes und sprachlich Artikuliertes nach Umfang und Relation zu ordnen. Dabei sind sie eine entscheidende Unterstützung, die komplexe Wirklichkeit zu reduzieren, zu ordnen und zu beurteilen. Neben ihrer kommunikativen Funktion haben Begriffe auch eine affektive Wertigkeit, die für den einzelnen Verwender, vor allem mit variierender kultureller Herkunft, durchaus unterschiedlich sein kann. Diese Variationsbreite zieht aber zugleich eine Mehr- und Uneindeutigkeit nach sich, die oft auch mit der Geschichtlichkeit der Sprache zusammenhängt. Die Vielfältig-

---

[7] vgl. Gauger, Hans-Martin (1986), S. 15f.
[8] ebd
[9] ebd. S. 106
[10] Linke, Angelika/ Voigt, Gerhard (1995), S. 18
[11] im Folgenden nach: Grezesik, Jürgen (1992), S. 16-21

keit der Erscheinungen macht daher unter Umständen eine Begriffsanalyse erforderlich. Sprachuntersuchungen dürfen im Unterricht jedoch nicht Selbstzweck sein[12], sondern sind Mittel für das Verstehen mündlicher und schriftlicher Rede. Sie dienen der Verbesserung, sich verständlich mitzuteilen. Außerdem helfen sie, Fehler und Irrtümer aufzudecken und zu vermeiden und sich vor Manipulation durch Sprache zu schützen. Schließlich trägt die Analyse von Sprache wesentlich zur Gewinnung neuer Erkenntnisse bei.

Für Begriffsanalysen gibt es keine klar definierten, für alle Fälle gleichermaßen geltenden Regeln, wohl aber diverse Begriffsfragen, die je nach Zielsetzung gestellt werden können. Dabei zielen diese Fragen nicht auf eine konkrete Einzelbedeutung, sondern auf die Verwendung der Begriffe.[13] Erarbeitet wird keine allgemeingültige Definition, sondern herausgearbeitet werden Kriterien und Prinzipien für die Verwendung einzelner Wörter in konkreten Zusammenhängen. Dies gilt in besonderem Maße für strittige und problematische Begriffe, aber auch für solche, deren Gebrauch unreflektiert geschieht. Viele Begriffsanalysen sind mit Werturteilen verbunden, doch das Werturteil setzt eine Begriffsklärung voraus.[14] „Überlegungen über Tatsachen und Moral lassen sich überhaupt nicht angemessen anstellen, bevor man nicht herausgefunden hat, worauf sie sich beziehen."[15]

Für die Begriffsanalyse stehen verschiedene Techniken zur Verfügung, die unter anderem die vorab beschriebenen Funktionen von Begriffen bewusst machen.[16] Möglich ist es, Modellfälle ebenso in den Blick zu nehmen wie entgegengesetzte Fälle. Aus der Abgrenzung lassen sich Charakteristika entwickeln. Auch verwandte und ähnliche Fälle können hinzugezogen sowie das Begriffsfeld geklärt werden. Grenzfälle und erdachte Anwendungen helfen bei der Abgrenzung und Konkretion. Weiterhin kann der Blick auf das soziale Umfeld nutzbringend sein. Die Frage, von wem, wann und warum ein Begriff verwendet wird, hilft, die Bedeutung einzugrenzen. Auch Stimmungen und Gefühle derer, die den Begriff verwenden, können relevant sein. Schließlich kann ein Blick auf die praktischen Folgen für das wirkliche Leben weiterhelfen. In jedem Fall gilt, dass nicht alle Analysetechniken in allen Fällen sinnvoll sind. Die Auswahl ist auch abhängig von Schulform, Altersstufe und Thema.

Mehrdeutigkeiten eröffnen das Feld für Manipulation und Missbrauch von Sprache. Wo Sprache kritisiert wird, geht es oft um Normen und Werte, die häufig politische und ethische Einstellungen deutlich machen. Ein Bewusstmachen der „Perspektivierung der Sprache"[17] ist eine grundlegende Maßnahme, hier gegenzusteuern. Für eine Teilhabe am gesellschaftlichen Leben ist Wissen über

---

[12] vgl. Engels, Helmut (2001), S. 35ff.
[13] vgl. Wilson, John (1984), S. 14f.
[14] vgl. ebd., S. 27
[15] ebd., S. 29
[16] im Folgenden nach: Wilson, John (1984), S. 29-41
[17] Rüegg, Regula (1995), S. 34

sprachliche Vorgänge unabdingbar. Lernende müssen daher in die Lage versetzt werden, einige Mechanismen zu benennen, die beim sprachlichen Verschleiern wirksam werden. So verstandenes Sprachgefühl ist ein Teil der politischen Kultur.[18]

Die folgende Grafik zeigt noch einmal das Verhältnis der verschiedenen Komponenten der Befähigung zur Sprachanalyse.

Sprachanalyse

Sachkompetenz
- Weltorientierung
- Strukturierung der komplexen Wirklichkeit
- Fachbegriffe
- Mehrdeutigkeit
- Manipulation durch Sprache

Methodenkompetenz
- Sprachregeln
- Bewusste Verwendung von Sprache
- Sprachanalyse
- Regeln der Begriffsanalyse

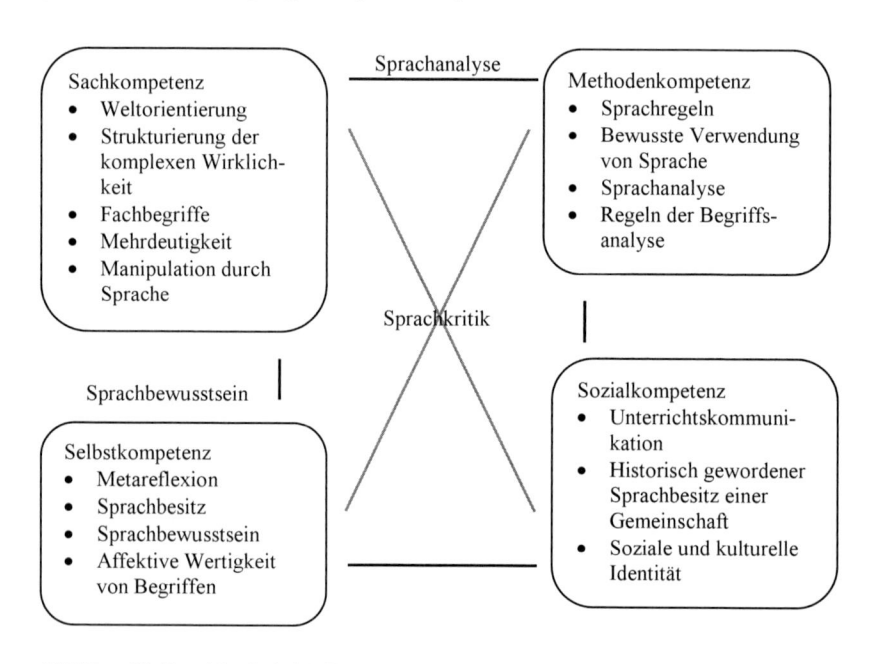

Sprachkritik

Sprachbewusstsein

Selbstkompetenz
- Metareflexion
- Sprachbesitz
- Sprachbewusstsein
- Affektive Wertigkeit von Begriffen

Sozialkompetenz
- Unterrichtskommunikation
- Historisch gewordener Sprachbesitz einer Gemeinschaft
- Soziale und kulturelle Identität

Abbildung 32: Sprach(analytische) Kompetenz

Sprachanalyse als Kompetenz – Ergebnisse der Expertenbefragung

Reflexions- und Korrekturprozesse gehören zur Sprachfähigkeit selbst. Sie bilden eine wichtige Komponente sprachlichen Selbstwertgefühls.[19] Voraussetzung für ein kritisches Verhältnis zur Sprache ist die grundsätzliche Befähigung zum Reden über Begriffe. Dies ist ohne die Befähigung zur Metakommunikation nicht möglich. Durch eine betrachtende und beurteilende Distanz zur Sprache können Schüler/innen zu einem vertieften Verständnis der Gegenwartssprache gelangen.

---

[18] vgl. Frommhold, Markus (1995), S. 43
[19] vgl. Linke, Angelika/ Voigt, Gerhard (1995), S. 18

Basis dieser Erarbeitungen sind zum einen Sach- und Methodenkompetenz. Das Wissen über Techniken der Begriffsanalyse sowie die Fähigkeit, diese adäquat anzuwenden, ist eine Basis der sprach(analytischen) Kompetenz und erhält dementsprechend von den Experten hohe Werte in der Umfrage.[20] Dass sich Sprache immer im Miteinander bewähren muss und eine hohe metareflexive Fähigkeit erfordert, wird von den befragten Experten dieser Untersuchung[21] dagegen als weniger relevant eingeschätzt. Vor allem bei der Frage nach der Sozialkompetenz ist eine große Streuung der Antworten festzustellen, wobei jedoch der höchste Wert mit 41,5% auf ‚stimme teilweise zu' entfiel. Die Selbstkompetenz wird in stärkerem Umfang berücksichtigt, erzielt jedoch auch nur einen Mittelwert von 2,9 bei einem möglichen Maximum von 4. Analog zu den bisherigen Beobachtungen, dass als stärker kognitiv-methodisch eingeschätzte Kompetenzen als erlernbar, in Aufgabenstellungen umsetzbar und überprüfbar gelten, wurden auch bei der Sprachkompetenz vergleichbare Mittelwerte zwischen 3 und 3,5 bei einem möglichen Maximum von 4 erzielt. Die Fachspezifik dieser Kompetenz wird aber, wie bei den meisten Kompetenzen, von den Befragten nur eingeschränkt akzeptiert. Sie erzielt einen Wert von 2,7. Dieses Ergebnis ist zu erklären, vollzieht sich doch der Unterricht in allen Fächern im Medium Sprache und macht es überall erforderlich, die fachspezifischen Begrifflichkeiten zu vermitteln. Die Fächergruppe Ethik/ Philosophie jedoch hat noch einen anderen Anspruch. Hier geht es auch um Sprache als anthropologische Grundkonstante, um Wahrheit und Wahrhaftigkeit in der Sprachverwendung und damit verbundene ethische Aspekte. Die Bedeutung der Sprache als Medium des Philosophierens spiegelt sich auch in der von den Befragten vorgenommenen Zuordnung dieser Kompetenz zu allen Fächern der Fächergruppe mit 97,6% sowie zu allen Schulstufen mit 92,7%. Ein Bewusstsein für Sprache und Sprachverwendung ist unabhängig von Alter und Inhalten eine Basiskompetenz. Dementsprechend fällt der Wert der dieser Kompetenz zugemessenen Relevanz mit 3,9 extrem hoch aus.

Dass auch die Ausbildung einen großen Wert auf die Entwicklung der sprach(analytischen) Kompetenz der Lehrkräfte legt, machen die Ergebnisse zur Selbsteinschätzung der Experten deutlich. Ebenso wie die Textkompetenz erzielt die Sprachkompetenz die höchsten Werte bei der Ausbildung der Lehrkräfte. 53,7% machten drei und mehr Angaben über die Ausbildung in diesem Bereich. Die umfangreiche Ausbildung spiegelt sich in der Sicherheit im Bereich Diagnose, Vermittlung und Bewertung, die mit einem Mittelwert von 3,6 sehr hoch ausfällt. Dementsprechend ist der Bedarf nach Weiterbildung eher gering.

---

[20] vgl. Abbildung 10
[21] vgl. auch Kap. 8

Kompetenzraster Sprachanalyse

Bewusstsein für Sprache offenbart sich neben der korrekten Verwendung von Begrifflichkeiten auch in einer Sensibilisierung für Sprache. Diese zeigt sich bei jüngeren Schüler/innen vor allem in der Fähigkeit, mit Sprache zu spielen, Mehrdeutigkeiten zu inszenieren und bewusst Sprachregeln zu durchbrechen. In diesem Verhalten spiegelt sich *Sprachbewusstsein*, das die Grundlage für *Sprachanalyse* und *Sprachkritik* bildet.

Die Entwicklung vollzieht sich in drei Schritten. Grundvoraussetzung ist ein *Bewusstsein* für Sprache, das die durch Vereinbarung gesetzte Beziehung zwischen Zeichen und Bezeichnetem deutlich macht (A1). Unterricht kann sich in diesem Zusammenhang die Vielfalt an Sprachen, die bisweilen in einem Kurs vertreten sind, zunutze machen, um dieses Phänomen zu verdeutlichen. Das Erkennen dieses Zusammenhangs ist die Basis für das Wissen um die soziale Funktion von Sprache. Die Erkenntnis der Mehrdeutigkeit von Sprache und ihrer Problematik (A2) baut auf diesem Wissen auf. Die Schüler/innen sind auf diesem Niveau in der Lage, sprachliche Missverständnisse auf ihre Ursachen zurückzuführen und Doppeldeutigkeiten zum einen zu vermeiden, zum anderen aber auch bewusst einzusetzen. Dieses Sprachbewusstsein ist die Grundlage für die nächste Stufe der *Analyse*. Auf einer ersten Ebene werden einzelne Begriffe analysiert (B1). Sie können in ihrer historischen Gewordenheit erläutert, in ihrer Angemessenheit beurteilt und differenziert eingesetzt werden. Mit Hilfe dieser Sensibilisierung sind Schüler/innen imstande, Texte sprachanalytisch zu erschließen (B2). Begriffe können in ihren Zusammengängen analysiert und über diese Analyse zentraler Begrifflichkeiten kann der Textsinn erschlossen werden. Sprach- und Textanalyse ergänzen sich. Das *Bewusstsein* für die Mehrdeutigkeiten der Sprache und die Fähigkeit zur *Analyse* sind die Grundlage für *Sprachkritik*. Sie setzt zunächst bei einzelnen Begriffen an (C1). Das hinter der Verwendung einzelner Wortbedeutungen stehende Welt- und Menschenbild wird erörtert und die Verwendung alternativer Begriffe begründet geübt. Die Ausweitung auf die kritische Analyse ganzer Texte (C2) erfordert umfangreichere Kompetenzen. Problematische Begriffe müssen identifiziert, die mit ihnen verbundenen Beeinflussungsversuche im Zusammenhang analysiert, erläutert und kritisiert werden.

Das folgende Kompetenzraster zeigt noch einmal im Überblick die Entwicklung der sprach(analytischen) Kompetenz sowie exemplarische Indikatoren, an denen eine Zuordnung zu einer bestimmten Kompetenzstufe festgemacht werden kann. Musteraufgaben illustrieren die Niveaustufen des Kompetenzrasters.[22]

---

[22] vgl. beiliegende CD

Sprach(analytische) Kompetenz

Die Schülerin/ der Schüler …

	A1	A2	B1	B2	C1	C2
	Bewusstsein		Analyse		Kritik	
Sprach(analytische) Kompetenz: Sprache bewusst einsetzen, fachspezifische Terminologie verstehen, analysieren und verwenden.	… kann das Verhältnis zwischen Zeichen und Bezeichnetem erkennen und erläutern	… kann die unterschiedliche Wirkung von Sprache erkennen und erläutern	… kann einzelne Begriffe analysieren und in einen Zusammenhang stellen	… kann über eine Begriffsanalyse einen Text erschließen	… kann Sprachkritik an Begriffen üben	… kann Sprachkritik an Texten üben
Indikatoren (exemplarisch)	… kann • das Verhältnis zwischen Zeichen und Bezeichnetem an konkreten Beispielen erläutern • Sprache als Kommunikationsmittel beschreiben • die soziale Funktion der Sprache an Beispielen erläutern • die Notwendigkeit einer gesellschaftlichen Einigung auf Sprache an Beispielen erläutern	… kann • Funktionen von Sprache beschreiben und mit Hilfe von Beispielen erläutern • den eigenen Sprachgebrauch bewusst wahrnehmen und beschreiben • Wirkung von Sprache untersuchen • Sprache zu verschiedenen Zwecken bewusst einsetzen	… kann • Abstrakte Begriffe konkretisieren • Wortfelder erarbeiten und analysieren • Begriffe in ihren historischen Zusammenhängen erkennen und erläutern • alternative Begriffe begründet auswählen • durch die sachgemäße Verwendung von Begriffen Sprachbewusstsein dokumentieren	… kann • Begriffe definieren • Begriffe in ihren Zusammenhängen erklären • Texte mit Hilfe von analysierten Begriffen erschließen • Begriffsdefinitionen durch Textinterpretation erweitern • begründet einen Zusammenhang zwischen historischer und gegenwärtiger Begriffsverwendung herstellen	… kann • das hinter der Verwendung von Begriffen stehende Welt- und Menschenbild erkennen • die ethischen Implikationen von Begriffen erkennen • die Angemessenheit der Verwendung von Begriffen begründet beurteilen • alternative Begriffe begründet auswählen	… kann • manipulative und diskriminierende Begriffe begründet identifizieren • das in den Texten verborgene Welt- und Menschenbild erkennen • durch Sprachverwendung getarnte Verschleierungsversuche erkennen und erläutern • alternative Begriffe begründet auswählen • Sprachverwendung begründet kritisieren

Tabelle 26: Kompetenzraster Sprach(analytische) Kompetenz

12.3. Interdisziplinäre Kompetenz

„Der Philosoph – der Narr der Interdisziplinarität?"[1]

Interdisziplinärer Perspektivenwechsel
Der Umfang wissenschaftlicher Erkenntnisse, aber auch die Zahl ethischer Frage- und Problemstellungen steigt stetig. Das exponential anwachsende Wissen sorgt auf der Ebene der Wissenschaft für eine zunehmende Unübersichtlichkeit, die Separierung einzelner Fächer lässt die Bewältigung ethischer Probleme vielfach als kaum lösbar erscheinen. „Grenzen der Fächer und Grenzen der Disziplinen [...] drohen mehr und mehr nicht nur zu institutionellen Grenzen, sondern auch zu *Erkenntnisgrenzen* zu werden."[2] Ein interdisziplinäres Zusammenführen der fachwissenschaftlichen Erkenntnisse wird daher vielfach als Lösung dieser Probleme betrachtet. Doch Interdisziplinarität setzt immer die Spezialisierung des Wissens in verschiedene Disziplinen voraus.[3] Dabei stellt sich die Frage, was eine Disziplin auszeichnet, wodurch sie sich von anderen Disziplinen abgrenzt.
Disziplinen werden als historische Einheiten verstanden.[4] Zum einen unterscheiden sich Fachrichtungen nach ihrem Gegenstand, doch reicht diese Unterscheidung nicht aus, da es zwischen den Disziplinen Schnittmengen gibt und kein Fach einen Absolutheitsanspruch auf einen Inhalt erheben kann. Auch eine Differenzierung in wissenschaftliche Methoden wie Experiment oder Interpretation löst dieses Problem nicht, sondern hilft nur, Schwerpunkte abzuleiten. Methoden werden zum einen von verschiedenen Disziplinen verwendet, auf der anderen Seite gebraucht keine Fachrichtung nur eine einzige Methode. Ein drittes Kriterium ist das jeweils eigene Erkenntnisinteresse, das aber ebenfalls aufgrund von Interessenvariabilitäten keinen Absolutheitsanspruch beanspruchen kann. So bleibt schließlich die Unterscheidung nach Theorien als „durch bestimmte Fragen, Probleme, Absichten und Interessen mitdefinierte Gegebenheiten"[5] und ihren systematischen und historischen Zusammenhängen. „Das, was eine Disziplin von einer anderen unterscheidet, wird also weder allein der Gegenstand noch allein das Interesse oder das Problem sein, worauf man sich jeweils richtet. Die Identität wird vielmehr gestiftet durch einen Theorieentwurf oder ein Ganzes von Theorien, an dem sich weiterarbeiten lässt."[6] Das Selbstverständnis der Fachrichtungen, ihr Blick auf Wirklichkeit, ihr Weltbild und ihre Art, Problemlösungen zu generieren, sind das entscheidende Kriterium, eine Disziplin zu charakterisieren. Die Schnittmengen zwischen den Disziplinen, die dabei entstehen,

---
[1] Lenk, Hans (2000), S. 8
[2] Mittelstraß, Jürgen (2001a), S. 90f.
[3] vgl. Deppert, Wolfgang/ Theobald, Werner (1997), S. 538
[4] im Folgenden nach: Krüger, Lorenz (1987), S. 110-116
[5] ebd., S. 115
[6] Krüger, Lorenz (1987), S. 116

können transdisziplinäres Vorgehen befördern und einen Ansatz zu interdisziplinärem Arbeiten bieten.
Was bedeutet dies nun konkret für interdisziplinäres Arbeiten im Unterricht der Fächergruppe Ethik/ Philosophie? Kann man überhaupt von einer eigenständigen Kompetenz sprechen oder handelt es sich nicht eher um Transferleistungen in Form vernetzten Denkens, wie es grundsätzlich auf höheren Niveaustufen der bisher und auch im Folgenden analysierten Kompetenzen erforderlich ist? Aufgrund der Bedeutung, die der Transfer gerade im kompetenzorientierten Unterricht hat, ist es doch das generelle Ziel, erworbenes Wissen, Fähigkeiten und Fertigkeiten in neuen Zusammenhängen anzuwenden. Daher könnte man zunächst davon ausgehen, das Interdisziplinarität als Kompetenz nicht separiert werden sollte, also die Darstellung als eigenständige Kompetenz die innere Logik dieser Arbeit sprengt. Dem könnte man auf der einen Seite zuzustimmen. Auf der anderen Seite hat die Interdisziplinarität gerade im Unterricht des Faches Ethik und verwandter Fächer eine Reichweite und einen Stellenwert, der den Transfer in anderen Fächern bei weitem überschreitet. Während Transferleistungen in vielen Fachgebieten zumeist thematisch innerhalb der Domäne verbleiben, werden ethische Fragestellungen bewusst auf Thematiken und Problemstellungen anderer Disziplinen angewendet und haben somit eine andere Dimension. Daher wird diese Kompetenz im Rahmen dieser Arbeit auch als eigenständige Kompetenz behandelt.[7]
Grundsätzlich ist es die Aufgabe jedes fachübergreifenden Unterrichts, „die Verständigung über Differenzen und über Differenzen hinweg"[8] voranzutreiben. Am Anfang steht zumeist ein komplexes Thema, das die Kooperation verschiedener Fächer erfordert, die die fachlichen Bezüge und Methoden liefern. Die Überschreitung der disziplinären Grenzen und die Gegenüberstellung unterschiedlicher Fachperspektiven fördern die Reflexion der Grenzen fachspezifischen Wissens.[9] Zwar kann das Selbstverständnis eines Faches auch im Fachunterricht thematisiert werden, doch Perspektiven sind oft erst dann nicht mehr selbstverständlich, wenn sie mit anderen Zugangsweisen konfrontiert werden. Durch einen Perspektivenwechsel kann offenbar werden, wie aus der Sicht der Fächer Wirklichkeit konstruiert wird. „Die Einsicht in die Perspektivität des eigenen und fremden Wissens durch Aufdecken der jeweiligen Perspektiven und Einüben von Perspektivenwechseln erscheinen so als Voraussetzung gelingender interdisziplinärer Kommunikation, als Voraussetzung für ein Verstehen des Fremden ebenso wie für die Kontrolle der eigenen Aussagen."[10] Die Kontrastierung der eingenommenen Perspektive mit einer anderen erzeugt eine Differenz

---

[7] Die Lehrpläne der Bundesländer Baden-Württembergs, Brandenburgs, Hessens und Schleswig-Holsteins formulieren Interdisziplinarität ebenfalls als eigenständige Kompetenz, vgl. Kap. 5.2.3., Tabelle 3
[8] Kupsch, Joachim/ Schülert, Jürgen (1996), S. 589
[9] vgl. Rabenstein, Kerstin (2003), S. 32ff.
[10] ebd.

zwischen der einen Konstruktion der Wirklichkeit und anderen Zugängen. Es bedarf also des Vergleichs der Perspektiven, damit Möglichkeiten und Grenzen von Spezialisierung reflektiert werden können. „Perspektivität als didaktisches Prinzip kann nur da wirksam werden, wo der Einzelne sich von seiner egozentrischen Perspektive zu lösen vermag, sich verunsichern lässt, lernen will zu sehen, dass die Wirklichkeit auch anders gedacht und erfahren werden kann."[11] Angesichts der Unübersichtlichkeit des Wissens und der Wertevielfalt können Lernende auf diese Weise Orientierungsfähigkeit erwerben. Aufgrund der zunehmenden Fülle an Erkenntnissen richtet sich das Interesse nicht nur auf Wissen und Information, sondern auf die Form der Informationsverarbeitung und Wissensvermittlung und damit auf den Beitrag der Disziplinen zur gesellschaftlichen Problemlösekompetenz. Die Antwort, die der reflexive Ansatz auf die Ausdifferenzierung des Wissens gibt, lautet dementsprechend, durch Reflexion die Vielfalt vorhandener Denkweisen und Perspektiven bewusst zu machen und ihre Entstehung zu verstehen.[12] Dieser reflexive Ansatz versteht Pluralität nicht als „Mangel an Orientierung, sondern als Chance zur Erweiterung des Möglichkeitenraums".[13] Es wird das Denken in Zusammenhängen gefördert, indem Spezialisierung und Generalisierung miteinander verknüpft werden.[14] Die Zusammenführung von Spezialwissen und speziellen Arbeitsmethoden der Einzeldisziplinen geschieht nicht additiv, sondern integrativ und vernetzt.[15] Interdisziplinarität liegt damit nicht jenseits der Fächer, sondern bezieht sich explizit auf sie.[16]

Wie kann man diesen Prozess im Unterricht initiieren? Ausgangspunkt ist immer ein komplexes Thema, das sich an konkreten lebensweltlichen Fragestellungen orientiert und durch eine Problemstellung gekennzeichnet ist, die sich nicht von einem Fach allein lösen lässt.[17] Petermann beschreibt als Dreischritt des Vorgehens die Abfolge von Sehen – Urteilen - Handeln.[18] In einer ersten Phase wird das Problem wahrgenommen, eine konkrete Problemstellung formuliert und es werden die sich für einzelne Fächer ergebenden Fragestellungen präzisiert. In der zweiten Phase stellen die Fächer differenzierte Antworten bereit. Diese werden im Anschluss an das Ausgangsproblem zurückgebunden, um zu einer vernetzten Lösung des Problems zu gelangen. Prinzipien und Methoden des Fachs können vor diesem Hintergrund reflektiert werden. Zwei Herangehensweisen sind grundsätzlich denkbar. Das Prinzip der Konvergenz richtet das Lernen auf einen gemeinsamen Bezugspunkt, ein Problem, eine Fragestellung hin aus. Der Grundsatz der Divergenz hingegen stellt die Unterschiedlichkeit der

---

[11] Rabenstein, Kerstin (2003), S. 53
[12] vgl. ebd. S. 49
[13] Kupsch, Joachim/ Schülert, Jürgen (1996), S. 591
[14] vgl. Klautke, Siegfried (2000), S. 65
[15] vgl. ebd.
[16] vgl. Kupsch, Joachim/ Schülert, Jürgen (1996), S. 590
[17] vgl. Petermann, Hans-Bernhard (2004), S. 124f.
[18] ebd., S. 127

Zugangsweisen in den Mittelpunkt des Lernens.[19] In jedem Fall bildet die Irritation des Subjekts, ausgelöst durch Diskrepanzerfahrungen, den Ausgangspunkt für Reflexionen. Ideal wäre, so Rabenstein, ein Wechsel zwischen Phasen der Konvergenz und Divergenz, um die Perspektiven der Fächer deutlich zu machen. Einer Phase, die die Unterschiede der Fächer hervorhebt, müsste eine Phase folgen, die die Zusammenführung der Erkenntnisse anstrebt.[20]
Angesichts dieser Anforderungen an interdisziplinäres, fächerübergreifendes Arbeiten stellt Klautke die berechtigte Frage: „Kann ein einzelner Lehrer diesen fachlichen und didaktischen Anforderungen, die ein fächerübergreifender Unterricht stellt, überhaupt genügen, nämlich firm zu sein in möglichst vielen, ja allen betroffenen Einzelfächern, um dann mit Sachverstand und didaktischem Geschick und Gespür die Analyse eines komplexen Ganzen und danach die Synthese mit seinen Schülern zu schaffen?"[21] Diese Frage muss sicherlich verneint werden. Ideal wäre vielmehr eine intensive Kooperation des Fachkollegiums. Institutionelle Lösungen werden jedoch durch die Tatsache erschwert, dass sich Ethik- und Philosophiekurse in der Regel aus Schüler/innen eines ganzen Jahrgangs zusammensetzen, die nicht oder nur z.T. in anderen Klassen oder Kursen gemeinsam unterrichtet werden. Meistens werden daher nur wenige Themen vor allem in projektorientiertem Unterricht fächerverbindend bearbeitet werden können. Immer ist der Laie jedoch auf Expertenwissen angewiesen. Ersatzweise kann er die Beiträge unterschiedlicher Experten aus der Literatur zur Kenntnis nehmen, kann sie vergleichen und daraus Schlüsse auf das methodische Vorgehen und die zugrunde liegende Anschauung ziehen. Dieses Vorgehen ist auch innerhalb des Einzelfachunterrichts, wenn auch eingeschränkt möglich.
Abbildung 33 zeigt überblicksartig relevante Aspekte der interdisziplinären Kompetenz.

---

[19] vgl. Rabenstein, Kerstin (2003), S. 52
[20] vgl. ebd., S. 58
[21] Klautke, Siegfried (2000), S. 68

232 | Teil 2 - Kompetenzmodell

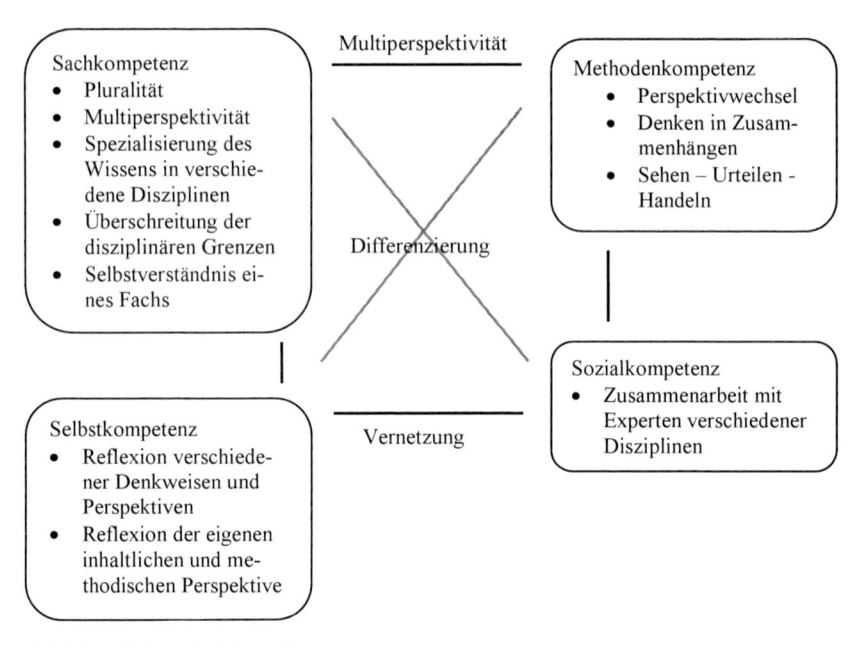

```
Sachkompetenz                    Multiperspektivität            Methodenkompetenz
• Pluralität                                                    • Perspektivwechsel
• Multiperspektivität                                           • Denken in Zusam-
• Spezialisierung des                                             menhängen
  Wissens in verschie-                                          • Sehen – Urteilen -
  dene Disziplinen                                                Handeln
• Überschreitung der
  disziplinären Grenzen          Differenzierung
• Selbstverständnis ei-
  nes Fachs


                                                                Sozialkompetenz
                                                                • Zusammenarbeit mit
Selbstkompetenz                  Vernetzung                       Experten verschiedener
• Reflexion verschiede-                                           Disziplinen
  ner Denkweisen und
  Perspektiven
• Reflexion der eigenen
  inhaltlichen und me-
  thodischen Perspektive
```

Abbildung 33: Interdisziplinäre Kompetenz

Kompetenz zu multiperspektivischem und vernetztem Denken - Ergebnisse der Expertenbefragung
Der Reichtum an Themen und Inhalten, der die Fächergruppe Ethik/ Philosophie kennzeichnet, korrespondiert mit der Bedeutung interdisziplinären Arbeitens, den die befragten Experten[22] in ihren Antworten konstatiert haben. Die Ergebnisse im Einzelnen: Interdisziplinäres Arbeiten benötigt, je nach Themenstellung, die Kompetenzen verschiedener Fächer. Da es vorrangig um die von Einzeldisziplinen bereitgestellten Informationen sowie die Zugangsweisen der Fächer geht, stehen Sach- und Methodenkompetenz im Vordergrund.[23] Dies sehen auch die befragten Experten so, die diesen beiden Kompetenzanteilen hohe Bedeutung zusprechen. Kompatibel mit dieser Beobachtung ist die Einschätzung, diese Kompetenz sei in hohem Maße erlernbar, in Aufgabenstellungen umsetzbar und der Kompetenzzuwachs sei überprüfbar. Anteilen an Sozial- und Selbstkompetenz werden geringere Werte zugesprochen. Die Sozialkompetenz erreicht in der Befragung einen Mittelwert von 2,7 und die Selbstkompetenz einen Wert von 2,9 bei einem jeweils zu erreichenden Maximum von 4. Vordergrün-

---

[22] vgl. auch Kap. 8
[23] vgl. Abbildung 10

dig ist diese Einschätzung zu teilen. Bei genauerer Betrachtung allerdings sind auch diese Kompetenzanteile für interdisziplinäres Arbeiten von hoher Bedeutung. Dies gilt vor allem dann, wenn man die Bedeutung des fachlichen Perspektivenwechsels betont. Zum einen erfordert die Reflexion der eigenen inhaltlichen und methodischen Perspektive einen Blick auf die eigene Person und den eigenen Zugang zu Fragestellungen. Zum anderen ist die Zusammenarbeit mit anderen Disziplinen fruchtbar nicht ohne Sozialkompetenz zu bewerkstelligen. Problemorientierung und Selbstreflexion erfordern demzufolge alle Kompetenzdimensionen.

Dass die Interdisziplinäre Kompetenz nur bedingt fachspezifisch ist, versteht sich von selbst, auch wenn der ethische bzw. philosophische Zugang zu Problemstellungen sicherlich ein ganz eigener ist. Ein wenig stärker wird diese Kompetenz dementsprechend von den Experten dieser Untersuchung im Fach Ethik verortet, doch erzielt sie mit 92,7 % wie die meisten Kompetenzen hohe Werte bei der Zuordnung zu allen Fächern. Dies gilt auch für die Schulstufen. Hier stimmen 87,8% der Befragten der Einschätzung zu, diese Kompetenz sei für alle Schulstufen relevant. Nur ein geringer Prozentsatz sieht den Schwerpunkt vor allem in der Sekundarstufe II. Wie fast alle Kompetenzen erreicht auch diese einen sehr hohen Wert in der Gesamtbeurteilung ihrer Relevanz. Es wurden 3,8 bei einem erreichbaren Maximum von 4 erzielt.

Die Bedeutung der Kompetenz korrespondiert mit der Ausbildung der befragten Lehrkräfte. 34,1% haben drei oder mehr Angaben zur Herkunft ihrer Kenntnisse in diesem Bereich gemacht. Eine ähnlich große Zahl ergibt sich aus der Summe von Selbststudium (14,6%) und Weiterbildung (17,1%). Hier gehört die Interdisziplinäre Kompetenz mit zu den Spitzenreitern. Dies wird erklärlich durch die hohen Anteile anderer Fachinhalte, die nicht Bestandteil der eigenen Ausbildung gewesen sein müssen, aber für fächerverbindendes und fachübergreifendes Arbeiten erforderlich sind. Hier das eigene Laienwissen auszubauen, scheint ein Bedürfnis vieler Experten gewesen zu sein.

Analog zur Charakterisierung der Interdisziplinären Kompetenz als vorrangig kognitiv-methodisch zeigt sich in der Expertenbefragung, wie bei den ähnlich eingeschätzten Kompetenzen, eine relativ große Sicherheit in Diagnose, Vermittlung und Bewertung, wobei, wie in allen anderen Fällen auch, Diagnose und Bewertung geringfügig schlechtere Werte erzielen als die Vermittlung selbst.

Interdisziplinäres Arbeiten erscheint aus Sicht der Experten also genuin im Selbstverständnis des Faches Ethik und seiner Bezugswissenschaften verankert zu sein. Die Befragung kann der fachdidaktischen Diskussion[24] daher einen Hinweis geben, dass die meisten Experten Ethik nicht, wie die Philosophiedidaktiker es zumeist fordern, ausschließlich als philosophische Bildung sehen, sondern es durch weitere Bezugswissenschaften und deren Themen ergänzt wissen wollen.

---

[24] vgl. Kap. 4

Teil 2 - Kompetenzmodell

Kompetenzraster Interdisziplinäre Kompetenz
Ein Kompetenzraster für die Interdisziplinäre Kompetenz zu erstellen, erweist sich als nicht einfach. Zu unterschiedlich sind die möglichen Fragestellungen, zu groß ist das in Frage kommende Fachspektrum. Trotzdem erscheint die Darstellung einer Entwicklung möglich, die zugleich eine Beschreibung unterrichtlicher Zugänge zu interdisziplinären Fragestellungen impliziert. Berücksichtigt werden muss weiterhin, dass sich interdisziplinäres Denken und Arbeiten durch einen hohen Grad an Transfer auszeichnet und damit mit den höheren Stufen anderer Kompetenzen korreliert. Auf diese Bezüge wird im Folgenden verwiesen.

Über das Einstiegsniveau *Multiperspektivität*, das den Schüler/innen deutlich macht, dass es verschiedene Sichtweisen auf Probleme gibt[25], dass sich Alltags- und Fachperspektiven zum einen unterscheiden, aber auch ergänzen, wird eine Hinführung zum fächerübergreifenden Arbeiten erreicht. Die Bereitstellung von Material verschiedener Fachbereiche und leitender Fragestellungen (A1) bietet die Möglichkeit, ein erstes Bewusstsein für fachwissenschaftliche Perspektivenvielfalt zu wecken. In einem fortgeschrittenen Stadium (A2) sollte es möglich sein, aus angebotenem Material eigene Analysekriterien abzuleiten. Die Lösungsansätze der Einzeldisziplinen können verglichen werden. Die Erkenntnis, dass komplexe Themen, wenn auch disziplinübergreifend, so doch zunächst innerdisziplinär erarbeitet werden müssen, ist grundlegend für die Stufe der *Differenzierung*[26]. Es sollte nun möglich sein (B1), Materialien der an der Lösung beteiligten Fächer zusammenzustellen, zu erarbeiten und einen Lösungsansatz zu entwickeln. Eine weiter entwickelte Kompetenz legt an den Tag, wer in der Lage ist, die an der Antwort auf eine Problemstellung beteiligten Fächer selbst zu bestimmen (B2). Dazu gehört auch, sich selbständig Material zu beschaffen, es aufzubereiten und eine Lösung zu generieren. Spezialisierung und Generalisierung gehen eine Einheit ein. Der eigenständige Perspektivenwechsel sowie dessen Reflexion ist schließlich auf der dritten Niveaustufe *Vernetzung*[27] möglich. Die selbständige Bearbeitung eines interdisziplinären Themas (C1) von der Formulierung der Problemstellung über das Hinzuziehen von Disziplinen und Material bis zur Lösung zeugt von in hohem Maße selbständigem Arbeiten. Die Zugangsweisen der Disziplinen können im Hinblick auf die Tragfähigkeit einer gefundenen Lösung bewertet werden. Ihre Vollendung erreicht diese Kompetenz durch die Reflexion des Perspektivenwechsels (C2). Prinzipien und Methoden der Disziplinen werden reflektiert, Einsicht in Erkenntnismöglichkeiten und Grenzen eines Faches gewonnen sowie Verständnis und Anerkennung anderer Denk- und Handlungsweisen dokumentiert.

---

[25] vgl. Perspektivübernahme, Niveaustufe *Gruppenperspektive* B1/ B2, Kap. 11.2
[26] vgl. Ethische Urteilsfähigkeit, Niveaustufe *Analysieren* B1/B2, Kap. 13.3.
[27] vgl. Perspektivübernahme, Niveaustufe *Selbstdistanzierung* C1/C2, Kap. 11.2.; Textkompetenz, Niveaustufe *Bewertung/ Neues* C1/ C2, Kap. 12.1.; Reflexionskompetenz, Niveaustufe *Metawissen* C1/C2, Kap. 12.4.; Ethische Urteilsfähigkeit, Niveaustufe *Urteilen* C1/C2, Kap. 13.3.; Darstellungskompetenz, Niveaustufe *Präsentieren* C1/C2, Kap. 14.3.

Im Folgenden gibt ein Kompetenzraster noch einmal einen tabellarischen Überblick über die Entwicklung der interdisziplinären Kompetenz. Die Musteraufgaben[28] können nur einen kleinen Einblick in das thematische und methodische Spektrum geben, das zur Erweiterung dieser Kompetenz geeignet ist.

---

[28] vgl. beiliegende CD

Die Schülerin/ der Schüler ...

	A1	A2	B1	B2	C1	C2
	Multiperspektivität		Differenzierung		Vernetzung	
Interdisziplinäre Kompetenz: Wissen aus verschiedenen Fachgebieten reflektiert miteinander verbinden.	... kann Themen aus verschiedenen Perspektiven unter Verwendung von vorgegebenem Material und leitenden Fragestellungen bearbeiten.	... kann Themen aus verschiedenen Perspektiven unter Verwendung von vorgegebenem Material bearbeiten.	... kann komplexe Phänomene als Ganzes erfassen und im Erkenntnisprozess in Einzelkomponenten zergliedern.	... kann Spezialisierung und Generalisierung verknüpfen.	... kann selbständig die an interdisziplinären Problemstellungen beteiligten disziplinären Fragestellungen formulieren und unter Hinzuziehen anderer Disziplinen integrative und vernetzte Lösungsansätze entwickeln.	... kann selbständig über unterschiedliche Zugangsweisen der Fächer und ihren Beitrag zur Problemlösung reflektieren.
Indikatoren (exemplarisch)	... kann • konkrete, phänomenbezogene Erfahrungen bearbeiten • vorgegebenes Material unter einer leitenden Fragestellung auswerten und vergleichen • aus den verschiedenen Ansätzen unter Anleitung einen Lösungsvorschlag entwickeln	... kann • vorgegebenes Material unter selbst gewählten Fragestellung bearbeiten • Lösungen der Einzeldisziplinen vergleichen • eigene Lösungsansätze begründet entwickeln	... kann • Materialien unterschiedlicher Fächer zu einer Problemstellung zusammenstellen • Problemstellungen selbständig erarbeiten • eine eigene Lösung begründet entwickeln	... kann • zur Lösung einer interdisziplinären Fragestellung selbständig die an einer Antwort beteiligten Fächer bestimmen • eine differenzierte Sicht der Problemstellung entwickeln • Materialien projektorientiert aufbereiten • Spezialwissen begründet in einen Zusammenhang stellen	... kann • ein Problem selbständig strukturieren • eine interdisziplinäre Fragestellung erarbeiten • die Positionen der Einzeldisziplinen begründet bewerten • den Arbeitsprozess lösungs- und zielgerichtet organisieren • begründet interdisziplinäre Lösungen entwickeln	... kann • Prinzipien und Methoden der Disziplinen reflektieren • Einsicht in Erkenntnismöglichkeiten und Grenzen eines Faches gewinnen • Verständnis und Anerkennung anderer Denk- und Handlungsweisen dokumentieren

Tabelle 27: Kompetenzraster Interdisziplinäre Kompetenz

12.4. Reflexionskompetenz

„Ist logische Reflexion nicht eher geeignet, den schlafwandlerisch sicher vor sich hin trippelnden Tausendfüßler unseres Denkens durch unnötige Zwischenfragen zum Stolpern zu bringen?"[1]

Reflektierende Urteilskraft

Reflexion ist konstitutiv für das Philosophieren, gilt doch, dass man weniger Philosophie als vielmehr das Philosophieren lernen könne.[2] Ziel des Ethik- und Philosophieunterrichts ist daher nicht die ausschließliche Aneignung von bereits Gedachtem, sondern die selbständige, reflexive Auseinandersetzung mit ethischen und philosophischen Thematiken und die individuelle Positionierung zu diesen Fragestellungen. Dabei ist der Philosophierende zugleich Subjekt und Objekt des Denkprozesses, da der Prozess des Philosophierens nicht vom Philosophierenden zu trennen ist. Intention des Inhalts der Fächergruppe Ethik/ Philosophie ist daher nicht Instruktion, nicht Vermitteln und Einüben von Wissen, sondern eine Begegnung der Personen mit den Wissensinhalten. „Unter Begegnung wird verstanden, dass der Lernende einen persönlichen Dialog mit dem Wissensinhalt aufnimmt."[3] Dies spiegelt sich bereits im Begriff Reflexion, der metaphorischen Ursprungs ist. Er bezeichnet einen reflektierten Lichtstrahl, der zur Lichtquelle zurückgeworfen wird. Reflexion muss also als Verhältnis der Spiegelung aufgefasst werden.[4] Das Denken wird sich selbst zum Gegenstand, im Rückbezug des Denkens auf sich selbst sind Denken und Gedachtes identisch. Reflexion kann somit als eine philosophische Einstellung zur Welt bezeichnet werden, in der das „Selbstverhältnis"[5] kennzeichnend für das Denken ist. Menschen „....verfügen über die Fähigkeit, sich gleichsam zu verdoppeln, ihr Tun denkend-planerisch vorzubereiten und sich durch Reflexion auf ihr Können, ihr Wissen und ihr je aktuelles Tun zu beziehen."[6] Reflexion eliminiert Fehler in unserem Wissensbestand, sie verbessert unsere Handlungseffektivität. Können kann auf diesem Weg durch Reflexion zu Wissen werden. Trotz des hohen Stellenwerts, den kognitive Anteile an diesem Prozess haben, sind auch affektive Elemente konstitutiv für reflexiv handelnde Individuen. „In der Sache selbst ist es also begründet, dass das Nachdenken über Probleme der Reflexion bei allem Anspruch auf Wissenschaftlichkeit doch einen gewissen meditativen Grundton nicht entbehren kann, denn Reflexivität trägt eben jene Momente der Distanz, des Unsicheren, Offenen und der radikalen Fraglichkeit überhaupt an

---

[1] Bayer, Klaus (2007), S.11
[2] vgl. Kap. 4.2.
[3] Ralla, Mechthild (2007), S. 263
[4] vgl. Zimmer, Jörg (2004), S. 7
[5] ebd., S. 8
[6] Neuweg, Georg Hans (2000a), S. 1

sich, die nur im Vollzug der Reflexion erfahren und bestimmt werden können, weil hier das Denken und sein Gegenstand *ab ovo* schlechthin identisch sind."[7] Die reflektierende Urteilskraft ist bestrebt, zu einem gegebenen Besonderen das Allgemeine zu finden, die individuelle und die universale Perspektive miteinander zu verbinden. Somit beinhaltet philosophische Reflexion immer auch geschichtliche Aspekte, d.h. sie ist nicht nur Selbstdenken, sondern immer auch Nach-Denken über das, was man selbst oder andere bereits gedacht bzw. erfahren haben.[8] Dies wird im Unterricht in der Auseinandersetzung mit philosophischen Positionen relevant. Dabei kann und darf es jedoch nicht darum gehen, sich diese Texte im Sinne des Schnädelbachschen ‚morbus hermeneuticus'[9] anzueignen. Vielmehr geht es um ein Nach-Denken, das einen Bezug zwischen der Philosophie und dem reflektierenden Individuum im Unterricht herstellt. Anwendungs- und Erfahrungsbezug sind hier konstitutiv. Denn reflexiv erlebt wird immer nur etwas von jemandem, der bereits andere Erfahrungen zu einem früheren Zeitpunkt gemacht hat. Ein Lebewesen kann auf diese Weise sowohl einen Bezug zu dem herstellen, was es in der Vergangenheit erlebt hat, es kann aber auch auf dieser Grundlage sein Handeln in der Gegenwart sowie seine Zukunftspläne reflektieren. Ihre Reflexionskompetenz versetzt Individuen in die Lage, sich selbst reflexiv zu thematisieren und ihr konkretes Erfahrungshandeln reflektierend zu begleiten, so dass sie Einsichten in ihre eigenen Erfahrungen gewinnen können. Die Auseinandersetzung mit philosophischen Theorien kann diese Selbsterfahrungen konstruktiv begleiten. Vor allem die unterschiedlichen kulturellen und religiösen Erfahrungen der Mitschüler/innen dürfen als eine Bereicherung für den persönlichen Reflexionsprozess verstanden werden, relativieren sie doch unter Umständen eigene Erfahrungen und Positionen und weisen den Weg, sich aus einer anderen Perspektive zu erfahren. Scheinbar Selbstverständliches kann so im Unterricht hinterfragt und neu bewusst gemacht werden.
Reflexion ist in zweifacher Hinsicht als dialogisch aufzufassen. Die Lernenden müssen nicht nur mit anderen Personen, sondern auch mit Inhalten in einen Dialog eintreten, indem sie sich rational und emotional mit den Themen befassen und ihre eigenen Denkwege finden und einschlagen. Während sich die Lernenden zunächst selbständig mit einer Thematik befassen, erleben sie sich an der Lösung philosophischer bzw. ethischer Probleme beteiligt. Reflexion wird so nicht zu einer Angelegenheit von Instruktion oder Meinung, sondern auf den eigenen Denkprozess ausgedehnt.
Ekkehard Martens[10] definiert Reflexion als Kenntnis und Anwendungsfähigkeit philosophischer Methoden. „Das theoretische Wissen und praktische Können der philosophischen Denkmethoden lässt sich auch als philosophische Reflexi-

---

[7] Zimmer, Jörg (2004), S. 6
[8] vgl. Gil, Thomas (1998), S. 11f./ vgl. auch Verhältnis der Basiskonzepte, Abbildung 1
[9] Schnädelbach, Herbert (1981)
[10] vgl. Martens, Ekkehard (2003), S. 58f.

onskompetenz bezeichnen."[11] Die ethische Reflexionskompetenz, die sich auf Moral bezieht, betrachtet er als eine spezifische Form dieser philosophischen Reflexionskompetenz. Sie vollzieht sich nach Martens in fünf Schritten: Auf eine Situations- und Phänomenanalyse folgen Wert- und Deutungsanalyse, Geltungs- und Konfliktanalyse. Abgeschlossen wird der Prozess durch das Fällen eines Urteils und das Formulieren der eigenen Einsicht. Letztendlich versteht Martens unter Reflexionsfähigkeit die vernetzte Anwendung philosophischer Denkrichtungen. Das von ihm beschriebene Methodenparadigma ähnelt allerdings eher der argumentativen Kompetenz.[12] Ein selbstreflexiver Anteil, der meines Erachtens konstitutiv für Reflexion ist, spielt in dieser Darstellung nur eine untergeordnete Rolle. Auf ihn darf aber im Hinblick auf Kompetenzzuwachs nicht verzichtet werden, will man nicht der Sach- und Methodenkompetenz das Monopol zusprechen und der Selbstkompetenz eine untergeordnete Rolle zuweisen. Thomas Gil betont daher auch, dass Menschen grundsätzlich in der Lage sind, das, was sie erkennen und wie sie handeln, zu beurteilen.[13] Personsein ist dadurch gekennzeichnet, dass Personen sich zu sich selbst verhalten, sich selbst reflexiv thematisieren. Durch diese Form des Selbstbewusstseins entsteht ein reflektiertes Verhältnis zum eigenen Leben. Als reflexive Personen sind Individuen ebenso in der Lage, ihre Motivationen und Ziele zu steuern, die sie befähigen, „ein bestimmtes Wollen zu wollen"[14] Sie können sich so gegenüber ihren eigenen Präferenzen verhalten. „Das, was eine Person vielmehr ausmacht, ist die Kompetenz, reflexiv zu wollen, reflexive Wünsche, Interessen und Motive zu haben, was einer reflexiven Selbstevaluationskompetenz gleichkommt, die bei anderen Lebewesen nicht vorhanden ist."[15] Dieses sind gerade für Heranwachsende grundlegende Themen, die im Unterricht der Fächergruppe Ethik/ Philosophie einen zentralen Stellenwert haben.

Zu Recht macht jedoch Philipp Thomas darauf aufmerksam, dass sich nicht alles reflexiv analysieren lässt. Grenzen der Reflexion treten immer dort in Erscheinung, wo Einsicht nur schwer in Handlungen umzusetzen ist.[16] Das, was wir oft am sichersten zu wissen glauben, entzieht sich teilweise der Reflexion.[17] Dies gilt zum einen für Bestandteile unseres Weltbildes, es gilt auch für kontextabhängiges Wissen sowie praktisches Wissen, das nur schwer in Worte zu fassen ist. Deshalb gilt: „Zu einer guten Bildung gehört das Wissen, dass wir nicht wissen, unbedingt dazu."[18] Aufgabe der philosophischen Reflexion ist daher nicht nur die Konstruktion und Rekonstruktion von Wirklichkeitsmodellen, sondern

---

[11] ebd., S. 58
[12] vgl. Kap. 13
[13] vgl. Gil, Thomas (1998) S. 133
[14] ebd.
[15] ebd., S. 134
[16] vgl. Neuweg, Georg Hans (2000a), S. 2/ Thomas, Philipp (2005), S. 125ff.
[17] vgl. auch Girgerenzer, Gerd (2008)
[18] Thomas, Philipp (2005), S. 125

ebenso die kritische Reflexion der Grenzen und Möglichkeiten solcher Modelle. Es geht also auch um „negatives Wissen"[19], d.h. um ein Bewusstsein für die Grenzen des Erkennbaren und Sagbaren und damit um die „Destruktion falscher Gewissheiten"[20]. Dieses Nichtwissen ist nicht als Mangel, sondern als Stärke aufzufassen, denn es liefert lebenspraktische Orientierung. Es hilft, auch die Phänomene ernst zu nehmen, in denen die Überlegenheit des Nichtwissens über das Wissen deutlich wird. Thomas unterscheidet in diesem Zusammenhang Negativität von Nicht-Propositionalität. Negativität wird charakterisiert als die Einsicht in die Grenzen der Selbstbegründung und vollständige Selbsterkenntnis des Subjekts. Damit einher geht das Bewusstsein, dass Wirklichkeitsmodelle und Wirklichkeitskonstruktionen grundsätzlich begrenzt sind. Das Individuum erkennt, dass Subjektivität theoretisch nicht vollständig erfasst werden kann. Wir befinden uns immer schon in Kontexten, aus denen wir uns nicht befreien können und die den Hintergrund all unseres Erkennens, Reflektierens und Handelns bilden.[21] Nicht-Propositionalität dagegen ist dadurch gekennzeichnet, dass sich bestimmtes Wissen gegen die vollständige sprachliche Artikulation sperrt. Es ist jenes Wissen, das sich nicht in Aussagesätzen formulieren lässt bzw. immer einen nicht zu versprachlichenden Rest übrig lässt, der signifikant für dieses Wissen ist. Ein Beispiel bildet das Praxiswissen, das rein sprachlich nicht vermittelt werden kann, sondern das durch Probieren und Üben selbst erworben werden muss. Dies gilt zum Beispiel für das Fahrrad fahren.[22] Es gilt aber unter Umständen auch für eine ethische Haltung. Gutes Handeln wird oft durch Vorbilder gelernt und kann nicht unbedingt versprachlicht werden. Auch intuitives Wissen stößt auf sprachliche Grenzen. Wissen, das nur eine Person von sich haben kann, das nicht verallgemeinerbar ist, z.B. wie es ist, sich frei zu fühlen oder schuldig zu werden, ist ebenfalls subjektiv und sprachlich nur begrenzt zu vermitteln. Gleiches gilt auch für leibliche Phänomene wie Schmerz oder Lust. „*Wissen, nicht zu wissen*, Reflexion und Bewusstsein der Erkenntnis- und Sprachgrenzen [...] meint in der Bedeutung von Nicht-Propositionalität besonders das Wissen um die Möglichkeit besonderer, sprachlich nur unvollkommen vermittelter Wissensformen, mithin (umgekehrt) das Wissen um die engen Grenzen des Konzeptualisierens und modellhaften Begreifens."[23] Diese Grenzen gilt es im Unterricht bewusst zu machen.

Abbildung 34 zeigt noch einmal das Zusammenspiel der verschiedenen Komponenten der Befähigung zur Reflexion.

---

[19] ebd.
[20] ebd.
[21] vgl. Kap. 11 Wahrnehmen und Verstehen
[22] im Folgenden nach: Thomas, Philipp (2005), S. 130
[23] ebd., S. 131

Reflexionskompetenz | 241

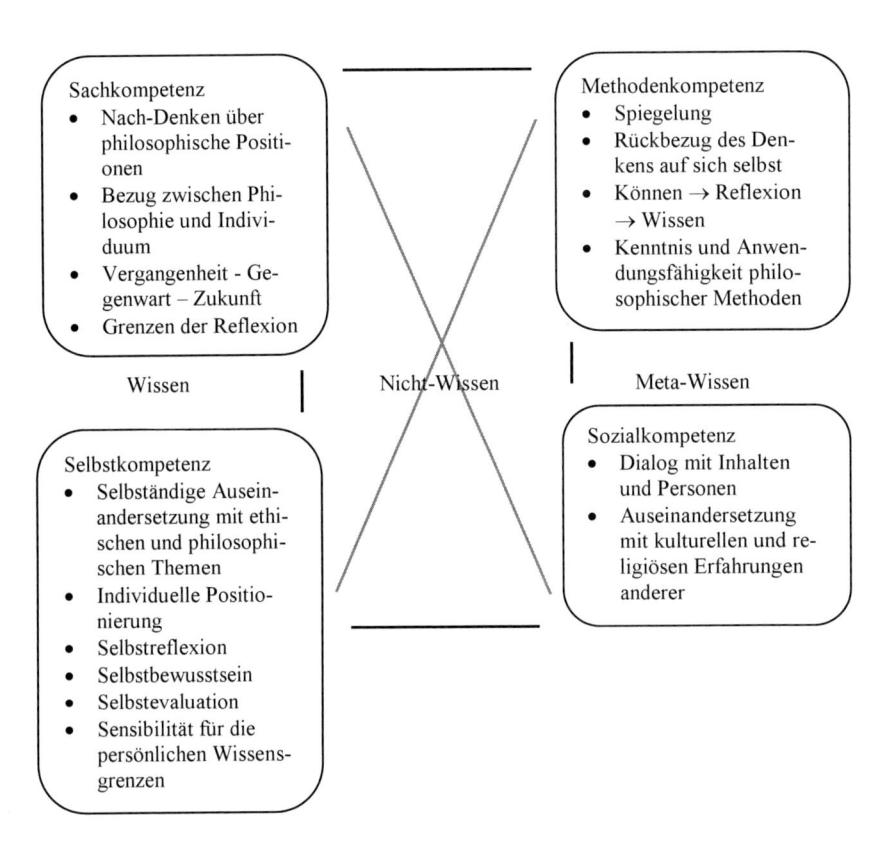

```
┌─────────────────────────┐         ┌─────────────────────────┐
│ Sachkompetenz           │         │ Methodenkompetenz       │
│ • Nach-Denken über      │         │ • Spiegelung            │
│   philosophische Positi-│         │ • Rückbezug des Den-    │
│   onen                  │         │   kens auf sich selbst  │
│ • Bezug zwischen Phi-   │         │ • Können → Reflexion    │
│   losophie und Indivi-  │         │   → Wissen              │
│   duum                  │         │ • Kenntnis und Anwen-   │
│ • Vergangenheit - Ge-   │         │   dungsfähigkeit philo- │
│   genwart – Zukunft     │         │   sophischer Methoden   │
│ • Grenzen der Reflexion │         │                         │
└─────────────────────────┘         └─────────────────────────┘

       Wissen          Nicht-Wissen         Meta-Wissen

┌─────────────────────────┐         ┌─────────────────────────┐
│ Selbstkompetenz         │         │ Sozialkompetenz         │
│ • Selbständige Ausein-  │         │ • Dialog mit Inhalten   │
│   andersetzung mit ethi-│         │   und Personen          │
│   schen und philosophi- │         │ • Auseinandersetzung    │
│   schen Themen          │         │   mit kulturellen und re-│
│ • Individuelle Positio- │         │   ligiösen Erfahrungen  │
│   nierung               │         │   anderer               │
│ • Selbstreflexion       │         │                         │
│ • Selbstbewusstsein     │         │                         │
│ • Selbstevaluation      │         │                         │
│ • Sensibilität für die  │         │                         │
│   persönlichen Wissens- │         │                         │
│   grenzen               │         │                         │
└─────────────────────────┘         └─────────────────────────┘
```

Abbildung 34: Reflexionskompetenz

Reflexion als Kompetenz – Ergebnisse der Expertenbefragung

Die hohe Bedeutung der Reflexion für das Philosophieren im Unterricht der Fächergruppe Ethik/ Philosophie spiegelt sich auch in den Ergebnissen der Expertenbefragung[24]. Wie fast alle Kompetenzen wird die Reflexion als in besonderem Maße relevant (Mittelwert 3,9 bei einem Maximum von 4) für den Unterricht der Fächergruppe angesehen. Erwartungsgemäß wird das Reflexionsvermögen von den befragten Experten vor allem als kognitive Fähigkeit definiert. Dies spiegelt sich in hohen Werten zu Anteilen an Sachkompetenz.[25] Es wurde

---

[24] vgl. Kap. 8
[25] vgl. Abbildung 10

ein Mittelwert von 3,9 bei einem Maximum von 4 erzielt. Die Methodenkompetenz erzielt vergleichbare Werte. Erstaunlich ist es, dass die Selbstkompetenz in der Untersuchung mit 3,1 einen geringeren Mittelwert als die Sozialkompetenz (3,5) erzielt. Da Reflexionsfähigkeit in hohem Maße selbstreflexive Anteile enthält, ist es verwunderlich, dass sich diese nicht in diesem Ergebnis spiegeln. Betrachtet man die Ergebnisse jedoch im einzelnen, wird erkennbar, dass auf die Frage nach Anteilen der Selbstkompetenz 61,0% mit stimme zu und 29,3% mit stimme teilweise zu geantwortet haben. Somit haben 90,3% hier positiv gewertet. Insgesamt erzielt die Reflexionskompetenz somit bei allen Kompetenzanteilen relativ hohe Werte, was den ganzheitlichen Charakter dieser Kompetenz nachhaltig veranschaulicht.

Wie alle Kompetenzen, die stark kognitiv geprägt sind, wird der Reflexionskompetenz von den befragten Experten mit einem Mittelwert von 3,5 ein sehr hoher Wert bei der Frage nach der Erlernbarkeit zuerkannt. Neben den Kompetenzen des Feldes Argumentieren und Urteilen gilt sie zudem, wie der Wert von 3,5 zeigt, als eine für die Fächergruppe besonders charakteristische und fachspezifische Kompetenz.

Die hohen Anteile an Sach- und Methodenkompetenz lassen erwarten, dass diese Kompetenz als gut in Aufgabenstellungen umsetzbar angesehen wird. Die Ergebnisse der Befragung bestätigen dies. Die Messbarkeit des Kompetenzzuwachses erzielt einen Mittelwert von 3,4 und liegt damit im oberen Mittelfeld der Kompetenzen. Einschränkungen sind hier sicherlich auf relativ hohe Anteile an Selbstkompetenz zurückzuführen, die eine Überprüfbarkeit nicht uneingeschränkt ermöglichen. Dass die Reflexionskompetenz in allen Fächern (97,6%) und allen Schulstufen (82,9%) verortet wird, wird durch die zunehmende Literatur zum Thema Philosophieren mit Kindern bestätigt, die es sich zum Ziel setzt, altersunabhängig reflexive Fähigkeiten zu fördern.

Die besondere Bedeutung sowie die Fachspezifik lassen erwarten, dass die befragten Lehrkräfte eine große Sicherheit in den Bereichen Diagnostik, Vermittlung und Bewertung empfinden. Die Ergebnisse bestätigen diese Vermutung. Wie bei allen anderen Kompetenzen wird die größte Sicherheit bei der Vermittlung empfunden. Mit einem Mittelwert von 3,9 erreicht die Reflexionskompetenz die höchsten Werte aller Kompetenzen. Wie die Kompetenzpyramide[26] zeigt, bildet die Reflexion den Kern des Unterrichts der Fächergruppe. Viele Kompetenzen fließen in den Reflexionsprozess mit ein bzw. besitzen reflexive Anteile. Die Reflexion steht also im Zentrum des Unterrichts. Dieser dominierende Anteil zieht eine hohe Sicherheit der Lehrenden nach sich. Auch Diagnose und Bewertung liegen an der Spitze. In keiner Kompetenz fühlen sich die Experten diagnostisch so sicher (Mittelwert 3,6). Und auch die Bewertung (Mittelwert 3,5) wird nur noch von Text- und Sprachkompetenz überboten. Dies ist neben der Bedeutung der Reflexion im Unterricht vermutlich auch mit der Ausbildung

---

[26] vgl. Abbildung 28

der angehenden Lehrkräfte erklärbar. Ein Hauptbestandteil des Philosophiestudiums besteht neben der Lektüre von Texten in der selbständigen Reflexion philosophischer Fragestellungen. Je umfangreicher und langfristiger die eigene Erfahrung mit einer Kompetenz, desto sicherer fühlen sich die Lehrkräfte im Vermittlungsprozess. Die Umfrageergebnisse zur Ausbildung in dieser Kompetenz bestätigen diese Vermutung. Nur Text- und Sprachkompetenz haben noch höhere Werte erzielt, d.h. nur in diesen Kompetenzen fühlen sich die Experten noch besser ausgebildet.

Kompetenzraster Reflexionskompetenz
Reflexionsfähigkeit zeigt sich neben dem Bewusstsein für das eigene *Wissen* sowie dessen Grenzen, also einer Sensibilität für das persönliche *Nichtwissen*, vor allem auf der Ebene des *Metawissens*. In diesen drei Schritten vollzieht sich die Entwicklung der Reflexionskompetenz, wobei, wie bereits angedeutet, andere Kompetenzen in diesem Entwicklungsprozess eine entscheidende Rolle spielen und es diverse Überschneidungen mit den bereits analysierten Kompetenzen gibt.
Die Entwicklung wird vorbereitet durch einen Reflexionsprozess des eigenen *Wissens*. Kann ein Individuum auf der ersten Stufe über Fakten des Alltags, aber auch der Wissenschaft nachdenken (A1), sich in diesem Prozess verorten und diesen Denkprozess beschreiben sowie dessen Ergebnisse formulieren, erweitert sich die Fähigkeit, indem die Lernenden in einen persönlichen Dialog mit den Lerngegenständen eintreten (A2). Sie machen sich ihre rationalen und emotionalen Zugänge zu den Wissensgegenständen bewusst und entwickeln unter Anleitung eigene Denkwege, die sie selbständig dokumentieren. Wahrnehmungskompetenzen spielen in dieser Phase eine entscheidende Rolle.[27]
Sich die Grenzen des eigenen Wissens bewusst zu machen, setzt eine vertiefte Auseinandersetzung mit den eigenen Wissensbeständen voraus. Erst auf der Basis des eigenen *Wissens* kann ein Bewusstsein des eigenen *Nichtwissens* entstehen. Auch dieser Prozess gliedert sich in zwei Stufen. Einsicht in die Negativität eigenen Wissens, d.h. in die Grenzen des Wissens, ist die Basis dieser Entwicklung (B1). Das Bewusstsein des Nichtwissens hat ein orientierendes Potential, indem es sich an der Grenze des Wissens orientiert. Das Nichtwissen wird in das Wissen integriert. Diese Stufe korreliert mit der Wahrnehmung[28], der Perspektivübernahme[29] sowie der Interkulturellen Kompetenz[30]. Eine Einsicht in die Nicht-Propositionalität des Wissens erweitert das Bewusstsein (B2). Hier geht es nicht so sehr darum, die Endlichkeit des Denkens zu erfahren, sondern darum,

---

[27] vgl. Kap. 11.1. Wahrnehmung, Stufe der Analyse (B)
[28] vgl. Kap. 11.1. Wahrnehmung,, Stufe der Reflexion (C)
[29] vgl. Kap. 11.2. Perspektivübernahme, Stufe der Selbstdistanzierung (B)
[30] vgl. Kap. 11.4., Stufe des Verständnisses/ Eigenes (A) sowie Verstehen/ Fremdes (B)

sich anderer Potentiale zu bedienen. Wissen wird durch Empathie ergänzt oder sogar ersetzt.[31]

Diese grundsätzlichen Einsichten ermöglichen es auf der dritten Stufe, *metareflexiv* tätig zu werden und den eigenen Reflexionsprozess einer weiteren Reflexion zu unterziehen. Zunächst kann der eigene philosophische Denk- und Urteilsprozess, der ohnehin schon hohe reflexive Anteile umfasst, unter unmittelbarem Bezug auf erworbenes Fachwissen und philosophische Methoden kritisch-reflektierend überprüft werden (C1). Elemente der Interdisziplinären Kompetenz fließen an dieser Stelle in den Reflexionsprozess mit ein.[32] Seinen Höhepunkt erreicht dieser Entwicklungsprozess durch die Reflexion der eigenen philosophischen Kompetenzen (C2). Die Fähigkeit, für den eigenen Reflexionsprozess geeignete philosophische Denkmethoden begründet auszuwählen und anzuwenden, beinhaltet ein tiefes Verständnis für die Leistungen einzelner philosophischer Methoden. Es setzt die Kenntnis und methodische Kompetenz voraus, philosophische Methoden adäquat anzuwenden. Damit verbunden ist eine Einsicht in die Leistungen und Grenzen einzelner Methoden und Denkrichtungen. Vor dem Hintergrund dieses Wissens können eigene Denk- und Urteilsprozesse mehrstufigen Reflexionsprozessen unterzogen werden.

Das Kompetenzraster zur Reflexionskompetenz gibt noch einmal einen tabellarischen Überblick über die einzelnen Stufen und exemplarische Indikatoren. Musteraufgaben[33] zu verschiedenen Inhalten zeigen methodische Möglichkeiten, die Reflexionskompetenz zu schulen.

---

[31] vgl. Thomas, Philipp, S. 134/ vgl. Kap. 11.3., Stufe des sympathetischen (B2) und moralischen Einfühlens (C)
[32] vgl. Kap. 12.3, Interdisziplinäre Kompetenz, Stufe der Vernetzung (C)
[33] vgl. beiliegende CD

Reflexionskompetenz | 245

Die Schülerin/ der Schüler ...

	A1	A2	B1	B2	C1	C2
	Wissen		Nichtwissen		Metawissen	
Reflexionskompetenz: Unter Anwendung ethischer/ philosophischer Theorien über Gegenstände des alltäglichen und wissenschaftlichen Denkens und Handelns nachdenken, gedankliche Zusammenhänge darstellen und diskutieren.	... kann über alltägliche und wissenschaftliche Fakten nachdenken und die Ergebnisse des Nachdenkens formulieren.	... kann in einen persönlichen Dialog mit Wissensinhalten eintreten	... kann Einsicht in die Grenzen individuellen Wissens gewinnen	... kann ein Bewusstsein für Nicht-Propositionalität von Wissen entwickeln	... kann den eigenen philosophischen Denk- und Urteilsprozess kritisch reflektieren	... kann den eigenen philosophischen Kompetenzerwerb kritisch reflektieren
Indikatoren (exemplarisch)	... kann • sich begründet Rechenschaft über das eigene Wissen ablegen • das eigene Wissen in einen Wissenshorizont einordnen • selbstkritisch das eigene Wissen beurteilen	... kann • Phänomene beobachten, Hypothesen formulieren, schlussfolgern • sich rational und emotional mit einem Lerninhalt befassen • angeleitet individuelle Denkwege entwickeln • Gedanken, Denkschritte, dokumentieren und in Form kurzer Texte formulieren	... kann • Wirklichkeitsmodelle und Wirklichkeitskonstruktionen als grundsätzlich begrenzt verstehen • die Kontexte unseres Erkennens, Reflektierens und Handelns erkennen und an Beispielen erläutern • Erkenntnisgrenzen verschiedener Personen vergleichen	... kann • Erkenntnis- und Sprachgrenzen an Beispielen erläutern • ein Bewusstsein für die Grenzen der Versprachlichung von Praxiswissen, ethischem Handeln, intuitivem Wissen, leiblichen Phänomenen an Beispielen deutlich machen	... kann • unter unmittelbarem Bezug auf erworbenes Fachwissen und philosophische Methoden die eigene Position kritisch- reflektierend überprüfen • den eigenen Denkprozess strukturieren • den eigenen Denkprozess unter Anleitung reflektieren	... kann • für den eigenen Reflexionsprozess geeignete philosophische Denkmethoden begründet auswählen und anwenden • mehrstufige Reflexionsprozesse durchführen

Tabelle 28: Kompetenzraster Reflexionskompetenz

13. Argumentieren und Urteilen

> „Die Bedingungen und Möglichkeiten des Sprechens, Darstellens, Deutens, Erkennens, Denkens, Meinens, Wertens und Handelns sind notwendig interpretativ gestaltet, sind interpretatorisch, interpretationsabhängig."[1]

Der Kompetenzbereich *Argumentieren und Urteilen*[2] beschreibt eine komplexe Fähigkeit, die vielfältige Fundamente besitzt und sich in unterschiedlichen Dimensionen auffächert.
Ethische Urteilskompetenz basiert auf der grundlegenden *Argumentations- und Urteilsfähigkeit* sowie der Fähigkeit zum moralischen Urteil. Die Kompetenz, eine eigene Ansicht zu rechtfertigen und zu begründen, Verantwortung für die eigene Position zu beziehen und diese zu vertreten, ist die Grundlage moralischen und ethischen Urteilens. Wer urteilt, muss in der Lage sein, sich zwischen verschiedenen, seien es vorgegebene oder selbst entwickelte, Positionen zu entscheiden, ein Urteil zu fällen und es in einer Kontroverse zu vertreten. Auf diesen Kompetenzen basieren das *moralische und das ethische Urteil*. Während moralische Entscheidungsprozesse kognitive und affektive Anteile umfassen und vor allem in der Anwendung moralischer Prinzipien auf moralische Dilemmata bestehen, sind ethische Urteile vor allem analytisch.
Moralisches Verhalten ist nicht ohne affektive Elemente denkbar. Voraussetzung sind moralische Ideale, aber auch die Fähigkeit zum *Perspektivenwechsel*[3] und zur *Empathie*[4]. Moralische Handlungen orientieren sich an den Folgen einer Handlung, am eigenen und fremden Wohlergehen. Die Fähigkeit, Normen und Werte auf konkrete Situationen anzuwenden und sich in Konfliktsituationen zwischen konfligierenden Werten zu entscheiden, kennzeichnet die moralische Urteilsfähigkeit. Doch diese Werte können in konkreten Entscheidungsfällen auch strittig sein. Wer ethisch urteilt, prüft und hinterfragt diese Normen und Werte daher im Hinblick auf konkrete Fragestellungen. Er bezieht Interessen und Folgen für einzelne, Teilgruppen oder die Gesellschaft in ein rationales Urteil mit ein, das die Pluralität ethischer Einstellungen berücksichtigt und auf einer Wertehierarchie gründet. In diesem Zusammenhang sind vor allem selbstreflexive Fähigkeiten grundlegend. Hierzu gehören das Wahrnehmen und Bewusstmachen der eigenen Einstellung ebenso wie das Bewusstsein für die moralische Relevanz eines Sachverhaltes.[5] Es ist grundlegend, sich der Quellen der eigenen Einstellungen und des persönlichen Wissens bewusst zu sein. Diese

---

[1] Lenk, Hans/ Maring, Matthias (1997), S. 209
[2] vgl. Kap. 5.5.
[3] vgl. Kap. 11.2.
[4] vgl. Kap. 11.3.
[5] ich folge hier: Reitschert, Katja u.a. (2007), S. 43 - 45

Argumentieren und Urteilen | 247

Kompetenz erfordert eine „innere Distanzierung"[6] von der eigenen Position. Die *Wahrnehmungs*[7]- ebenso wie die *Interkulturelle Kompetenz*[8], aber auch das *Reflexionsvermögen* sind grundlegende Voraussetzungen für diesen Wahrnehmungsprozess. Selbsterkenntnis ist ebenfalls Voraussetzung, um ein Problem überhaupt als moralisch relevant zu identifizieren. Ein zunächst nur indifferentes ablehnendes Gefühl kann den Auslöser für einen umfassenden Reflexionsprozess bilden. Urteilsprozesse verlaufen andererseits nicht losgelöst von Sachwissen und ethischem Basiswissen. Die *Textkompetenz*[9] aber auch das *interdisziplinäre Arbeiten*[10] kommt hier ins Spiel. Sie tragen zur Beschreibung und Analyse der strittigen Sachverhalte bei. Auch *sprachliche Kompetenz*[11] ist erforderlich, um eine Situation deskriptiv zu erfassen, Folgen differenziert darzustellen sowie ein gut begründetes Urteil zu fällen.

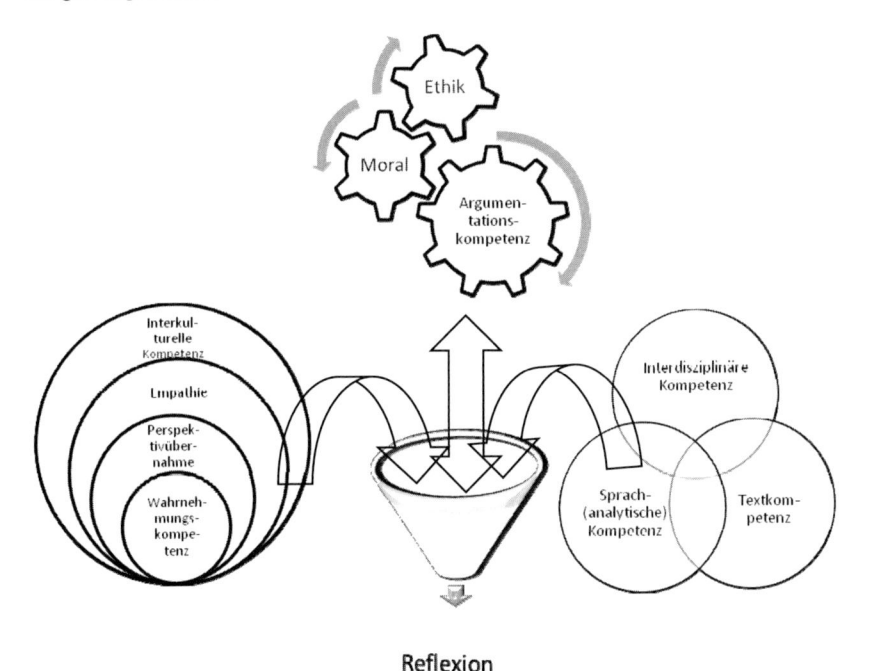

Abbildung 35: Verhältnis der Kompetenzbereiche Wahrnehmen und Verstehen/ Analysieren und Reflektieren/ Argumentieren und Urteilen

---

[6] ebd., S. 44
[7] vgl. Kap. 11.1
[8] vgl. Kap. 11.4
[9] vgl. Kap. 12.1.
[10] vgl. Kap. 12.3.
[11] vgl. Kap. 12.2.

Die Grafik macht deutlich, dass diese Kompetenzen nicht Bestandteile eines statischen Modells sind, sondern curricular immer wieder neu in einen Reflexionsprozess einfließen, der sowohl den affektiven als auch den kognitiven Umgang mit Wahrnehmungs- und Entscheidungsprozessen prägt. Alle diese Kompetenzen fließen in Urteilsprozesse ein, die nicht linear verlaufen, sondern immer wieder durch Wahrnehmung aus neuen Perspektiven beeinflusst, eventuell revidiert und modifiziert werden.

Im Folgenden werden die Kompetenzen des Bildungsstandards *Argumentieren und Urteilen* im Einzelnen dargestellt, die dafür relevanten Ergebnisse der Expertenbefragung analysiert und die Kompetenzen schließlich in einem Kompetenzraster und Musteraufgaben[12] konkretisiert.

---

[12] vgl. beiliegende CD

13.1. Argumentations- und Urteilskompetenz

> „Argumente sind der Dreh- und Angelpunkt des Philosophierens."[1]

Argumentation als soziale Selbstbehauptung

Auch wenn das vorangestellte Zitat als grundlegend für das Philosophieren und als Zielpunkt vor allem des Philosophie-, aber auch des Ethikunterrichts angesehen werden kann, so ist doch im Hinblick auf Unterricht festzuhalten, dass es bei der nun folgenden Darstellung der Argumentationskompetenz nicht um die Definition eines philosophischen Arguments, sondern um die Erläuterung einer Kompetenz gehen muss, die von den Möglichkeiten der Schüler/innen und von unterrichtlichen Gegebenheiten ausgeht. Es ist wünschenswert, den Aufbau einer philosophischen Argumentation in höheren Jahrgangstufen zum Unterrichtsinhalt zu machen,[2] doch gehen dieser Tätigkeit grundlegende Fähigkeiten der Meinungsbildung voraus.

Urteile spielen in unserem Leben eine entscheidende Rolle. Sie umfassen banale Alltagsfragen ebenso wie ethische Entscheidungen. Ein großer Teil unserer Überzeugungen resultiert nicht aus Anschauungen, sondern aus Schlüssen. Schlüsse vollziehen einen Übergang von etwas, das wir wissen oder zu wissen glauben, auf etwas Neues.[3] Oft vollziehen wir diese Schlüsse unbewusst. Die Schlussmechanismen unseres Gehirns funktionieren anders als die argumentative Logik. Wir gelangen von unseren Erfahrungen und Wahrnehmungen möglichst schnell zu wahrscheinlichen Hypothesen, um angemessen zu reagieren. In Alltagssituationen sind langwierige Reflexionen und umfangreiche Argumentationen hinderlich und schnelle Entscheidungen gefragt. Diese geschehen zuweilen, indem wir uns von Ähnlichkeiten leiten lassen. Intuitionen und soziale Beziehungen beeinflussen unsere Schlussfolgerungen. Vor allem im Umgang mit Menschen neigen wir zu Analogieschlüssen, die uns durchaus in die Irre führen können.[4] Gilt dieses Vorgehen schon für Erwachsene, so ist es umso mehr die oft gängige Handlungsweise von Kindern und Jugendlichen. Diese sogenannten Bauchentscheidungen sind individuell. Soll aber jemand anderes überzeugt werden, sind rationale Argumente erforderlich. Dies betrifft auch und vor allem die Schule. Klausuranforderungen in der Oberstufe machen dies besonders deutlich. Auf der Anforderungsebene III[5] sind begründete Stellungnahmen erforderlich. Beurteilt werden können Argumentationsgänge, nicht intuitiv zustande gekommene Entscheidungen. Intuitionen bedürfen daher der Ergänzung durch bewusste, anhand logischer Maßstäbe überprüfbare Argumente. Sprachlich vollzogene

---

[1] Tetens, Holm (2004), S. 9
[2] vgl. Kompetenzraster, Niveaustufe C1 und C2
[3] vgl. Bayer, Klaus (2007), S. 17f.
[4] vgl. ebd., S.22ff., vgl. auch Girgerenzer, Gerd (2008)
[5] siehe Operatorenliste in Kap. 9.5.1.

Argumentationen sind jedoch problematischer und schwieriger als unsere halbbewussten Schlüsse, denn sobald wir unsere Schlüsse jemandem mitteilen, werden wir kritisierbar, angreifbar. „Indem wir argumentieren, gewinnen wir Abstand von der häufig bewundernswerten und nützlichen, bisweilen aber auch höchst eigenmächtigen Dynamik unseres Gehirns."[6] Argumentation muss daher erlernt werden. In der Schule gilt jedoch häufig, dass es erforderlich ist, bereits die Basis einer Argumentation, das Entwickeln und Vertreten einer eigenen Meinung, zu schulen. Kinder und Jugendliche passen sich oft relativ unkritisch einer Gruppenmeinung an.[7] Nicht von ungefähr sind Klausuraufgaben der Anforderungsebene III, die zur selbständigen Reflexion und begründeten Bewertung auffordern[8], sehr anspruchsvoll und werden erst in höheren Jahrgangsstufen gestellt.

Argumentative Auseinandersetzungen zielen auf das Herausarbeiten des Richtigen. Sie dienen dem Versuch, im argumentativen Austausch Lösungen zu finden, die Überzeugung anderer, eventuell auch die eigene Überzeugung zu verändern. „Argumentiert wird sowohl aus einem Wissens- und Orientierungsdefizit heraus als auch aus dem Bedürfnis, den eigenen Standpunkt darzustellen und abzugrenzen."[9] Will ich den Partner von meiner Meinung überzeugen, setzt dies voraus, dass sich der Gesprächspartner auf das Gespräch einlässt. „Argumentieren setzt sowohl Widerstand voraus als auch das Wissen, dass der Widerstand des anderen zugleich zur Disposition steht, also durch bessere Argumente aufgelöst werden kann."[10] Somit liegt der Argumentation die Vorstellung von Gleichberechtigung zugrunde.

Neben dieser Alltagsfunktion nehmen Argumentationen eine zentrale Rolle im philosophischen Denkprozess ein. Während an den Universitäten Argumentation oft mit formaler Logik gleichgesetzt wird, stellt Tetens kritisch fest, dass die Kenntnisse formaler Logik nicht einfach auf das Verständnis und die Analyse eines philosophischen Arguments übertragen werden können.[11] Vielmehr gibt es typisch philosophische Argumentationsmuster, die sich aus den Fragen und Themen der Philosophie ableiten. Argumentieren geht nicht ohne Wissen, das durch die Wahrnehmung der Welt entsteht. Nachdenken und Schlussfolgern tun auch andere Wissenschaftler, z.B. Mathematiker. Der Unterschied hängt mit den Themen zusammen, mit denen sich Philosophen befassen. Immer verfolgen Argumentationen Ziele. Im Falle der Philosophie geht es darum, die Dinge der Welt in Bezug auf das, was sie für den Menschen bedeuten, zu befragen. „Durch die sprachliche Praxis der Argumentation wird immer etwas intendiert, von den Sprechern oder Sprecherinnen und in bezug auf andere, nämlich die Teilnehmer

---

[6] ebd., S. 31
[7] vgl. Kap. 13.2.: Moralische Urteilskompetenz, Stufe B1
[8] vgl. Kap. 9.5.: Operatoren
[9] Vinçon, Inge (2001/2002), S. 15
[10] Ludwig, Otto/ Spinner, Kaspar (2000), S. 17
[11] vgl. Tetens, Holm (2004) S.10f.

Argumentations- und Urteilskompetenz | 251

und Teilnehmerinnen an der argumentativen Kommunikation."[12] Argumentationen sind intentionale und praktische Sprachhandlungen. Als solche haben sie einen öffentlichen Charakter.[13]
Da gerade ethisch relevante Problemstellungen und philosophische Themen oft dialektische Widersprüche enthalten, ist es folgerichtig, dass die Teilnehmer einer Argumentation verschiedene Positionen in Kommunikationsprozessen vertreten. Kopperschmidt versteht Argumentieren in diesem Zusammenhang als „soziokulturelles Artefakt"[14], als gesellschaftliche Kulturleistung, die Gewalt durch Vernunft ablöst. Argumente setzen voraus, dass die Argumentierenden ein gemeinsames Wissen haben, gemeinsame Vorstellungen besitzen, bestimmte Regeln akzeptieren. Daher muss eine Argumentationstheorie neben Elementen der Logik auch solche der Soziologie und der Psychologie umfassen. Demzufolge gilt: „Argumentierenkönnen ist unter sozio-evolutionären Bedingungen des Argumentierenmüssens ebenso sehr eine mögliche Machtressource wie Argumentierenmüssen ein Zwang sein kann, der zwar nicht per se schon eine Garantie für das Vernunftinteresse der Argumentierenden ist, wohl aber die Chancen der Vernunft strukturell vermehrt, indem er Raum schafft für argumentativen Zwang."[15] Argumentative Auseinandersetzungen sind selbst dann sinnvoll, wenn kein Konsens erzielt werden kann, sie zwingen zum Nachdenken, machen die Vorläufigkeit von Entscheidungen bewusst.
Warum also argumentiert man? Argumentationen dienen der Rechtfertigung. Rechtfertigen kann man nur etwas, wofür man verantwortlich ist. Verantwortung bedeutet, dass eine Person auf die Frage nach der „Rechtfertigungsfähigkeit ihres Verhaltens"[16], aber auch des Gültigkeitsanspruches ihrer Urteile eine Antwort geben kann.[17] Über die Berechtigung dieses Verhaltens und Anspruches urteilt nicht nur die Person selbst, sondern auch andere. Daher vergleicht Toulmin Logik und Jurisprudenz.[18] Argumentationen müssen sich vor dem „Gerichtshof der Vernunft"[19] rechtfertigen lassen. Der in einer Behauptung enthaltene Anspruch ähnelt einem Rechtsanspruch. Die Tauglichkeit des Geltungsanspruches hängt von der Tragfähigkeit der Argumentation ab, die man zur Stützung hervorbringt. Deshalb interessieren an Argumentationen nicht nur die Resultate, sondern vor allem die Verläufe und Entwicklungen der Denkoperationen.[20] Dies gilt vor allem in der Schule, wo es nicht darum gehen kann, bestimmte Meinungen in Klausuren abzuprüfen und zu bewerten. Entscheidend ist vielmehr der

---

[12] Gil, Thomas (2005), S. 28
[13] vgl. ebd., S. 31
[14] Kopperschmidt, Josef (2000), S. 8
[15] ebd., S. 29
[16] ebd., S. 35
[17] vgl. Kap. 10.2./ Handlungskompetenz
[18] Toulmin, Stephen (1975), S. 15
[19] ebd.
[20] vgl. Gil, Thomas (2005), S. 32

Denkweg, den die Schüler/innen eingeschlagen haben, um zu ihrem Urteil zu kommen, sowie die Stringenz ihrer Argumentation.

Die Tätigkeit des Argumentierens kann als rechtfertigender und begründender Vortrag von Argumenten für Meinungen und Entscheidungen bezeichnet werden. Sie sind zweigliedrig: Eine Meinung (These, Behauptung) wird durch ein Argument (Begründung) gestützt. Dabei lassen sich verschiedene Formen von Argumenten unterscheiden: es gibt faktische und normative Argumente, Pro- und Contra-Argumente, reale und fiktive Argumente.[21] Während faktische Argumente Tatsachenbehauptungen sind, bestehen normative Argumente aus Werturteilen. Reale Argumente beziehen sich auf die reale Welt und werden demzufolge im Indikativ vorgebracht, fiktive Argumente dagegen nehmen Bezug auf mögliche Welten und stehen im Konjunktiv. Argumente sind abhängig vom Kontext, in dem sie vorgebracht werden.

Argumentieren gelingt am besten, wenn eine gemeinsame Lebenswelt geteilt wird, an die man in der Argumentation anknüpfen kann. Ohne Rückbindung an die Lebenswelt ist keine argumentationspraktische Kompetenz denkbar. Die verwendeten Prämissen sind z.T. abhängig von politischen und moralischen Ansichten und Interessen. Argumentationen stellen daher immer auch einen beabsichtigten oder unbeabsichtigten Schritt zur Durchsetzung eines Weltbildes dar, da ihre Prämissen immer schon ein Weltbild voraussetzen, das nicht objektiv und neutral ist. Von daher sind Argumentationen immer auch ein Kräftemessen der beteiligten Weltbilder. „Wer argumentiert, übt Macht aus; auch die friedlichste Argumentation verweist auf eine Konkurrenz zwischen den Weltbildern der Beteiligten."[22] Somit wird Argumentierenkönnen zu einem elementaren Machtfaktor.

Wie kann man nun Argumentieren lernen? „Entgegen aller vollmundigen Versprechungen einschlägiger Publikationen lernt man Argumentieren nicht durch theoretisch oder analytisch interessierte Beobachtungen von Argumentationen; Argumentieren lernt man durch praktisches Argumentieren."[23] Man argumentiert nur, wenn man dazu genötigt wird, d.h. Argumentation ist in Situationen sozialer Selbstbehauptung angesiedelt. Argumentationen verwenden in der Regel nicht die äußere Form des Syllogismus, da wir ihn als redundant empfinden.[24] Oft muss man in Argumentationszusammenhängen die Stützung eines Arguments weiter stützen. Es reicht jedoch nicht aus, zu wissen, welche Struktur eine Argumentation hat. Argumentationen setzen weitere komplexe Fähigkeiten voraus. Für Ludwig/ Spinner gehören dazu die Teilfähigkeiten Mut, Verbindlichkeit, Zweifel, Urteilsfähigkeit, Einfallsreichtum, Kreativität, Perspektivenübernahme, Begriffsanalyse, Einsatz sprachlicher und nichtsprachlicher Mittel,

---

[21] vgl. Kienpointer, Manfred (1996), S. 83ff., /Gil, Thomas (2005), S. 17-19
[22] Bayer, Klaus (2007), S. 66
[23] Kopperschmidt, Josef (2000), S. 133
[24] vgl. Ludwig, Otto/ Spinner, Kaspar (2000), S. 17

Abwehr unfairer Taktiken und Rücksichtnahme.[25] Für Vinçon ist das Argumentieren ein Baustein beim Erwerb einer umfassenden verbalen Interaktionsfähigkeit, die sich aus kommunikativer und rhetorischer Kompetenz sowie interaktiver Kompetenz zusammensetzt.[26] Bestandteile der kommunikativen und rhetorischen Kompetenz sind das Erkennen und Einsetzen der Darstellungsmittel der Argumente, das Bewusstmachen rhetorischer Mittel, die Fähigkeit, Argumente auf den Punkt zu bringen, klar und präzise zu formulieren, verschiedene Abstraktionsniveaus anzuwenden sowie plausibel zu begründen. Hinzu kommt die verbale Interaktionsfähigkeit. Sie besteht aus Fähigkeiten und Kenntnissen zur verbalen Interaktion, Konfliktfähigkeit, Teamfähigkeit, kommunikativer Selbsterfahrung, vernetztem Denken und Sprechen sowie Kreativität. Alles in allem also eine höchst komplexe Fähigkeit, deren Erlernen sich nicht in der Analyse der Argumentationsstruktur von Texten erschöpfen kann, sondern vielfältige Situationen des Argumentierens erforderlich macht. Für Schüler/innen ist eher ein rhetorischer als ein philosophisch-logischer Zugang zum Argumentieren erforderlich.[27] Dabei kann der Konsens nicht unbedingt das erstrebenswerte Ziel des Unterrichts sein, denn „Konsensorientierung als oberstes Ziel kann zu einem bedenklichen Werte-Relativismus führen."[28] Schüler/innen müssen lernen, eine eigene Position auch gegen mögliche Widerstände zu vertreten. Sie müssen einen ausgewogenen Weg zwischen überzeugt sein und überzeugt werden finden. Das Verweigern von Konsens bedeutet dementsprechend nicht automatisch, auf rationale Verständigung zu verzichten. Alternativen sind Kompromiss und Abstimmung. Doch auch das will gelernt sein.

Schriftliches Argumentieren ist eine Sonderform der Beweisführung. Da Argumentationen immer einen dialogischen Charakter haben, ist es sinnvoll, Texte mit konkretem Adressatenbezug verfassen zu lassen. Die bisherige Didaktik der Argumentation war oft zu einseitig, da sie nicht vom dialogischen Argumentieren ausging, sondern auf „Modelle des einzelnen Arguments"[29] zurückgriff. „Argumentieren zu lernen bedeutet, in jeder Sprachsituation kreativ denken und in komplexen Zusammenhängen sprechen zu können."[30] Dazu ist es erforderlich, kommunikative und argumentative Fähigkeiten zu erwerben, die in der Sprachhandlung flexibel kombiniert werden. „Sprachproduktive" und „sprachreflektierende"[31] Elemente müssen kombiniert werden.

Argumentationsprozesse werden durch Urteile abgeschlossen. Ein Urteil liegt dann vor, „wenn eine Stellungnahme zu einer Frage rational begründet werden

---

[25] vgl. ebd., S. 18-21
[26] vgl. Vinçon, Inge (2001/2002), S. 15
[27] vgl. ebd., S. 21
[28] ebd.,
[29] Vinçon, Inge (2001/2002), S. 14
[30] ebd., S. 17
[31] ebd.

kann."[32] Der Fachunterricht muss die sachdienlichen Kenntnisse vermitteln, die die Grundlage eines fundierten Urteils bilden. „Die Minimalanforderung an ein Urteil ist also die Verbindung einer eigenen Position (Zustimmung, Ablehnung, Differenzierung) mit einer schlüssigen, sachgerechten Begründung zu einer zu beurteilenden Frage bzw. zu einem zu beurteilenden Problem."[33] Zusammenfassend lässt sich feststellen, dass das Ziel des Unterrichts also nicht im Erreichen eines bestimmten Ergebnisses, sondern in der Initiierung eines Denk-, Argumentations- und Urteilsprozesses besteht.

Wie die erläuterten Komponenten zusammenspielen, zeigt noch einmal die folgende Grafik im Überblick.

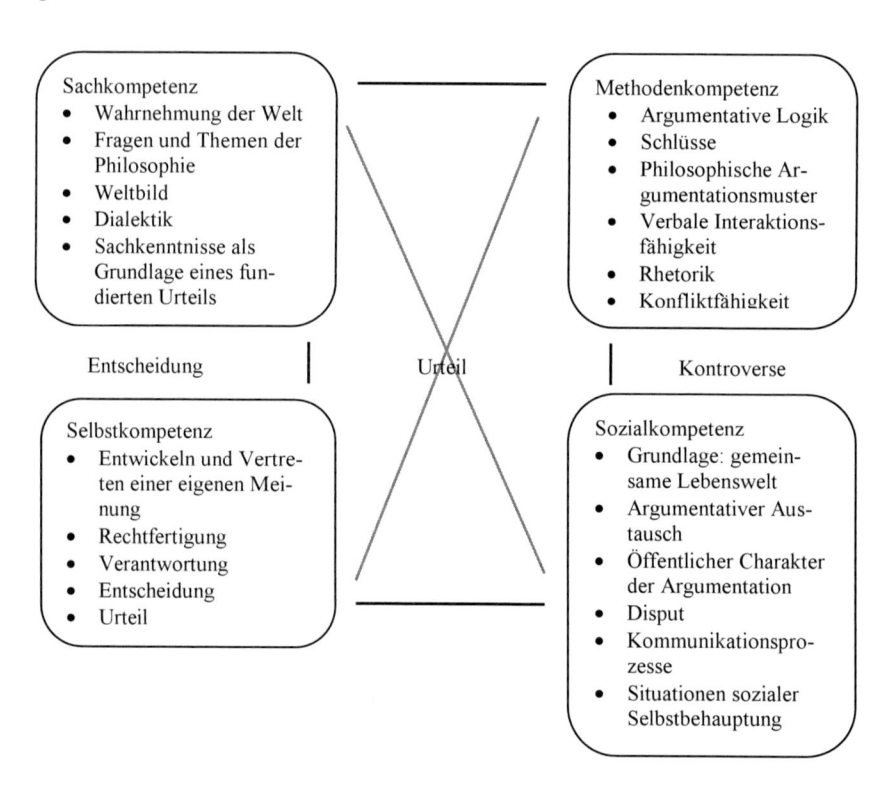

Sachkompetenz
- Wahrnehmung der Welt
- Fragen und Themen der Philosophie
- Weltbild
- Dialektik
- Sachkenntnisse als Grundlage eines fundierten Urteils

Methodenkompetenz
- Argumentative Logik
- Schlüsse
- Philosophische Argumentationsmuster
- Verbale Interaktionsfähigkeit
- Rhetorik
- Konfliktfähigkeit

Entscheidung | Urteil | Kontroverse

Selbstkompetenz
- Entwickeln und Vertreten einer eigenen Meinung
- Rechtfertigung
- Verantwortung
- Entscheidung
- Urteil

Sozialkompetenz
- Grundlage: gemeinsame Lebenswelt
- Argumentativer Austausch
- Öffentlicher Charakter der Argumentation
- Disput
- Kommunikationsprozesse
- Situationen sozialer Selbstbehauptung

Abbildung 36: Argumentations- und Urteilskompetenz

---

[32] Kayser, Jörg/ Hagemann, Ulrich (2005), S. 37
[33] ebd., S. 30

Argumentation als Kompetenz – Ergebnisse der Expertenbefragung

Der Kompetenzbereich *Argumentieren und Urteilen* gilt den Experten der empirischen Untersuchung[34] als Kern des Ethik- und Philosophieunterrichts. Obwohl die moralische und die ethische Urteilskompetenz für die Befragten noch eine größere Relevanz besitzen, ist doch auch die Argumentationskompetenz von besonderer Bedeutung. Dies spiegelt sich in den Ergebnissen der Befragung. Argumentieren wird von den Experten in der durchgeführten Befragung als kognitive Kompetenz mit hohen sozialen und personalen Anteilen verstanden. Die Werte für Sachkompetenz (3,9), Methodenkompetenz (3,8), Selbstkompetenz (3,4) und Sozialkompetenz (3,6) bei einem erreichbaren Maximum von 4[35] belegen diese Einschätzung. Damit erzielt die Argumentationskompetenz neben der Reflexionskompetenz die höchsten Werte im Bereich Sach- und Methodenkompetenz. Argumentation ist immer auf Fachwissen angewiesen, dessen überzeugende argumentative Wirkung von methodischen Fertigkeiten abhängt. Die sich in Argumentationen spiegelnden persönlichen Werturteile sind ein bedeutendes Fundament für eine Urteilsbildung. Da Argumentationen immer auf einen Adressaten bezogen sind, ist auch die Sozialkompetenz von großer Wichtigkeit. Es müssen also alle vier Teilkompetenzen in hohem Maße miteinander verknüpft werden, um von einer Argumentationskompetenz sprechen zu können. Da kognitive, soziale, sprachliche und kommunikative Lernprozesse aufeinander bezogen sind, „bedeutet [dies] einen engen Verbund aus ethischen, politischen und sozialen Lernzielen"[36]

Wie alle Kompetenzen mit großen kognitiven Anteilen wird auch der Argumentationskompetenz von den Experten beschieden, dass sie unproblematisch in Aufgabenstellungen umsetzbar (3,7) ist. Dies ist der zweithöchste Wert, der bei dieser Frage erreicht wurde, nur noch übertroffen von der Textkompetenz. Vergleichbares gilt für die Messbarkeit (3,5), die ebenfalls nur von der Textkompetenz überboten wird. Wenn auch die Erlernbarkeit der Argumentationskompetenz in der Befragung mit 3,0 den dritthöchsten Wert hinter der Reflexionsfähigkeit und der Textkompetenz erzielt, ist dies doch ein deutlich geringerer Wert, als die hohen kognitiven Anteile und die als unproblematisch eingeschätzte Vermittelbarkeit vermuten lassen. Die Einschränkungen lassen sich vermutlich auf die hohen personalen und sozialen Anteile zurückführen, auf die Lehrkräfte nur einen bedingten Einfluss haben. Haltungen und Einstellungen haben einen maßgeblichen Anteil an einer gelingenden Argumentation. Sie sind jedoch nur teilweise vermittelbar, denn sie hängen auch von persönlichen Erfahrungen ab.

Die Fachspezifik wird der Argumentationskompetenz von den Befragten zu Recht nur eingeschränkt (Mittelwert 3,0) zugestanden, ist das Argumentieren

---

[34] vgl. auch Kap. 8
[35] vgl. Abbildung 10
[36] Vinçon, Inge (2001/2002), S. 18

doch eine zentrale Tätigkeit in vielen Fächern. Erst die spezifischen Ausprägungen moralischen und ethischen Urteilens gelten als genuin fachspezifisch. Die Bedeutung der Argumentationskompetenz für viele Fächer spiegelt sich auch in der Zuordnung zu den Fächern und Schulstufen. Nur 4,8% der Befragten[37] ordnen diese Kompetenz nicht allen Fächern zu, sie verorten die Argumentationskompetenz in der Philosophie. 92,7% der befragten Experten sehen eine Relevanz für alle Schulstufen, eine Person möchte die Argumentationskompetenz ausdrücklich schon in der Grundschule vermitteln. Dies korrespondiert mit der Bedeutung, die dieser Kompetenz insgesamt zugemessen wird. Hier erzielt sie einen Wert 3,9 bei einem erreichbaren Maximum von 4.

Die hohe Bedeutung der Argumentationskompetenz, die die Experten konstatieren, lässt eine große Sicherheit in der Vermittlung dieser Kompetenz erwarten. Die Ergebnisse der Befragung bestätigen diese Erwartung. Hohe Werte für Diagnostik (3,4), Vermittlung (3,7) und Bewertung (3,4) korrespondieren mit der Beobachtung, dass bei vor allem als kognitiv, aber auch ganzheitlich charakterisierten Kompetenzen generell eine große Vermittlungssicherheit besteht. Neben der Bedeutung dieser Kompetenz für viele Fächer und dem entsprechenden Erfahrungsschatz resultiert diese Sicherheit auch aus der Ausbildung der befragten Lehrkräfte. Nach der Text- und Sprachkompetenz steht die Argumentationskompetenz neben der Reflexion und dem moralischen Urteil an zweiter Position in der Ausbildungsrangfolge. Die eigene langjährige Erfahrung gibt Sicherheit und macht eine umfangreiche Weiterbildung und ein Selbststudium nur für wenige Experten erforderlich.

Kompetenzraster Argumentations- und Urteilskompetenz

Im Zentrum der modernen Argumentationsforschung steht nicht mehr das Finden einer Lösung, sondern das Erarbeiten des Wissens bzw. die Beschreibung des Argumentationsprozesses[38]. Gefördert werden müssen unterschiedliche Teilfähigkeiten. Verschiedene Methoden sind geeignet, den jeweiligen Lernprozess zu befördern. Abhängig sind die unterrichtlichen Methoden von der jeweiligen Argumentationsfähigkeit der Lerngruppe.

Argumentationsfähigkeit beginnt mit der Befähigung, eine *Entscheidung* fällen zu können.[39] Diese Fähigkeit basiert auf ersten Stellungnahmen mit Begründungsversuchen (A1). Diese sind jedoch zumeist noch recht pauschal. Die Argumentation ist kaum komplex, die Formulierungen sind wenig differenziert. Begründungen werden oft erzählend in Form von Beispielen oder Geschichten gegeben. Ab ca. der 7. Klasse wird beschreibend argumentiert. Ein höherer Abstraktionsgrad ist in diesem Alter noch nicht zu erkennen. Entscheidungen kön-

---

[37] Dies entspricht zwei Befragten.
[38] vgl. Vinçon, Inge (2001/2002), S. 16
[39] im Folgenden nach: ebd. S. 11ff.

Argumentations- und Urteilskompetenz | 257

nen jedoch angeleitet zwischen wenigen Alternativen getroffen werden. Fortgeschritten Argumentierende (A2) sind in der Lage, eine Entscheidung zwischen wenigen vorgegebenen Positionen zu treffen und diese angemessen zu begründen. Gegenargumente werden jedoch noch nicht hinreichend berücksichtigt, das selbstständige Finden eigener Lösungen gelingt selten. Auf der Niveaustufe *Urteil* gelingt es den Schüler/innen, eigene Lösungen zu entwickeln. Abstraktion und Kooperation zu verknüpfen, ist jedoch noch kaum möglich. Die erste Stufe (B1) ist eng mit dem eigenen Erfahrungsbereich verknüpft. Stellungnahmen können zwar bereits auf die der Mitschüler bezogen werden, die Begründungen sind plausibel und verständlich formuliert, es fehlt jedoch eine abstrahierende Schlussfolgerung. Auf der nächsten Ebene (B2) gelingt auch dieser Schritt, doch fällt es schwer, auf der Ebene der Abstraktion Bezüge zu den Argumenten anderer herzustellen. Die Ebene *Kontroverse* schließlich vereinigt Abstraktion und Kooperation. Schüler/innen, die sich auf diesem Niveau bewegen (C1), argumentieren elaboriert, präzise und kohärent. Sie verwenden verschiedene Argumentationsstrategien und kommen zu einer plausiblen Schlussfolgerung, die auch Abstraktionen einbezieht. Eine voll ausgeprägte Argumentationskompetenz zeichnet sich dadurch aus, dass auch Metakommunikation möglich ist. Die Schüler/innen auf dieser Ebene handeln zugleich kooperativ und interaktiv. Sie können eigene und fremde Argumentationsprozesse reflektieren, Argumentationslücken und Widersprüche aufdecken und sind bereit, sich gegebenenfalls zu korrigieren.

Die Argumentationskompetenz wird im Folgenden in einem Kompetenzraster noch einmal überblickartig konkretisiert, mit exemplarischen Indikatoren verdeutlicht und anschließend in Musteraufgaben illustriert.

Die Schülerin/ der Schüler …

	A1	A2	B1	B2	C1	C2
	Entscheidung		Urteil		Kontroverse	
Argumentations- und Urteilskompetenz: Sich mit eigenen und fremden Positionen kritisch auseinander setzen, widerspruchsfrei und begründet argumentieren und differenziert urteilen.	… kann eine Stellungnahme mit ersten Begründungsversuchen formulieren	… kann eine begrenzte Argumentation begründet vertreten	… kann eine Argumentation aus der Perspektive der eigenen Erfahrung vollziehen	… kann in einer Argumentation ein gut begründetes Urteil fällen	… kann die persönliche Stellungnahme mit den Argumenten der gegnerischen Position verbinden und interaktiv argumentieren	… kann den Argumentationsprozess reflektieren
Indikatoren (exemplarisch)	… kann • aus einer begrenzten Anzahl von Möglichkeiten eine begründete Auswahl treffen. • Argumente von geringer Komplexität formulieren • einfache Entscheidungen fällen, wenn sie/ er dazu angeleitet wird	… kann • sich zwischen wenigen vorgegebenen Positionen bescheiden. • eine Argumentation ohne Berücksichtigung der Gegenargumente formulieren • die eigene Meinung gut begründet darlegen	… kann • die eigenen Argumente mit den Argumenten anderer verbinden • plausibel und verständlich argumentieren • eine konkrete, auf eine spezielle Situation bezogene Schlussfolgerung ziehen	… kann • verschiedene Argumentationstechniken verknüpfen • eine stringente Argumentation entwickeln • das eigene Urteil differenziert begründen	… kann • die Qualität von Argumenten unterscheiden • Argumente abwägen • Argumente der Gegenposition akzeptieren, reflektieren • zu einem gut begründeten Urteil kommen, dieses auch gegen Widerstände vertreten	… kann • eigene und fremde Argumentationen analysieren • Argumentationslücken und Widersprüche konstruktiv aufdecken • die Bereitschaft zeigen, sich gegebenenfalls zu korrigieren

Tabelle 29: Kompetenzraster Argumentations- und Urteilskompetenz

13.2. Moralische Urteilsfähigkeit

> „Die Notwendigkeit des moralischen Argumentierens ergibt sich daraus, dass immer weniger unstrittige moralische Inhalte als Lehrstücke zur Verfügung stehen, so dass um sie durch Argumentieren gerungen werden muss."[1]

Moral als Urteils- und Handlungsfähigkeit
Moralforschung ist ein Forschungsgebiet, das im Grenzbereich von Psychologie und Philosophie zu verorten ist. Sie befasst sich mit der Unterscheidung zwischen Sein und Sollen.[2] Bevor differenzierter über moralische Urteilsfähigkeit und ihre Bestandteile sowie Determinanten gesprochen werden kann, muss geklärt werden, was unter Moral im Zusammenhang mit Kompetenzerwerb zu verstehen ist. Moral wird in dieser Beziehung nicht nur als eine Frage der richtigen Einstellung und Werthaltung, sondern als eine Fähigkeit aufgefasst.[3] Auch wenn am Anfang „die skeptische Bewusstseinshaltung [...] jeder moralischen Reflexion als eines Nachdenkens über bislang vermeintlich selbstverständliche Gewohnheiten und Regelmäßigkeiten"[4] steht, hängt moralisches Verhalten doch nicht nur von moralischen Idealen und Vorsätzen ab, sondern davon, diese im Alltag „konsistent und differenziert"[5] anzuwenden. Moral ist demnach weder gleichzusetzen mit Normkonformität, noch ist es eine reine Gesinnungs- und Gewissensorientierung.[6] Vielmehr ist Moral als Fähigkeit zu definieren „[...] in Bezug auf die eigenen moralischen Ideale konsistent und in Bezug auf die jeweilige Situation angemessen (differenziert) zu urteilen und zu handeln".[7] Unterricht darf daher auch kein Gesinnungsunterricht sein, der Bekenntnisse einfordert. Vielmehr zielt er auf die Befähigung, eine mit dem eigenen Gewissen konsistente und begründete Entscheidung zu fällen.
Eine moralische Fähigkeit schließt Affekte in Form moralischer Ideale und Motivationen sowie Kognitionen, verstanden als moralische Fähigkeiten, ein. Beides sind „unterscheidbare, aber untrennbare Aspekte ein und desselben Verhaltens"[8]. Moralische Prinzipien und Ideale sind demnach eine Voraussetzung für moralisches Verhalten. Eine Person, die keine moralischen Prinzipien besitzt, wird sich nicht bemühen, moralisch zu handeln. Ihr würde jeder innere Maßstab fehlen, an dem sie ihr Verhalten ausrichten könnte. Das völlige Fehlen eines moralischen Maßstabs, in der Psychologie Anomie genannt, gibt es nur bei schwer psychisch Erkrankten.[9] „Die meisten Menschen haben, so ist zu vermuten, mo-

---

[1] Veraart, Heinz-Albert (2003), S. 199
[2] vgl. Boyd, Dwight R. (1996), S. 181f.
[3] vgl. Lind, Georg (2003), S. 18
[4] Breun, Richard (2003), S. 19
[5] Lind, Georg (2003), S. 18
[6] vgl. ebd., S. 33f.
[7] ebd., S. 33
[8] ebd., S. 41
[9] vgl. ebd., S. 42

ralische Ideale und Werte."[10] Das bedeutet, dass es selbst unter Straftätern ein Moralbewusstsein gibt. Unmoralisches Verhalten beruht dementsprechend nicht auf der Abwesenheit moralischer Prinzipien, sondern auf der Unfähigkeit, konsistent zu den eigenen Überzeugungen zu handeln. Aber erst wenn Einstellung und Handlung korrelieren, spricht Kohlberg von moralischer Urteilsfähigkeit, die er definiert als „das Vermögen, Entscheidungen und Urteile zu treffen, die moralisch sind, das heißt, auf inneren Prinzipien beruhen, und in Übereinstimmung mit diesen Urteilen zu handeln."[11] Eine affektive Bindung an moralische Ideale und Prinzipien ist also eine Voraussetzung für eine entwickelte Moralität. Moralischen Handlungen gehen moralische Entscheidungsprozesse voraus. Diese sind vielschichtig. Sie basieren auf der Wahrnehmung moralischer Verpflichtungen, dem Verbindlichkeitsgrad aktualisierter Regeln, der Einschätzung eigener und fremder Verantwortlichkeit und Kompetenz sowie der Erwartung von Handlungsausgängen und der Valenz unterschiedlicher Handlungsfolgen.[12] Moralische Entscheidungen werden in komplexen Konfliktlagen unter Beteiligung solcher Komponenten stets aufs Neue konstruiert. Dementsprechend können Interventionen in moralische Entscheidungsprozesse prinzipiell an allen Determinanten ansetzen. Während moralische Handlungen nur bedingt Unterrichtsinhalt sein können, ist es durch geeignete Methoden wie Dilemmadiskussionen möglich, das Fällen moralischer Entscheidungen zu schulen.

Harman[13] vergleicht naturwissenschaftliche und moralische Wahrnehmungen. In beiden Fällen werden zur Erklärung und Beurteilung von Einzelfällen allgemeine Prinzipien herangezogen, die den Maßstab für ein Urteil bilden. Trotz dieser scheinbaren Ähnlichkeit unterscheiden sich wissenschaftliche und ethische Urteile. Als Vergleichspunkte für diese Erläuterung dienen Harman die physikalische Beobachtung einer Dunstspur, die als Vorhandensein einer Protonenbewegung interpretiert wird, sowie die Beobachtung von Kindern, die eine Katze quälen. Im Falle der physikalischen Beobachtung gilt, dass naturwissenschaftliche Phänomene vor dem Hintergrund einer vorhandenen naturwissenschaftlichen Deutung beobachtet und interpretiert werden. Das Beobachtete kann die zu Grunde gelegte Theorie verifizieren oder falsifizieren. „Im wissenschaftlichen Fall wird die Theorie an der Welt überprüft."[14] Harman betont zu Recht, dass es nur eine vordergründige Kohärenz zwischen physikalischen und moralischen Beobachtungen gibt. Er erklärt dies damit, dass „die Tatsache, dass Sie gerade diese moralische Beobachtung gemacht haben, [...] keine Evidenz über moralische Tatsachen, sondern nur über Sie und Ihre moralische Empfindlichkeit dar-

---

[10] ebd.
[11] Kohlberg, Lawrence (1964): Development of moral charakter und moral ideology, in: Hoffman, M.L./ Hoffman, L.W. (Hrsg.): Review of Child Development Research, Vol. 1, Russel Sage Foundation, New York, S. 381-431, S. 425, zitiert nach Lind, Georg (2003), S. 46
[12] vgl. Montada, Leo (1980), S. 247
[13] Harman, Gilbert (1981), S. 16
[14] ebd.

zustellen" scheint.[15]. Zu unterscheiden sind also Beobachtungen einer moralisch falschen Handlung sowie die Beobachtung der eigenen moralischen Prinzipien, die das persönliche Werturteil bestimmen. Die einen lassen sich direkt wahrnehmen, die anderen nicht. „Moralische Prinzipien scheinen nicht zur Erklärung dessen beizutragen, warum man beobachtet, was man beobachtet."[16] Breun ergänzt und korrigiert diese Überlegungen, indem er zu Recht darauf aufmerksam macht, dass moralische Beobachtungen anders strukturiert sind als naturwissenschaftliche.[17] In der Moral müssen wir nicht nur schließen, sondern wir sehen, dass ein Tun falsch ist. Daher liegt der Auslöser unserer Reaktion eher in unserem Gefühl als in der Falschheit der Handlung selbst. Unsere Wahrnehmung einer Situation wie der von Harman angenommenen Tierquälerei ist mehr als sinnliche Erfahrung, sondern vielmehr „Gehalt einer Erfahrung, die mit einer Deutung und Wertung verbunden zu sein scheint"[18]. Wir verhalten uns reflexiv zu dem, was wir sehen, d.h. wir deuten und bewerten das Gesehene. Dies geschieht nicht im Nachhinein, sondern zeitgleich, es äußert sich im Spüren, in Ablehnung oder Akzeptanz. Mit der Wahrnehmung ist eine Selbstwahrnehmung verbunden, die an eine konkrete leibliche Situation gebunden ist. „Die Situation mit ihrer spezifischen Atmosphäre beeinflusst den Gefühlsmodus in moralischer Hinsicht."[19] Ein Betrachter wendet nicht eine moralische Theorie auf die beobachtete Situation an, sondern er erfasst sie ganzheitlich, indem er in die Situation und ihre Atmosphäre hineingezogen wird. „Die moralischen Gefühle drücken die moralische Haltung einer Person aus, diese Gefühle sind somit für eine moralische Situation und die Bedeutung des ‚moralischen Sollens' konstitutiv."[20] Dies ist nicht mit Beobachtungen im naturwissenschaftlichen Bereich vergleichbar. Hier geht es, unabhängig vom konkreten Betrachter, um ein Denken, dem eine Theorie zugrunde liegt. Der naturwissenschaftliche Beobachter ist austauschbar. Selbstwahrnehmung ist für ihn nicht relevant und befördert das wissenschaftliche Urteil nicht. Der moralische Beobachter dagegen erkennt, dass er zu der beobachteten Wirklichkeit gehört, er reflektiert sich in Bezug auf diese Realität und kann nicht losgelöst von ihr betrachtet werden. „Wenn man aber ‚Moralisches Urteilen' als Konstruktion und Evaluation moralischer Entscheidungen betrachtet, dann ist es viel mehr als Regelkenntnis. Alles, was ein Handelnder in seine Entscheidungen einfließen lässt, mag auch ein Beobachter bedenken oder eine Person, der man eine moralische Konfliktsituation vorgibt […]. Handelnder und Beobachter unterscheiden sich nur durch den Grad der Ichbeteiligung."[21] Daher lassen sich auch moralische Urteile zum Unterrichtsgegenstand machen.

---

[15] ebd., S. 18
[16] ebd., S. 19
[17] ich folge hier: Breun, Richard (2003), S. 78-83
[18] ebd., S. 80
[19] ebd., S. 82
[20] Dietenberger, Marcus (2002), S. 22
[21] Montada, Leo (1980), S. 266

Welche Kompetenzen befähigen uns nun, eine Situation wie die angesprochene Tierquälerei als moralisch verwerflich zu beurteilen? Die moralische Entwicklung des Menschen ist nicht von seiner übrigen Sozialisation zu trennen, da Moral immer in der Anpassung an kulturell tradierte Normen entsteht.[22] Gerade im Hinblick auf die Schülerschaft der Fächergruppe Ethik/ Philosophie prallen also eventuell verschiedene Wertkonzepte aufeinander, die zu unterschiedlichen Beurteilungen einer Handlung führen können. Sie bewusst zu machen und zu thematisieren ist ein wesentliches Ziel des Ethik- und Philosophieunterrichts.

Man versteht unter Moralentwicklung „[...] vornehmlich jene Aspekte der Sozialisation, die am Prozess der *Internalisierung* beteiligt sind, d.h. dazu führen, dass ein Individuum lernt, den Regeln auch in Situationen zu entsprechen, in denen es keine Überwachung und keine Sanktionen gibt – selbst wenn der Impuls geweckt wird, diese Regeln zu verletzen."[23] Diese Fähigkeit beinhaltet verschiedene Teilfähigkeiten. Dazu gehört es, Handlungen und Motive zu vergleichen und zu billigen oder zu verwerfen. Weiterhin ist die Bereitschaft und Fähigkeit konstitutiv, „gewohnheitsmäßige Lösungen"[24] eines Dilemmas auf der Grundlage moralischer Prinzipien neu zu reflektieren und das eigene Verhalten eventuell entsprechend zu ändern. Wer moralisch urteilt, muss seine Entscheidung mit anderen, unter Umständen auch Gegnern, in einem freien moralischen Diskurs erörtern. Schließlich impliziert moralische Urteilsfähigkeit, moralische Dilemmata auf der Grundlage von moralischen Prinzipien vernünftig und gewaltfrei zu lösen.

Ein Individuum benötigt zum Bewältigen moralischer Situationen eine Fähigkeit, die als moralische Handlungskompetenz beschrieben werden kann.[25] Nach Hurrelmann[26] gibt es verschiedene Handlungskompetenzen. Hierunter fallen die kognitive, moralisch-ethische, ästhetische, emotionale, sprachliche und soziale Handlungskompetenz.[27] Ihnen liegen verschiedene Fähigkeiten und Fertigkeiten zugrunde, die die Grundlage der entsprechenden Kompetenz in der Auseinandersetzung mit der inneren und äußeren Realität bilden. „Unter Handlungskompetenz wird somit verstanden, dass ein Individuum seine bestehenden und entwickelten Fähigkeiten und Fertigkeiten auf neue, dem Individuum bisher unbekannte Situationen anwenden kann."[28] Moralische Handlungskompetenz zeigt sich – auch im Unterricht -, wenn ein Individuum in (komplexen) moralischen Situationen kompetent agiert. Es muss eine moralische Situation einschätzen, beurteilen, eigene und fremde Verantwortlichkeiten erkennen, moralische Wertvorgaben reflektieren. Grundlegende Basiskompetenzen hierfür sind Empathie, die Fähigkeit, eine Fürsorge- und Gerechtigkeitsperspektive einzunehmen sowie

---

[22] vgl. Kohlberg, Lawrence (1995a), S. 7
[23] ebd.
[24] Lind, Georg (2003), S. 47
[25] im Folgenden nach: Dietenberger, Marcus (2002), S. 49ff.
[26] Hurrelmann, Klaus (1995), S. 161ff.
[27] vgl. Kap. 10.2.
[28] Dietenberger, Marcus (2002), S. 56

Perspektivenübernahme. Der Fortschritt der moralischen Urteilskompetenz hängt von der Entwicklung dieser Basiskompetenzen ab.[29] „Da eine höhere Entwicklung der einzelnen Kompetenzen es ermöglicht, Situationsaspekte in ihren Facetten besser zu erkennen, ist die Annahme nahe liegend, dass die Angemessenheit des moralischen Urteils vom Grad der Entfaltung der Kompetenzen abhängt."[30] Die Ausbildung der einzelnen Kompetenzen bietet jedoch noch keine Gewähr für die sensible Beurteilung einer moralischen Situation. Diese hängt unter anderem auch von der Motivation ab, diese Fähigkeiten in einer bestimmten Situation einzusetzen und die Teilfähigkeiten in eine angemessene Gesamthandlung zu integrieren.

Moralische Handlungen unterscheiden sich im Hinblick auf ihre Verhaltens-, Gefühls- und Urteilsdimension.[31] Moralische Urteile werden auf der Grundlage eigener Wertmaßstäbe gefällt und gerechtfertigt. „Diese Schlussfolgerung aus der Forschung sollte allerdings nicht dahingehend verstanden werden, dass irgendeine direkte Entsprechung zwischen der Konformität im Bereich verbal bekundeter moralischer Überzeugungen oder Einstellungen und der Konformität im Bereich des moralischen Handelns besteht."[32] Menschen können durchaus ein ausgeprägtes moralisches Urteilsvermögen besitzen, handeln aber trotzdem nicht immer entsprechend. Ihrem Handeln stehen verschiedene widerstreitende Empfindungen entgegen: „Missgunst, Neid, Feigheit, Bequemlichkeit, Faulheit, Gleichgültigkeit, Frustration, Resignation; starke Gefühle wie Jähzorn, Gier und Hass, ferner Konkurrenzdenken; die Lust, andere, die man nicht leiden kann, auszustechen; der Wunsch, besser zu sein und mehr zu haben als andere; aber auch Angst vor dem Verlust des Ansehens und Angst davor, nicht mehr zu seiner Clique zu gehören."[33] Um das korrekte Urteil in die entsprechende Handlung zu überführen, ist es daher erforderlich, dass das Individuum in die Lage versetzt wird, sich diesen Emotionen nicht auszuliefern und der Versuchung zu widerstehen, Regeln zu übertreten. Erreicht wird diese Sicherheit durch eine Internalisierung von Normen. Verhält sich ein Mensch wider besseren Wissens nicht moralkonform, ist diese Handlung mit Schuldgefühlen, selbst bestrafenden, selbstkritischen Empfindungen verbunden. „Um moralisch anspruchsvoll handeln zu können, bedarf es moralischer Urteile eines fortgeschrittenen Niveaus."[34]

Ausführlich hat sich Lawrence Kohlberg mit der Entwicklung des moralischen Urteilsvermögens befasst. In Interviews, in denen er seine Gesprächspartner mit Dilemmata konfrontierte, zeigten sich sechs verschiedene Ausprägungen moralischer Urteile, diese Dilemmasituationen zu lösen und die Handlungen anderer zu bewerten. Kohlberg definiert in diesem Zusammenhang moralische Urteile

---

[29] vgl. Kap. 11.1. – 11.3.
[30] ebd., S. 100
[31] vgl. ebd. S. 8
[32] ebd., S. 15
[33] Engels, Helmut (2003), S. 13f.
[34] Kohlberg, Lawrence (1995b), S. 126

als „Urteile über das Gute und Rechte des Handelns."[35] Diese lassen sich, basierend auf den Ergebnissen der Interviews, in Stufen differenzieren, die Kohlberg charakterisiert als „eine fortschreitende Bewegung hin zu einer Verankerung des moralischen Urteils in Gerechtigkeitsbegriffen."[36]
Kohlberg unterscheidet bei den Stufen moralischer Urteilsfähigkeit drei Niveaus.[37] Dies sind das präkonventionelle, das konventionelle sowie das postkonventionelle Niveau. Innerhalb jedes Niveaus differenziert er zwei Stufen. Die Stufen werden danach definiert, welche Antworten auf die Fragen *Was gilt als richtig? Mit welchen Gründen wird das Richtige vertreten?* gegeben werden. Weiter ist relevant, welche soziale Perspektive im Hintergrund der jeweiligen Stufe beachtet wird. Die Niveaus unterscheiden sich im Hinblick auf die Beziehung zwischen dem Selbst und den gesellschaftlichen Regeln und Erwartungen. Als konventionelles moralisches Urteil wird verstanden, wenn ein Individuum sich in seinem Urteil an den Regeln, Erwartungen, Konventionen einer Gesellschaft oder Autorität orientiert. Es nimmt die Perspektive eines Mitglieds der Gesellschaft ein und hat deren Regeln internalisiert. Auf der präkonventionenellen Ebene ist jemand noch nicht so weit, diese Regeln und Erwartungen zu unterstützen. Die Regeln bleiben rein äußerlich, die Perspektive ist eher eine konkret-individuelle. Auf der postkonventionellen Ebene werden Regeln dagegen grundsätzlich akzeptiert. Das Individuum kann sich jedoch von den Regeln anderer unabhängig machen und nach selbst gewählten Prinzipien handeln. Es kann eine der Gesellschaft „vorgeordnete Perspektive"[38] einnehmen.
Auf allen Stufen wird moralisch geurteilt, trotzdem sind höhere Stufen qualitativ hochwertiger einzuschätzen. In einer doppelten Komplexitätssteigerung erweitert sich von Stufe zu Stufe der Kreis der berücksichtigten Personen vom Ego über die Dyade zur Kleingruppe, einer Gesellschaft bis zur Menschheit allgemein.[39] Zunehmend werden mehr Gesichtspunkte als relevant wahrgenommen, integriert und ausbalanciert.
Auf jeder Stufe lassen sich bestimmte moralische Orientierungen feststellen. Diese finden sich, wenn auch in unterschiedlicher Ausprägung, auf allen Niveaus. Hier ist zum einen die normative Ordnung, d.h. die Orientierung an Regeln und Rollen, zu nennen. Ebenso relevant ist die Nutzen-Implikation. Das urteilende Individuum orientiert sich an den guten oder schädlichen Folgen einer Handlung, am Wohlergehen anderer oder seines selbst. Auch spielen Gerechtigkeit oder Fairness als Orientierung an Relationen der Freiheit, Gleichheit, Reziprozität und des Vertrages zwischen Personen eine Rolle. Schließlich bietet auch das ideale Selbst, d.h. das Bild, das der Handelnde von sich als gutem Menschen hat, einen Anhaltspunkt im moralischen Urteilsprozess. In allen Orientierungen

---

[35] Kohlberg, Lawrence (1995ba), S. 28
[36] ebd., S. 30
[37] im Folgenden nach: Kohlberg, Lawrence (1995b), S. 127-132. Die Entwicklungsstufen werden im Kap. 12.2.3. noch einmal aufgegriffen und explizit erläutert.
[38] ebd., S. 133
[39] vgl. Nunner-Winkler, Gertrud/ Meyer-Nikele, Marion/ Wohlrab, Doris (2006), S. 28

spielt aber nach Kohlberg die Gerechtigkeit eine entscheidende Rolle. „Obgleich Individuen alle Orientierungen benutzen mögen, behaupten meine Mitarbeiter und ich, dass die wesentliche Struktur von Moral eine Gerechtigkeitsstruktur ist."[40]
Diese Stufen drücken keine Altersentwicklung aus. Ein unterschiedliches Tempo der Entwicklung ist ebenso möglich wie auch ein Stehenbleiben auf einem Niveau.[41] In vielen Untersuchungen haben Kohlberg und seine Schüler die Allgemeingültigkeit dieser Niveaustufen unter verschiedenen kulturellen Bedingungen evaluiert.
An Kohlbergs Stufenmodell wurde aber auch Kritik geübt. Es wird kritisiert, dass Dimensionen gebündelt werden, die analytisch und empirisch zu unterscheiden sind. Während Kohlberg einen kognitiv-affektiven Parallelismus unterstellt und konstatiert, die Gründe für ein moralisches Urteil seien auf jeder Stufe strukturgleich, behaupten Nunner-Winker und Kolleginnen, dass die kognitive und die motivationale Dimension unabhängig voneinander variieren können. Die Befolgung einer Norm lasse noch keinen Rückschluss darauf zu, ob sie aus Angst oder Einsicht befolgt werde.[42] Innerhalb der kognitiven Dimension gehe es um Inhalte von Moral. Es wird gefragt, welche konkreten Normen oder Prinzipien gültig sind. Es geht aber auch um formale Aspekte der Geltungsmodalität. Der Geltungsbereich von Moral muss abgesteckt werden. Es stellt sich die Frage, ob Normen nur für eine bestimmte Gruppe oder für alle Menschen gelten. Auch die Frage nach dem Geltungsmodus ist relevant, denn es muss geklärt werden, ob Werte eine strikte, unbedingte Geltung besitzen oder ob sich Ausnahmen rechtfertigen lassen. Schließlich stellt sich die Metafrage nach der Begründung von Moral: Bestehen Normen, weil Gott sie gesetzt hat, weil sie aus dem Naturrecht folgen oder weil sie von allen gewollt werden? Dies sind kognitive Fragen, die an ein moralisches Urteil geknüpft sind. Ein moralisches Urteil hat aber auch eine motivationale Dimension, die sich in drei Aspekte, nämlich die Stärke der moralischen Motivation, den Typus moralischer Motivation (Warum werden Normen befolgt?) und die Struktur (Wie ist die Bereitschaft zur Normbefolgung innerhalb einer Person verankert?) unterscheiden lässt.[43] Diese Aspekte von Moralverständnis variieren bei einzelnen Menschen. Das liegt auch daran, dass sie in unterschiedlichen Lernprozessen erworben werden. Kognitives Inhaltslernen spielt ebenso eine Rolle wie Erfahrungslernen. Dazu gehören elterliche Unterweisung, eigene Erfahrungen, die in ihrem sozialen Umfeld üblichen Alltagspraktiken und das kollektiv geteilte Sprachspiel.[44]
Die Forscherin Carol Gilligan[45] übte ebenfalls Kritik an Kohlbergs Theorie. Sie kritisierte vor allem Kohlbergs Akzentsetzung zugunsten der Gerechtigkeit und

---

[40] ebd., S. 144
[41] Für eine differenzierte Beschreibung der Kohlberg-Stufen siehe Kap. 13.2.3.
[42] vgl. Nunner-Winkler, Gertrud/ Meyer-Nikele, Marion/ Wohlrab, Doris (2006), S. 29ff.
[43] vgl. ebd.
[44] vgl. ebd., S. 34
[45] Gilligan, Carol (1999)

betonte die Existenz von zwei Moralen. Diese definierte sie zunächst als eine vorwiegend männliche, gerechtigkeitsorientierte, sowie eine eher weibliche, die eher fürsorglich ausgerichtet ist. Diese strikte Geschlechtercharakteristik hat Gilligan später, beeinflusst durch empirische Untersuchungen, die ihre These widerlegten, zurückgenommen. Mit ihren Einwänden hat sie jedoch auf den Zusammenhang zwischen Moral und Gefühl aufmerksam gemacht.

Moralforscher weisen zu Recht darauf hin, dass die Notwendigkeit moralischen Argumentierens stark zugenommen habe. Eine exponentielle Zunahme von Optionen, deren Wahl gerechtfertigt werden muss, entsteht durch den Pluralismus der Gegenwartsgesellschaft ebenso wie durch deren „Verwissenschaftlichung"[46]. Interessenkollisionen kennzeichnen die ethischen Argumentationen der Gegenwart. Wenn Menschen bestimmten Interessen folgen, müssen andere Interessen eventuell zurückgestellt werden. Dies erfordert unter Umständen auch das Ändern eigener Zielsetzungen und setzt Interessenkritik voraus.[47] Eine Begründung von Präferenzen kann nur durch rationale Argumentationen im Rahmen rationaler Dialoge möglich werden. Moralisches Argumentieren wird also in dem Moment notwendig, wo Geltungsansprüche von Moral fragwürdig werden, wo verschiedene, berechtigte Interessen aufeinander stoßen. Die Problematik hat sich zum einen verschärft, weil es, auch kulturell bedingt, verschiedene Moralen gibt, zum anderen aber auch, weil neue Problemlagen entstehen, deren moralische Valenz nicht eindeutig ist.[48]

Wie kann die notwendige Entwicklung der moralischen Urteilsfähigkeit vorangetrieben werden? Welche Dispositionen und/ oder Interventionen sind für eine Entwicklung grundlegend?[49] Genetisch verankerte Dispositionen, sprich kognitive Fähigkeiten und Persönlichkeitsmerkmale, bestimmen etwa zur Hälfte die Persönlichkeit eines Menschen. Die andere Hälfte entstammt Umwelterfahrungen wie individuell differierenden Familienerfahrungen, persönlichen Freundschaftsbeziehungen und zufälligen Ereignissen. Dabei ist genetisch beeinflusst, wie das Kind seine Umwelt wahrnimmt und wie es die Reaktionen, die es durch sein eigenes Verhalten bei anderen hervorruft, reflektiert. Das Erreichen der Moralstufen ist somit das Resultat der Interaktion eines Menschen mit anderen. Es handelt sich nicht um die unmittelbare Entfaltung biologischer und neurologischer Strukturen, sondern um das Inbeziehungsetzen eines Menschen zu einem sozialen System. Die Übernahme moralischer Rollen ist stark kognitiv geprägt. „Alle moralisch fortgeschrittenen Kinder sind gescheit, aber nicht alle gescheiten Kinder sind moralisch fortgeschritten."[50] Intelligenz reicht also nicht aus. Auch die soziale Teilhabe, die soziale Perspektivenübernahme sowie die Gelegenheit zur Rollenübernahme in den Gruppen, denen das Kind angehört, sind unverzichtbare Bestandteile der moralischen Entwicklung. Hier ein Bewusstsein

---

[46] ebd.
[47] vgl. Veraart, Heinz-Albert (2003), S. 206
[48] vgl. ebd., S. 209
[49] vgl. Nunner-Winkler, Gertrud/ Meyer-Nikele, Marion/ Wohlrab, Doris (2006), S. 28
[50] Kohlberg, Lawrence (1995a)., S. 33

zu schärfen, verschiedenste Diskurse über divergierende Interessen anzustoßen und somit eine größere Sicherheit zu vermitteln, ist Ziel des Unterrichts. Letztlich kann Schule moralische Kompetenz aber nicht vermitteln, sondern nur einen Prozess anstoßen, so dass gelten muss: „Die moralische Kompetenz als Folge der moralischen Autonomie ist ein durch Unterricht nicht mehr direkt vermittelbares, wohl aber intendiertes letztes Ziel."[51] Kinder können jedoch in ihrer moralischen Urteilsfähigkeit gestärkt werden. Dies hilft ihnen, in komplexen Situationen, in denen widersprüchliche moralische Anforderungen an sie herangetragen werden, schnell zu entscheiden und Dilemmata für sich zu lösen.

Die folgende Grafik zeigt noch einmal alle Komponenten der moralischen Urteilsfähigkeit in ihrem Zusammenhang.

Sachkompetenz
- Begründung von Moral
- Regeln, Erwartungen, Konventionen einer Gesellschaft oder Autorität
- kulturell tradierte Normen

präkonventionell

Methodenkompetenz
- moralischer Urteilsfähigkeit
- moralische Handlungskompetenz
- Regelkenntnis
- Konstruktion und Evaluation moralischer Entscheidungen

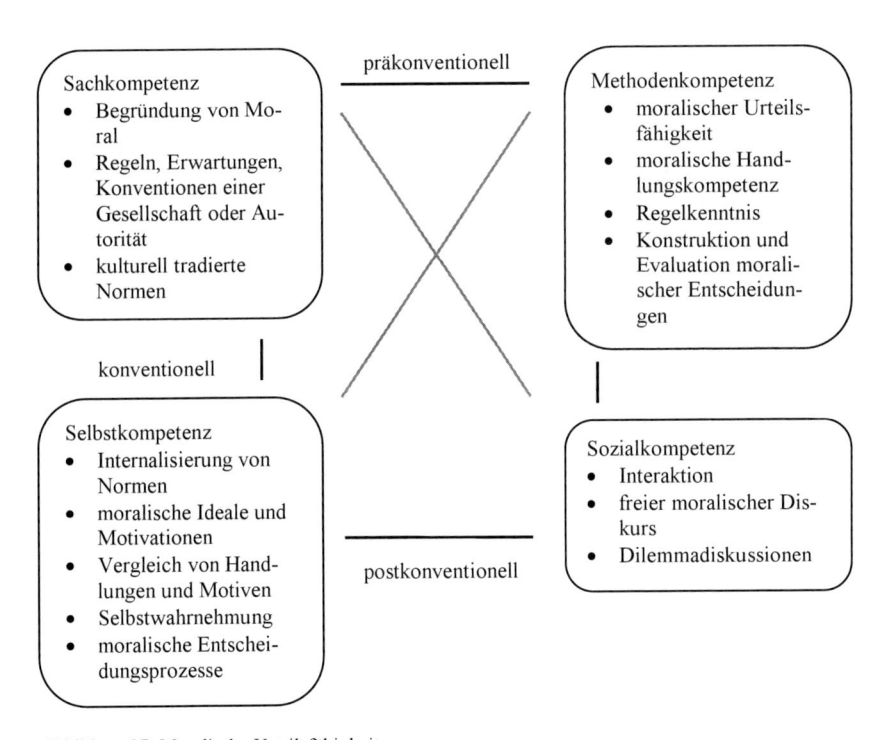

konventionell

Selbstkompetenz
- Internalisierung von Normen
- moralische Ideale und Motivationen
- Vergleich von Handlungen und Motiven
- Selbstwahrnehmung
- moralische Entscheidungsprozesse

postkonventionell

Sozialkompetenz
- Interaktion
- freier moralischer Diskurs
- Dilemmadiskussionen

Abbildung 37: Moralische Urteilsfähigkeit

---

[51] ebd., S. 213

Moralische Kompetenz – Ergebnisse der Expertenbefragung

Bei vielen Menschen herrscht zwischen moralischen Einstellungen und Verhaltensweisen eine oft erhebliche Lücke, die Moral als eine aus dem im Zusammenspiel von Urteil und Handlung bestehende Fähigkeit ausweist. Menschen treffen dann moralisch gute Entscheidungen, wenn sie die Fähigkeit besitzen, widerstreitende moralische Anforderungen zu lösen und sie die erforderliche Zeit zur Entscheidung haben. Die Entwicklung des dazu grundlegenden sozialen und moralischen Wissens ist untrennbar mit dem Prozess der Perspektivenübernahme verbunden, dazu gehören Rollenübernahme und Empathievermögen. Es wäre daher zu vermuten, dass die Umfrageergebnisse der Experten zu diesen Kompetenzen bei den Teilfragen nach Relevanz und der Zuordnung zu Altersstufen und Fächern vergleichbare Ergebnisse zeigen.

Zunächst sollen jedoch grundlegende Aspekte betrachtet werden. Hier ist die Zuordnung zu den Teildimensionen Sach-, Methoden-, Selbst- und Sozialkompetenz zu analysieren. Die moralische Urteilskompetenz wird von den Experten[52] als ganzheitliche Kompetenz betrachtet, die in allen diesen Teildimensionen hohe Werte erzielt. Die Sachkompetenz erreicht den höchsten Wert mit 3,8 (bei einem erreichbaren Maximum von 4), gefolgt von der Sozialkompetenz, die einen Wert von 3,7 erhalten hat.[53] Dicht gefolgt werden diese Werte von der Methodenkompetenz (3,5) und der Selbstkompetenz (3,5). Erklärbar sind diese Ergebnisse, ist die moralische Urteilsfähigkeit doch geprägt durch kognitive und affektive Anteile. Sie erweist sich vor allem im Miteinander, indem verschiedene Moralvorstellungen und Interessen aufeinander prallen und im Diskurs vertreten werden müssen. Diese Auseinandersetzungen werden durch methodische Kenntnisse unterstützt.

Wie alle ganzheitlichen Kompetenzen gilt auch die moralische Urteilsfähigkeit den befragten Experten daher als sehr gut erlernbar (3,7) und gut in Aufgabenstellungen umsetzbar (3,3). Hier spielen sicherlich die diversen Unterrichtsmaterialien zu Dilemmata, die es in Schulbüchern zu verschiedenen Themen und für verschiedene Altersstufen gibt, eine entscheidende Rolle.

Wie die ethische Urteilskompetenz ist auch die moralische Urteilsfähigkeit zentraler Bestandteil des Unterrichts. Dies wird von den Experten mit einem Umfragewert von 3,7 goutiert. Auch die Messbarkeit (3,1) wird weitgehend zugestanden, doch erzielt sie nicht so hohe Werte wie die eher kognitiv ausgerichteten Kompetenzen. Dies ist nachvollziehbar, kann der Unterricht doch nicht die moralische Handlungskompetenz messen und bewerten, sondern nur die sich zeigende Urteilsfähigkeit. Kompetenzen können „immer nur an ihren greifbaren Äußerungsformen, also anhand von Performanzphänomenen dingfest gemacht werden."[54] Doch auch diese erschließen sich Außenstehenden nur zum Teil,

---

[52] vgl. auch Kap. 8
[53] vgl. Abbildung 10
[54] Habermas, Jürgen (1983, S. 198

Moralische Urteilsfähigkeit | 269

denn Anteile an Selbstwahrnehmung, die ein moralisches Urteil beeinflussen, bleiben oft verborgen.[55] Erkenntnisse und Erfahrungen sind kein ausschließliches Produkt des Schulunterrichts, sondern durch vielfältige Einflüsse geprägt, von denen der Unterricht nur einen kleinen Teil ausmacht. Dies gilt vor allem angesichts der großen Heterogenität der Schülerschaft in der Fächergruppe Ethik und Philosophie. Je nach Herkunft der Schüler/innen spielen verschiedenste kulturelle und religiöse Einflüsse eine oft erhebliche Rolle bei der Ausprägung der moralischen Urteilskompetenz. Auch sind Urteil und Handlung nicht unbedingt identisch, wie bereits ausgeführt wurde. Was also soll gemessen werden? Die verbale Beurteilung einer oft nur beobachteten Situation, die sich zudem meist auf das Verhalten anderer bezieht, oder die individuelle Handlung? Hier sind große Diskrepanzen möglich, wie beschrieben wurde.

Während die Lehrplananalyse ergab, dass die moralische Urteilsfähigkeit in den Lehrplänen vornehmlich ein Unterrichtsziel in der Sekundarstufe I ist und hier vor allem in den Fächern Ethik, Praktische Philosophie, Werte und Normen sowie LER angestrebt werden soll, zeigt die Expertenbefragung andere Ergebnisse. Die Experten möchten die Vermittlung mehrheitlich nicht auf die Sekundarstufe I beschränkt wissen. (80,5%). Machen die Befragten Einschränkungen, sehen sie bessere Voraussetzungen der Vermittlung eher in höheren Altersstufen als bei jüngeren Schüler/innen. Empathie und Perspektivübernahme sind Grundvoraussetzungen moralischer Urteilsfähigkeit. Diese erzielen noch höhere Werte als die moralische Urteilsfähigkeit, wenn es um die Frage nach der Zuordnung zu Schulstufen geht. Fast alle Experten ordnen sie allen Altersstufen zu. Dies macht Sinn, sind diese Kompetenzen doch eine Grundlage des moralischen Urteils und müssen daher vorher angelegt werden, um moralisch bewerten zu können.

Die Experten ordnen die moralische Urteilsfähigkeit mit 97,6% allen Fächern zu. Im Philosophieunterricht scheint diese Kompetenz daher eine ebenso große Rolle wie in den anderen Fächern der Fächergruppe zu spielen. Mit diesen Ergebnissen korrespondieren die Daten zur Frage nach der Relevanz dieser Kompetenz, die wie fast alle anderen Kompetenzen auch Höchstwerte erzielt (4,0). Erstaunlich ist in diesem Zusammenhang, dass vor allem die Fähigkeit zum Perspektivenwechsel, aber auch die Empathie als Grundlagen des moralischen Urteils weniger dem Fach Philosophie als vielmehr Ethik und vergleichbaren Fächern zugewiesen wird. Allerdings sind die Abweichungen nicht erheblich (Perspektivwechsel 92,7% Zustimmung zu allen Fächern, Empathie 95%). Diese Ergebnisse lassen den Schluss zu, dass Moral, wenn Unterschiede gemacht werden, im Fach Philosophie doch eher kognitiv verstanden wird, während die affektiven Anteile eher den Ethik verwandten Fächern zugewiesen werden. Insgesamt sind die Unterschiede jedoch nicht gravierend.

Die Ergebnisse der Selbsteinschätzung durch die befragten Experten zu Diagnostik, Vermittlung und Bewertung zeigen die übliche Reihenfolge. Die Ver-

---

[55] siehe Breun, Richard (2003), S. 78-83 und in dieser Arbeit Kap. 12.3.1.

mittlung (3,4) wird als am leichtesten eingeschätzt. Ihr folgt die Diagnose (3,2) und dann die Bewertung (3,1). Diagnostische Fähigkeiten sind sicherlich auf solide Kenntnisse der Moralstufen nach Kohlberg zurückzuführen, die in der Lehrerausbildung sowohl in den Grundwissenschaften als auch im Fachstudium eine Rolle spielen. Die Kohlbergstufen sind ein gut geeignetes Instrument zur Diagnose. Auf dieser Diagnose kann die Vermittlung aufbauen. Dass die Zuordnung zu diesen Stufen jedoch keine wertende sein kann, machen die geringeren Werte bei der Frage nach der Sicherheit in Bewertungsfragen deutlich. In diesem Zusammenhang stehende Probleme mit der Überprüfbarkeit dieser Kompetenz wurden bereits erörtert.

Die meisten Experten fühlen sich gut ausgebildet. 39% haben drei und mehr Angaben zur Ausbildung gemacht. Damit liegt diese Kompetenz im Mittelfeld der angefragten Kompetenzen. Die Angaben zur Weiterbildung sind mit 17,1% sehr hoch. Vor allem Fortbildungen zur Arbeit mit Dilemmageschichten werden vielfach angeboten und, so scheint es, auch gern angenommen.

Kompetenzraster Moralische Urteilsfähigkeit

Moralisches Verhalten ist nicht das direkte Ergebnis von Lern- und Behaltensprozessen, sondern es wird selbst konstruiert. Dahinter steht das Verständnis eines progressiven und entwicklungsorientierten Ansatzes, in dem das Individuum ein aktives moralisches Subjekt ist. Notwendig ist der Aufbau moralischer Urteilskompetenz, nicht die Vermittlung von Werten und Regeln.[56] „Inwieweit sich eine Person moralisch entwickelt, ist abhängig von Gelegenheiten der intensiven Auseinandersetzung mit anderen über Fragen und Probleme der Moral."[57] Die pädagogische Hauptaufgabe besteht somit darin, Erfahrungsprozesse zu begünstigen und zu begleiten, die solcherart aktives Denken herausfordern. So verstandene Moralerziehung geht von folgenden Kernannahmen zur Moralentwicklung aus: Zum einen ist moralisches Wissen organisiert und strukturiert. Die moralische Entwicklung folgt einer notwendigen Abfolge von Entwicklungsschritten, deren Ausprägung das Ergebnis der Interaktion einer Person mit seiner Umwelt ist.

In seinen ersten Veröffentlichungen hat Kohlberg die Stufen der moralischen Entwicklung als Idealtypen, erst später als Realtypen verstanden.[58] Bei der Konzeption von Kohlbergs Stufentheorie waren verschiedene Wissenschaften grundlegend. Kohlberg stützte sich sowohl auf anthropologische und moralphilosophische Überlegungen der Philosophie wie auf empirisch-psychologische Erkenntnisse. Die Trennung von Wissenschaft und Philosophie empfand der Forscher als kontraproduktiv, „weil sie den Zugang zur Wirklichkeit restriktiv handhabt und auf eine Wahrnehmungs- und Erkenntnisform allein be-

---

[56] Schuster, Peter (2001), S. 178
[57] ebd., S. 179
[58] vgl. Garz, Detlef (1992), S. 257

schränkt".[59] Er selbst schrieb: „Das zentrale Charakteristikum meiner Theorie oder meines Forschungsprogramms liegt in dessen interdisziplinärer Natur – ich benutze empirisch-psychologische und anthropologische Daten, um philosophische Behauptungen aufzustellen, und ich benutze philosophische Aussagen, um psychologische, anthropologische und erziehungswissenschaftliche Daten zu definieren und zu interpretieren."[60] Habermas setzte diese Kooperation fort und kreierte den Begriff der „Komplementaritätsthese"[61]. Er hob hervor, dass die Philosophie mit reflexiven Mitteln an den Themen arbeite, die auch empirische Wissenschaften untersuchen.

Ergebnis dieser wissenschaftlichen Kooperation ist das von Kohlberg entwickelte Stufenmodell. Die Stufen sind Teile einer Veränderungsreihe mit folgenden durchgängigen Merkmalen: Jede Stufe repräsentiert einen höheren Grad an Differenzierung und Integration des Denkens, die vollzogenen kognitiven Operationen werden reversibler und gehen einher mit einer umfassenderen Perspektive der umgebenden Umwelt bzw. der Gesellschaft.[62]

Das Stufenmodell der moralischen Entwicklung enthält keinen Nullpunkt. Bereits die Stufe A1 ist das Ergebnis von Entwicklungsprozessen, nicht der Beginn der Entwicklung.[63] Das *präkonventionelle Niveau* gliedert sich in zwei Stufen[64], die sich durch einen großen Egozentrismus auszeichnen. Heteronome Moral ist kennzeichnend für die erste Stufe der moralischen Entwicklung (A1). Regeln werden eingehalten, um Strafe zu vermeiden. Autoritäten werden anerkannt, ihnen gebührt Gehorsam. „Wer die Macht hat, hat das Sagen."[65] Interessen anderer werden nicht berücksichtigt, denn Intentionen anderer Personen können noch nicht erfasst werden. Regelkonformität entsteht, indem die eigene Perspektive und die einer Autorität gleichgesetzt werden. Die zweite Stufe (A2) zeichnet sich durch gegenseitige Fairness aus, die als Wechselbeziehung aufgefasst wird. Erwachsene werden nicht mehr als alleinige Quelle der Moral angesehen. Doch noch immer entspringt Moral einem Zweckdenken. Als moralisch richtig wird verstanden, wenn sich jeder um die eigenen Angelegenheiten kümmert und auf seinen eigenen Vorteil bedacht ist.

Das *konventionelle Niveau* zeichnet sich durch Regelkonformität aus. Auf der dritten Stufe (B1) sind die Erwartungen anderer das leitende Kriterium. Soziale Anerkennung und eigene Wertschätzung sind die vorrangigen Zielsetzungen. Die Erwartungen anderer werden zum Maßstab für das eigene moralische Handeln. Diese Stufe ist geprägt von Gruppendenken. Oser und Althoff sprechen in

---

[59] ebd.
[60] Kohlberg, Lawrence (1986), S. 505, zitiert nach Garz, Detlef (1992), S. 258
[61] ebd., S. 260
[62] Oser, Fritz, Althoff, Wolfgang (1992), S. 52f.
[63] vgl. Oser, Fritz/ Althoff, Wolfgang (1992), S. 50
[64] Die Beschreibung der Stufen folgt Kohlberg, Lawrence (1995b), S. 129-132 und Oser, Fritz/ Althoff, Wolfgang (1992), S. 53-66
[65] Oser, Fritz/ Althoff, Wolfgang (1992), S. 53

diesem Zusammenhang auch von „Gruppenborniertheit"[66]. Nur Freunde oder Familie sind wichtig, alles andere wird ausgeblendet. Dieser Horizont wird auf der vierten Stufe (B2) auf die gesellschaftliche Perspektive ausgeweitet. Der Aufrechterhaltung der sozialen Ordnung werden individuelle Interessen untergeordnet. Der Standpunkt des Systems mit seinen Regeln und Rollen wird übernommen. Im Konflikt zwischen dem Einzelnen und dem System entscheidet sich ein Angehöriger dieser Stufe für das System.

Das *postkonventionelle Niveau* ist durch seine Prinzipienorientierung charakterisiert. Die Absolutsetzung gesellschaftlicher Regeln wird auf der fünften Stufe (C1) überwunden, indem individuelle und allgemeine Rechte abgewogen werden. Es wird versucht, die Interessen des einzelnen und der Gemeinschaft zu verbinden. Dabei wird eine der Gesellschaft vorgeordnete Perspektive eingenommen, die sich nicht durch konkrete Werte, sondern Prinzipien, nach Kohlberg vor allem Gerechtigkeitsprinzipien, auszeichnet. Stufe C1 folgt der Achtung vor dem Menschen auch um den Preis der Übertretung von Konventionen und Gesetzen. Die Achtung vor dem Menschen schließt die Beachtung des Gesetzes jedoch nicht aus. Angestrebt werden vielmehr formale Mechanismen wie Übereinkunft und Vertrag. Diese Stufe ist eine „Entwicklungsformation"[67] des Erwachsenenalters, die jedoch nur von einer Minderheit der Erwachsenen erreicht wird.

Kohlberg ist immer davon ausgegangen, dass sich auch das postkonventionelle Denken stufenweise entwickelt. Strittig ist diese Theorie bis heute. Er hat versucht, zwischen Urteilen über hypothetische Dilemmata und normativen Theorien von Moralphilosophen einen wechselseitigen Begründungszusammenhang zu entwickeln. In der Analyse der von ihm geführten Interviews fanden sich Aussagen, die mit Grundauffassungen der Ethik, mit philosophischen Begründungsversuchen von Moral übereinstimmen. Später fand man aber heraus, dass dieselben Personen anscheinend regredierten.[68] Aufgrund dieser Erkenntnisse strich Kohlberg später zunächst selbst die sechste Stufe (C2) und fasste sie mit der fünften Stufe (C1) zusammen. Theoretisch hielt er aber daran fest, dass es einen Höhepunkt der Entwicklung innerhalb der Hierarchie seines Stufenmodells geben müsse. „Kohlbergs Theorie beruht auf zwei Säulen: der beschreibenden entwicklungspsychologischen Forschung und der philosophischen Bestimmung dessen, was zum Bereich der Moral gehört, und dessen, was als moralisch mehr oder weniger angemessen gelten kann."[69] Für Kohlberg war es zentral, dass man nur dann vorherige Stufen überwinden könne, wenn man auf ein Ziel zusteure, auf einen Endpunkt der moralischen Entwicklung. In seiner Stufenkonzeption bezieht er sich ausdrücklich auf die deontologische Tradition im Sinne Kants, für den Moral rational begründbar ist. Habermas erweitert diese Stufenfolge um eine siebte Stufe: Die sechste Stufe versteht er als die Entschei-

---

[66] ebd., S. 57
[67] ebd., S. 61
[68] vgl. ebd., S. 66
[69] ebd., S: 67

dung eines „einsamen Weltbürgers"[70], die siebte Stufe erweitere diese um einen potentiell universellen Diskurs, in dem alle Betroffenen zu Wort kommen. Kohlberg integriert beide Konzepte in seine sechste Stufe. Nach mehrmaligem Hin und Her blieb die Stufe sechs schließlich als normatives Postulat bestehen, als „Endpunkt eines anzustrebenden Maßstabs"[71], für das es einige Bestätigungen in gezielt geführten Interviews gab. Wenn auch nur wenige Probanden in den Untersuchungen diese Positionen vertreten, wird doch deutlich, dass sie nicht nur Gegenstand der Theorie, sondern in Einzelfällen Bestandteil der Lebenswirklichkeit ist.

Die Erläuterungen zur moralischen Urteilsfähigkeit haben deutlich gemacht, dass moralische Sensibilität erzieherisch gefördert werden kann. Zum Aufbau dieser Kompetenz sind kognitive Herausforderungen und soziale Erfahrungen vonnöten. Ein Kind muss erkennen, dass verschiedene Wertorientierungen im Konflikt stehen. Dabei strebt die Erziehung die Ausweitung und Ausdifferenzierung moralrelevanter Kompetenzen an und nicht die Beschleunigung der Entwicklung.[72] Nach jedem Wechsel auf die nächsthöhere Stufe findet zunächst eine Phase der Konsolidierung statt, in der die Tragfähigkeit der neuen Erkenntnisse erprobt und auf verschiedene moralische Situationen angewendet wird. „Schnelle Beförderung einer neuen Stufe bedeutet folglich die Beschränkung der neuen Kompetenz auf einen schmalen Anwendungsbereich ohne hinlängliche Konsolidierung."[73]

Eine besonders geeignete und vielfach erprobte Methode ist die Diskussion von Dilemmata, deren Wirkung auf die moralische Entwicklung auch empirisch überprüft wurde.[74] Relevant in diesen Diskussionen sind nicht die Entscheidung, sondern das Abwägen von Werten und das Begründen der Entscheidung. Ziele dieser Moraldiskussionen[75] sind die moralische Sensibilisierung, die Förderung der Stufenentwicklung und die Förderung der horizontalen Entfaltung, d.h. die Anwendung der dominanten Urteilskompetenz. Weiterhin angestrebt werden die Befähigung zur Übernahme der Perspektive anderer, die Förderung der Diskursfähigkeit sowie ein vertieftes Verständnis sozialer und moralischer Konzepte und moralisch relevanter Zusammenhänge. Entsprechend dieser Erkenntnisse basieren auch die Aufgaben[76], die das Kompetenzraster illustrieren, aus Dilemmasituationen, die mit möglichst vielfältigen, handlungsorientierten Aufgaben versehen wurden.

---

[70] Garz, Detlef (1992), S. 283
[71] ebd.
[72] vgl. Schuster, Peter (2001), S. 186
[73] ebd.
[74] Lind, Georg (2002)
[75] ich folge hier: Schuster, Peter (2001), S. 196
[76] vgl. beiliegende CD

Die Schülerin/ der Schüler ...	A1 Präkonventionell	A2 Präkonventionell	B1 Konventionell	B2 Konventionell	C1 Postkonventionell/ Prinzipienorientiert	C2 Postkonventionell/ Prinzipienorientiert
Moralische Urteilsfähigkeit: Moralisch verbindliche Grundpositionen kennen, in ihren historischen und kulturellen Zusammenhängen verstehen und eigenständig begründete moralische Urteile fällen.	... kann so handeln, dass Personen und Gegenständen kein Schaden zugefügt, Strafe vermieden und/ oder sie/ er belohnt werden.	... kann Regeln einhalten, wenn es den unmittelbaren Interessen dient und eigene Bedürfnisse befriedigt werden	... kann ihre/ seine Handlungen an den Erwartungen der Mitmenschen orientieren, um ihre Zuneigung zu erlangen.	... kann so handeln, dass ihre/ seine Handlungen in Übereinstimmung mit den Regeln und Gesetzen der Gesellschaft geschehen.	... kann so handeln, dass es zum Wohl und Nutzen anderer ist. Dabei fühlt sie/ er sich verpflichtet, bei eigenen Handlungen die Bedürfnisse möglichst vieler Menschen zu berücksichtigen.	... kann selbst gewählten ethischen Prinzipien folgen. Wenn Gesetze diese Prinzipien verletzen, wird den Prinzipien gemäß gehandelt.
Indikatoren (exemplarisch)	... kann • Regeln einhalten • sich Autoritäten beugen • physische Auswirkungen von Handlungen berücksichtigen	... kann • anderen das Recht auf Bedürfnisbefriedigung einräumen • eine Haltung der Gegenseitigkeit einnehmen • die Interessen anderer wahrnehmen	... kann • Erwartungen nahestehender Personen erkennen und befolgen • eine Gruppenperspektive einnehmen • zwischenmenschliche Beziehungen schätzen und pflegen • sich um andere sorgen	... kann • Pflichten erfüllen, denen zugestimmt wird • Regeln und Gesetze einhalten • eine Gemeinschaft unterstützen und sich dieser unterordnen	... kann • erkennen, dass Menschen verschiedene Interessen und Prinzipien haben, die eventuell auch von der Gruppenmeinung abweichen können, diese akzeptieren zwischen allgemeinen Regeln und individuellen Prinzipien bewusst abwägen • Regeln der Gemeinschaft als sozialen Vertrag anerkennen	... kann • Personen als Zwecke an sich anerkennen und behandeln • sich universalen moralischen Prinzipien verpflichtet fühlen und das eigene Handeln daran ausrichten

Tabelle 30: Kompetenzraster Moralische Urteilsfähigkeit

13.3. Ethische Urteilskompetenz

„Eine moralische Praxis, die sich nicht reflexiv zu sich selbst verhalten kann, ist blind."[1]

Ethisches Argumentieren

Urteilsbildung vollzieht sich in verschiedenen Handlungsfeldern und Formen: Politische, ökonomische, technische, juristische und auch ethische Argumentationsprozesse unterscheiden sich im Hinblick auf die Grundfragen, die sie zu beantworten suchen. Den Kern der ethischen Urteilsbildung bildet die Frage nach dem guten und gerechten Leben des Einzelnen und der Gesellschaft.

Es kann in diesem Kapitel nicht um die Definition philosophischer Begriffe im Sinne eines Lexikonartikels oder die ausführliche Darstellung einer philosophischen Disziplin – in diesem Fall der Ethik – gehen. Divergierende Einschätzungen des Verhältnisses von Ethik und Moral können hier nicht erörtert werden, sondern die philosophische Diskussion wird herunter gebrochen auf Unterrichtspraxis. Daraus ergibt sich, dass von einer gängigen Begriffsdefinition ausgegangen wird, die da wie folgt lautet: Ethik und Moral sind zu differenzieren, stehen aber in einem interaktiven Wechselverhältnis.[2] Während Moral die in einer Gesellschaft verbindlichen und handlungsleitenden Normen und Werte umfasst, ist Ethik die beschreibende, prüfende sowie argumentativ begründende Theorie der Moral, also die philosophische Reflexion auf Moral.[3] Dementsprechend orientiert sich das moralische Urteil an faktisch gelebten Überzeugungen, Werten und Normen. Wird jedoch die Moral selbst zum Gegenstand der Kontroverse, handelt es sich um ethisches Argumentieren. Das ethische Urteil impliziert eine Distanzierung von gewohnten Urteilen und Einstellungen, es vollzieht sich in der Prüfung alternativer Möglichkeiten und der Orientierung an nach Überprüfung als richtig erkannter Normen, Prinzipien und Ideale.[4] Diese Unterscheidung ist vor allem für die Entwicklung des Kompetenzmodells relevant. Sie macht deutlich, warum zwei unabhängige Kompetenzraster für die moralische und die ethische Urteilsfähigkeit zu entwickeln sind. Die individuelle Komponente, die bei ethischen Entscheidungen eine Rolle spielt, ist auch für die Konzeption von Musteraufgaben grundlegend, geht es hier doch um konkrete Fallbeispiele, für die sensibilisiert, die analysiert und beurteilt werden sollen.[5]

Ethische Kompetenz ist nicht ohne moralische Kompetenz denkbar. Sie umfasst die Befähigung, philosophisch auf Moral zu reflektieren und diese mit dem Ziel

---

[1] Dietrich, Julia (2001), S. 148
[2] Die meisten Bundesländer trennen diese Begriffe in gleicher Weise. Lediglich Baden-Württemberg, Brandenburg und Saarland setzen sie gleich. Eine dezidierte Unterscheidung nehmen vor: Hessen, Sachsen, Sachsen-Anhalt. (vgl. Lehrplananalyse im Anhang C auf der beiliegenden CD). Wird nur ein Begriff verwendet, überwiegt die ethische Urteilskompetenz.
[3] vgl. Dietrich, Julia (2001), S. 147 und Dietrich, Julia (2007), S. 35/ Bayertz, Kurt (2006)
[4] vgl. Bender, Wolfgang (1988), S. 176
[5] vgl. Kap. 12.3.

der Handlungsorientierung kritisch-argumentativ zu prüfen.[6] Hierfür sind vor allem kognitive und selbstreflexive Fähigkeiten erforderlich. Während auch Kohlberg sich zunächst auf kognitive und damit intellektuelle Aspekte des moralischen Urteilens konzentriert hatte, haben sich in der kritischen Auseinandersetzung und Weiterentwicklung seiner Forschung auch affektive, motivationale und handlungsbezogene Elemente des moralischen Urteils herauskristallisiert.[7] Umfassende moralische Kompetenz erweist sich erst in ihrer Umsetzung, der Performanz.[8] Während Moral also eine Mischung aus Kognitionen, Emotionen, Motivationen und Handlungen ist, ist Ethik vor allem, wenn auch nicht ausschließlich[9], kognitiv ausgerichtet. Die Förderung ethischer Urteilskompetenz muss daher vor allem auf die Entwicklung ethischer Kognitionen, auf Rationalität und Intersubjektivität zielen.[10] Ein wesentliches Ziel ethischen Argumentierens ist es dabei, die eigene Verantwortlichkeit zu verbessern und sich in den eigenen Handlungsmotiven „zurecht[zu]finden".[11]

Mehrere Autoren haben darüber reflektiert, welche Elemente zu einer ethischen Urteilskompetenz gehören. Sie alle haben, zumeist aufeinander Bezug nehmend, Konzepte ethischer Urteilsbildung entworfen. Alle Theorien gehen von mehreren Dimensionen der ethischen Urteilsbildung aus. Pfeifer und Dietrich betrachten das ethische Urteil in Analogie zum Syllogismus als Schrittfolge, während die Autoren Bender und Tödt eher gleichgewichtige und z.T. zeitgleich ablaufende Prozesse beschreiben. Allen Autoren ist gemeinsam, dass sie das Urteil auf einer sorgfältigen Analyse der Situation basieren lassen. Dieser folgt die Bewertung sowie im Anschluss die abschließende Suche nach Problemlösungen und Handlungsstrategien. Der Analyse der ethischen Problemstellung schalten Tödt und Dietrich die Wahrnehmungskompetenz als grundlegende Basiskompetenz vor. Sie betonen, dass Urteilsbildung die Fähigkeit zur Wahrnehmung einer Situation als ethisch relevant voraussetzt. Von dieser Befähigung hängt eine „erste Weichenstellung in Bezug auf Akteure und Handlungsfelder"[12] ab, denn je nach Wahrnehmung kommen andere Lösungsoptionen in den Blick. Geschult werden muss also zuallererst eine Problemerkennungs- und Problemerschließungskompetenz. Die verschiedenen Begründungsansätze der Ethik sind mögliche Wahrnehmungsmuster, die als „Suchraster"[13] für ethisch relevante Fakten und Konflikte nutzbar gemacht werden können. „Ethische Kompetenz geht also nicht [...] in der Kompetenz der Bewertung und ihrer Begründung auf, sondern setzt auch eine Wahrnehmungskompetenz voraus."[14] Wahrnehmen und Bewer-

---

[6] vgl. Dietrich, Julia (2007), S. 40
[7] vgl. Kap. 12.2.
[8] vgl. Reiter-Theil, Stella (1995), S. 14
[9] Auf emotionale und motivationale Elemente weisen die Autoren Bender und Tödt hin, während Julia Dietrich vor allem die kognitiven Aspekte betont.
[10] vgl. ebd.
[11] Schneider, Hans Julius (1994), S. 21
[12] ebd.
[13] Dietrich, Julia (2004), S. 23
[14] Dietrich, Julia (2007), S. 43

Ethische Urteilskompetenz | 277

ten stehen in einem Wechselverhältnis. Auch die Medizinethiker Kalhke und Reiter-Theil betonen die grundlegende Bedeutung einer Sensibilisierung für ethische Frage- und Problemstellungen. Ohne ein entsprechendes Problembewusstsein komme eine Analyse der Situation erst gar nicht zustande. Für die Medizinethiker bestehen die Lernziele einer Auseinandersetzung mit ethischen Problemen daher in den Tätigkeiten Sensibilisieren, Motivieren, Orientieren, Argumentieren, Begründen, Entscheiden und Handeln.[15] Sie werden im Folgenden erläutert und um die Schritte ethischer Urteilsfindung nach Bender[16], Tödt, Pfeifer und Dietrich ergänzt. Diese Lernziele sind für medizinische Berufe entwickelt worden, können aber auch auf andere Kontexte übertragen werden.

Sensibilität trägt dazu bei, moralische Probleme im Einzelfall zu erkennen und daraus die Motivation und Bereitschaft zu entwickeln, Zusammenhänge auf ethische Aspekte hin zu untersuchen und die eigene moralische Grundhaltung in diesen Problemfeldern zu reflektieren. Hierzu gehört die Situationsanalyse, denn ethische Probleme stellen sich in komplexen Realzusammenhängen, sie sind an spezifische Kontexte gebunden. Daher müssen die Fakten sorgfältig erhoben und direkt und indirekt Betroffene in den Blick genommen werden. Die Analyse des Kontextes ist jedoch bereits durch die Intention der Urteilenden geprägt. Diese oft unbewussten Bewertungen müssen bewusst gemacht werden. Es ist daher nötig, sich in einer Selbstreflexion mit den eigenen intuitiven Bewertungen auseinander zu setzen. Neben subjektiven sind aber auch objektive Kriterien wie z.B. politische, soziale, rechtliche oder medizinische Sachverhalte relevant. Jeder Einzelfall hat zudem eine Vorgeschichte, die es zu eruieren gilt. Die Einsicht in die situativen Bedingungen führt unter Umständen zu einer Neuformulierung der Problemfrage. Damit wird eine erste Orientierung innerhalb der Pluralität ethischer Auffassungen ermöglicht. Deren Gemeinsamkeiten und Unterschiede können erkannt, die eigene moralische Grundhaltung wahrgenommen und vor dem Hintergrund dieser Pluralität eingeordnet, reflektiert und weiterentwickelt werden. Die sich anschließende Interessenanalyse unternimmt, bezogen auf eine konkrete Problemstellung, eine Untersuchung widerstreitender Interessen, Machtverhältnisse, Rollenerwartungen und die genaue Bestimmung des Konflikts. Unterschiede in den Zielvorstellungen und Interessen der Beteiligten müssen ermittelt werden. Es muss erfragt werden, wer durch das in dieser Situation sich stellende Problem in seiner spezifischen Verpflichtung und Verantwortlichkeit herausgefordert wird. Dies erfordert eine kritische Distanz sich selbst und Empathie anderen gegenüber.

Die Interessenanalyse bildet eine unverzichtbare Voraussetzung für die Normenanalyse, die die Normenkonflikte transparent macht. Es werden die zugrundeliegenden Beurteilungsmaßstäbe der Betroffenen reflektiert, die relevanten

---

[15] im Folgenden nach: Kahlke, Winfried/ Reiter-Theil, Stella (1995)
[16] im Folgenden nach: Bender, Wolfgang (1988), Tödt, Heinz Eduard (1990), Pfeifer, Volker (2000), Dietrich, Julia (2001, 2004, 2007)

Normen festgelegt und gewichtet und nach Verallgemeinerbarkeit und Situationsgerechtigkeit gefragt. „Ethische Urteilsbildung gewinnt also an Transparenz, wenn sie sich den Einfluss von Traditionen, deren historischen und gesellschaftlichen Zusammenhang sowie die häufig mit ihnen verbundenen Vorentscheidungen über Wertprioritäten vergegenwärtigt."[17]
Ethische Probleme müssen anhand von Beispielen differenziert beurteilt und darstellt werden. Diese Phase mündet in die Güterabwägung, die das relativ kleinste Übel und das höchste erreichbare Gut zu bestimmen versucht und zu einem Urteil führen soll. Dieser Schritt ist schwierig, denn die Abwägungen machen eine Hierarchisierung der konfligierenden Normen notwendig. Über eine schrittweise Ermittlung von übergeordneten Interessen und Zielvorstellungen nach dem Kriterium der Zumutbarkeit und der Verantwortbarkeit für alle Beteiligten wird eine Einigung in einer sittlich relevanten Entscheidungsfrage angestrebt.

Die mit der Güterabwägung verbundene Normenprüfung fügt keine neuen Erkenntnisse hinzu, sondern hinterfragt den Geltungsanspruch der Normen kritisch. Es werden Verhaltensalternativen entworfen und reflektiert, mit denen man auf ein Problem antworten kann. Einzellösungen aus dem technischen, ökonomischen, politischen oder medizinischen Bereich werden mit Alternativen konfrontiert und durchdacht. Unter Umständen kann die Güterabwägung auch dahin führen, sich von formulierten Normen abzuwenden, indem ein Spielraum abgesteckt wird, der für sittliches Verhalten akzeptiert werden kann.

Erst auf der Basis dieser Vorarbeiten und Klärungen ist eine fundierte Argumentation möglich. Der Argumentierende muss eine aus eigener Sicht angemessene Lösung des Problems entwickeln, detailliert begründen und im Diskurs vertreten. Der Austausch der Argumente ist eine wichtige Grundlage für eine Urteilsfindung. Hierzu gehört es, gefällte oder vorgefundene Entscheidungen kritisch zu hinterfragen und eventuell zu revidieren oder neue moralische Entscheidungen zu fällen. „Der Prozess ethischer Urteilsbildung schließt also die *Bereitschaft zur Urteilsfindung* ein. Diese Urteilsfindung wird nie endgültig, sondern immer vorläufig sein."[18] Gefunden werden kann allenfalls das beim aktuellen Stand der Erkenntnisse bestmögliche Urteil. „Wir nennen dieses Fazit den Urteilsentscheid, wobei darauf angespielt wird, dass hier eine (urteilende) kognitive *Einsicht* und ein willentlicher verhaltensbestimmender *Entschluss* zusammenkommen."[19]

Der sittliche Urteilsentscheid impliziert, dass sich der Urteilende selbst zu einem Verhalten aufgefordert sieht, das seiner Identität und Integrität gerecht wird. Damit ist der Urteilsentscheid mehr als eine logische Verknüpfung von Sachmomenten, sondern er umfasst einen voluntativen Anteil. Den Abschluss des ethischen Urteilsprozesses bildet dementsprechend eine gut begründete Hand-

---

[17] Bender, Wolfgang (1988), S. 181
[18] Bender, Wolfgang (1988), S. 182
[19] Tödt, Heinz Eduard (1990), S. 315

lung(sabsicht), die die Tragweite von Entscheidungen auf die Allgemeinheit und den Einzelnen berücksichtigt. Diese Handlung kann sich, da ethische Konflikte oft hypothetisch erörtert werden, durchaus auf eine Absichtserklärung beschränken, die darlegt, wie man selbst, wäre man betroffen, entscheiden würde. Dieser abschließende Schritt, bleibt er auch ein mutmaßlicher, ist unverzichtbar, denn erst im Handeln und seinen Folgen erweist sich die Qualität ethischer Urteile. Ethische Urteilsbildung ist in jedem Fall ein unabschließbarer Prozess und in einer sich ständig entwickelnden Gesellschaft auf fortlaufende Erneuerung und Überprüfung angewiesen.

Einigen der erläuterten Lernziele lassen sich philosophische Methoden zuordnen, mit denen diese Kompetenzen erworben werden können. Verfahren der analytischen Philosophie wie die Analyse und Diskussion von Fallbeispielen, aber auch die Phänomenologie sind eine Hilfe, Sensibilität zu entwickeln.[20] Orientierung kann auf vielfältigen Wegen angebahnt werden. Zumeist werden dazu Texte herangezogen. Um den Argumentationsgang eines Textes nachzuvollziehen, helfen Methoden der analytischen Philosophie und der Hermeneutik. Der Konstruktivismus bietet eine Hilfe, um sich über eigenen und fremden Sprachgebrauch reflexiv zu verständigen. Analytische und konstruktivistische Verfahren unterstützen bei der Argumentation, die Dialektik hilft, Streitgespräche konstruktiv zu führen und Alternativen zu entwerfen. Für die Lernziele Motivieren und Handeln gibt es erwartungsgemäß keine Zuordnungsmöglichkeiten zu philosophischen Denkrichtungen, ist doch die Philosophie vor allem kognitiv ausgerichtet. Nur wenige philosophische Methoden sind geeignet, ethische Probleme als solche zu erkennen. Hier ist auf Verfahren aus dem Kompetenzbereich *Wahrnehmen und Verstehen* zurückzugreifen.[21]

---

[20] im Folgenden nach Dietrich, Julia (2001), S. 150f.
[21] vgl. Kap. 10.1. – 10.4.

280 | Teil 2 - Kompetenzmodell

Sachkompetenz
- philosophische Reflexion auf Moral
- Traditionen, historische und gesellschaftliche Zusammenhänge
- Situations-, Fakten- und Interessenanalyse

Methodenkompetenz
- Sensibilisieren, Motivieren, Orientieren, Argumentieren, Begründen, Entscheiden, Handeln
- Syllogismus
- Problemlösungen und Handlungsstrategien

Sensibilisieren | Analysieren | Urteilen

Selbstkompetenz
- Sensibilisierung
- Problembewusstsein
- Bewertung
- Rationalität und Intersubjektivität

Sozialkompetenz
- kritisch-argumentative Prüfung
- ethischer Diskurs

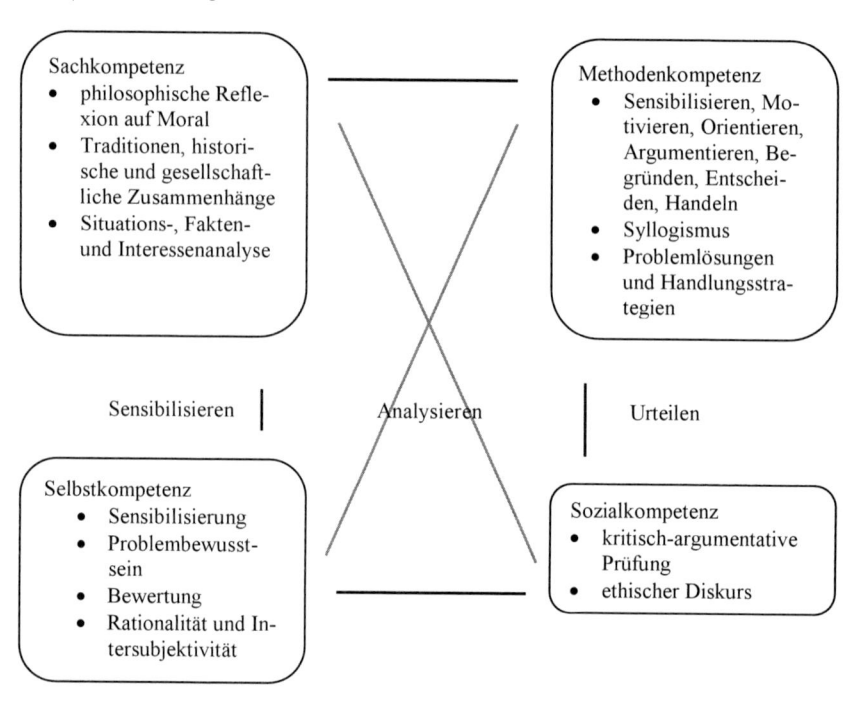

Abbildung 38: Ethische Urteilskompetenz

Kompetenz zu ethischem Urteilen – Ergebnis der Expertenbefragung

Die ethische Urteilskompetenz ist nicht ohne moralische Kompetenz denkbar. Der Überbegriff moralische Kompetenz lässt sich in Moralitätskompetenz, Moralkompetenz und ethische Kompetenz auffächern.[22] Als Moralitätskompetenz ist die Fähigkeit zu verstehen, eine durch Werte und Normen regulierte Praxis aufzubauen. Zur Ausprägung dieser Kompetenz sind Gewissensbildung, Empathie und Perspektivenwechsel unverzichtbar. Moralkompetenz umfasst die Befähigung, das eigene Leben nach einer bestimmten Moral, einem klar umrissenen Spektrum von Werten und Normen, z.B. demokratischen Grundwerten oder Menschenrechten, auszurichten. Ethische Urteilskompetenz umfasst die moralische Kompetenz und kann ohne sie nicht gedacht werden. Sie erfordert kognitive und selbstreflexive Anteile und besitzt ein besonderes „systematisches Gewicht"[23]. Ihre Spezifikation besteht darin, Moral philosophisch zu reflektieren und diese mit dem Ziel der Handlungsorientierung kritisch-argumentativ zu prüfen. In einer Gesellschaft, die nach Mündigkeit und Autonomie strebt, kann mo-

---

[22] ich folge hier: Dietrich, Julia (2007), S. 135ff.
[23] Dietrich, Julia (2007), S. 139

ralisches Verhalten nur das Ergebnis von Überzeugung und nicht Überredung sein. Moralische Kompetenz entsteht daher in einem kommunikativen Prozess, in dem unterschiedliche Prinzipien, Werte, Erfahrungen, Bedürfnisse und Interessen ausgetauscht und auf Moral reflektiert werden.
Den obigen Ausführungen entsprechen auch die Ergebnisse der Expertenbefragung[24]. Die stark kognitive Ausrichtung der ethischen Urteilskompetenz spiegelt sich in den Antworten der Experten, die große Anteile an Sachkompetenz (3,9 bei einem möglichen Maximum von 4) und Methodenkompetenz (3,8) konstatieren.[25] Situations-, Fakten- und Interessenanalyse erfordern zum einen methodische Kenntnisse über die relevanten Fragestellungen, mit denen an ein ethisches Problem heranzugehen ist, zum anderen aber auch ein großes Fachwissen, um das Problem zu präzisieren. Dass ethische Urteilskompetenz ihren Ausgangspunkt in der Wahrnehmung ethisch diskussionswürdiger Themenstellungen nimmt, zeigt eine hohe Zustimmung der Befragten zu Anteilen an Selbstkompetenz (3,5) und Sozialkompetenz (3,7), wobei bei dieser Frage die Anzahl der Experten, die nur eingeschränkt zustimmen, gegenüber den kognitiven Anteilen mit 34,1% bei der Sozialkompetenz und 26,8% bei der Selbstkompetenz deutlich erhöht ist.
Wie alle Kompetenzen, die eher kognitiv oder auch ganzheitlich charakterisiert werden, ist auch die ethische Urteilskompetenz für die Experten in hohem Maße erlernbar. Dies ist erkennbar an dem erzielten Mittelwert von 3,7. Mit diesen Ergebnissen korrespondieren die Resultate auf die Frage nach Umsetzbarkeit in Aufgabenstellungen und Messbarkeit des Lernfortschritts. Auch hier erzielt die ethische Urteilskompetenz besonders hohe Werte und gehört zu den Spitzenreitern der Kompetenzen. Dass sie zusammen mit der moralischen Urteilsfähigkeit als explizit fachspezifisch gilt, verwundert nicht. Zwar werden in anderen Fächern Urteilsfindungen gefordert, doch bilden die moralische und ethische Ausrichtung einen fachspezifischen Schwerpunkt.
Es kann erwartet werden, dass die ethische Urteilsbildung vor allem den Fächern Ethik, LER, Werte und Normen zugeschrieben wird, da dort auf ethische Fragestellungen ein besonderer Akzent gelegt wird. Umso erstaunlicher ist es, dass immerhin 95% der befragten Experten diese Kompetenz in allen Fächern und damit auch der Philosophie verorten, während die moralische Urteilsbildung sogar einen Wert von 97,6% erzielt. Vor dem Hintergrund der Lehrplananalyse erstaunen diese Ergebnisse, denn in keinem Bundesland spielte das ethische Urteil im Fach Philosophie eine Rolle und auch die moralische Urteilsfähigkeit wurde nur in Niedersachsen als eines der Ziele für das Fach Philosophie benannt. Daraus lässt sich schließen, dass der Unterricht die behandelten philosophischen Theorien viel stärker, als das die Zielvorgaben der Lehrpläne ausweisen, auf aktuelle Themenstellungen bezieht und damit die Praktische Philosophie in allen Fächern der Fächergruppe eine nicht zu vernachlässigende Rolle spielt.

---

[24] vgl. auch Kap. 8
[25] vgl. Abbildung 10

Die ethische Urteilsfähigkeit wird von den an der Untersuchung Beteiligten vorwiegend in allen Schulstufen verortet. Erkenntnisse der Hirnforschung[26] spiegeln sich in den Antworten der drei Experten, die den Kompetenzerwerb dieser Fähigkeit nicht vor Klasse 7 und einer Person, die ihn gar erst in der Sekundarstufe II anbahnen möchte. Dass einige Experten die moralische Urteilsfähigkeit später als das ethische Urteil ansetzen, ist auf dem Hintergrund neurobiologischer Erkenntnisse nicht nachvollziehbar, ist das ethische Urteil doch die Reflexion auf Moral und daher zeitlich nachrangig.

Wie fast alle Kompetenzen wird auch das ethische Urteilen als explizit relevant gekennzeichnet (3,9 bei einem möglichen Maximum von 4). Dementsprechend müsste erwartet werden, dass die Lehrkräfte gut ausgebildet sind und sich in allen Phasen der Vermittlung kompetent fühlen. Diese Vermutung wird durch die Ergebnisse der Expertenbefragung bestätigt. In allen Bereichen, d.h. in der Diagnostik (3,4), der Vermittlung (3,6) sowie der Bewertung (3,3) werden hohe Werte erzielt. Diese relative Sicherheit ist kohärent zu den Aussagen über die Ausbildung. Nach der Text- und Sprachkompetenz rangiert die ethische Urteilsfähigkeit mit der Reflexions- und Argumentationsfähigkeit auf dem zweiten Platz der Ausbildungsanteile. Dementsprechend ist das Bedürfnis nach Selbststudium und Weiterbildung eher gering.

Kompetenzraster Ethische Urteilsfähigkeit

„Werte haben mit Zielen zu tun und damit, dass man etwas lässt, um etwas anderes zu tun. [...] Wertgeleitetes Handeln bedeutet immer auch, bei seinen Handlungen kurzfristigere Bedürfnisse hintanzustellen, um langfristige Ziele zu verfolgen."[27] Diese Fähigkeit entwickelt sich relativ spät. Man kann diesen Entwicklungsprozess mit dem der grammatikalisch richtigen und reflektierten Sprache vergleichen. Zunächst erlernt ein Kind die Sprache, ohne sich der zugrunde liegenden Regeln bewusst zu sein. Erst im fortgeschrittenen Stadium des Spracherwerbs, in der Regel im Verlauf der Grundschulzeit, ist ein Kind in der Lage, von den sprachlichen Intuitionen zu abstrahieren und grammatikalische Phänomene wie Wortarten und Satzkonstruktionen zu benennen und bewusst anzuwenden.[28] Vergleichbares gilt für die Entwicklung ethischer Urteilsfähigkeit, d.h. die Reflexion über Prinzipien moralischen Handelns. Eine Wertediskussion lässt sich bis etwa in die siebte Klasse hinein nicht führen.[29] Das bedeutet aber nicht, dass auf eine Schulung von Wertbewusstsein verzichtet werden muss. Im Gegenteil, so wie Sprachbewusstsein nur über den Gebrauch von Sprache entsteht, ist eine Wertediskussion auf Probehandeln, auf Modelllernen, auf Konfliktbewältigung, auf Interessenabwägung und Verantwortungsübernahme angewiesen. Diese Erfahrungen können dann im Stadium fortgeschritte-

---

[26] vgl. Kap. 12.3.
[27] Spitzer, Manfred (2002), S. 340
[28] vgl. ebd., S. 352f.
[29] vgl. ebd., S. 353f.

Ethische Urteilskompetenz | 283

ner Entwicklung reflektiert und abstrahierend klassifiziert werden. Denn erst wenn genügend Bewertungserfahrungen vorliegen, entsteht ein Wertesystem, „über dessen Prinzipien man sich verständigen kann"[30]
Diese Erkenntnisse der Hirnforschung müssen bei der Schulung der ethischen Urteilskompetenz notwendig berücksichtigt werden. Sie spiegeln sich auch in der Konstruktion des Kompetenzrasters. Unter Anwendung der Elemente, die ein ethisches Urteil konstituieren, und der neurobiologischen Erkenntnisse über die Entwicklung des Urteilsvermögens wurden die Stufen *Sensibilisieren, Analysieren* und *Urteilen* gebildet.
Die Schulung der ethischen Wahrnehmungskompetenz bildet das Fundament des Niveaus *Sensibilisieren*.[31] Entsprechend der Erkenntnisse von Tödt, Dietrich und Reiter-Theil gründet ein ethisches Urteil auf der Wahrnehmung einer Situation als ethisch problematisch. (A1) Urteilende müssen in der Lage sein, eigene und fremde Entscheidungen in ihrer Angemessenheit zu hinterfragen und eine daraus resultierende Problemstellung zu formulieren. Erst auf dieser Basis kann eine Situations- und Faktenanalyse (A2) erarbeitet werden, die das ethische Problem zu konkretisieren hilft. Wissen muss zusammengetragen und der Konfliktfall präzisiert werden. Perspektivwechsel und Empathie ermöglichen es, eine Problemstellung aus der Sicht der Betroffenen zu betrachten. Dieses Hineindenken und Einfühlen in die Problemlage legt den Grundstein für ein *Analysieren* des ethischen Problems auf der zweiten Niveaustufe. Auf dem Fundament sorgfältig zusammengetragener Hintergründe und Fakten kann nach Wahrnehmung und Beschreibung der in Frage stehenden ethischen Positionen eine Analyse der divergierenden ethischen Beurteilungen vorgenommen werden. (B1) Damit zusammen hängen eine Analyse der Interessen aller Beteiligten und der Faktoren, durch die sie beeinflusst werden, sowie das erste Entwerfen von Handlungsoptionen. Konstitutiv für ethische Konflikte ist das Aufeinandertreffen konfligierender Werte. Eine Entscheidung in einem ethischen Konfliktfall setzt voraus, diese Werte begründet in eine Hierarchie zu stellen (B2). Damit verbunden kann das Infragestellen einzelner Werte in konkreten Fällen sein. Alle diese Fähigkeiten und Vorarbeiten sind vonnöten, um in einem ethischen Problemfeld abschließend begründet urteilen zu können. Auf den ersten vier Kompetenzstufen wurden konkrete ethische Problemfälle als ethisch strittig wahrgenommen, beschrieben, analysiert und unter Abwägung möglicher Handlungsoptionen vorläufig beurteilt. Vor allem Faktenkenntnisse und individuelles Moralempfinden waren die Indikatoren für eine adäquate Beurteilung. Die abschließende Niveaustufe *Urteilen* nun zieht ethische Theorien als Grundlage eigener Urteile hinzu. Güterabwägung, Wertehierarchie und Handlungsalternativen können durch Hinzuziehen moralethischer Theorien noch fundiert werden. (C1) Utilitaristische, deontologische oder diskursethische Theorien kommen hier in Frage. Damit wird zugleich deutlich, dass diese Entwicklungsstufe frühestens

---

[30] ebd., S. 359
[31] vgl. auch Kap. 11.1. Wahrnehmungskompetenz

in der Sekundarstufe II erreicht werden kann, denn erst zu diesem Zeitpunkt werden diese Theorien im Unterricht vermittelt, was auch, wie Spitzer erläutert, hirnphysiologisch angemessen ist. Geltungsansprüche dieser Theorien werden am konkreten Fall überprüft, philosophische Argumente als Grundlage der eigenen Argumentation hinzugezogen und schließlich die philosophischen Theorien im Praxistest begründet beurteilt. Blieb das ethische Urteil bis zu diesem Zeitpunkt ein rein theoretisches und hypothetisches, muss es sich abschließend Fragen nach Realisierbarkeit und Praxisrelevanz unterziehen. (C2) Eine konkrete Umsetzung ethischer Urteile ist in der Schule sicherlich nur in Ausnahmefällen möglich. Somit ist diese Stufe vor allem ethischen Berufsfeldern wie der Medizinethik vorbehalten. Und doch ist eine eingeschränkte Umsetzung denkbar. Auch im Unterricht können gefällte Urteile auf die Betroffen zurückgeführt, die Konsequenzen auf den Einzelfall bezogen durchdacht werden. Der Kontakt zu Betroffenen – zu denken wäre hier beispielsweise an Selbsthilfegruppen, Vertreter medizinischer Berufe oder in sozialen Arbeitsfeldern Tätige – kann im Einzelfall eine Möglichkeit sein, das eigene Urteil an die Praxis zurückzubinden.

Die dargestellten Kompetenzstufen werden in einem Kompetenzraster konkretisiert und mit exemplarischen Indikatoren belegt. Die Musteraufgaben[32] können auf diesem begrenzten Raum nur eine Vorstellung davon bieten, welche Themenfelder und Unterrichtsmethoden sich zur Anbahnung und Erweiterung der ethischen Urteilsfähigkeit eignen.

---

[32] vgl. beiliegende CD

Ethische Urteilskompetenz | 285

Die Schülerin/ der Schüler ...

	A1 Sensibilisieren	A2 Sensibilisieren	B1 Analysieren	B2 Analysieren	C1 Urteilen	C2 Urteilen
Ethische Urteilskompetenz: Situationen als ethisch problematisch erkennen, analysieren, argumentativ gewichten und begründet urteilen.	... kann eine Situation als ethisch problematisch erkennen und die Problematik benennen.	... kann für einen ethischen Konfliktfall eine Situations- und Faktenanalyse ausarbeiten.	... kann divergierende ethische Positionen zu einer Problemstellung analysieren, darstellen und vergleichen.	... kann eine Wertehierarchie erstellen.	... kann unter Anwendung moralethischer Modelle (utilitaristisch, deontologisch, diskursethisch) einen eigenen begründeten Standpunkt entwickeln.	... kann die Argumentation auf ihre Logik und Geltungsansprüche hin überprüfen.
Indikatoren (exemplarisch)	... kann • die Angemessenheit von Entscheidungen und Handlungen hinterfragen • eine Problemstellung formulieren	... kann • eine Situationsbeschreibung (äußere Fakten, direkt und indirekt Beteiligte, Kontext) erstellen • für die Klärung des Konfliktfalls relevantes Wissen zusammenstellen und erarbeiten • den Konfliktfall präzisieren	... kann • die Pluralität ethischer Auffassungen wahrnehmen und beschreiben • eine Interessenanalyse (widerstreitende Interessen, Mächte, Rollenerwartungen, konfligierende Werte) durchführen • Handlungsalternativen beschreiben, beurteilen • ethische Positionen begründet vergleichen	... kann • kritisch die Geltungsansprüche von Normen hinterfragen • die zur Diskussion stehenden Werte und Normen begründet in eine Hierarchie stellen	... kann • aus moralethischen Positionen Beurteilungskriterien ableiten • eine konsistente fallbezogene Argumentation entwickeln • die moralethischen Positionen im Hinblick auf den konkreten Konfliktfall begründet bewerten	... kann • die Argumentation einer handlungsorientierten Reflexion unterziehen • die Realisierbarkeit der gefundenen Lösung kritisch hinterfragen • das eigene Urteil im Hinblick auf den einzelnen und die Gesellschaft überprüfen

Tabelle 31: Kompetenzraster Ethische Urteilskompetenz

14. Interagieren und Sich-Mitteilen

„Offenbar ist für die Entwicklung sozialer Kompetenzen eine Fähigkeit zum Sinnverstehen erforderlich, für die Stufen der Perspektivendifferenzierung und Stufen des Moralbewusstseins vermutlich notwendige, jedoch keine hinreichenden Bedingungen sind." [1]

Der Bildungsstandard *Interagieren und Sich-Mitteilen*[2] beschreibt vor allem die sozialen Kompetenzen der Fächergruppe Philosophie/ Ethik. Philosophieren findet vorrangig in der Gemeinschaft statt. Bereits die Ursprünge der abendländischen Philosophie auf der Agora, dem griechischen Marktplatz, wo Sokrates mit seinen Gesprächspartnern Alltagsfragen problematisierte, machen dies deutlich. Diese Vielfalt ist auf Austausch angelegt, sei es, dass dieser über Publikationen, sei es, dass er über den mündlichen Diskurs stattfindet. Daher sind Fähigkeiten, die diesen Austausch in Wort und Schrift ermöglichen, genuin für das Philosophieren.

Eine Grundlage des philosophischen Austausches ist der *Diskurs*[3], der in der Diskursethik eine ganze philosophische Richtung konstituiert hat. Für den Unterricht relevant ist der Diskurs vor allem als kommunikative Praxis, die der Urteilsgenese dient und in der die Diskussion ihren Platz hat. Soll der Diskurs konstruktiv verlaufen und nicht in einen eher destruktiven Konflikt münden, sind vielfältige Kompetenzen erforderlich. Die *Diskurskompetenz* hat daher vielfältige Fundamente. Da sind zum einen die Kompetenzen des Bildungsstandards *Wahrnehmen und Verstehen*[4] zu nennen. Um sich auf den Gesprächspartner angemessen einstellen, ihn einschätzen zu können, sind *Wahrnehmungsfähigkeit*[5], die Fähigkeit zum *Perspektivenwechsel*[6] und die *Empathie*[7] grundlegend. Diskurse haben eine inhaltliche Basis, die über Kompetenzen des Bildungsstandards *Analysieren und Reflektieren*[8] gelegt wird. Fachwissen, das aus *Texten*[9], *interdisziplinärer* Arbeit[10] und *Reflexion*[11] gewonnen wird, wird begleitet von Wissen über *Sprache*[12].

---

[1] Edelstein, Wolfgang/ Habermas, Jürgen (1984),S. VIII
[2] vgl. Kap. 5.5.
[3] vgl. Kap. 14.1.
[4] vgl. Kap. 11
[5] vgl. Kap. 11.1
[6] vgl. Kap. 11.2.
[7] vgl. Kap. 11.3.
[8] vgl. Kap. 12
[9] vgl. Kap. 12.1.
[10] vgl. Kap. 12.3.
[11] vgl. Kap. 12.4.
[12] vgl. Kap. 12.2.

Interagieren und Sich-Mitteilen | 287

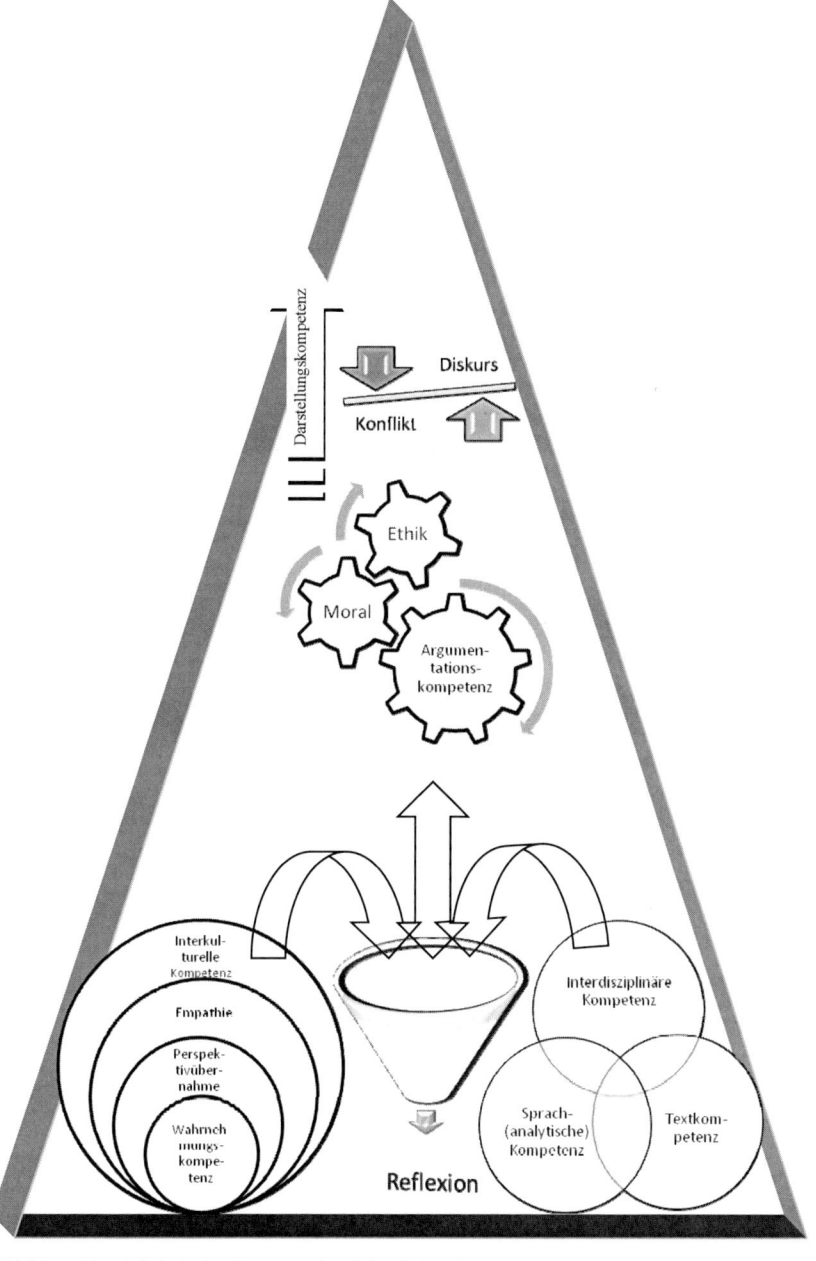

Abbildung 39: Verhältnis der Kompetenzbereiche Wahrnehmen und Verstehen/ Analysieren und Reflektieren/ Argumentieren und Urteilen/ Interagieren und Sich-Mitteilen

Alle diese Kompetenzen fließen in den Prozess des *Argumentierens und Urteilens*[13] ein. Je nach Diskurs geht es eher um eine allgemeine *Argumentations- und Urteilskompetenz*[14] oder spezieller um das *moralische*[15] oder *ethische*[16] Urteil. Nun verlaufen Diskurse nicht immer konstruktiv. Gerade die Heterogenität der Schüler/innen der Fächergruppe, die sich durch nationale, sprachliche, religiöse und kulturelle Vielfalt auszeichnen, beinhaltet ein hohes Konfliktpotential, stehen doch in unterrichtlichen Diskussionen oft nicht nur Einstellungen, sondern persönliche Wertsysteme zur Diskussion. Daher ist es, neben der Bedeutung, die die *Konfliktlösungskompetenz*[17] generell hat, gerade für den Unterricht dieser Fächer unumgänglich, an dieser Kompetenz zu arbeiten.

In Zeiten, in denen die Präsentationsprüfungen einen immer größeren Raum einnehmen, sind auch *Darstellungskompetenzen*[18] grundlegend. Sind diese Fähigkeiten auch nicht fachspezifisch, müssen sie doch auch im Unterricht der Fächergruppe Philosophie/ Ethik geschult werden. Die Präsentationsprodukte wiederum müssen sich in einem fachlichen Diskurs bewähren, der Vortragende muss sich den Fragen stellen, die sich aus der medialen ebenso wie der fachlichen Präsentation ergeben.

Grafik 39 macht deutlich, dass alle Kompetenzen nicht Bestandteile eines statischen Modells sind. Diskussionen müssen immer wieder austariert werden, um die Balance zwischen Konflikt und Diskurs zu halten. Argumentative Fähigkeiten sind eine Basis für dieses Gleichgewicht. Aber auch vielschichtige Wahrnehmungs- und Reflexionsprozesse bilden eine Grundlage, die ebenfalls nicht fixiert ist, sondern beständig Revisionen und Modifikationen erforderlich macht.

---

[13] vgl. Kap. 13
[14] vgl. Kap. 13.1.
[15] vgl. Kap. 13.2.
[16] vgl. Kap. 13.3.
[17] vgl. Kap. 14.2.
[18] vgl. Kap. 14.3.

14.1. Diskurskompetenz

„Menschliche Erkenntnis ist sozial. Sie wäre unmöglich ohne sprachliche Kommunikation und insbesondere ohne den Austausch von Argumenten."[1]

Diskursfähigkeit als Individual- und Gruppenkompetenz
Der Begriff *Diskurs* ist in einer Vielzahl von Disziplinen gebräuchlich. Dazu gehören Linguistik, Philosophie, Sozialpsychologie, Literaturtheorie und Kulturtheorie. „Wahrscheinlich ist er der Begriff mit dem größten Umfang an möglichen Bedeutungen innerhalb der Literatur- und Kulturtheorie und dennoch ist er derjenige, der am wenigsten definiert ist."[2] Die Bedeutung verlagert sich, sie ist abhängig vom disziplinären Kontext, in dem dieser Begriff verwendet wird. In Lexika stehen dementsprechend auch mehrere Bedeutungen nebeneinander: Abgeleitet aus dem lateinischen ‚discurrere' (sich unterhalten, heftig erörtern) steht Diskurs zum einen für eine methodisch aufgebaute Abhandlung, daneben aber auch für eine Unterhaltung oder ein Wortgefecht. Eher linguistischen Ursprungs ist die Bedeutung, welche die von einem Sprachteilnehmer auf der Basis seiner sprachlichen Kompetenz tatsächlich realisierten sprachlichen Äußerungen als Diskurs definiert.[3] Für den Unterricht relevant ist eine Definition, die ein Konglomerat dieser Begriffsbestimmungen bildet. Diskurs wird daher im Zusammenhang dieser Arbeit verstanden als „Prozess der Urteilsgenese und der Entfaltung einer kommunikativen Praxis, in der auch die Diskussion einen Ort hat."[4] Diese Lesart verbindet individuelle Fähigkeiten mit Kompetenzen der Gruppe. Kompetenzen sind zunächst Eigenschaften eines Individuums, erst sekundär eine Eigenschaft von „Interaktionssystemen".[5] Ein so verstandener Diskurs wird elementar konstituiert durch die Fähigkeiten der einzelnen Teilnehmer/innen, zugleich ist er aber auch abhängig von einer sozialen Gruppe, in der er stattfindet. Da Gespräche immer das Resultat mehrerer Beteiligter sind, sind individuelle Anteile vielfach weniger offensichtlich.[6] Im Rahmen dieses Kapitels werden daher beide Elemente – die individuelle ebenso wie die Gruppenperspektive – und ihre Zusammenhänge beleuchtet.
Durch Habermas hat der Diskursbegriff eine herausragende Rolle in der zeitgenössischen Philosophie erhalten.[7] Habermas beschreibt vor allem universelle Geltungsbedingungen, die jede sinnvolle Rede idealiter zu erfüllen habe, es geht ihm also vordergründig nicht um reale, situationsbedingte Kommunikation. Doch gibt es in der Philosophiedidaktik auch Ansätze, diese ideale Kommunika-

---

[1] Bayer, Klaus (2007), S. 48
[2] Mills, Sara (2007), S. 1
[3] Duden. Das Fremdwörterbuch (1982), Duden Verlag, Mannheim S. 190
[4] Edelstein, Wolfgang/ Oser, Fritz (2001), S. 172
[5] ebd.
[6] Aus diesem Grund wurden zwei Kompetenzraster erstellt: Eines dokumentiert die individuellen Fähigkeiten, das andere den Gruppenprozess.
[7] vgl. Habermas, Jürgen (1974, 1982, 1984)

tion im Unterricht zu verwirklichen. Eine Möglichkeit, eine solche vollendete Argumentation zu führen, ist das Sokratische Gespräch. Dieses ist die Urform des Philosophierens, ursprünglich mit zwei, später auch mit mehreren Gesprächspartnern. Das Sokratische Gespräch verfolgt verschiedene Ziele. „Ziel bei der Durchführung von Sokratischen Gesprächen ist die Klärung von Begriffen, die jeder Mensch im Alltag gebraucht, ohne sich darüber Rechenschaft zu geben."[8] Weitere Ziele sind die Verbesserung der Kommunikationskultur als die Fähigkeit, mit anderen zu kommunizieren und die eigene Meinung korrigieren zu können. Es gilt das Dialogprinzip, d.h. die Anerkennung der Gleichwertigkeit und das Ernstnehmen der Gesprächspartner.[9]

Raupach-Strey definiert als konstitutive Elemente des Sokratischen Paradigma[10] Voraussetzungslosigkeit, eine konkrete Erfahrungsbasis, Non-Dogmatismus, die sokratische Mäeutik, das Selbstvertrauen in die Vernunft, die gemeinsame Denkgemeinschaft und schließlich Wahrheit und Verbindlichkeit. Allerdings zeichnen diese Elemente Ziel und Vorgehensweise eines idealen Gesprächsverlaufs aus, sie beleuchten jedoch nicht hinreichend die Teilfähigkeiten, die zum Führen eines Diskurses erforderlich sind, und ebenso wenig die Art und Weise, wie sie erworben werden können. Solcherart Erkenntnisse liefert die Gesprächsforschung, der sich diese Arbeit daher vorrangig anschließt. Sie ist eine empirische Wissenschaft, die reale Diskurse analysiert und für die ideale Konstrukte von untergeordneter Bedeutung sind.[11] Das bedeutet nicht, dass Habermas' Theorie und das Sokratische Gespräch generell unzweckmäßig sind, aber diese Diskurskonzeptionen erscheinen wenig geeignet, konkrete Gesprächssituationen zu analysieren und damit auch die Kompetenz von Schüler/innen einzuschätzen. Um die Ausprägung von Gesprächskompetenzen innerhalb einer Lerngruppe beurteilen zu können, ist vielmehr der Verlauf von Diskursen in ihren Besonderheiten zu charakterisieren. Es sind die Teilfähigkeiten zu skizzieren, die zur Anwendung der Gesprächskompetenz erforderlich sind.

Basis jeden Diskurses ist die Sprache. Sie hat drei Funktionsbereiche: Sie dient der Erkenntnis und Kognition, der Interaktion und Kommunikation sowie der Gemeinschaftsbildung und Kommunion.[12] Wichtig ist die Unterscheidung von schriftlicher und mündlicher Kommunikation.[13] Im Unterschied zur Schriftlichkeit, wo die Verständigung zerdehnt ist, zeichnet sich mündliche Kommunikation durch die Parallelität von Planung, Produktion und Rezeption aus. Diese Unterschiede bedingen jeweils spezifische Verständigungsformen, die sich in den sprachlichen Strukturen niederschlagen. „Mündliche Kommunikation ist [...] durch ihre Flüchtigkeit, Prozesshaftigkeit und Interaktivität gekennzeichnet."[14]

---

[8] Horster, Detlef (1984), S. 7
[9] vgl. ebd.
[10] im Folgenden nach: ebd., S. 289-296
[11] vgl. ebd. S. 17
[12] vgl. Becker-Mrotzeck, Michael (2006), S.2f.
[13] vgl. Kap. 12.1. Textkompetenz, Kap. 12.2. Sprach(analytische) Kompetenz
[14] Becker-Mrotzeck, Michael (2006), S. 4

Diskurskompetenz | 291

Sie erfordert ein spezielles Wissen, die Gesprächskompetenz. „Für die Konzeptualisierung von Kompetenzmodellen für den Bereich der Mündlichkeit folgt daraus, dass sich Gesprächskompetenz weniger an der sprachlichen Oberfläche einzelner Äußerungen zeigt als vielmehr in der je situativen Angemessenheit sprachlichen Handelns."[15]

Welche Teilfähigkeiten sind für die Gesprächskompetenz konstitutiv? Zugrunde gelegt werden muss ein weiter Kooperationsbegriff, der sowohl Kooperation und Verständigung als auch Konflikt und Streit umfasst. Die dafür erforderlichen relevanten Basisfähigkeiten sind vielschichtig: Neben Fähigkeiten der Sprachbeherrschung und -anwendung sind vor allem die Qualifikationen relevant, die für das Führen eines Gespräches grundlegend sind. Diese Gesprächsfähigkeiten lassen sich aus den kommunikativen Erfordernissen von Gesprächssituationen herleiten.[16] Für die Bewältigung der Handlungsanforderungen sind spezifische Kenntnisse und Fähigkeiten erforderlich. Diese lassen sich nach Wissenstypen unterscheiden.[17] Dazu gehört explizites Wissen, das sich aus Überzeugungen, Einstellungen, Dispositionen, die jeder Gesprächsteilnehmer mit ins Gespräch einbringt, Wissen über Sprache und Kommunikation und Wissen über institutionelles Handeln zusammensetzt. Ebenso erforderlich ist implizites, prozedurales Wissen. Dieses konstituiert sich aus Formulierungs- und Artikulationsfähigkeit, Interpretationsfähigkeit als Fähigkeit, die aktuelle Situation angemessen zu interpretieren, und Handlungsroutinen.

Die hohen Anforderungen und die Komplexität kommunikativen Handelns werden durch viele Faktoren bestimmt.[18] Dazu gehören die Komplexität der Gesprächssituationen und -strukturen, die Anzahl der Gesprächspartner, thematische Schwierigkeiten, die persönlichen Handlungsspielräume ebenso wie der Grad der persönlichen Involviertheit. Kommunikative Erfordernisse leiten sich aus der jeweiligen Gesprächssituation ab. Diese wird bestimmt durch die beteiligten Personen mit ihren Identitäten, Affekten, ihren sozialen Beziehungen, ihrem Wissen und Können, aber auch durch die kommunikativen Zwecke des jeweiligen Gesprächs. Dies kann die Beseitigung eines Dissenses ebenso sein wie das Ziel, eine gemeinsame Entscheidung zu treffen.

Aus den Gesprächszielen müssen die adäquaten Handlungsentscheidungen abgeleitet werden. Gesprächskompetenz ist also folgendermaßen zu definieren: Sie ist „die Fähigkeit, zu einem beliebigen Zeitpunkt in einem Gespräch
1. zu einer angemessenen Einschätzung der aktuellen Situation und der lokalen Erwartungen der Gesprächspartner zu kommen,
2. auf dem Hintergrund dieser Einschätzung eine den eigenen Interessen und den eigenen Ausdrucksmöglichkeiten angemessene Reaktion mit hoher Erfolgswahrscheinlichkeit zu finden,

---

[15] ebd.
[16] vgl. ebd. S. 5f.
[17] im Folgenden nach: ebd., S. 6ff.
[18] im Folgenden nach: ebd., S. 8f.

3. und diese Reaktion der eigenen Absicht entsprechend körperlich, stimmlich und sprachlich adäquat zum Ausdruck zu bringen."[19]

Diese Definition verbindet soziale und rhetorische Kompetenzen, denn in einer Diskussion werden unterschiedliche Positionen mit dem Ziel der Verifikation oder Falsifizierung konfrontiert, es geht um den Umgang mit Dissens und Widerspruch.[20] Unterschiedliche Diskussionsformen sind möglich. In einer gebundenen Diskussion ist die Erarbeitung einer für alle verbindlichen Lösung das Ziel, eine ungebundene Diskussion strebt den Austausch von verschiedenen Positionen mit dem Ziel der Perspektivenvielfalt an.[21] Jede Form hat Unterschiede in Verlauf und Abschluss der Diskussion zur Folge. „Gemeinsam ist allen diesen kommunikativen Ereignissen, die wir als *Diskussion* [...] bezeichnen oder aber unsere Tätigkeiten als *diskutieren* beschreiben würden, dass sie ein von den Beteiligten für wichtig erachtetes Thema etablieren und argumentativ bearbeiten mit dem Ziel, entweder Übereinstimmung herzustellen oder aber Unterschiede in der Sichtweise deutlich zu machen."[22] Für diese Diskussionen kann die Gültigkeit der Diskursethik als Referenzrahmen anerkannt werden, denn „Praktische Diskurse sind reflexives kommunikatives Handeln. Bereits in Gesprächen, denen noch nicht die Bezeichnung ‚Diskurs' zukommt, werden informelle ‚turn-taking-rules' eingehalten, die für eine ungefähre Balance der Redechancen sorgen."[23] Schon in prädiskursiven Unterhaltungen gelten also Regeln, die die Chancen zur Abgabe von Redebeiträgen verteilen. Die Verwendung von Ich und Du impliziert ein ethisches Prinzip wechselseitiger Anerkennung.[24]

Gegenstand des Lernens kann daher weniger das Ergebnis als „der Prozess des Abwägens und Urteilens, des Begründens und des Nachweisführens"[25] sein. Wenn verschiedene Positionen aufeinanderprallen, muss eine brauchbare Lösung gesucht werden. Diese ist zunächst subjektiv, wird dann aber durch die Auseinandersetzung intersubjektiv. Soziale Akteure müssen interindividuelle Widersprüche gemeinsam identifizieren und auflösen. Dieser Prozess vollzieht sich im „kollektiven Diskurs", in der „kollektive[n] Argumentation"[26]. Der einzelne kann nur dann etwas grundlegend Neues erlernen, wenn seine Lernprozesse eine integrative Komponente eines sozialen Interaktionsprozesses darstellen. Die Argumentationsteilnehmer müssen in der Lage sein, zu widersprechen und doch ein gemeinsames Ziel zu verfolgen. Oser hat festgestellt, dass Gruppen moralische und soziale Probleme lösen, indem sie bewusst reflektieren und zur Sprache bringen, was dem Denken und Handeln als „legitimatorisches normatives System"[27] zugrunde liegt. Kinder können in Gruppen Aufgaben bewältigen,

---

[19] Hartung, Martin (2004), S. 50
[20] vgl. Edelstein, Wolfgang/ Oser, Fritz (2001), S. 172
[21] vgl. Becker-Mrotzeck, Michael/ Vogt, Rüdiger (2001), S. 96
[22] ebd.
[23] Ott, Konrad (1993), S. 88
[24] vgl. ebd., S. 88ff.
[25] Edelstein, Wolfgang/ Oser, Fritz (2001), S. 172
[26] Miller, Max (1986), S. 23
[27] Oser, Fritz (1981), S. 14

Diskurskompetenz | 293

die sie allein nicht lösen können, sie können komplexer und differenzierter denken.[28] Wenn Kinder und Jugendliche Lösungen für ein sozial-moralisches Dilemma aushandeln müssen, können die Entscheidungen bei unterschiedlichen Argumentations- und Rechtfertigungsprozessen durchaus gleich ausfallen. Nicht eine Handlung an sich ist also richtig oder falsch, sondern es gibt mehr oder weniger hohe moralische Rechtfertigungen für eine Entscheidung. Einen derartigen Argumentationsprozess bezeichnet Oser als kommunikatives Handeln. In diesem wird die Argumentation selbst zum Inhalt des Handelns gemacht. Entscheidung und Ausführung des Entschlusses sind eher zweitrangig. „Das hier angedeutete Prinzip besagt, dass wir als Handeln in unserem Sinne alle in den moralischen Problemlöseprozess involvierten Tätigkeiten bezeichnen."[29]
Im folgenden Schaubild werden noch einmal alle Aspekte der Individual- und Gruppenebene sowie der Teilkompetenzen im Überblick dargestellt.

Ergebnisorientierung
Faktenorientierung

Sachkompetenz
- Fachliche Wissensbasis
- Explizites Wissen über Sprache und Kommunikation
- Sozial-moralische Dilemmata

Methodenkompetenz
- Gesprächskompetenz
- Rhetorische Kompetenz
- Soziale Kompetenz
- Reflexives kommunikatives Handeln
- Gesprächsregeln

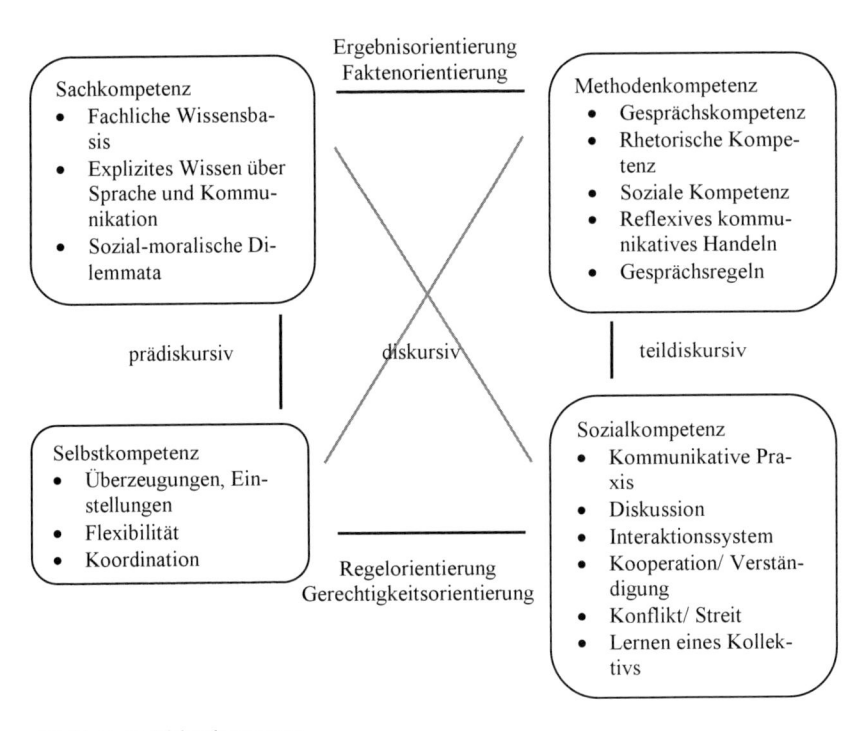

prädiskursiv   diskursiv   teildiskursiv

Selbstkompetenz
- Überzeugungen, Einstellungen
- Flexibilität
- Koordination

Regelorientierung
Gerechtigkeitsorientierung

Sozialkompetenz
- Kommunikative Praxis
- Diskussion
- Interaktionssystem
- Kooperation/ Verständigung
- Konflikt/ Streit
- Lernen eines Kollektivs

Abbildung 40: Diskurskompetenz

---

[28] im Folgenden nach: ebd., S. 14f.
[29] ebd., S. 18

Diskursfähigkeit als Kompetenz – Ergebnisse der Expertenbefragung

Unterrichtsprozesse in der Schule vollziehen sich weitgehend mündlich. „Die soziale Wirklichkeit des Unterrichtsgeschehens wird ganz wesentlich mittels Kommunikation hergestellt. [...] Es sind vor allem sprachliche Äußerungen – von Lehrern und Schülern – die Lernprozesse auslösen und sichtbar machen."[30] Auch außerhalb der Schule gilt, dass wesentliche Kompetenzen für die Lebens- und Berufsbewältigung in der Fähigkeit bestehen, sich mit anderen im Gespräch verbal verständigen und Wissen austauschen zu können. Dies geht nicht ohne Interaktivität, bedeutet Angewiesensein auf die Kooperation mit anderen. Dies zeigt sich auch in den Ergebnissen der Expertenbefragung.[31] Die Einordnung der Diskurskompetenz sowohl auf der Individual- wie der Gruppenebene wird von den befragten Experten daher unterstützt. Alle Teildimensionen Sach-, Methoden-, Selbst- und Sozialkompetenz erhalten in den Expertenantworten hohe Werte.[32] Dass ein Diskurs nur auf einer soliden Wissensbasis geführt werden kann, zeigt ein Mittelwert von 3,6 bei einem möglichen Maximum von 4. Auch Gesprächsregeln sind unerlässlich, wie der Mittelwert von 3,4 für die Methodenkompetenz beweist. Der erzielte Wert von 3,7, den die Sozialkompetenz erzielt hat, macht aber die von den Experten erkannte Abhängigkeit von der Gruppe und der Interaktion im sozialen Gefüge besonders deutlich. Die Gruppe spiegelt in ihrer Reaktion das eigene Verhalten. Je höher die Selbstkompetenz ausgeprägt ist, desto flexibler kann sich ein Individuum der Gruppenkommunikation anpassen und sie mitgestalten. Daher erzielt auch diese Teildimension einen Mittelwert von 3,7.

Auch wenn Diskurse in vielen Fächern geführt werden und eine Basis des Unterrichts bilden, erscheinen sie vielen Befragten doch als eine spezifische Tätigkeit im Ethik- und Philosophieunterricht, denn sie bewerten die Fachspezifik mit einem Mittelwert von 2,3, sodass die Diskurskompetenz bei dieser Frage immerhin den sechsthöchsten Wert erzielen kann. Einen hohen Wert von 3,0 kann auch die Möglichkeit, spezifische Aufgaben zur Schulung der Diskurskompetenz zu generieren, erlangen. Die Unterrichtserfahrungen der Experten spielen bei dieser Antwort sicherlich eine große Rolle, ist doch gerade der Unterricht in den Geisteswissenschaften durch umfangreiche Anteile mündlicher Kommunikation charakterisiert.

Kommunikation ist also erheblich mehr als das Einhalten von Gesprächsregeln, auch wenn hierin eine Basisfähigkeit zu sehen ist. Vielmehr wird Interaktion auf verschiedenen Ebenen der Sprache und Argumentation immer wieder neu erzeugt. Wie nun kann der Kompetenzzuwachs in regelmäßigen Lernstanderhebungen gemessen werden? Diese Frage wurde auch den Experten gestellt. Auffällig ist, dass sie das Messen der Diskurskompetenz als relativ unproblematisch ansehen. Dies ist sicherlich mit dem Zwang zum Erteilen einer mündlichen Note

---

[30] Becker-Mrotzeck, Michael/ Vogt, Rüdiger (2001), S. 4
[31] vgl auch Kap. 8
[32] vgl. Abbildung 10

zu erklären, so dass alle im Unterricht Tätigen hier umfassende Erfahrungen mitbringen. Andererseits sind zwei spezifische Probleme der Bewertung festzuhalten, die es bei der Beurteilung schriftlicher Leistungen nicht gibt. Hier ist zum einen das Erhebungsproblem zu nennen.[33] Gespräche und mündliche Äußerungen zeichnen sich durch Flüchtigkeit aus. Wollte man sie detailliert analysieren, wäre man auf Aufzeichnungen und Transkripte angewiesen. Auf der anderen Seite gilt das Zuschreibungsproblem, denn Gesprächskompetenz ist nur in Kooperation realisierbar, ein Gespräch ist das Resultat aller an ihm Beteiligten. Dies macht das Erfassen von Einzelleistungen schwierig. Wenn zur Erhebung der Gesprächskompetenz nur schriftliche Daten erhoben werden sollen, können nur rezeptive Fähigkeiten ermittelt werden. Wenn auch mündliche Daten gewonnen würden, könnte man auch die produktive Seite der Gesprächskompetenz erheben. Transkripte scheiden aufgrund des Aufwandes aus. Es bleibt jedoch, so Becker-Mrotzeck, die Möglichkeit, sprachliches Handeln nach bestimmten Kriterien durch so genannten „Rasterurteile"[34] einzuschätzen. Kompetenzraster sind eine mögliche Grundlage solcher Rasterurteile.

Da mündliche Kommunikation in allen Fächern und Jahrgangsstufen eine erhebliche Rolle spielt, verwundert es nicht, dass die Experten mit 97,6% der Zuordnung zu allen Fächern und mit 90,2% der Zuordnung zu allen Jahrgangsstufen zustimmen. Auch die Relevanz dieser Kompetenz erzielt einen den anderen Kompetenzen vergleichbaren Wert mit 3,9.

Da Diskurse einen erheblichen Anteil am Philosophiestudium haben, ist zu vermuten, dass die Experten sich als gut ausgebildet empfinden. Sie fühlen sich erwartungsgemäß sehr sicher, diese Kompetenz zu diagnostizieren (3,3), zu vermitteln (3,3) und zu bewerten (3,3). Die Antworten auf die persönliche Ausbildung der Experten verwundert jedoch. Mit 31,7% liegt der Anteil derjenigen, die drei und mehr Angaben zum Ursprung ihrer eigenen Kenntnisse gemacht haben, im Mittelfeld der erfragten Kompetenzen. Dass die universitäre Ausbildung und das Referendariat nicht auszureichen scheinen, machen die jeweils 17,1% der Angaben zu Weiterbildung und Selbststudium deutlich. Dieser hohe Wert derjenigen, die im Selbststudium defizitäre Kenntnisse auszugleichen versuchten, einer der höchsten Werte für das Selbststudium überhaupt, erstaunt, ist doch der Diskurs, wie bereits dargestellt, auf Kooperation und Interaktion angewiesen und daher nur schwer autodidaktisch zu erwerben.

---

[33] im Folgenden nach Becker-Mrotzeck, Michael (2006), S. 16f.
[34] ebd. S. 17

Kompetenzraster Diskurskompetenz

Kollektive Lernprozesse lassen sich nur auf individuelle Lernprozesse zurückführen, denn das Lernen eines Kollektivs ist zwar vom Lernen im Kollektiv zu unterscheiden, aber andererseits davon abhängig. „Fundamentales Lernen ist ein Lernen in der sozialen Gruppe, und das Lernen einer sozialen Gruppe setzt somit das Lernen des Individuums in der sozialen Gruppe voraus."[35] Aus diesem Grund wurden zwei Kompetenzraster konzipiert, von denen eines die Individualperspektive, das andere die Gruppenperspektive beschreibt.

Interaktionsprozesse sind nicht die Summe von kognitiven Strukturen der Teilnehmer, sondern diese Strukturen werden durch den Gruppenprozess generiert. Oser geht davon aus, dass Diskursteilnehmer in der Gruppe zu höheren kognitiven Leistungen fähig sind, als wenn sie einzeln, z.b. schriftlich, argumentieren. „Wir haben gesehen, dass die Gruppe durch Konfliktlösung signifikant mehr Material hervorbringt als das Individuum, und zweitens, dass die Gruppenmitglieder ein höheres moralisches oder allgemein kognitives Niveau zu erreichen vermögen als die Gesamtheit der einzelnen Individuen im Durchschnitt."[36] Gruppen können also kognitive und moralische Probleme auf einem höheren Bewusstseins- und Interaktionsniveau lösen als Individuen.

Solcherart effektive Diskussionsverläufe haben eine spezifische Entwicklung. Es sind die Fortschritte der Gruppe auf einer strukturalen Ebene von der koordinativen Kompetenz der einzelnen Diskussionsteilnehmer zu unterscheiden.[37]

Die strukturale Kompetenz der Gruppe[38] entwickelt sich ausgehend von einer ersten Ebene der *Ergebnisorientierung*. Funktionalität steht im Mittelpunkt der Diskussionen. Gruppen auf diesem Niveau (A1) sind darauf bedacht, Resultate oder Lösungen zu erzielen. Lösungen werden befürwortet oder abgelehnt, ohne direkt begründen zu können, warum. Fortgeschritteneren Gruppen (A2) dienen Begründungen dann dazu, einen gemachten Lösungsvorschlag zu bestätigen. In Konflikten wird nicht auf Fakten oder moralische Argumente eingegangen, sondern es wird ein Ausweg, ein Kompromiss gesucht. „Man könnte von einem interaktiven, instrumentellen Hedonismus sprechen."[39] Es folgt die Phase der *Faktenorientierung*. Psychologische, soziale, ökonomische Fakten werden untersucht (B1), um aufgrund der Faktenlage entscheiden zu können. Es herrscht ein „naiver Realitätsoptimismus vor"[40], denn es gilt die Prämisse, das derjenige, der

---

[35] Miller, Max (1986), S. 32
[36] ebd., S. 77
[37] vgl. ebd. S. 76ff und S. 99ff.
[38] Die Niveaustufen der Gruppenkompetenz zeigen viele Übereinstimmungen mit der ethischen und der moralischen Urteilskompetenz. Werden in den dort dargestellten Kompetenzrastern jedoch Individualkompetenzen beschrieben, handelt es sich bei der strukturalen Kompetenz um eine Gruppenkompetenz. Diese ist abhängig von den Individualkompetenzen, aber es ist nachgewiesen, dass eine Gruppe insgesamt eine höhere Kompetenzstufe erreicht als die Einzelteilnehmer, da sich die Diskussionsteilnehmer gegenseitig in ihrem Denkprozess befruchten.
[39] ebd., S. 87
[40] ebd., S. 29

Diskurskompetenz | 297

umfassend informiert ist, richtig entscheiden kann. Sind Gruppen weiter fortgeschritten (B2), beziehen sie auch universale Aspekte in den Lösungsprozess mit ein. Sie hierarchisieren Fakten, Gründe und Konsequenzen. Auf der nächsten Ebene der *Regelorientierung* werden grundlegende moralische Regeln und Prinzipien diskutiert (C1), um aufgrund dieser Prinzipien gerecht zu entscheiden. Es werden „verborgene moralische Handlungskonstituanten"[41] erschlossen. Diskutiert die Gruppe auf dieser Ebene, dann geht es vor allem darum, Konflikte zu lösen. Zur Disposition steht das aktuelle Gerechtigkeitsmuster, das der Gruppendiskussion zugrunde liegt. Regeln und Normen werden von weiter entwickelten Gruppen (C2) kritisch hinterfragt und bewertet. Die letzte Ebene ist durch *Gerechtigkeitsorientierung* charakterisiert. Die Gruppe stellt der Lösung konkreter moralischer Konflikte eine reflektierte oder neu zu reflektierende Theorie der Gerechtigkeit bzw. eine Theorie des gerechten gesellschaftlichen Handelns gegenüber. Ein globales Moralprinzip (D1) wird analysiert, diskutiert und kritisiert. Kann die Gruppe mehrere philosophische Theorien kritisch gegeneinander abwägen und hierarchisieren, ist das höchste Niveau (D2) erreicht.

Die koordinative Komplexität der Gruppendiskussion konstituiert sich durch die Fähigkeiten der Diskursteilnehmer. Auch hier gibt es verschiedene Stufen.[42] Auf der *prädiskursiven* Stufe des *interaktiven Egoizentrismus*[43] werden einzelne Meinungen vergleichsweise isoliert vorgebracht, sie sind nur in geringem Maße miteinander verbunden. Einem Schüler/ einer Schülerin gelingt es auf der unteren Stufe (A1), Gesprächsregeln einzuhalten, doch ist die Balance des Gesprächs sehr von Moderatoren abhängig, die das Einhalten der Regeln überwachen. Unter Anleitung sind die Schüler/innen jedoch in der Lage, andere ausreden zu lassen und ihnen zuzuhören. Fortgeschrittenere (A2) können Vorschläge zum diskutierten Thema machen, berücksichtigen die Beiträge anderer Diskussionsteilnehmer jedoch nur peripher. Ein übergreifendes Argumentationsnetz entsteht in der Diskussion nicht. Es schließt sich eine *teildiskursive* Stufe an, die sich durch das Entstehen zusammenhängender *Kommunikationseinheiten* auszeichnet. Auf der unteren Niveaustufe (B1) gelingt es einem Sprecher, auf einzelne Sprecher für einen begrenzten Zeitraum einzugehen. Ausgewählte Diskussionsteilnehmer können für einen gewissen Zeitraum in ihrer Argumentation unterstützt werden. Fortgeschrittenere (B2) sind in der Lage, einen Vorschlag einer Diskussionsrunde über eine gewisse Sprechzeit hinweg zu diskutieren. Der einzelne Teilnehmer geht auf das vorher Gesagte ein und führt es weiter. Vergleiche, Annahmen, Ablehnung und die Einführung weiterer Informationen beziehen sich auf den gleichen Gegenstand. Auch divergierende Äußerungen können in die eigenen Beiträge miteinbezogen werden. *Diskursiv*ität und *Globalität* zeichnen das höchste Niveau aus. Sprecher, die diese Stufe (C1) erreicht haben, können alle diskutier-

---
[41] ebd., S. 87
[42] im Folgenden nach: Oser, Fritz (1981), S. 91ff.
[43] ebd., S. 91

ten Gesichtspunkte übersichtlich darstellen, miteinander vergleichen, zusammenfassen und hierarchisch verbinden. Argumentationslücken und Widersprüche werden aufgedeckt. Eine Struktur des gemeinsamen Handelns setzt sich vollständig durch. Die höchste Niveaustufe (C2) kommt dem Diskurs nach Habermas am nächsten. Diskursteilnehmer auf diesem Niveau führen ein Gespräch, das widerspruchsfrei ist sowie Repression und Ungleichheit aufhebt. Wer dieses Niveau erreicht hat, kann zudem das eigene Gesprächsverhalten selbstkritisch reflektieren.

Auf allen Stufen koordinativer Komplexität können theoretisch alle Interaktionsstufen vertreten sein, d.h. grundsätzlich sind alle Kompetenzstufen auf der Individual- und Gruppenebene miteinander kombinierbar. Osers Beobachtung geht jedoch dahin, dass je höher die einzelnen Mitglieder auf der Ebene der koordinativen Kompetenz stehen, umso wahrscheinlicher ist es, dass die Gruppe auf einer höheren Interaktionsstufe diskutiert.[44]

Aufgrund der vielfältigen Übereinstimmungen der Gruppenkompetenz mit der ethischen und moralischen Urteilsfähigkeit wird im Folgenden darauf verzichtet, Aufgaben für die Gruppenentwicklung vorzustellen. Hier eignen sich die in den Kapiteln 13.2. und 13.3. vorgeschlagenen Aufgaben, um Gruppen einschätzen und fördern können. Die konzipierten Aufgaben[45] machen vielmehr (methodische) Vorschläge, die Diskurskompetenzen des Einzelnen zu befördern. Diese methodischen Ideen sind durchaus mit den inhaltlichen Vorschlägen der Kapitel zum *Argumentieren und Urteilen* zu verknüpfen, um strukturale und koordinative Kompetenzen zu verbinden.

---

[44] vgl. ebd., S. 145
[45] vgl. beiliegende CD

Die Schülerin/ der Schüler ...

	A1	A2	B1	B2	C1	C2
	Prädiskursiv/ Interaktiver Egozentrismus		**Teildiskursiv/ Kommunikationseinheiten**		**Diskursiv/ Globalität**	
Diskurskompetenz: Vernunftgeleitete, sachbezogene Auseinandersetzungen konsens- und dissensfähig führen. *(Koordinative Komplexität)*	... kann Gesprächsregeln einhalten	... kann einzelne Vorschläge zum Thema machen, ohne auf die anderen einzugehen	... kann über einen gewissen Zeitraum auf einzelne andere Sprecher eingehen	... kann über einen längeren Zeitraum auf eine größere Zahl anderer Sprecher eingehen	... kann sich mit eigenen Beiträgen funktional in die Gesamtdiskussion einbringen und diese koordinieren.	... kann ein Gespräch nach den Grundsätzen der Logik und Pragmatik führen
Indikatoren (exemplarisch)	... kann • die Balance der Redebeiträge unter Anleitung einhalten • anderen zuhören • andere ausreden lassen	... kann • einzelne Meinungen isoliert vorbringen • in geringem Maße auf andere eingehen	... kann • Äußerungen anderer in den eigenen Beitrag integrieren, wenn sie inhaltlich in ihr/sein Konzept passen • ausgewählte Gesprächsteilnehmer argumentativ unterstützen	... kann • eigene Vergleiche, Annahmen, Ablehnung, Einführung weiterer Informationen auf den Gesprächsgegenstand beziehen • den eigenen Redebeitrag auf eine größere Zahl divergierender Äußerungen beziehen	... kann • alle diskutierten Gesichtspunkte übersichtlich darstellen, miteinander vergleichen, zusammenfassen, hierarchisch verbinden • Argumentationsonslücken und Widersprüche konstruktiv aufdecken • ein Gespräch moderieren	... kann • das Prinzip der Widerspruchsfreiheit anerkennen • sich konstruktiv in eine Sprechsituation einbringen, die Repression und Ungleichheit aufhebt • das eigene Gesprächsverhalten selbstkritisch reflektieren

Tabelle 32: Kompetenzraster Diskurskompetenz I

Eine Gruppe von Schülerinnen/ Schülern ...

	A1 Ergebnisorientierung/ Funktional	A2 Ergebnisorientierung/ Funktional	B1 Faktenorientierung/ Analytisch	B2 Faktenorientierung/ Analytisch	C1 Regelorientierung/ Normativ	C2 Regelorientierung/ Normativ	D1 Gerechtigkeitsorientierung/ Philosophisch	D2 Gerechtigkeitsorientierung/ Philosophisch
Diskurskompetenz: Vernunftgeleitete, sachbezogene Auseinandersetzungen konsens- und dissensfähig führen.	... kann die Lösung eines Problems in den Mittelpunkt der Gruppenüberlegungen stellen.	... kann Bedingungen und Begründungen erörtern, um eine vorgegebene Lösung zu stützen.	... kann Fakten und Bedürfnisse, die den Lösungsvorschlag beeinflussen und rechtfertigen, analysieren.	... kann Intentionen, Kausalitäten und Konsequenzen systematisch analysieren und bewerten.	... kann moralische Normen und Prinzipien diskutieren.	... kann moralische Regeln und Prinzipien kritisch hinterfragen und auf ihre Universalisierbarkeit prüfen.	... kann ein globales Moralprinzip diskutieren	... kann mehrere philosophische Theorien kritisch gegeneinander abwägen.
(Strukturale Komplexität) **Indikatoren (exemplarisch)**	... kann • eine Lösung für ein Problem entwickeln • Fragen und zusätzliche Fakten zur Lösungsbegründung funktional und eher selten verwenden	... kann • Lösungsvorschläge hierarchisieren • die Auswahl einer Lösung begründen • Wenn-dann-Formulierungen bilden	... kann • eine Faktenanalyse vornehmen • aus der Faktenanalyse eine Lösung ableiten • Bedürfnisse einzelner zur Lösungsfindung hinzuziehen	... kann • universale Aspekte in den Lösungsprozess einbeziehen • eine Hierarchie der Fakten, Gründe, Konsequenzen vornehmen	... kann • Entscheidungsprinzipien erkennen und diskutieren • eine Normdiskussion auf der Basis von Analyse und Lösungsvorschlag führen • eine Prinzipiendiskussion führen	... kann • Normen hierarchisieren • eine selbstständige Normdiskussion führen • Normen bewerten	... kann • Normkritik, Analyse und Entscheidung von der Diskussion der philosophischen Richtung abhängig machen	... kann • Normkritik, Analyse und Entscheidung unter Berücksichtigung verschiedener philosophischer Richtungen durchführen • philosophische Theorien hierarchisieren

Tabelle 33: Kompetenzraster Diskurskompetenz II

14.2. Konfliktlösungskompetenz

„Streit überwinden heißt sich zu orientieren an den Notwendigkeiten künftigen Zusammenlebens."[1]

Auseinandersetzung als Kommunikationsform

Soziale Konflikte spielen sich zwischen mindestens zwei Parteien, seien es Einzelpersonen oder auch Gruppen, ab. An diesen Konflikten können verschiedene Auslöser beteiligt sein. Eine Hauptursache liegt darin, dass die Konfliktparteien unterschiedliche Interessen oder Ziele verfolgen. Auch denkbar ist, dass sie zwar das gleiche Ziel anstreben, dieses aber nur von einer Partei erreicht werden kann. Ein weiteres Motiv für einen Konflikt kann darin bestehen, dass die Konfliktparteien bei gleicher Zielsetzung unterschiedliche Mittel zur Erreichung ihres Ziels anwenden wollen.[2] Ein Konflikt lässt sich daher zunächst ganz wertneutral folgendermaßen definieren: „Der Begriff des Konflikts soll zunächst jede Beziehung von Elementen bezeichnen, die sich durch objektive (latente) oder subjektive (manifeste) Gegensätzlichkeiten kennzeichnen lässt."[3] Konflikte zeichnen sich also dadurch aus, dass unvereinbare Gegensätze in einen Spannungszustand geraten. Solcherart kontroverse Phänomene finden sich auf verschiedenen Ebenen. In Konflikt geraten können Interessen, Bedürfnisse, Werte, Identitäten, Ideologien, Weltanschauungen und Religionen ebenso wie Bewertungen.[4] Gerade im Unterricht der Fächergruppe Philosophie/ Ethik liegt ein hohes Dissenspotential. Dies resultiert zum einen aus den Themen, die sich gerade divergierende Positionen als Reflexionsgrundlage zunutze machen. Aber auch die heterogene Schülerschaft kann ein hohes Konfliktpotential auslösen. Die Konflikte und die in ihnen vertretenen Positionen sind an sich weder gut noch schlecht, sondern nur die Konfliktaustragungsform kann funktional oder dysfunktional sein.[5] Zu unterscheiden sind in diesem Zusammenhang heiße von kalten Konflikten. In einem heißen Konflikt bekämpfen sich die Konfliktpartner offen, heftig und direkt. Trotz der Vehemenz gilt, dass Kommunikation stattfindet und die Begegnung gesucht wird. Ein kalter Konflikt ist dagegen problematischer. Diese Konfliktparteien resignieren und meiden die Kommunikation. Der Konflikt wird indirekt durch Intrigen und Abwertungen des Gegners vor anderen ausgetragen. Die Streitformen machen zwei gegensätzliche Perspektiven deutlich: Streit kann zum einen als spezifische Ausprägung von Kommunikation, aber auch als Krise der Verständigung interpretiert werden.[6] Unterricht hat die Aufgabe, Konfliktlösungsfähigkeit zu entwickeln und Schüler/innen zu befähigen, Konflikte konstruktiv zu lösen.

---

[1] Baurmann, Jürgen/ Feilke, Helmuth/ Vos, Elisabeth (2002), S. 9
[2] vgl. Institut für Friedenspädagogik (2007), S. 1
[3] Dahrendorf, Rolf (1963), S. 201
[4] vgl. Maringer, Eva/ Steinweg, Reiner (1997), S. 5ff.
[5] vgl. Institut für Friedenspädagogik (2007), S. 2
[6] im Folgenden nach: Baurmann, Jürgen/ Feilke, Helmuth/ Vos, Elisabeth (2002), S. 8-14

Die Einschätzung, Dispute seien eine Krise der Kommunikation, entspricht unserem Alltagsverständnis von Konflikt. Ausgangspunkt ist ein strittiger Anlass, der einen Streit auslöst, weil keine konstruktive Verständigung realisierbar scheint. Verschiedene Möglichkeiten sind denkbar, mit dieser Situation umzugehen. Als erstes ist die kooperative Regelung zu nennen. Sie folgt Habermas' Konzeption der Diskursethik. Grundsätzlich wird unterstellt, dass sich alle Beteiligten an einem Prinzip der Kooperation orientieren. Dies gilt vor allem für die Einhaltung sprachlicher Konventionen. „Entsprechend ist im Streitfall die kooperative Regelung, also Einigung durch Meinungsaustausch und Suche nach einer gemeinsamen Lösung, das ethische Ideal."[7] Die realen Verhältnisse entsprechen diesem Ideal jedoch oft nicht. Sie sind häufig durch das Verfolgen eigener Interessen, eine begrenzte Wahrnehmung und die Vermeidung von Kooperation gekennzeichnet. Eine weitere, wenig konstruktive Möglichkeit ist es, schwierigen Situationen aus dem Weg zu gehen. Die dritte Variante ist der Streit selbst, der oft so ausgetragen wird, dass die Kommunikationsverhältnisse grundlegend gestört werden, so dass nach Ende des Streites die Beziehung neu geordnet werden muss. Dies geschieht vor allem dann, wenn der Streit eskaliert. Wenn andere Perspektiven nicht mehr wahrgenommen werden, der andere nicht ausreden darf oder vom Thema abgewichen wird, wenn sich die Konfliktparteien mit wechselseitigen Schuldvorwürfen überhäufen, ist eine konstruktive Lösung nicht mehr möglich. In diesen Situationen wird deutlich, dass Streit vor allem „Gefühlskommunikation"[8] ist. Die Streitmittel gehen dabei weit über die konkreten verbalen Aussagen hinaus. Intonation und spezifische Sprechakte wie Beleidigungen spielen oft eine destruktive Rolle.

Streit kann aber auch eine Form der Kommunikation sein, die sich vor allem durch die „Eigendynamik sprachlichen und kommunikativen Wettbewerbs"[9] auszeichnet. Diese Form der Konfliktaustragung ist durch Selbstbeobachtung und die Fähigkeit, die emotionale Wahrnehmung einer Streitsituation mitzuteilen, gekennzeichnet. Erforderlich sind viele Fähigkeiten[10], die sich aus den Kompetenzbereichen *Wahrnehmen und Verstehen* sowie *Argumentieren und Urteilen* rekrutieren. „Argumentationen sind ein Sonderfall des an Verständigung orientierten sozialen Handelns."[11] Sie sind eine Methode zur Lösung interpersoneller Koordinationsprobleme. Erforderlich ist es, einen Dissens auf Gründe zurückzuführen und die eigenen Überzeugungen kommunikativ zur Geltung zu bringen. Ziel muss es sein, „Antagonismen ohne Argumente durch Antagonismen mit Argumenten"[12] zu ersetzen. Voraussetzung ist, dass es gelingt, sich auf

---

[7] ebd., S. 8
[8] ebd., S. 9
[9] ebd., S. 10
[10] vgl. Kap. 13
[11] Miller, Max (1984), S. 220
[12] ebd., S. 220

eine gemeinsame Situationsdefinition zu einigen, die kollektive Geltung beanspruchen kann.[13]
Der Umgang der Öffentlichkeit mit Konflikten ist widersprüchlich und daher nur bedingt geeignet, als Vorbild und Experimentierfeld für Kinder und Jugendliche zu gelten. Zum einen wird Streit öffentlich inszeniert, auf der anderen Seite in fremde Verantwortung übergeben.[14] Da Auseinandersetzungen medienwirksam sind, werden Konflikte im Fernsehen in speziell dafür entwickelten Sendeformaten ausgetragen. Dabei bleiben differenzierte Auseinandersetzungen sowie die Suche nach einer Lösung bzw. einem Kompromiss auf der Strecke. Betroffene nutzen die Medien zunehmend auch zur Selbstinszenierung. „Streit ist zu einem Medium der allgegenwärtigen Konkurrenz um öffentliche Aufmerksamkeit geworden."[15] Auf der anderen Seite werden Streitigkeiten gesellschaftlich kanalisiert und verrechtlicht und den Gerichten zur Klärung übergeben. Beide Ausprägungen zeigen, dass Menschen vielfach unfähig sind, Konflikte selbständig und konstruktiv zu lösen. Sie geben ihr Wissen und ihre Verantwortung ab. Umso wichtiger ist es daher, dass Kinder und Jugendliche das Erproben und Inszenieren von Streit vor dem eigentlichen Ernstfall erleben und ihre Konfliktlösungskompetenz steigern können.[16]
Die Beziehung der relevanten Teilkomponenten wird in der folgenden Grafik noch einmal überblicksartig deutlich.

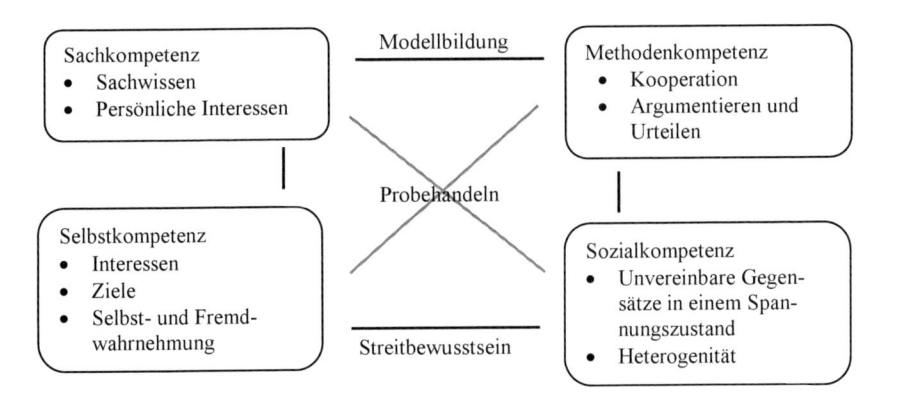

Sachkompetenz • Sachwissen • Persönliche Interessen	Modellbildung	Methodenkompetenz • Kooperation • Argumentieren und Urteilen
	Probehandeln	
Selbstkompetenz • Interessen • Ziele • Selbst- und Fremdwahrnehmung	Streitbewusstsein	Sozialkompetenz • Unvereinbare Gegensätze in einem Spannungszustand • Heterogenität

Abbildung 41: Konfliktlösungskompetenz

---

[13] vgl. Miller, Max (2006), S. 105
[14] im Folgenden nach: Baurmann, Jürgen/ Feilke, Helmuth/ Vos, Elisabeth (2002), S. 7
[15] ebd.,
[16] vgl. ebd., S. 14

Konfliktlösung als Kompetenz – Ergebnisse der Expertenbefragung

Die große Heterogenität der Schülerschaft in der Fächergruppe Philosophie/ Ethik erzeugt ein hohes Konfliktpotential, das über bei Kindern und Jugendlichen übliche Streitigkeiten weit hinaus gehen kann, stehen in diese Konflikten doch zum Teil Weltbilder und Wertkonzepte zur Disposition. Diese Hintergründe spiegeln sich in den Ergebnissen der Expertenbefragung.[17]
Die Konfliktlösungskompetenz gehört nach Meinung der Befragten zu den Kompetenzen mit ausgeprägtem sozial-personalem Charakter.[18] Entsprechend erhalten die Selbstkompetenz von den Befragten mit einem Wert von 3,9 bei einem möglichen Maximum von 4 und die Sozialkompetenz mit einem Wert von 3,8 die höchsten Werte in diesen Teilbereichen. Die Fähigkeiten zur Selbst- und Fremdwahrnehmung spielen bei diesen Ergebnissen eine grundlegende Rolle. Doch auch Sach- (3,3) und Methodenkompetenz (3,6) sind unverzichtbar. Um eigene Interessen in einem Konflikt vertreten zu können, ist Sachwissen ebenso erforderlich wie die Fähigkeit, eigene Argumente in einem Disput kon-struktiv einzusetzen.
Trotz der hohen personalen Anteile gilt die Konfliktlösungskompetenz den Experten teilweise erlernbar (2,5), wenn auch dieser Wert am unteren Ende der Ergebnisskala liegt und damit eine gewisse Skepsis deutlich macht. Da die Konfliktlösung im privaten wie im schulischen Alltag eine bedeutende Kompetenz darstellt, erzielt sie erwartungsgemäß auf die Frage nach der Fachspezifik nur einen relativ geringen Wert mit 2,5. Dass trotzdem 19,5% der Experten diese Befähigung als fachspezifisch einstufen und immerhin 34,1% eingeschränkt zustimmen, liegt sicherlich an dem hohen Konfliktpotential, dass die Heterogenität der Schülerschaft im Philosophie- und Ethikunterricht mit sich bringt. Wenn divergierende religiöse und kulturelle Wertvorstellungen aufeinanderprallen, ist die Gefahr von Konflikten besonders groß und das Finden eines Kompromisses erschwert, der konstruktive Umgang mit Dissens aber umso notwendiger.
Da sich Konflikte oft außerhalb des Unterrichts und sogar außerhalb der Schule ereignen, sehen die Experten nur eine bedingte Möglichkeit (2,6), Aufgabenstellungen zur Schulung der Konfliktlösungskompetenz zu formulieren. Auch die Überprüfbarkeit dieser Kompetenz wird sicherlich aus diesem Grund mit 2,7 gering eingeschätzt.
Trotz der als eher schwach eingeschätzten Möglichkeiten, die Konfliktlösungskompetenz zu schulen, wird sie dennoch mit 95,1% allen Fächern der Fächergruppe und mit ebenfalls 95,1% allen Schulstufen zugeordnet. Auch hier dürfte sich wieder die Heterogenität spiegeln, die in allen Fächern der Fächergruppe und Schulstufen ein hohes Spannungsfeld erzeugen kann, dem im Unterricht begegnet werden muss. Daher verwundert es auch nicht, dass der Konfliktlösung mit 3,7 von den Befragten eine hohe Relevanz zugesprochen wird.

---

[17] vgl. auch Kap. 8
[18] vgl. Abbildung 10

Aufgrund des hohen Konfliktpotentials, das in dieser Fächergruppe angelegt ist, sollte man erwarten, dass gerade diese Lehrkräfte gut ausgebildet sind. Die Selbsteinschätzung der befragten Experten macht jedoch deutlich, dass in diesem Bereich eindeutige Defizite zu konstatieren sind. Mit Werten von 2,9 (Diagnostik), 3,1 (Vermittlung) und 2,7 (Bewertung) rangiert diese Fähigkeit im unteren Drittel der Skala der erfragten Kompetenzen. Diese Unsicherheit ist auf die geringe Ausbildung zurückzuführen, die die befragten Lehrkräfte erhalten haben. Hier bildet die Konfliktlösungskompetenz bei drei und mehr Angaben mit 22% das Schlusslicht der Skala. In jeder anderen Kompetenz wurden die Lehrkräfte besser ausgebildet. Entsprechend hoch sind die Werte für Selbststudium (14,6%) und Weiterbildung (24,4%), die wiederum am oberen Ende der Skala rangieren. Diese Ergebnisse zollen den besonderen Unterrichtsbedingungen der Fächergruppe Rechnung, auf die die befragten Experten mit Eigeninitiative reagieren. Sie machen aber auch deutlich, dass die Ausbildung nur unzureichend auf die unterrichtlichen Anforderungen vorbereitet.

Kompetenzraster Konfliktlösungskompetenz

Streitbewusstsein ist die erste Stufe der Konfliktlösekompetenz, denn „wenn beispielsweise Kinder einen Dissens auf Gründe zurückführen können, wenn sie somit nicht mehr lediglich ihre Fäuste, sondern auch ihre Überzeugungen kommunikativ zur Geltung bringen können – und sei es auch nur zur gemeinsamen Identifizierung des Konfliktes, so beherrschen sie bereits eine elementare Methode zur Lösung interpersoneller Koordinationsprobleme."[19] In dieser Beschreibung einer grundlegenden Konfliktlösungskompetenz sind bereits mehrere Befähigungen vorausgesetzt. Basis eines konstruktiven Umgangs mit divergierenden Positionen und Interessen ist (A1) die Fähigkeit, die Gefühle der Beteiligten – die eigenen und die des Konfliktpartners – wahrzunehmen und auf ihre Ursachen zurückzuführen. Diese Fähigkeit korrespondiert mit der Empathiefähigkeit.[20] Dieser eher emotionalen Ebene folgt ein kognitiverer Zugang (A2). Auf diesem Niveau kann ein Streitverlauf beschrieben und analysiert werden. Leichter ist dies als unbeteiligter Zuschauer, schwieriger wird es, wenn man selbst involviert ist. Erforderlich ist eine Fähigkeit zur Selbstdistanzierung, die es erlaubt, die eigene Rolle in einem Konflikt wahrzunehmen. Auf der Basis der analysierten Streitursachen können Konfliktlösungen beschrieben und bewertet werden. Diese Niveaustufe erfordert eine gewisse Kompetenz im Perspektivenwechsel.[21]

Während die ersten beiden Niveaustufen vor allem auf der Ebene der Beschreibung und Bewertung verbleiben, zeichnet sich die Stufe des *Probehandelns* durch das Erproben von Konfliktlösungen aus. Ausgangspunkt (B1) ist die Fä-

---

[19] Miller, Max (1984), S. 220
[20] vgl. Kap. 11.3. (Ebene A1 und A2)
[21] vgl. Kap. 11.2. (Ebene A2 und B1)

higkeit, zu beobachtetem Verhalten begründete Verhaltensalternativen aufzuzeigen. Streitverläufe werden analysiert, das Scheitern von Lösungen wird beschrieben und erläutert. Die erarbeiteten Ursachen bilden hieran anknüpfend eine Grundlage, Variationen zu konzipieren. Während dieses Niveau von bereits vorliegenden Lösungsversuchen ausgeht, werden auf der nächsten Stufe (B2) selbständig Konfliktlösungen erarbeitet, reflektiert, bewertet und erprobt.
Die vorangegangenen Niveaustufen der Konfliktlösung nehmen ihren Ausgangspunkt bei konkreten Konfliktsituationen. Die Stufe *Modellbildung* dagegen operiert mit einer Kombination von praktischen und theoretischen Erkenntnissen. Während auf den Stufen A1 bis B2 Erkenntnisse über Konflikte aus der Analyse und Reflexion konkreter Konfliktsituationen gewonnen wurden, werden auf der folgenden Stufe (C1) Konflikttheorien auf Dissenssituationen angewendet und diese kommunikationstheoretisch analysiert. Die theoretischen Erkenntnisse werden sowohl für die Evaluation von Gesprächsverläufen als auch für die Durchführung von Gesprächen genutzt. Anwendung von Gesprächskompetenz und Konfliktlösungsstrategien im Sinne der Mediation bildet den Abschluss der Entwicklung (C2). Nicht nur eigene Konflikte können vernunftgeleitet und konstruktiv geführt, sondern auch moderierende Streitschlichtungen in Konflikten anderer angeleitet und durchgeführt werden. Diese theoretischen und praktischen Kenntnisse und Erfahrungen werden zur aktiven Konflikt- und Gewaltprävention eingesetzt.
Das folgende Kompetenzraster bildet tabellarisch die Niveaustufen dieser Kompetenz ab und gibt einen Überblick über exemplarische Indikatoren, an denen die Kompetenzentwicklung abzulesen ist. Musteraufgaben machen Vorschläge, wie mit Lerngruppen auf den unterschiedlichen Niveaus gearbeitet werden kann.[22]

---

[22] vgl. beiliegende CD

Konfliktlösungskompetenz | 307

Die Schülerin/ der Schüler ...

	A1	A2	B1	B2	C1	C2
	Streitbewusstsein		Probehandeln		Modellbildung	
Konfliktlösungskompetenz: Vernunftgeleitete Auseinandersetzungen führen, Lösungsmodelle entwickeln und Konflikte gewaltfrei lösen.	... kann die Gefühle der Konfliktpartner wahrnehmen und benennen	... kann einen Streitverlauf beschreiben	... kann Verhaltensalternativen entwickeln und Situationen verändern	... kann Lösungen für Konflikte erarbeiten, Alternativen reflektieren und bewerten	... kann theoretische Kenntnisse der Konfliktanalyse anwenden und Konflikte kommunikationstheoretisch analysieren	... kann Konflikt- und Gewaltprävention praktizieren
Indikatoren (exemplarisch)	... kann • Gefühle der Konfliktpartner beschreiben • eigene Gefühle in Konflikten beschreiben und auf ihre Ursachen begründet zurückführen	... kann • Ursachen von Konflikten erkennen • das Entstehen von Konflikten beschreiben • das Verhalten der Konfliktparteien beschreiben und bewerten • Konfliktlösungen bewerten	... kann • Verhaltensalternativen erproben • Verhaltensalternativen begründet bewerten	... kann • verschiedene konstruktive Konfliktlösungen entwickeln • kann Konfliktlösungen reflektieren und bewerten • sich begründet für eine Konfliktlösung entscheiden • die ausgewählte Lösung erproben und bewerten	... kann • Kenntnisse der Kommunikationstheorie auf die Analyse von Gesprächen anwenden • Kenntnisse der Kommunikationsanalyse in der Gesprächsführung anwenden	... kann • Konflikte vernunftgeleitet und konstruktiv bearbeiten • in Konflikten eine moderierende Haltung einnehmen • Regeln der Streitschlichtung anwenden • eine Streitschlichtung anleiten und durchführen

Tabelle 34: Kompetenzraster Konfliktlösungskompetenz

14.3. Darstellungskompetenz

„Welt ist real, aber Welterfassung interpretativ."[1]

Präsentieren

Präsentationen von selbst erarbeiteten Fachinhalten nehmen in allen Fächern, auch verstärkt durch Präsentationsprüfungen als Bestandteile von Schulabschlüssen, einen immer größeren Raum in der Schule ein. Auch im Berufsleben ist die Präsentation inzwischen eine grundlegende Fähigkeit. Die Kompetenz, einen Sachverhalt inhaltlich und medial angemessen darzustellen, muss daher im Unterricht über die gesamte Schulzeit geübt werden. Auch der Unterricht der Fächergruppe Ethik/ Philosophie ist gefordert, den Schüler/innen hier Lernangebote zu machen. Welche Inhalte bieten sich für die Visualisierung und mediale Aufbereitung an? Da „das Philosophieren [...] selbst als ein kreatives, metasymbolisierendes Transformieren aufzufassen [ist], als ein Benutzen, bewusstes Einsetzen neuer Gesichtspunkte, höherstufiger Perspektiven, neuer Metaphern"[2], bieten sich die Produkte philosophischer und ethischer Reflexionsprozesse für eine mediale und/ oder kreative Bearbeitung und Präsentation an.

Darstellungen verarbeiten Vorwissen, dies impliziert, dass eine Wissensveränderung durch Lernen stattfindet.[3] Auch weniger strukturierte Wissensaspekte wie Alltagserfahrungen gehören dazu. Dies kann für den Unterricht der Fächergruppe Philosophie/ Ethik zum Beispiel bedeuten, die kulturellen und religiösen Bezüge und Erfahrungen der Schüler/innen für die übrigen Lerner durch Präsentationen fruchtbar zu machen. Präsentationen bieten somit auch eine Möglichkeit der Binnendifferenzierung, indem Experten die übrige Lerngruppe an ihren Erkenntnissen partizipieren lassen. Aber auch alles neue Wissen kann medial aufbereitet werden. Präsentationen sind also eine Möglichkeit, den Wissenstransfer zu ermöglichen, sie dienen der Vermittlung von Wissen und der Wissensnutzung.

Präsentationen sind auf der Individual- und der Gruppenebene immer in einen Handlungszusammenhang eingebunden. Sie setzen sich aus verschiedenen Tätigkeiten wie Recherchieren, Schreiben, Visualisieren, Medienproduktion, Vortragen, Darbieten und Diskutieren zusammen.[4] Das Herstellen grafischer und medialer Produkte im Unterricht dient neben der Schulung dieser Teilkompetenzen noch weiteren Funktionen:[5] Es unterstützt die Förderung der Verarbeitungstiefe von Lerninhalten, indem es hilft, den Lernstoff zu organisieren, neue Zusammenhänge zwischen Lerninhalten und Vorwissen herzustellen, Inhalte didaktisch zu reduzieren und über diese Erschließung von Informationen zu einem tieferen Verständnis vorzudringen. Auch auf einer metakognitiven Ebene sind

---

[1] Lenk, Hans/ Maring, Matthias (1997): Welt ist real, aber Welterfassung interpretativ (Titel)
[2] Lenk, Hans (2000), S. 59
[3] vgl. Krause, Ulrike-Marie/ Stark, Robin (2005), S. 38
[4] vgl. Becker-Mrotzeck, Michael (2005), S. 11
[5] im Folgenden nach: Renkl, Alexander/ Nückles, Matthias (2005), S. 135f.

Darstellungskompetenz | 309

Präsentationen wirksam, denn sie helfen, Lerndefizite deutlich zu machen, indem sie Wissens- und Verstehenslücken aufzeigen. Zugleich hat das Herstellen medialer Produkte auch eine Übersetzungsfunktion, indem Inhalte in eine andere Form oder ein anderes Medium, z.B. ein Text in eine Grafik, verwandelt wird. Diese Tätigkeiten stimulieren das Lernen, da sich Sachverhalte leichter aus einem visuellen als aus einem mentalen Modell erschließen lassen. Insgesamt ist das Visualisieren bzw. Erstellen einer Präsentation der Selbsttätigkeit und Eigenverantwortung der Lernenden in besonderem Maße förderlich, da die Lernenden die Lerngegenstände für sich selbst rekonstruieren müssen.

Um sich all diese Funktionen zunutze machen zu können, müssen die Lerner über die notwendigen Fertigkeiten im Umgang mit den entsprechenden Techniken verfügen. Zunächst ist ein grundlegendes Verständnis für die Visualisierungstechniken erforderlich, das die Besprechung von Vor- und Nachteilen sowie Anwendungsbedingungen einschließt,[6] anschließend muss die Anwendung in variierenden Aufgabenstellungen geübt werden.

Das Zusammenspiel der Teilkompetenzen im Bereich Darstellung wird in der folgenden Grafik noch einmal veranschaulicht.

Sachkompetenz	Veranschaulichen	Methodenkompetenz
• Fachinhalte • Vorwissen • Kulturelle und religiöse Bezüge der Schüler/innen	Darstellen	• Mediale Erschließung von Informationen • Visualisierungstechniken
Selbstkompetenz • Selbsttätigkeit • Eigenverantwortung für den Lernprozess	Präsentieren	Sozialkompetenz • Wissenstransfer • Adressatenbezug • Publikum

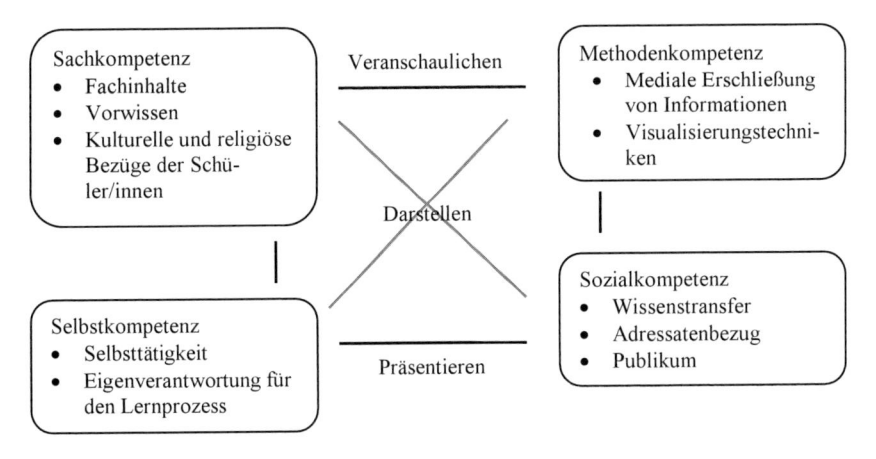

Abbildung 42: Darstellungskompetenz

Präsentieren als Kompetenz – Ergebnisse der Expertenbefragung

Durch die zunehmende Bedeutung von Präsentationsprüfungen in allen Schulformen und Fächern handelt es sich bei dieser Kompetenz, so ist zu vermuten, um eine als nicht fachspezifisch eingeschätzte Kompetenz, bei der jedoch aufgrund der Bandbreite an Fächern, in denen diese Kompetenz benötigt wird, so wird erwartet, eine große Expertenschaft bei den Befragten der empirischen Un-

---

[6] vgl. ebd., S. 143

tersuchung besteht. Die erste Vermutung bestätigt sich, sieht man die Ergebnisse der Expertenbefragung an.[7] Neben der Wahrnehmungsfähigkeit, der Empathiefähigkeit und der Handlungskompetenz gilt diese Kompetenz den befragten Experten nur mit einem Wert von 2,3 (bei einem möglichen Maximum von 4) als fachspezifisch. Die Erfahrungen mit Präsentationsprüfungen dürften der Grund dafür sein, dass diese Kompetenz mit 3,4 als in Aufgabenstellungen umsetzbar und mit 3,4 als messbar eingeschätzt wird. Für Präsentationen lassen sich klare Regeln und Evaluationskriterien aufstellen, die eine transparente Bewertung auf der fachlichen, medialen und kommunikativen Ebene ermöglichen.

In diesem Zusammenhang ist auch die Einschätzung der Anteile der Teilkompetenzen Sach-, Methoden-, Selbst- und Sozialkompetenz zu sehen.[8] In allen Bereichen erzielt diese Kompetenz in der Befragung hohe Werte, wobei die Methodenkompetenz mit einem Wert von 3,7 herausragt, ist es doch möglich, klare methodische Vorgaben zu machen und diese Techniken auch zu trainieren. Dass Darstellungen nicht losgelöst vom Inhalt sind, zeigt der Wert für die Sachkompetenz von 3,5. Darstellungen richten sich immer an ein Publikum, daher ist auch eine umfassende Sozialkompetenz erforderlich, wenn der Vortrag auf konkrete Adressaten ausgerichtet und das Publikum ‚gelesen' werden soll. Dies wird durch einen Mittelwert von 3,4 durch die Experten hervorgehoben. Weil ein Vortrag mit der Persönlichkeit des Vortragenden steht und fällt, honorieren die Befragten dies durch einen Mittelwert von 3,2. Damit belegt diese Kompetenz vor allem im Hinblick auf die Möglichkeiten der Bewertung einen Spitzenplatz.

Die Bedeutung der Darstellungskompetenz in Präsentationen spiegelt sich in der Zuordnung zu allen Fächern mit 97,6% und zu allen Schulstufen mit 90,2%. Wie fast alle anderen Kompetenzen auch wird der Darstellungskompetenz daher auch eine hohe Relevanz mit 3,8 zugesprochen.

Die Erwartungen im Hinblick auf die Beurteilung der Kompetenz haben sich also erfüllt. Wie steht es nun um die Kompetenz der Lehrenden? Auch hier bestätigt sich die Hypothese, dass die Experten in der Selbsteinschätzung eine große Sicherheit zum Ausdruck bringen. Die Diagnostik und die Vermittlung dieser Kompetenz erzielen jeweils den Mittelwert 3,5, die Bewertung wird mit 3,4 ebenfalls hoch eingestuft. Diese Einschätzung korrespondiert mit der Ausbildung. Obwohl zu vermuten ist, dass die meisten Experten in Studium und Referendariat noch wenig Kontakt mit Präsentationen, aber doch mit Referaten hatten, da dies eine relativ neue Prüfungsform ist, zeigen sie sich doch mit 41,5% derjenigen, die drei und mehr Angaben zur Herkunft ihrer Fähigkeiten gemacht haben, sehr gut ausgebildet. Es ist zu vermuten, dass diese umfangreichen Kenntnisse im Zusammenhang mit Schulabschlussprüfungen und vorbereitenden Fortbildungen erworben wurden.

---

[7] vgl. auch Kap. 8
[8] vgl. Abbildung 10

Kompetenzraster Darstellungskompetenz

„Präsentieren erweist sich als eine komplexe, informationsvermittelnde Handlung im Spannungsfeld von Mündlichkeit und Schriftlichkeit unter Einschluss von (neuen) Medien."[9] Sinnvoll ist es, diese komplexe Tätigkeit in Bausteinen zu üben. Die einzelnen Fähigkeiten können abschließend in einer selbständig erstellten Präsentation eingesetzt werden.

Bevor Schüler/innen eigene Gedankengänge präsentieren können, müssen die Darstellungsmöglichkeiten zunächst an fremden Gedankengängen geschult werden. Voraussetzung einer gelungenen Präsentation ist das *Veranschaulichen* der Inhalte. Die Visualisierung muss dem Inhalt und der Absicht angemessen sein. Visualisierungen haben zwei unterschiedliche Funktionen. Sie beziehen zum einen die Wirklichkeit in die Präsentation mit ein, indem sie Inhalte illustrieren (A1). Zu Texten werden Bilder, Filmausschnitte oder Musikstücke begründet ausgewählt, die die Inhalte deuten helfen. Davon zu unterscheiden und anspruchsvoller sind Veranschaulichungen abstrakter Sachverhalte (A2), die in Schaubilder und Grafiken umgesetzt werden.

Auf der Ebene *Darstellen* werden die erarbeiteten Inhalte einem Publikum präsentiert. Da es ein großer Unterschied ist, welchem Empfänger ein Inhalt dargeboten wird, ist die Präsentation mit Adressatenbezug (B1) eine erste Herausforderung. Während auf dieser Ebene noch eine deutliche Anleitung erfolgt, sind die Schüler/innen auf der nächsten Ebene (B2) selbständiger und flexibler. Erforderlich ist es, den Adressaten mit seinem Vorwissen und seinen Interessen einzuschätzen und die eigene Präsentation verbal und medial der Zielgruppe anzupassen. Präsentationen werden im Hinblick auf verschiedene Empfänger variiert.

Erst nach Beherrschen dieser Bausteine wird das Niveau *Präsentieren* erreicht und es können selbständig mediale Vorträge erstellt werden.

Schüler/innen auf der Ebene (C1) können Inhalte sach- und fachgerecht aufarbeiten. Sie wenden dafür vorgegebene Präsentationsformen und –materialien an. Ganz selbständig agieren die Lernenden auf der abschließenden Ebene (C2). Sie arbeiten Inhalte nicht nur selbständig sach- und fachgerecht und auf ihre Adressaten bezogen auf, sondern wählen auch die geeigneten Präsentationstechniken aus, und präsentieren ihre Ergebnisse in einem freien Vortrag.

Das folgende Kompetenzraster gibt noch einmal einen prägnanten Überblick über die Entwicklung der Darstellungskompetenz. Die Aufgabenbeispiele[10] zeigen Möglichkeiten, diese Techniken im Ethik- und Philosophieunterricht zu schulen.

---

[9] Becker-Mrotzeck, Michael (2005), S. 9
[10] vgl. beiliegende CD

Die Schülerin/ der Schüler ...

	A1	A2	B1	B2	C1	C2
	Veranschaulichen		Darstellen		Präsentieren	
	Fremde Gedankengänge				Eigene Gedankengänge	
Darstellungskompetenz: Eigene und fremde Gedankengänge sachgemäß und adäquat darstellen.	... kann Texte und Sachverhalte illustrieren	... kann Texte und Sachverhalte visualisieren	... kann einen Sachverhalt mit vorgegebenem Adressatenbezug darstellen	... kann für einen Sachverhalt die für einen konkreten Adressaten geeignete Darstellungsform auswählen und erstellen	... kann neue Themen unter Vorgabe von Präsentationsformen aufbereiten	... kann eigene Gedankengänge selbständig aufbereiten und präsentieren
Indikatoren (exemplarisch)	... kann • Illustrationen auswählen oder erstellen • eigene Beispiele zu abstrakten Sachverhalten entwickeln • Illustrationen begründet bewerten	... kann • Texte in Schaubilder, Grafiken umsetzen • Visualisierungen begründet beurteilen	... kann • vorgegebene Themen unter Verwendung bereitgestellter Materialien für einen konkreten Adressaten aufbereiten	... kann • vorgegebene Themen unter Verwendung bereitgestellter Materialien für verschiedene Adressaten darstellen • Inhalte adressatengerecht darstellen	... kann • Inhalte sach- und fachgerecht aufbereiten • vorgegebene Präsentationsformen adäquat anwenden • Inhalte sach- und fachgerecht darstellen	... kann • Themen selbständig erarbeiten • Themen medial aufbereiten • ein Handout erstellen • einen Inhalt in einem freien Vortrag präsentieren

Tabelle 35: Kompetenzraster Darstellungskompetenz

15. Rückblick und Ausblick

In den vorangegangenen Kapiteln wurde aus verschiedenen Perspektiven für kompetenzorientiertes Unterrichten in der Fächergruppe Ethik/ Philosophie geworben. Im ersten Teil wurden dafür die Grundlagen gelegt. Die Fächergruppe Philosophie, Ethik, Praktische Philosophie, Werte und Normen und LER wurde in ihren Besonderheiten als Alternativ- bzw. Ersatzfach charakterisiert. Für diese Fächer relevante verfassungsrechtliche und bildungspolitische Hintergründe konnten skizziert und die Fächergruppe in allgemeinen Bildungszielen verortet werden. Es konnte deutlich gemacht werden, dass vor diesem Hintergrund im Unterricht dieser Fächer eine sehr heterogene Schülerschaft zusammentrifft, die sich durch nationale, kulturelle, religiöse und sprachliche Vielfalt kennzeichnen lässt.

Nach einer Abgrenzung verschiedener Definitionen von Kompetenz wurde vor dem Hintergrund eines Arbeitsbegriffs begründet, warum gerade die zur Diskussion stehende Fächergruppe für den kompetenzorientierten Unterricht besonders geeignet erscheint. Es konnten bildungspolitische, philosophische, fachdidaktische und unterrichtspraktische Argumente gefunden werden, die deutlich machen, dass Kompetenzorientierung gerade im Unterricht der Fächergruppe Ethik/ Philosophie gewinnbringend praktiziert werden kann.

Dass die Lehrpläne zum Teil noch weit von Kompetenzorientierung entfernt sind, erbrachte die Lehrplananalyse aller bundesdeutschen Lehrpläne. Trotz eklatanter Unterschiede in den einzelnen Bundesländern und unterschiedlicher Fachkonzeptionen konnten die Kompetenzbereiche *Wahrnehmen und Verstehen, Analysieren und Reflektieren, Argumentieren und Urteilen, Interagieren und Sich-Mitteilen* sowie *Sich-Orientieren und Handeln* als Schnittmenge aller Fächer der Fächergruppe und aller Bundesländer herausgearbeitet werden. Eine Überprüfung der bisher erschienenen Fachdidaktiken zeigte jedoch sehr deutlich, dass diese zum Teil weit von den Lehrplanvorgaben entfernt sind. Sie stellen übereinstimmend die Philosophie in den Mittelpunkt und legen den Schwerpunkt auf die Kompetenzbereiche *Analysieren und Reflektieren* sowie *Argumentieren und Urteilen*.

Ob sich diese Differenzen zwischen den Lehrplänen auf der einen und fachdidaktischen Veröffentlichungen auf der anderen Seite auch in der Einschätzung von bundesweit tätigen Experten spiegelt, wurde in einer empirischen Untersuchung eruiert. Auffällig war, dass die in der Unterrichtspraxis aktiven Experten in ihrer Einschätzung sehr deutlich von den Konzeptionen der fachdidaktischen Veröffentlichungen abwichen. Alle in der Lehrplananalyse extrahierten Kompetenzen wurden, wenn auch mit einigen Abstrichen bei der Empathie, Orientierungs- und Handlungskompetenz, als für die Fächer der Fächergruppe Philosophie/ Ethik grundlegend beurteilt. Vor allem der Kompetenzbereich *Wahrnehmen und Verstehen*, der in den Didaktiken kaum eine Rolle spielt, wurde als für die in besonderem Maße heterogene Schülerschaft als eminent wichtig eingestuft. Besonders aufschlussreich waren in der Befragung die Selbsteinschätzungen der Experten im Hinblick auf ihre persönliche Ausbildung in diesen Kompetenzen sowie ihre Sicherheit in Diagnostik, Vermittlung und Bewertung der einzelnen Kompetenzen. Deutlich wurde, dass die Ausbildung von einem ähnlichen Fachverständnis ausging, wie es sich auch in den Fachdidaktiken spiegelte. Vor allem die Kompetenzbereiche *Analysieren und Reflektieren* sowie *Argumentieren und Urteilen* standen an den Universitäten und im Referendariat im Mittelpunkt. Für den Unterricht war diese Ausbildung jedoch zu einseitig, wie die hohen Werte in den Bereichen Fort- und Weiterbildung ergaben. Vor allem der Kompetenzbereich *Wahrnehmen und Verstehen* stand angesichts der heterogenen Schülerklientel im Vordergrund individueller Weiterbildungsbestrebungen.

Auf der Basis dieser umfassenden Grundlagen wurde im zweiten Teil der Arbeit ein Kompetenzmodell entwickelt, das die Kompetenzbereiche und Teilkompetenzen konkretisierte. In einem kurzen Überblickartikel wurden die Kompetenzen jewails erläutert, die Ergebnisse der Expertenbefragung ausgewertet und ein Kompetenzraster erstellt. Musteraufgaben zu jeder Kompetenzstufe rundeten die Kapitel ab. Dieser Ansatz ließ sich für alle Kompetenzen mit Ausnahme der Orientierungs- und Handlungskompetenz durchführen. Diese fielen, da ihre Anwendungsbereiche oft zeitlich und räumlich außerhalb der Schule angesiedelt sind, ein wenig aus dem Rahmen. Sie bilden jedoch die Spitze des Kompetenzmodells, alle Kompetenzen münden langfristig in den Kompetenzbereich *Sich-Orientieren und Handeln*.

Es wurde begründet, warum Kompetenzorientierung für die Fächergruppe Philosophie/ Ethik besonders geeignet ist und es konnte gezeigt werden, wie ein solcher Unterricht aussehen kann und welche Chancen mit ihm verbunden sind.

Konsequenzen für die Ausbildung angehender Lehrkräfte
Kompetenzorientierter Unterricht geht einher mit einer erheblichen Veränderung im Selbstverständnis der Lehrkräfte und in der konkreten Unterrichtspraxis. Die Ausbildung muss dem Rechnung tragen, um die angehenden Lehrkräfte für diesen Unterricht zu qualifizieren. Hier ist vor allem die Hochschuldidaktik gefragt. Soll die Kompetenzorientierung in den Schulen erfolgreich implementiert werden, ergeben sich aus diesem Ziel auch Bedingungen für die universitäre Lehrerausbildung.

Auf Kompetenzen ausgerichteter Unterricht geht einher mit grundsätzlichen Veränderungen in der Unterrichtskonzeption. Diese beschränkt sich nicht nur auf die Wahl von Inhalten, Medien und Methoden, sondern bedeutet vor allem ein verändertes Selbstverständnis der Lehrerrolle. Der Lehrer wird vom Lehrenden zum Lernbegleiter und -berater. Damit zusammenhängend wandeln sich

auch die Anforderungen an die Schüler/innen. Gefordert wird von den Lernenden eine größere Selbständigkeit. Sie müssen in verstärkter Weise eine Mitverantwortung für den eigenen Lernprozess übernehmen, indem sie die Lernprozesse mitgestalten und sich mit ihren eigenen Interessen und Fähigkeiten einbringen. Dies erfordert eine selbstkritische Reflexion des eigenen Lernens.
Unterricht, der sich durch diese Charakteristika auszeichnet, kann vor allem der planen und durchführen, der selbst in vergleichbarer Weise geschult wurde, da er aus dem eigenen Erfahrungsschatz aktiven Wissens schöpfen kann. Umso wichtiger ist es, dass sich die universitäre Lehre für die Lehramtsstudierenden wandelt. Vor allem ist eine modernere Seminargestaltung wünschenswert, die weniger lehrer- als vielmehr lernerzentriert ist. Seminare, die einer kompetenzorientierten Didaktik verpflichtet sind, zeichnen sich durch Praxisbezug und Anwendungsorientierung aus. Dies geschieht nicht durch die Vermittlung von Denkprodukten, sondern muss den Anstoß zu Denkprozessen geben. So erfahren Studierende Kompetenzorientierung im eigenen Lernen und können diese Erfahrungen in ihre Lehrertätigkeit integrieren.
Für angehende Lehrkräfte müsste dies auch ein Angebot zur Reflexion der eigenen Unterrichtserfahrungen umfassen. Idealiter sollten außerdem die Praktika Gelegenheiten zu forschendem Lernen ermöglichen. Nur wenn es gelingt, Bewusstseinsveränderungen anzustoßen, hat die Kompetenzorientierung langfristig die Chance, sich in den Schulen durchzusetzen.
Für eine optimale Ausbildung angehender Ethik- und Philosophielehrer/innen müssten sich zudem auch inhaltliche Änderungen ergeben. Lehrerausbildung muss die Adressaten des Unterrichts in den Blick nehmen. Das bedeutet für die Fächergruppe Ethik/ Philosophie an erster Stelle eine Berücksichtigung der in besonderem Maße heterogenen Schülerschaft, in der die verschiedensten Nationen, Kulturen, Religionen und Wertsysteme aufeinanderprallen. Noch ist die universitäre Ausbildung relativ einseitig auf die kognitiv-methodischen Kompetenzen ausgerichtet und berücksichtigt die Teilnehmer am Unterricht zu wenig. Die Seminare dürften sich, wenn sie die Adressaten des Ethik- und Philosophieunterrichts berücksichtigen wollen, in Zukunft nicht nur auf die Kompetenzbereiche *Analysieren und Reflektieren* sowie *Argumentieren und Urteilen* beziehen, sondern müssten das ganze Kompetenzspektrum umfassen.
Auf organisatorischer Ebene sind die Institutionen, die die Bildungsstandards in den Bundesländern implementieren, gefordert, in verstärkter Weise eine Zusammenarbeit von erster und zweiter Ausbildungsphase zu ermöglichen.

Literatur

Abraham, Ulf/ Beisbart, Ortwin/ Koß, Gerhard/ Marenbach, Dieter (2007): Praxis des Deutschunterrichts: Arbeitsfelder, Tätigkeiten, Methoden, Auer, Donauwörth

Aebli, Hans (1989): Die Wiedergeburt des Bildungsziels Wissen und das Verhältnis von Weltbild und Schema, in: Jung, Manfred (Hrsg.) (1989): Handlungswissen – Orientierungswissen – Existenzwissen. Grundlagentexte, didaktische Reflexionen, methodische Anregungen und Unterrichtsbeispiele, Klett, Grundlagen Schulpädagogik, Stuttgart, S. 24 – 30

Ammicht Quinn, Regina/ Badura-Lotter, Gisela/ Knödler-Pasch, Margarete/ Mildenberger, Georg/ Rampp, Benjamin (Hrsg.) (2007): Wertloses Wissen. Fachunterricht als Ort ethischer Reflexion, Klinkhardt, Bad Heilbrunn

Ammon, Sabine u.a. (Hrsg.)(2007): Wissen in Bewegung. Vielfalt und Hegemonie in der Wissensgesellschaft, Velbrück Wissenschaft, Weilerswist, S. 21 – 40

Apeltauer, Ernst (2000): Nonverbale Aspekte interkultureller Kommunikation, in: Rosenbusch, Heinz S./ Schober, Otto (Hrsg.) (2000): Körpersprache in der schulischen Erziehung. Pädagogische und fachdidaktische Aspekte nonverbaler Kommunikation, Schneider Verlag Hohengehren, Baltmannsweiler, S. 100 – 165

Arbeitsgemeinschaft Ethik/ Philosophie (2005): Bildungsstandards für die Fächer Ethik, Humanistische Lebenskunde, LER; Philosophie, Philosophieren mit Kindern, Praktische Philosophie, Werte und Normen in der Primarstufe, in: Mitteilungen Fachverband Philosophie e.V., 45/2005, Kevelaer, S. 19 – 23

Arbeitsgemeinschaft Ethik/ Philosophie (2006): Bildungsstandards für die Fächer Ethik, Humanistische Lebenskunde, LER, Philosophie, Philosophieren mit Kindern, Praktische Philosophie, Werte und Normen in der Sekundarstufe I (Kl. 5/7 – 10), in: Ethik & Unterricht 4/2006, Friedrich Verlag, Velber, S. 42 - 44

Arendt, Hannah (2005): Vita activa oder Vom tätigen Leben, Piper, München

Artelt, Cordula u.a. (2004): Die PISA-Studie zur Lesekompetenz: Überblick und weiterführende Analysen, in: Schiefele, Ulrich/ Artelt, Cordula/ Schneider, Wolfgang/ Stanat, Petra (Hrsg.) (2004): Struktur, Entwicklung und Förderung von Lesekompetenz. Vertiefende Analysen im Rahmen von PISA 2000, Verlag für Sozialwissenschaften, Wiesbaden, S. 139 - 168

Atteslander, Peter (1993): Methoden der empirischen Sozialforschung, Sammlung Göschen, de Gruyter, Berlin

Auernheimer, Georg (1998): Grundmotive und Arbeitsfelder interkultureller Bildung und Erziehung, in: Interkulturelles Lernen. Arbeitshilfen für die politische Bildung, Bundeszentrale für politische Bildung, Bonn, S.18 – 28

Auernheimer, Georg (^{3}2003): Einführung in die interkulturelle Pädagogik, Wissenschaftliche Buchgesellschaft, Darmstadt

Auhagen, Ann Elisabeth (1999): Die Realität der Verantwortung, Hogrefe, Göttingen

Bargel, Tin / Müßig-Trapp, Peter / Willige, Janka (2008): Studienqualitätsmonitor 2007. Studienqualität und Studiengebühren, HIS: Forum Hochschule 1/2008, Konstanz, www.his.de/sqm [8.8.2008]

Bast, Alfred (2003): Von der Entdeckung des offen Sichtlichen oder Die Sprache der Dinge, in: Hauskeller, Michael (Hrsg.) (2003): Die Kunst der Wahrnehmung. Beiträge zu einer Philosophie der sinnlichen Erkenntnis, Die Graue Reihe, Bd. 36, Zug, S. 9 – 34

Baumert, Jürgen (2006): Was wissen wir über die Entwicklung von Schulleistungen?, in: Pädagogik 58/2006, S. 40-46

Baurmann, Jürgen/ Feilke, Helmuth/ Vos, Elisabeth (2002): Streit und Konflikt, in: Praxis Deutsch, 29/2002, Friedrich Verlag, Velber, S. 6 – 15

Bausch, Karl Richard et al. (2003): Der gemeinsame Europäische Referenzrahmen für Sprachen in der Diskussion, Tübingen

Baumert, Jürgen et al. (2001): PISA 2000. Basiskompetenzen von Schülerinnen und Schülern im internationalen Vergleich, Opladen: Leske und Budrich

Bayer, Klaus (2007): Argument und Argumentation. Logische Grundlagen der Argumentationsanalyse, Vandenhoeck & Ruprecht, Göttingen

*Bayertz, Kurt (*2006): Warum überhaupt moralisch sein?, C.H. Beck, München

Becker-Mrotzeck, Michael (2005): Präsentieren (Basisartikel), in: Praxis Deutsch 190/2005, Friedrich Verlag, Velber, S. 6 – 13

Becker-Mrotzeck, Michael (2006): Gesprächskompetenz ermitteln: Impulsreferat zum Kompetenzbereich Sprechen und Zuhören. Expertentagung Lernstandsbestimmung im Fach Deutsch (http://uni-koeln.de/ew-ak/Deutsch/materialien/mbm/Berlin_Sprechen_und_Zuhoeren.pdf Impulsreferat Mündlichkeit [11.5.2008])

Becker-Mrotzeck, Michael/ Vogt, Rüdiger (2001): Unterrichtskommunikation. Linguistische Analysemethoden und Forschungsergebnisse, Max Niemeyer Verlag, Tübingen, Germanistische Arbeitshefte 38

Becker-Mrotzeck, Michael/ Brünner, Gisela (2004): Der Erwerb kommunikativer Fähigkeiten: Kategorien und systematischer Überblick, in: dieselben (2004): Analyse und Vermittlung von Gesprächskompetenz, forum Angewandte Linguistik Bd. 43, Publikationsreihe der Gesellschaft für Angewandte Linguistik e.V. (GAL), Verlag für Gesprächsforschung, Radolfzell, S. 29-46, lizenzierte Online-Ausgabe unter: http://www.verlag-espraechsforschung.de/2004/kompetenz/kompetenz.pdf [11.5.2008]

Becker-Mrotzeck, Michael/ Brünner, Gisela (2004a):): Analyse und Vermittlung von Gesprächskompetenz, forum Angewandte Linguistik Bd. 43, Publikationsreihe der Gesellschaft für Angewandte Linguistik e.V. (GAL), Verlag für Gesprächsforschung, Radolfzell, lizenzierte Online-Ausgabe unter: http://www.verlag-espraechsforschung.de/2004/kompetenz/kompetenz.pdf [11.5.2008]

Becker-Mrotzeck/ Böttcher, Ingrid (2006): Schreibkompetenz entwickeln und beurteilen, Cornelsen Scriptor, Berlin

Bender, Wolfgang (1988): Ethische Urteilsbildung, Kohlhammer, Ethik. Lehr- und Studienbücher, Bd.1, Stuttgart

Berkemeier, Anne (2006): Präsentieren und Moderieren im Deutschunterricht , Schneider Verlag, Hohengehren

Berstecher, Dieter (1970): Zur Theorie und Technik des internationalen Vergleichs. Das Beispiel der Bildungsforschung, Stuttgart, Klett

Bertelsmann-Stiftung (2006): Thesenpapier der Bertelsmann Stiftung auf Basis der Interkulturellen-Kompetenz-Modelle von Dr. Darla K. Deardorff, www.bertelsmann-stiftung.de (22.6.2006)

Biehl, Peter (1997): Wahrnehmung und ästhetische Erfahrung. Zur Bedeutung ästhetischen Denkens für die Religionspädagogik als Wahrnehmungslehre, in: Grözinger, Albrecht/ Lott, Jürgen (Hrsg.) (1997) Gelebte Religion: im Brennpunkt praktisch-theologischen Denkens und Handelns, CMZ, Rheinbach-Merzbach

Biehl, Peter (1998): Der phänomenologische Ansatz in der deutschen Religionspädagogik, in: Heimbrock, Hans-Günter (Hrsg.) (1998): Religionspädagogik und Phänomenologie. Von der empirischen Wendung zur Lebenswelt, Forum zur Pädagogik und Didaktik der Religion, Bd. 15, Beltz, Deutscher Studien Verlag, Weinheim, S. 15 -46

Bieri, Peter (1987): Generelle Einführung, in: Bieri, Peter (Hrsg.) (1997): Analytische Philo sophie der Erkenntnis, Athenäum, Frankfurt/M., S. 9 – 72

Bieri, Peter (2005): Wie wäre es, gebildet zu sein?, Festrede Pädagogische Hochschule Bern, in: http://www.phbern.ch/fileadmin/Bilder_und_Dokumente/01_PHBern/ PDF/051104_Festrede_P._Bieri.pdf (21.7.2008)

Literatur

Böger, Klaus (2005): Bildung ist Orientierung, in: Elsenbast, Volker/ Götz-Guerlin, Marcus/ Otte, Matthias (2005): wissen – werten – handeln. Welches Orientierungswissen braucht die Bildung?, Wichern-Verlag, Berlin, S. 13 – 17

Böhme, Gernot (1997): Ethik im Kontext. Über den Umgang mit ernsten Fragen, Suhrkamp, Frankfurt/M.

Böhme, Gernot (2003): Leibliches Bewusstsein, in: Hauskeller, Michael (Hrsg.) (2003): Die Kunst der Wahrnehmung. Beiträge zu einer Philosophie der sinnlichen Erkenntnis, Die Graue Reihe, Bd. 36, Zug, S. 35 - 50

Bonner Erklärung (2002), http://rcswww.urz.tu-dresden.de/~forumfd/Erkllaerungen/bonn.htm (13.7.2008)

Bonsen, Elisabeth/ Hey, Gerhard (o.J.): Kompetenzorientierung – eine neue Perspektive für das Lernen in der Schule, IPTS Schleswig-Holstein, http://lehrplan.lernnetz.de/intranet1/links/materials/1113381683.pdf (21.10.2006)

Boyd, Dwight R. (1996): Die Rekonstruktion der moralischen Entwicklung. Eine Brücke zwischen Sein und Sollen, in: Edelstein, Wolfgang/ Nunner-Winkler, Gertrud (Hrsg.) (1996): Zur Bestimmung der Moral. Philosophische und sozialwissenschaftliche Beiträge zur Moralforschung, Suhrkamp, Frankfurt, S. 181 – 204

Brehmer, Berndt (1987): Lernen und Erfahrung, in: Brandstädter, Jochen (1987): Struktur und Erfahrung in der psychologischen Forschung, Walter de Gruyter, Berlin, S. 90-103

Breun, Richard (2003): Verkörperung von Moral. Philosophisch-anthropologische Studien zu einem Moralbegriff in didaktischer Absicht, Hodos – Wege bildungsbezogener Ethikforschung in Philosophie und Theologie, Bd. 2, Peter Lang, Frankfurt/M.

Brüning, Barbara (1999): Ethikunterricht in Europa. Ideengeschichtliche Traditionen, curriculare Konzepte und didaktische Perspektiven der Sekundarstufe I, Militzke, Leipzig

Combe, Arno/ Gebhard, Ulrich (2007): Sinn und Erfahrung. Zum Verständnis fachlicher Lernprozesse in der Schule, Studien zur Bildungsgangforschung, Bd. 20, Verlag Barbara Budrich, Opladen & Farmington Hills

Cranach, Mario von/ Kalbermatten, Urs/ Indermühle, Katrin/ Gugler, Beat (1980): Zielgerichtetes Handeln, Huber, Bern

Czerwanski, Annette / Solzbacher, Claudia/ Vollstädt, Witlof (Hrsg.) (2002): Förderung von Lernkompetenz in der Schule, Bd. 1: Recherche und Empfehlungen, Verlag Bertelsmann Stiftung, Gütersloh

*Czerwanski, Annette / Grieser, Dorit/ Solzbacher, Claudia/ Vollstädt, Witl*of (Hrsg.) (2004): Förderung von Lernkompetenz in der Schule, Bd. 2: Praxisbeispiele und Materialien, Verlag Bertelsmann Stiftung, Gütersloh

Dahrendorf, Rolf (1963): Gesellschaft und Freiheit, Piper, München

Dauber, Kim (2004): Der Werkzeugkasten des Philosophen, in: ZDPE 4/2004, Siebert, Hannover, S. 333-338

Davidson, Donald (1985): Handlung und Ereignis, Suhrkamp, Frankfurt/M.

Deardorff, Darla (2006): Policy Paper zur interkulturellen Kompetenz, in: Thesenpapier der Bertelsmann Stiftung auf Basis der Interkulturellen-Kompetenz-Modelle von Dr. Darla K. Deardorff, S. 13 – 42, www.bertelsmann-stiftung.de (22.6.2006)

Dege, Martina (2008): Zur Arbeit mit Kompetenzrastern im Fach Philosophie, in: Fachverband Philosophie. Mitteilungen, Heft 48/2008, S. 40 - 51

Deppermann, Arnulf (2004): ‚Gesprächskompetenz' – Probleme und Herausforderungen eines möglichen Begriffs, in: Becker-Mrotzeck, Michael/ Brünner, Gisela (2004): Analyse und Vermittlung von Gesprächskompetenz, forum Angewandte Linguistik Bd. 43, Publikationsreihe der Gesellschaft für Angewandte Linguistik e.V. (GAL), Verlag für Gesprächsforschung, Radolfzell, S. 15-28, lizenzierte Online-Ausgabe unter: http://www.verlag-gespraechsforschung.de/2004/kompetenz/kompetenz.pdf [11.5.2008]

Deppert, Wolfgang/ Theobald, Werner (1997): Das Waisenkind Interdisziplinarität oder Vom

Mangel an philosophischem Verständnis in den Disziplinen und vom Mangel an interdisziplinärem Verständnis in der Philosophie, in: Ethik und Sozialwissenschaften. Streitforum für Erwägungskultur 8/1997, Heft 4, Lucius & Lucius, Stuttgart, S. 538 – 541

Deutsches PISA-Konsortium (Hrsg.) (2001): PISA 2000. Basiskompetenzen von Schülerinnen und Schülern im internationalen Vergleich, Opladen

Dewey, John (2004): Erfahrung, Erkenntnis und Wert, hrsg. und übersetzt von Martin Suhr, Suhrkamp, Frankfurt/M.

Diesenberg, Norbert (1989a): Handlungswissen – Orientierungswissen – Existenzwissen. Zur Problematik, Abgrenzung und Explikation didaktisch relevanter Wissensformen, in: Jung, Manfred (Hrsg.) (1989): Handlungswissen – Orientierungswissen – Existenzwissen. Grundlagentexte, didaktische Reflexionen, methodische Anregungen und Unterrichtsbeispiele, Klett, Grundlagen Schulpädagogik, Stuttgart, S. 76 – 100

Diesenberg, Norbert (1989b): Wissensformen als Ergebnis der didaktischen Analyse, aufgezeigt an einem Kurskonzept zur Rechtsphilosophie, in: Jung, Manfred (Hrsg.) (1989): Handlungswissen – Orientierungswissen –Existenzwissen. Grundlagentexte, didaktische Reflexionen, methodische Anregungen und Unterrichtsbeispiele, Klett, Grundlagen Schulpädagogik, Stuttgart, S. 101 – 129

Diesenberg, Norbert/ Neugebauer, Hans Gerhard (1996): Unterrichtsideen. Textarbeit im Philosophieunterricht der Sekundarstufe II, Klett, Stuttgart

Dietenberger, Marcus (2002): Moral, Bildung, Motivation. Eine Theorie moralischer Handlungskompetenz und ihre schulpädagogischen Bezüge, Beltz Wissenschaft, Weinheim

Dietrich, Julia (2001): Wissenschaftsethische Probleme erkennen und strukturieren – wie geht das eigentlich? Ein Beitrag der Angewandten Ethik zur Entwicklung ethischer Urteilskompetenz, in: ZDPE 2/2001, Siebert, Hannover, S. 147 – 157

Dietrich, Julia (2003): Ethische Urteilsbildung – Elemente und Arbeitsfragen für den Unterricht, in: ZDPE 3/2003, Siebert, Hannover, S. 269 – 278

Dietrich, Julia (2004): Ethisch-Philosophische Grundlagenkompetenzen: ein Modell für Studierende und Lehrende, in: Maring, Matthias (Hrsg.) (2004): Ethisch-Philosophisches Grundlagenstudium, LIT, Münster, S. 15 – 31

Dietrich, Julia (2007): Was ist ethische Kompetenz? Ein philosophischer Versuch einer Systematisierung und Konkretion, in: Ammicht Quinn, Regina/ Badura-Lotter, Gisela/ Knödler-Pasch, Margarete/ Mildenberger, Georg/ Rampp, Benjamin (Hrsg.) (2007): Wertloses Wissen. Fachunterricht als Ort ethischer Reflexion, Klinkhardt, Bad Heilbrunn, S. 30 – 51

Dietz, Simone et al. (Hrsg.) (1996): Sich im Denken orientieren. Für Herbert Schnädelbach, Suhrkamp, Frankfurt/M

Dirks, Walter (1989): Wissen und Bildung, in: Jung, Manfred (Hrsg.) (1989): Handlungswissen – Orientierungswissen –Existenzwissen. Grundlagentexte, didaktische Reflexionen, methodische Anregungen und Unterrichtsbeispiele, Klett, Grundlagen Schulpädagogik, Stuttgart, S. 58 – 63

Dittmar, Werner (2005): Alltag und Lebenswelt. Phänomenologische Erkundungen zur Religionspädagogik – Ethik und Philosophie in bildungstheoretischer und unterrichtspraktischer Ausrichtung, Dresdner Hefte für Philosophie, Heft 11, Thelem, Dresden

Dölle-Oelmüller, Ruth (1998): Sittliche Orientierung in der multikulturellen Gesellschaft unseres Rechts- und Verfassungsstaates in Europa, in: Gauger, Jörg-Dieter (Hrsg.) (1998): Sinnvermittlung, Orientierung, Werte-Erziehung. Bilanz und Perspektiven des Religions-, Philosophie- und Rechtskundeunterrichts an den Schulen der Bundesrepublik Deutschland, Academia-Verlag, Sankt Augustin, S. 9 - 29

Duncker, Ludwig (1996): Zeigen und Handeln. Studien zur Anthropologie der Schule, Armin Vaas Verlag, Ulm

Literatur

Duncker, Ludwig (2000): Vom Sinn des Lernens. Bildungstheoretische Perspektiven für die Ausgestaltung schulischer Lernprozesse, in: Duncker, Ludwig/ Hanisch, Helmut (2000): Sinnverlust und Sinnorientierung in der Erziehung. Rekonstruktionen aus pädagogischer und theologischer Sicht, Julius Klinckhardt, Bad Heilbrunn, S. 179 – 195

Duncker, Ludwig/ Hanisch, Helmut (2000): Sinnverlust und Sinnorientierung in der Erziehung. Rekonstruktionen aus pädagogischer und theologischer Sicht, Julius Klinckhardt, Bad Heilbrunn

Duncker, Ludwig (2007): Verantwortung übernehmen im Denken und Handeln – Übungen in praktischer Philosophie als Ziel der Erziehung, in: Marsal, Eva/ Dobashi, Takara/ Weber, Barbara/ Lund, Felix G. (Hrsg) (2007): Ethische Reflexionskompetenz im Grundschulalter, Peter Lang, Frankfurt/M. , S. 269-280

Eckensberger, Lutz H. / Silbereisen, Rainer (1980) (Hrsg.): Entwicklung sozialer Kognitionen: Modelle, Theorien, Methoden, Anwendung, Klett-Cotta, Stuttgart

Eco, Umberto (1994): Zwischen Autor und Text. Interpretation und Überinterpretation, mit Einwürfen von Richard Rorty, Jonathan Culler, Christine Broke-Rose, Stefan Collini, Carl Hanser Verlag, München

Edelstein, Wolfgang (2002): Schule als Lernwelt und Lebenswelt. Welche zukunftsfesten Kompetenzen müssen Schüler in der Schule erwerben können, und wie können Lehrer diese Kompetenzen vermitteln? Vortrag, Luxemburg 2002, www.laml.lu/data/Schule_als_Lernwelt_undLebenswelt.pdf (21.10.2006)

Edelstein, Wolfgang/ Habermas, Jürgen (1984): Vorwort, in: dieselben (Hrsg.) (1984): Soziale Interaktion und soziales Verstehen. Beiträge zur Entwicklung der Interaktionskompetenz, Suhrkamp, Frankfurt, S. VII – XIV

Edelstein, Wolfgang/ Nunner-Winkler, Gertrud (Hrsg.) (1996): Zur Bestimmung der Moral. Philosophische und sozialwissenschaftliche Beiträge zur Moralforschung, Suhrkamp, Frankfurt

Edelstein, Wolfgang/ Grözinger, Karl E./ Gruehn, Sabine/ Hillerich, Imma/ Kirsch, Bärbel/ Leschinsky, Achim/ Lott, Jürgen/ Oser, Fritz (2001): Lebensgestaltung – Ethik – Religionskunde. Zur Grundlegung eines neuen Schulfaches. Analysen und Empfehlungen, Weinheim/ Basel

Edelstein, Wolfgang/ Oser, Fritz (2001): Aspekte einer Didaktik für LER, in: Edelstein, Wolfgang et. al (2001): Lebensgestaltung – Ethik – Religionskunde. Zur Grundlegung eines neuen Schulfachs. Analysen und Empfehlungen, Beltz Wissenschaft, Weinheim, S. 143-196

Edelstein, Wolfgang/ Oser, Fritz/ Schuster, Peter (Hrsg.) (2001): Moralische Erziehung in der Schule.   Entwicklungspsychologische und pädagogische Praxis, Beltz, Weinheim

Elsenbast, Volker/ Götz-Guerlin, Marcus/ Otte, Matthias (2005): wissen – werten – handeln. Welches Orientierungswissen braucht die Bildung?, Wichern-Verlag, Berlin

Emme, Martina (1996): „Der Versuch, den Feind zu verstehen". Ein pädagogischer Beitrag zur moralisch-politischen Dimension von Empathie und Dialog, IKO – Verlag für Interkulturelle Kommunikation, Frankfurt

Enders, Susanne (2002): Moralunterricht und Lebenskunde, Julius Klinkhardt, Bad Heilbrunn

Engels, Helmut (2001): Sprachanalytische Methoden im Philosophieunterricht: Mittel der Kritik, Hilfe beim Verstehen und Erkennen, Schutz vor den Fallstricken der Sprache, in: Rohbeck, Johannes (2001) (Hrsg.): Philosophische Denkrichtungen, Dresdner Hefte für Philosophie, Heft 4, Thelem, S. 35-80

Engels, Helmut (2003): Können wir denn, was wir sollen und wollen? Zur Einübung moralischen Handelns, in: ZDPE 3/2003, Siebert, Hannover, S. 213 – 218

Engler, Ulrich (Hrsg.) (1995): Zweites Stuttgarter Bildungsforum. Orientierungswissen ver-

Literatur | 321

sus Verfügungswissen: Die Rolle der Geisteswissenschaften in einer technologisch o-
rientierten Gesellschaft. Reden bei der Veranstaltung der Universität Stuttgart am
27.Juni 1994, Scheufele, Stuttgart

English, Andrea (2005): Bildung – Negativität – Moralität. Eine systematisch-vergleichende
Analyse zu Herbarts und Deweys Konzeption der Erziehung, Humboldt-Universität,
Berlin

Erklärung der Kultusministerkonferenz (1973): Zur Stellung des Schülers in der Schule, be-
schlossen am 25.Mai 1973, www.schule.de/301/403-1-1-5-73a.htm (2.6.2007)

Europarat. Rat für kulturelle Zusammenarbeit (2001): Gemeinsamer europäischer Referenzrahmen für Sprachen: lernen, lehren, beurteilen. Herausgegeben vom Goethe-Institut
Inter Nationes, der Ständigen Konferenz der Kultusminister der Länder in der Bundesrepublik Deutschland (KMK), der Schweizerischen Konferenz der kantonalen Erzie-
hungsdirektoren (EDK) und dem österreichischen Bundesministerium für Bildung,
Wissenschaft und Kultur (BMBWK), Langenscheidt, Berlin

Feilke, Helmuth (1993): Schreibentwicklungsforschung. Ein kurzer Überblick unter besonderer Berücksichtigung der Entwicklung prozessorientierter Schreibfähigkeiten. In: Diskussion Deutsch 129, Diesterweg, Frankfurt/M., S. 17-34

Fischer, Hans-Joachim (2003): Annäherung und Distanzierung im Wahrnehmungsprozess,
in: Hauskeller, Michael (Hrsg.) (2003): Die Kunst der Wahrnehmung. Beiträge zu einer Philosophie der sinnlichen Erkenntnis, Die Graue Reihe, Bd. 36, Zug, S. 51 - 68

Fleck, Ludwik (1983): Schauen, sehen, wissen, in: Fleck, Ludwik (1983a): Erfahrung und
Tatsache. Gesammelte Aufsätze, mit einer Einleitung herausgegeben von Lothar Schäfer und Thomas Schnelle, Suhrkamp, Frankfurt, S. 147 – 174

Fleck, Ludwik (1983a): Erfahrung und Tatsache. Gesammelte Aufsätze, mit einer Einleitung
herausgegeben von Lothar Schäfer und Thomas Schnelle, Suhrkamp, Frankfurt

Friebertshäuser, Barbara/ Prengel, Annedore (1997): Einleitung: Profil, Intentionen, Traditionen und Inhalte des Handbuchs, in: Friebertshäuser, Barbara/ Prengel, Annedore
(1997): Handbuch qualitative Forschungsmethoden in der Erziehungswissenschaft,
Juventa, Weinheim, S. 11 – 23

Friebertshäuser, Barbara/ Prengel, Annedore (1997): Handbuch qualitative Forschungsmethoden in der Erziehungswissenschaft, Juventa, Weinheim

Frommhold, Markus (1995): Schönreden, in: Praxis Deutsch 132/1995, Friedrich Verlag,
Velber, S. 42- 46

Fuchs, Thomas (2003): Was ist Erfahrung?, in: Hauskeller, Michael (Hrsg.) (2003): Die
Kunst der Wahrnehmung. Beiträge zu einer Philosophie der sinnlichen Erkenntnis, Die
Graue Reihe, Bd. 36, Zug, S. 69 - 87

Funke, Joachim/ Zumbach, Jörg (2005): Problemlösen, in: Mandl, Heinz/ Friedrich, Helmut
Felix   (Hrsg.) (2005): Handbuch Lernstrategien, Hogrefe, Göttingen, S. 206 – 220

Gadamer, Hans-Georg (1999): Vom Zirkel des Verstehens, in: derselbe: Hermeneutik II.
Wahrheit und Methode, Gesammelte Werke, Bd. 2, J. C. B. Mohr, Tübingen, S. 57 –
65

Gadamer, Hans-Georg (1999a): Mensch und Sprache, in: derselbe: Hermeneutik II. Wahrheit
und Methode, Gesammelte Werke, Bd. 2, J. C. B. Mohr, Tübingen, S. 146 – 154

Gadamer, Hans-Georg (1999b): Sprache und Verstehen, in: derselbe: Hermeneutik II. Wahrheit und Methode, Gesammelte Werke, Bd. 2, J. C. B. Mohr, Tübingen, S. 184 – 198

Garz, Detlef (1992): Die Diskussion um eine höchste Stufe der Moral, in: Oser, Fritz/ Alhoff,
Wolfgang (1992): Moralische Selbstbestimmung. Modelle der Entwicklung und Erziehung im Wertebereich. Ein Lehrbuch, Klett-Cotta, Stuttgart, S. 256 – 292

Gauger, Hans-Martin (1986): Sprach-Störungen. Beiträge zur Sprachkritik, Hanser, München

Gebhardt, Volker (2000): Kolloquium VII – Einführung, in: Wissen und Information als

Problem in der modernen Gesellschaft, in: Die Zukunft des Wissens. XVIII. Deutscher Kongress für Philosophie, Konstanz 1999. Vorträge und Kolloquien, hrsg. von Jürgen Mittelstraß, Akademie Verlag, Berlin, S. 335- 339

Gefert, Christian (2005): Bildungsziele, Kompetenzen und Anforderungen – Perspektiven für die Entwicklung von Bildungsstandards in philosophischen Bildungsprozessen, in: Martens, Ekkehard/ Gefert, Christian; Steenblock, Volker (Hrsg.): Philosophie und Bildung. Beiträge zur Philosophiedidaktik, LIT, Münster, S. 135-145

Gerstenmaier, Jochen/ Mandl, Heinz (2000): Wissensanwendung im Handlungskontext. Die Bedeutung intentionaler und funktionaler Perspektiven für den Zusammenhang von Wissen und Handeln, in: Mandl, Heinz/ Gerstenmaier, Jochen (Hrsg.) (2000): Die Kluft zwischen Wissen und Handeln. Empirische und theoretische Lösungsansätze, Hogrefe, Göttingen, S. 289 – 321

Geulen, Dieter (1982): Soziales Handeln und Perspektivenübernahme, in: Geulen, Dieter (1982a) (Hrsg.): Perspektivenübernahme und soziales Handeln. Texte zur sozialkognitiven Entwicklung, Suhrkamp, Frankfurt, S. 24 – 72

Geulen, Dieter (1982a) (Hrsg.): Perspektivenübernahme und soziales Handeln. Texte zur sozialkognitiven Entwicklung, Suhrkamp, Frankfurt

Giest, Hartmut (1996): Fachdidaktik und Unterricht. Lern- und Lehr-Forschung, Universität Potsdam, Berichte Nr. 15, S. 43-72

Gil, Thomas (1983): Ethik, Metzler, Stuttgart

Gil, Thomas (1998): Einführung in philosophisches Denken, UTB für Wissenschaft, Wilhelm Fink Verlag, München

Gil, Thomas (2005): Argumentationen. Der kontextbezogene Gebrauch von Argumenten, Parerga, Berlin

Gilligan, Carol (1999): Die andere Stimme, Piper, München

Girgerenzer, Gerd (2008): Bauchentscheidungen. Die Intelligenz des Unbewussten und die Macht der Intuition, Goldmann, München

Girmes, Renate (2004): [Sich] Aufgaben stellen, Kallmeyerersche Verlagsbuchhandlung, Seelze

Göllner, Manfred (2002) : Die Bildungs- und Lehraufgaben des Ethikunterrichts im Vergleich, Lit Verlag, Münster

Goodrich Andrade, Heidi (2000): Using rubrics to promote thinking and learning, in: Educational leadership, Jg. 57, Heft 5, S. 13 - 18

Gosepath, Stefan (1992): Aufgeklärtes Eigeninteresse. Eine Theorie theoretischer und praktischer Rationalität, Suhrkamp, Frankfurt/M.

Gosepath, Stefan (1999) (Hrsg.): Motive, Gründe, Zwecke. Theorien praktischer Rationalität, Fischer, Frankfurt/M.

Gosepath, Stefan (1999a): Praktische Rationalität. Eine Problemübersicht, in: Gosepath, Stefan (1999) (Hrsg.): Motive, Gründe, Zwecke. Theorien praktischer Rationalität, Fischer, Frankfurt/M., S. 7 – 53

Gottschalk-Mazouz, Niels (2007): Was ist Wissen? Überlegungen zu einem Komplexbegriff an der Schnittstelle von Philosophie und Sozialwissenschaften, in: Ammon, Sabine u.a. (Hrsg.)(2007): Wissen in Bewegung. Vielfalt und Hegemonie in der Wissensgesellschaft, Velbrück Wissenschaft, Weilerswist, S. 21 – 40

Gräber, Gerhard (2003): Tugendhats Schülergespräche über Moral als Paradigma des ethisch-philosophischen Unterrichtsgesprächs, in: ZDPE 3/2003, Siebert, Hannover, S. 237 – 240

Grezesik, Jürgen (1990): Textverstehen lernen und lehren. Geistige Operationen im Prozess des Textverstehens und Typische Methoden für die Schulung zum kompetenten Leser, Grundlagentexte Schulpädagogik, Klett, Stuttgart

Grezesik, Jürgen (1992): Begriffe lernen und lehren, Klett, Stuttgart

Gruber, Hans/ Renkl, Alexander (2000) : Die Kluft zwischen Wissen und Handeln: das Prob-

lem des trägen Wissens, in: Neuweg, Georg Hans (Hrsg.) (2000): Wissen – Können- Reflexion. Ausgewählte Verhältnisbestimmungen, Studien-Verlag Innsbruck, S. 155 – 174
Gruber, Hans/ Mandl, Heinz/ Renkl, Alexander (2000): Was lernen wir in Schule und Hochschule? Träges Wissen?, in: Mandl, Heinz/ Gerstenmaier, Jochen (Hrsg.) (2000): Die Kluft zwischen Wissen und Handeln. Empirische und theoretische Lösungsansätze, Hogrefe, Göttingen, S. 139 – 156
Grundgesetz mit Deutschlandvertrag (1980), Grundvertrag, Menschenrechts-Konvention, Bundeswahlgesetz, Bundesverfassungsgerichtsgesetz, Parteiengesetz und Gesetz über den Petitionsausschuss, dtv, München
Haas, Anton (1998): Unterrichtsplanung im Alltag. Eine empirische Untersuchung zum Planungshandeln von Hauptschul-, Realschul- und Gymnasiallehrern, S. Roderer, Regensburg
Habermas, Jürgen (1974): Notizen zur Entwicklung der Interaktionskompetenz, in: derselbe (1984): Vorstudien und Ergänzungen zur Theorie des kommunikativen Handels, Suhrkamp, Frankfurt, 187-225
Habermas, Jürgen (1982): Erläuterungen zum Begriff des kommunikativen Handelns, in: derselbe (1984): Vorstudien und Ergänzungen zur Theorie des kommunikativen Handels, Suhrkamp, Frankfurt, S. 571 – 606
Habermas, Jürgen (1983): Moralbewusstsein und kommunikatives Handeln, Suhrkamp, Frankfurt
Habermas, Jürgen (1984): Vorstudien und Ergänzungen zur Theorie des kommunikativen Handels, Suhrkamp, Frankfurt
Habermas, Jürgen (1991): Transzendenz von innen, Transzendenz ins Diesseits, in: Habermas, Jürgen (1991a): Texte und Kontexte. Frankfurt am Main, S. 127–156
Habermas, Jürgen (1991a): Texte und Kontexte. Frankfurt am Main
Häder, Michael (2002): Delphi-Befragungen. Ein Arbeitsbuch, Westdeutscher Verlag, Wiesbaden
Haenisch, Hans (1982): Lehrpläne auf dem Prüfstand. Grundlagen und Verfahren der Curriculumevaluation, Schöningh, Paderborn
Hanekamp, Gerd (2003): Alles Wissen ist Orientierungswissen, in: http://www.ea-aw.de/fileadmin/downloads/Newsletter/NL_43_122003_dt.pdf (22.10.2006)
Harman, Gilbert (1981): Das Wesen der Moral. Eine Einführung in die Ethik, Suhrkamp, Frankfurt/M.
Hartung, Martin (2004): Wie lässt sich Gesprächskompetenz wirksam und nachhaltig vermitteln? Ein Erfahrungsbericht aus der Praxis, in: Becker-Mrotzeck, Michael/ Brünner, Gisela (2004): Analyse und Vermittlung von Gesprächskompetenz, forum Angewandte Linguistik Bd. 43, Publikationsreihe der Gesellschaft für Angewandte Linguistik e.V. (GAL), Verlag für Gesprächsforschung, Radolfzell, S. 47-66, lizenzierte Online-Ausgabe unter: http://www.verlag-gespraechsforschung.de/2004/kompetenz/ kompetenz.pdf [11.5.2008]
Hauskeller, Michael (2003a): Das unbeweisbare Dogma von der Existenz des Nachbarn. Über die Wahrnehmung des anderen, in: Hauskeller, Michael (Hrsg.) (2003b): Die Kunst der Wahrnehmung. Beiträge zu einer Philosophie der sinnlichen Erkenntnis, Die Graue Reihe, Bd. 36, Zug, S. 157 – 176
Hauskeller, Michael (Hrsg.) (2003b): Die Kunst der Wahrnehmung. Beiträge zu einer Philosophie der sinnlichen Erkenntnis, Die Graue Reihe, Bd. 36, Zug
Heimbrock, Hans-Günter (Hrsg.) (1998a): Religionspädagogik und Phänomenologie. Von der empirischen Wendung zur Lebenswelt, Forum zur Pädagogik und Didaktik der Religion, Bd. 15, Beltz, Deutscher Studien Verlag, Weinheim
Heimbrock, Hans-Günter (1998b): Identifikation oder Differenz – Wie weit und wohin

kommt man in den Mokassins eines Fremden?, in: Heimbrock, Hans-Günter (Hrsg.) (1998a): Religionspädagogik und Phänomenologie. Von der empirischen Wendung zur Lebenswelt, Forum zur Pädagogik und Didaktik der Religion, Bd. 15, Beltz, Deutscher Studien Verlag, Weinheim, S. 112 – 129

Helmke, Andreas/ Hosenfeld, Ingmar (2003): Vergleichsarbeiten (VERA): eine Standortbestimmung zur Sicherung schulischer Kompetenzen – Teil 1: Grundlagen, Ziele, Realisierung, SchulVerwaltung, Ausgabe Hessen/Rheinland-Pfalz/Saarland (1), S. 10-13

Helmke, Andreas/ Hosenfeld, Ingmar (2003a): Vergleichsarbeiten (VERA): eine Standortbestimmung zur Sicherung schulischer Kompetenzen – Teil 2: Nutzung für Qualitätssicherung und Verbesserung der Unterrichtsqualität, SchulVerwaltung, Ausgabe Hessen/Rheinland-Pfalz/Saarland (2), S. 41-43

*Herzig, Bardo (*1998): Förderung ethischer Urteils- und Orientierungsfähigkeit. Grundlagen und schulische Anwendungen, Waxmann, Münster

Hildebrandt, Elke (2003): PISA-Lesekompetenz: Lesen als fachübergreifendes Prinzip – Probleme, Befunde, Handlungsansätze, in: Neue Zugänge zum Lesen schaffen. Lesekompetenz und Leseförderung nach PISA, Hessisches Kultusministerium. Institut für Qualitätsentwicklung, Wiesbaden, S. 85 – 93

Himmelmann, Gerhard (2005): Demokratie-Lernen als Lebens-, Gesellschafts- und Herrschaftsform, Wochenschau-Verlag, Schwalbach/TS.

Hörner, Wolfgang/ Schulz, Dieter/ Wollersheim, Heinz-Werner (Hrsg.) (2002) : Berufswissen des Lehrers und Bezugswissenschaften der Lehrerbildung. Ausgewählte Beiträge des 24. Jahreskongresses der Vereinigung für Lehrerbildung in Europa, Universitätsverlag, Leipzig

Hörner, Wolfgang (2002): Berufswissen des Lehrers und Bezugswissenschaften der Lehrerbildung – Einführung in das Kongressthema, in: Hörner, Wolfgang/ Schulz, Dieter/ Wollersheim, Heinz-Werner (Hrsg.) (2002): Berufswissen des Lehrers und Bezugswissenschaften der Lehrerbildung. Ausgewählte Beiträge des 24. Jahreskongresses der Vereinigung für Lehrerbildung in Europa, Universitätsverlag, Leipzig, S. 27 – 39

Hoffmann, Martin L. (1979): Eine Theorie der Moralentwicklung im Jugendalter, in: Montada, Leo (1979): Brennpunkte der Entwicklungspsychologie, Kohlhammer, Stuttgart, S. 252 – 266

Holzbrecher, Alfred (2004): Interkulturelle Pädagogik, Cornelsen Scriptor, Berlin

Horster, Detlef (1984): Das Sokratische Gespräch in Theorie und Praxis, Leske + Budrich, Opladen

Huber, Ludwig (2005): Standards auch für die ‚weichen' Fächer? Das Beispiel ‚Gedichte im Deutschunterricht', in: Standards. Unterrichten zwischen Kompetenzen, zentralen Prüfungen und Vergleichsarbeiten, Friedrich-Jahresheft XXIII, Friedrich Verlag, Velber, S. 105 – 107

Hurrelmann, Klaus (1995): Einführung in die Sozialisationstheorie. Über den Zusammenhang von Sozialstruktur und Persönlichkeit, Beltz, Weinheim

Institut für Friedenspädagogik (2007): Aspekte des Konfliktbegriffs, in: www.friedenspädagogik.de [14.1.2008]

Jagusch, Birgit (2004): Interkulturelle Kompetenz als Schlüsselqualifikation für Jugendliche in der Einwanderungsgesellschaft: Chancen und Probleme interkulturellen Lernens, in: www.IDAeV.de (22.6.2006)

Jung, Manfred (Hrsg.) (1989): Handlungswissen – Orientierungswissen –Existenzwissen. Grundlagentexte, didaktische Reflexionen, methodische Anregungen und Unterrichtsbeispiele, Klett, Grundlagen Schulpädagogik, Stuttgart

Kahlke, Winfried/ Reiter-Theil, Stella (1995): Lernziele für die Auseinandersetzung mit ethischen Problemen, in: Kahlke, Winfried/ Reiter-Theil, Stella (Hrsg.) (1995): Ethik in der Medizin, Ferdinand Enke Verlag, Stuttgart, S. 17 – 22

Kambartel, Friedrich/ Stekeler-Weithofer, Pirmin (2005): Sprachphilosophie. Probleme und

Methoden, Reclam, Stuttgart
Kant, Immanuel (1959): Was heißt: sich im Denken orientieren?, in: derselbe: Schriften zur Metaphysik und Logik, Wissenschaftliche Buchgesellschaft, Darmstadt, S. 267 - 283
Karg, Ina (2007): Diskursfähigkeit als Paradigma schulischen Schreibens. Ein Weg aus dem Dilemma zwischen Aufsatz und Schreiben, Peter Lang, Frankfurt/ M.
Kayser, Jörg/ Hagemann, Ulrich (Hrsg.) (2005): Urteilsbildung im Geschichts- und Politikunterricht, Cultus e.v., Bildung - Urteil – Kompetenz, Bundeszentrale für Politische Bildung, Bonn
Kenngott, Eva-Maria (2004): Strukturen im Dickicht der Lebensfragen: „Basisstrukturen" für LER, in: Ethik macht Schule II, edition ethik kontrovers. Jahrespublikation der Zeitschrift Ethik & Unterricht, Friedrich Verlag, Velber, S. 51 - 55
Kienpointer, Manfred (1996): Vernünftig argumentieren. Regeln und Techniken der Diskussion, Rowohlt, Reinbek
Klautke, Siegfried (2000): Bedingungen eines fächerübergreifenden Unterrichts - Beispiel: Naturwissenschaftliche Fächer, in: Biologie in der Schule 49/2000, Aulis Verlag Deubner, Köln, S. 65 – 70
Klieme Eckhard et al. (Hrsg:) (2003): Zur Entwicklung nationaler Bildungsstandards – Eine Expertise. Frankfurt a. M.; Deutsches Institut für internationale pädagogische Forschung (DIPF)
Klieme, Eckhard (2004): Was sind Kompetenzen und wie lassen sie sich messen? In: Pädagogik 6/2004, S. 10 – 13
Klieme, Eckhard/ Funke, Joachim/ Leutner, Detlev/Reimann, Peter/ Wirth, Joachim (2001): Problemlösen als fächerübergreifende Kompetenz. Konzeption und Resultate aus einer Schulleistungsstudie, in: Zeitschrift für Pädagogik 47/ 2001, Heft 2, Beltz, Weinheim, S. 179 – 200
Klieme, Eckhard/ Hartig, Johannes (2006): Kompetenz und Kompetenzdiagnostik, in: Schweizer, Karl: Leistung und Leistungsdiagnostik, Springer Verlag, Heidelberg, S. 127-143
Klieme, Eckhard/ Hartig, Johannes (2007): Kompetenzkonzepte in den Sozialwissenschaften und im erziehungswissenschaftlichen Diskurs, in: Zeitschrift für Erziehungswissenschaft, Sonderheft 8/2007, S. 11 - 29
Klotz, Peter/ Lubkoll, Christine (Hrsg.) (2005): Beschreibend wahrnehmen – wahrnehmend beschreiben. Sprachliche und ästhetische Aspekte kognitiver Prozesse, Rombach, Rombach Wissenschaften, Reihe Litterae, Bd. 130, Freiburg
Kocka, Jürgen (Hrsg.) (1987): Interdisziplinarität. Praxis – Herausforderung – Ideologie, Suhrkamp, Frankfurt/M.
Köck, Peter (2002): Handbuch des Ethikunterrichts. Fachliche Grundlagen, Didaktik und Methodik, Beispiele und Materialien, Auer, Donauwörth
König, Eckhard/ Bentler, Annette (1997): Arbeitsschritte im qualitativen Forschungsprozess – ein Leitfaden, in: Friebertshäuser, Barbara/ Prengel, Annedore (1997): Handbuch qualitativer Forschungsmethoden in der Erziehungswissenschaft, Juventa, Weinheim, S. 88 – 96
Köster, Juliane (2005): Konzeptuelle Aufgaben - Jenseits von Orientierungslosigkeit und Gängelei. In: Köster, Juliane/ Lütgert, Will/ Creutzburg, Jürgen (2004) (Hrsg.): Aufgabenkultur und Lesekompetenz. Deutschdidaktische Positionen, Peter Lang, Frankfurt/M., S. 165-184
Köster, Juliane (2005): Was heißt „veränderte Aufgabenkultur im Deutschunterricht"? Impulsreferat, in: http://www.didaktikdeutsch.de/vortraege/G%F6ttingen%20Vortrag%201.pdf [9.6.2008]
Kohlberg, Lawrence (1964): Development of moral charakter und moral ideology, in: Hoff-

man, M.L./ Hoffman, L.W. (Hrsg.) (1964): Review of Child Development Research, Vol. 1, Russel Sage Foundation, New York
Kohlberg, Lawrence (1986): A current statement on some theoretical issues. In: Modgil, S/ Modgil, C. (Hrsg.) (1986): Lawrence Kohlberg. Consensus and controversy, Philadelphia, S. 485 – 546
Kohlberg, Lawrence (1995): Die Psychologie der Moralentwicklung, hrsg. von Althoff, Wolfgang/ Noam, Gil/ Oser, Fritz, Suhrkamp, Frankfurt/M.
Kohlberg, Lawrence (1995a): Moralische Entwicklung, in: derselbe (1995): Die Psychologie der Moralentwicklung, hrsg. von Althoff, Wolfgang/ Noam, Gil/ Oser, Fritz, Suhrkamp, Frankfurt/M., S. 7-40
Kohlberg, Lawrence (1995b): Moralstufen und Moralerwerb: Der kognitiventwicklungstheoretische Ansatz, in: derselbe (1995): Die Psychologie der Moralentwicklung, hrsg. von Althoff, Wolfgang/ Noam, Gil/ Oser, Fritz, Suhrkamp, Frankfurt/M., S. 123 - 174
Kopperschmidt, Josef (2000): Argumentationstheorie zur Einführung, Junius, Hamburg
Krause, Ulrike-Marie/ Stark, Robin (2005): Vorwissen aktivieren, in: Mandl, Heinz/ Friedrich, Helmut Felix (Hrsg.) (2005): Handbuch Lernstrategien, Hogrefe, Göttingen, S. 38 – 49
Kromrey, Helmut (^{9}2000): Empirische Sozialforschung, Leske und Budrich, Opladen
Kromrey, Helmut (^{11}2006): Empirische Sozialforschung, Lucius und Lucius, UTB, Stuttgart
Krüger, Lorenz (1987): Einheit der Welt – Vielheit der Wissenschaft, in: Kocka, Jürgen (Hrsg.) (1987): Interdisziplinarität. Praxis - Herausforderung – Ideologie, Suhrkamp, Frankfurt/M., S. 106-125
Kühn, Peter (2003): Lesekompetenz und Leseverstehen. Didaktisch-methodische Orientierungen zur Leseförderung im Muttersprachenunterricht, in: lernchancen 35/2003, Friedrich Verlag, Velber, S. 4-9
Kupsch, Joachim/ Schülert, Jürgen (1996): Perspektivenwechsel als reflexives Konzept für fächerübergreifenden Unterricht am Beispiel ‚Rassismus', in: Zeitschrift für Pädagogik 42/1996, S. 589 – 601
Langenbeck, Klaus (1985): Verfahren der Texterschließung im Philosophieunterricht, ZDP 1/ 1985, Siebert, Velber, S. 3-11
Leenen, Wolf Rainer/ Grosch, Harald (1998): Bausteine zur Grundlegung interkulturellen Lernens, in: Interkulturelles Lernen. Arbeitshilfen für die politische Bildung, Bundeszentrale für politische Bildung, Bonn, S. 29 - 46
Lehmann, Gabriele/ Nieke, Wolfgang (o.J.): Zum Kompetenz-Modell, in: www. uni-rostock.de/bildung/download/fortbildungsmaterial/text- lehmann-nieke.pdf (21.10.2006)
Lehmann, Rainer (2001): Zum Verhältnis von Fach- und Methodenkompetenz in Schule und Unterricht, in: Arbeitsstab Forum Bildung (2001): Kompetenzen als Ziele von Bildung und Qualifikation. Bericht der Expertengruppe des Forum Bildung, S. 36 – 42, www.blk-bonn.de/ergebnisse-fb-band03.pdf (21.10.2006)
Lempert, Wolfgang (1986): Moralische Urteilsstufen und Niveaus sozialer Aggregation, in: Oser, Fritz (Hrsg.) (1986): Moralische Zugänge zum Menschen – Zugänge zum moralischen Menschen, Peter Kindt Verlag, München, S. 84 – 107
Lenk, Hans (2000): Kreative Aufstiege. Zur Philosophie und Psychologie der Kreativität, Suhrkamp, Frankfurt/M.
Lenk, Hans/ Maring, Matthias (1997): Welt ist real, aber Welterfassung interpretiv. Zur Reichweite der interpretatorischen Erkenntnis, in: Friebertshäuser, Barbara/ Prengel, Annedore (1997): Handbuch qualitative Forschungsmethoden in der Erziehungswissenschaft, Juventa, Weinheim, S.209 – 220
Lersch, Rainer (2007): Kompetenzfördernd unterrichten. 22 Schritte von der Theorie zur Pra-

xis, in: http://www.uni-marburg.de/zfl/ueber_uns/artikel/artikel-lernsch-2007-KompetenzfArdernder_Unterricht (10.3.2008)

Lind, Georg (2003): Moral ist lehrbar. Handbuch zur Theorie und Praxis moralischer und demokratischer Bildung, Oldenbourg, München

Linden, Hedwig (1995): Ethik/ Philosophie: Vergleichende Darstellung der Rahmenpläne aus den deutschen Bundesländern, Berliner Institut für Lehrerfort- und -weiterbildung und Schulentwicklung, Berlin

Linke, Angelika/ Voigt, Gerhard (1995): Sprache kritisieren – Sprachkritik, in: Praxis Deutsch 132/1995, Friedrich Verlag, Velber, S. 18 - 22

Lübbe, Hermann (1998): Sinn und Wert des Lebens. Orientierungsprobleme in der zivilisatorischen Evolution, in: Bayerisches Staatsministerium für Unterricht, Kultus, Wissenschaft und Kunst (1998): Wissen und Werte für die Welt von morgen. Dokumentation zum Bildungskongress des Bayerischen Staatsministeriums für Unterricht, Kultus, Wissenschaft und Kunst, 29./30. April 1998 in der Ludwig-Maximilians-Universität, Auer, München, S. 67 - 81

Ludwig, Otto/ Spinner, Kaspar (2000): Mündlich und schriftlich argumentieren, in: Praxis Deutsch 160/ 2000, Friedrich Verlag, Velber, S. 16 – 22

Lührmann, Wolfgang (2008): Praxiserfahrungen. Die studentische Wahrnehmung und Verarbeitung Schulpraktischer Studien im Lehramtsstudium, in: http://www.unigiessen.de/cms/fbz/zentren/zfl/studium/sps/praktikumsbeauftragte [14.10.2008]

Maag Merki, Katharina (2004): Lernkompetenzen als Bildungsstandards, in: Zeitschrift für Erziehungswissenschaft 4/2004, S. 537-550

Mahnke, Hans-Peter (2004): Reale Ethik-Didaktik im Sumpf des Alltags. Berichte und Informationen über Altes und Neues aus den Bundesländern, in: Ethik macht Schule II, edition ethik kontrovers. Jahrespublikation der Zeitschrift Ethik & Unterricht 2004, Friedrich Verlag, Velber 2004, S. 61 – 80

Mandl, Heinz (1997): Eröffnungsvortrag Wissen und Handeln: Eine theoretische Bestandsaufnahme, in: Mandl, Heinz (Hrsg.) (1997): Bericht über den 40. Kongress der Deutschen Gesellschaft für Psychologie in München 1996: Schwerpunktthema Wissen und Handeln, im Auftrag der Deutschen Gesellschaft für Psychologie, Hogrefe, Göttingen, S. 3 – 13

Mandl, Heinz/ Gerstenmaier, Jochen (2000): Einleitung, in: Mandl, Heinz/ Gerstenmaier, Jochen (Hrsg.) (2000): Die Kluft zwischen Wissen und Handeln. Empirische und theoretische Lösungsansätze, Hogrefe, Göttingen, S. 11 – 24

Maring, Matthias (Hrsg.) (2004): Ethisch-Philosophisches Grundlagenstudium, LIT, Münster

Maringer, Eva/ Steinweg, Reiner (1997): Konstruktive Haltungen und Verhaltensweisen in institutionalisierten Konflikten, Berlin

Marsal, Eva (Hrsg.) (2002): Ethik- und Religionsunterricht im Fächerkanon der öffentlichen Schule, Peter Lang, Reihe Hodos – Wege bildungsbezogener Ethikforschung in Philosophie und Theologie, Bd. 1, Frankfurt/M

Marsal, Eva/ Dobashi, Takara/ Weber, Barbara/ Lund, Felix (Hrsg.) (2007): Ethische Reflexionskompetenz im Grundschulalter. Konzepte des Philosophierens mit Kindern, Peter Lang, Frankfurt

Martens, Ekkehard (1979): Dialogisch-pragmatische Philosophiedidaktik, Hannover, Schroedel

Martens, Ekkehard (1983): Einführung in die Didaktik der Philosophie, Wissenschaftliche Buchgesellschaft, Darmstadt

Martens, Ekkehard (2002): Philosophische Bildung und Ethik – Am Anfang, nicht am Ende, in: Martin, Hans-Joachim (Hrsg.) (2002): Am Ende (-) die Ethik?. Begründungs- und Vermittlungsfragen zeitgemäßer Ethik, Ethik in der Praxis, Bd. 5, LIT-Verlag, Münster, S. 178 – 188

Martens, Ekkehard (2003): Methodik des Ethik- und Philosophieunterrichts. Philosophieren als elementare Kulturtechnik, Siebert, Hannover
Martens, Ekkehard (2007): Orientierung durch den Philosophieunterricht. Philosophieren als elementare Kulturtechnik humaner Lebensgestaltung, in: Rolf, Bernd/ Draken, Klaus/ Münnix, Gabriele (Hrsg.) (2007): Orientierung durch Philosophieren. Festschrift zum 50jährigen Bestehen des Fachverbandes Philosophie e.V., Mitteilungen des Fachverbandes Philosophie Nr. 47, Reihe Philosophie und Bildung, LIT, Münster, S. 6 – 16
Martens, Ekkehard/ Gefert, Christian/ Steenblock, Volker (Hrsg.) (2005): Philosophie und Bildung, LIT, Münster, Philosophie und Bildung, Bd. 1
Martin, Hans-Joachim (Hrsg.) (2002): Am Ende (-) die Ethik?. Begründungs- und Vermittlungsfragen zeitgemäßer Ethik, Ethik in der Praxis, Bd. 5, LIT-Verlag, Münster
Maturana, Humberto/ Varela, Francisco (1987): Der Baum der Erkenntnis. Die biologischen Wurzeln des menschlichen Erkennens, Scherz, Bern
Merkens, Heinz (1997): Stichproben bei qualitativen Untersuchungen, in: Friebertshäuser, Barbara/ Prengel, Annedore (1997): Handbuch qualitative Forschungsmethoden in der Erziehungswissenschaft, Juventa, Weinheim, S.97 - 106
Merziger, Petra/ Schnack, Jochen (2005): Mit Kompetenzrastern selbständiges Lernen fördern, in: Pädagogik 3/2005, Beltz, Weinheim, S. 20 - 24
Merziger, Petra (2007): Entwicklung selbstregulierten Lernens im Fachunterricht. Lerntagebücher und Kompetenzraster in der gymnasialen Oberstufe, Studien zur Bildungsgangforschung, Bd. 14, Verlag Barbara Budrich, Opladen & Farmington Hills
Meuser, Michael/ Nagel, Ulrike (1997): Das ExpertInneninterview – Wissenssoziologische Voraussetzungen und methodologische Durchführung, in: Friebertshäuser, Barbara/ Prengel, Annedore (1997): Handbuch qualitative Forschungsmethoden in der Erziehungswissenschaft, Juventa, Weinheim, S. 481 - 491
Meyer, Meinert A. (2003): Bildungsprozesse als experimentelle Prozesse. Immanuel Kant und die ‚lernende Schule', in: Philosophie und ihre Vermittlung, hrsg. von Dieter Birnbacher u.a., Siebert, Hannover, S. 182 – 187
Meyer, Hilbert (2002): Wege und Werkzeuge zur Professionalisierung in der Lehrerbildung, in: Hörner, Wolfgang/ Schulz, Dieter/ Wollersheim, Heinz-Werner (Hrsg.) (2002) : Berufswissen des Lehrers und Bezugswissenschaften der Lehrerbildung. Ausgewählte Beiträge des 24. Jahreskongresses der Vereinigung für Lehrerbildung in Europa, Universitätsverlag, Leipzig, S. 41- 78
Meyer, Hilbert (2003): Leitfaden zur Unterrichtsvorbereitung, Cornelsen Scriptor, Berlin
Miller, Max (1984): Zur Ontogenese des koordinierten Dissens, in: Edelstein, Wolfgang/ Habermas, Jürgen (Hrsg.) (1984): Soziale Interaktion und soziales Verstehen. Beiträge zur Entwicklung der Interaktionskompetenz, Suhrkamp, Frankfurt, S. 220 – 249
Miller, Max (1986): Kollektive Lernprozesse. Studien zur Grundlegung einer soziologischen Lerntheorie, Suhrkamp, Frankfurt
Miller, Max (1986a): Antagonismen und Argumente, in: Miller, Max (1986): Kollektive Lernprozesse. Studien zur Grundlegung einer soziologischen Lerntheorie, Suhrkamp, Frankfurt, S. 138 - 206
Miller, Max (2006): Dissens. Zur Theorie diskursiven und systemischen Lernens, transcript, Bielefeld

Miller, Max (2006a): Argumentationen als Lernprozesse, in: Miller, Max (2006): Dissens. Zur Theorie diskursiven und systemischen Lernens, transcript, Bielefeld, S. 45-65
Mills, Sara (2007): Der Diskurs. Begriff, Theorie, Praxis, A. Francke Verlag, Tübingen
Mittelstraß, Jürgen (1982): Was heißt: sich im Denken orientieren? In: derselbe: Wissenschaft als Lebensform (1982), Suhrkamp, Frankfurt, S. 162 – 184
Mittelstraß, Jürgen (1998): Die Häuser des Wissens, Suhrkamp, Frankfurt
Mittelstraß, Jürgen (2001): Wissen und Grenzen. Philosophische Studien, Suhrkamp, Frank-

furt/ M.
Mittelstraß, Jürgen (2001a): Die transdisziplinäre Zukunft der Forschung, in: Mittelstraß, Jürgen (2001): Wissen und Grenzen. Philosophische Studien, Suhrkamp, Frankfurt/ M., S. 89 – 107
Mittelstraß, Jürgen (2002): Bildung und ethische Maße. Vortrag anlässlich des zweiten Werkstattgesprächs der Initiative McKinsey bildet, in: www.mckinsey-bildet.de/downloads/02_idee/w2_vortrag_mittelstrass.pdf (22.10.2006)
Mittelstraß, Jürgen (2004): Wissen und Bildung in einer offenen Wissensgesellschaft. Manuskript zur Sendung ,Medienforum – Wissen und Bildung heute', www.3sat.de/ard/pdf/Mittelstrass.pdf (22.10.2006)
Montada, Leo (1980): Moralische Kompetenz: Aufbau und Aktualisierung, in: Eckensberger, Lutz H. / Silbereisen, Rainer (1980) (Hrsg.): Entwicklung sozialer Kognitionen: Modelle, Theorien, Methoden, Anwendung, Klett-Cotta, Stuttgart, S. 247-266
Mühlenberg, Sascha/ Gerhardus, Norbert (2006): Konstruktion der Wirklichkeit – Wahrnehmungsphänomene und Fotografie. Vorschläge für den Unterricht in Klasse 10 Praktische Philosophie, in: Ethik und Unterricht 3/2006, Friedrich Verlag, Velber, S. 21 – 25
Müller, Andreas (2003): Jeder Schritt ein Fort-Schritt. ,Referenzieren' – Individuelle Kompetenzentwicklung, www.learningfactory.ch/downloads/dateien/artikel_referenzieren.pdf (21.10.2006)
Müller, Andreas (2004): Erziehungsziel: Selbstbeobachtung und Selbstbewertung, in: Pädagogik 9/2004, Beltz, Weinheim, S. 25 – 29
Münnix, Gabriele (2000): Philosophie, in: Reich, Hans H./ Holzbrecher, Alfred/ Roth, Hans Joachim (Hrsg.) (2000): Fachdidaktik interkulturell. Ein Handbuch, Leske + Budrich, Opladen. S. 153 – 180
Münnix, Gabriele (2002): Fremdheit als Grenze des Verstehens. Zur Problematik von Multiperspektivität und Hermeneutik, in: Hogrebe, Wolfgang (Hrsg.) (2002): Grenzen und Grenzüberschreitungen. XIX. Deutscher Kongress für Philosophie, 23.-27. September 2002 in Bonn. Sektionsbeiträge, Sinclair Press, Bonn, S. 1173 – 1180
Münnix, Gabriele (2004) : Zum Ethos der Pluralität. Postmoderne und Multiperspektivität als Programm, LIT, Münster
Nagel, Thomas (1974): What is it like to be a bat?, in: Philosophical Review 83/ 4, S. 435 – 450
Neuweg, Georg Hans (Hrsg.) (2000): Wissen – Können- Reflexion. Ausgewählte Verhältnisbestimmungen, Studien-Verlag Innsbruck
Neuweg, Georg Hans (2000a): Wissen – Können – Reflexion. Eine Einführung in den vorliegenden Band, Studien-Verlag Innsbruck, S. 1 – 5
Neuweg, Georg Hans (2000b): Können und Wissen. Eine alltagssprachliche Verhältnisbestimmung, in: Neuweg, Georg Hans (Hrsg.) (2000): Wissen – Können- Reflexion. Ausgewählte Verhältnisbestimmungen, Studien-Verlag Innsbruck, S. 65 – 82
Nieke, Wolfgang (2000): Interkulturelle Erziehung und Bildung. Wertorientierungen im Alltag, Leske + Budrich, Reihe Schule und Gesellschaft, Bd. 4, Opladen
Nipkow, Karl Ernst (2002): Religionsunterricht und Ethikunterricht als Dialogpartner in einer kooperierenden Fächergruppe – bildungstheoretische Begründung und didaktische Konkretion, in: Marsal, Eva (Hrsg.) (2002): Ethik- und Religionsunterricht im Fächerkanon der öffentlichen Schule, Peter Lang, Reihe Hodos – Wege bildungsbezogener Ethikforschung in Philosophie und Theologie, Bd. 1, Frankfurt/M., S. 29 – 43
Nunner-Winkler, Gertrud/ Meyer-Nikele, Marion/ Wohlrab, Doris (2006): Integration durch Moral. Moralische Motivation und Ziviltugenden Jugendlicher, VS Verlag für Sozialwissenschaften, Wiesbaden
OECD (2001): Bildung auf einen Blick. OECD-Indikatoren 2001. Zentrum für Forschung und Innovation im Bildungswesen, Paris

330 | Literatur

OECD (2002): Definition und Auswahl von Schlüsselkompetenzen. Zusammenfassung, www.oecd.org/dataoecd/36/56/35693281.pdf, S. 1- 20 (21.10.2006)

Olbertz, Jan-Hendrik (2005): Orientierungswissen im Bildungssystem – Welche Orientierung bietet die Schule?, in: Elsenbast, Volker/ Götz-Guerlin, Marcus/ Otte, Matthias (2005): wissen – werten – handeln. Welches Orientierungswissen braucht die Bildung?, Wichern-Verlag, Berlin, S. 51-66

Oser, Fritz (1981): Moralisches Urteil in Gruppen. Soziales Handeln. Verteilungsgerechtigkeit, Suhrkamp, Frankfurt

Oser, Fritz/ Althoff, Wolfgang (1992): Moralische Selbstbestimmung. Modelle der Entwicklung und Erziehung im Wertebereich. Ein Lehrbuch, Klett-Cotta, Stuttgart

Oswald, Heinz (1997): Was heißt qualitativ forschen? Eine Einführung in Zugänge und Verfahren, in: Friebertshäuser, Barbara/ Prengel, Annedore (1997): Handbuch qualitative Forschungsmethoden in der Erziehungswissenschaft, Juventa, Weinheim, S. 71 – 87

Ott, Konrad (1993): Zur Frage, woraufhin Ethik orientieren könne, in: Wils, Jean-Pierre (Hrsg.) (1993): Orientierung durch Ethik? Eine Zwischenbilanz, Schöningh, Paderborn, S. 71 - 94

Petermann, Hans-Bernhard (2004): Interdisziplinäre Methodenkompetenz. Voraussetzungen und Möglichkeiten, in: Rohbeck, Johannes (Hrsg.) (2004): Ethisch-philosophische Basiskompetenz, Jahrbuch für Didaktik der Philosophie und Ethik, Bd. 5, Thelem, Dresden, S. 118 – 130

Pfeifer, Volker (2002): Analytische Philosophie und ethisches Argumentieren, in: ZDPE 2/2000, Siebert, Hannover, S. 94 – 102

Pfeifer, Volker (2003): Didaktik des Ethikunterrichts. Wie lässt sich Moral lehren und lernen? Kohlhammer, Stuttgart

Piepmeier, Rainer (1995): Zum philosophischen Begriff der Verantwortung, in: Hermanni, Friedrich/ Steenblock, Volker (Hrsg.) (1995): Philosophische Orientierung. Festschrift zum 65. Geburtstag für Willi Oelmüller, Wilhelm Fink Verlag, S. 85 – 102

Poier, Wolfgang (2002): Mit Denkhüten Konflikte besser begreifen. Fakten, Gefühle, Chancen Gefahren, Lösungsideen – verschiedene Sichtweisen eines Problems, in: Praxis Deutsch, 29/2002, S. 35 – 38

Popper, Karl R. (1973): Objektive Erkenntnis, Hoffmann & Campe, Hamburg

Popper, Karl R. (2002): Alle Menschen sind Philosophen, Pieper, München

Porst, Rolf/ Ranft, Sabine/ Ruoff, Bernd (1998): Strategien und Maßnahmen zur Erhöhung der Ausschöpfungsquoten bei sozialwissenschaftlichen Umfragen. Ein Literaturbericht, ZUMA-Arbeitsbericht 98/07, Mannheim

Portman-Tselikas, Paul R./ Schmölzer-Eibinger, Sabine (2002): Textkompetenz , Studienverlag, Innsbruck

Preiser, Siegfried (1988): Kontrolle und engagiertes Handeln: Entstehungs-, Veränderungs- und Wirkungsbedingungen von Kontrollkognitionen u. Engagement. Mit einer exemplarischen Analyse beruflicher Anfangserfahrungen von Lehrstudenten, Hogrefe, Göttingen

Quinlan, Audrey M. (2006): A Complete Guide to Rubrics. Assessment Made Easy for Teachers, K-College, Rowman & Littlefield Education, Toronto

Rabenstein, Kerstin (2003): In der gymnasialen Oberstufe fächerübergreifend lehren und lernen. Eine Fallstudie über die Verlaufslogik fächerübergreifenden Projektunterrichts und die Erfahrungen der Schüler, Leske + Budrich, Opladen

Ralla, Mechthild (2007): Dialogischer Ethik-Unterricht oder: „So sind wohl manche Sachen, die wir getrost belachen", in: Marsal, Eva/ Dobashi, Takara/ Weber, Barbara/ Lund, Felix (Hrsg.) (2007): Ethische Reflexionskompetenz im Grundschulalter. Konzepte des Philosophierens mit Kindern, Peter Lang, Frankfurt, S. 263 – 268

Raupach-Strey, Gisela (2002): Sokratische Didaktik. Die didaktische Bedeutung der Sokratischen Methode in der Tradition von Leonard Nelson und Gustav Heckmann, LiT-Verlag, Münster

Raupach-Strey, Gisela (2003): Philosophieren lernen als Ziel des Ethikunterrichts, in: Domsgen, Michael/ Hahn, Matthias/ Raupach-Strey, Gisela (Hrsg.) (2003): Religions- und Ethikunterricht in der Schule mit Zukunft, Klinkhardt, Bad Heilbrunn, S. 279- 300

Rehfus, Wulff D. (1980): Didaktik der Philosophie. Grundlage und Praxis, Pädagogischer Verlag Schwann, Düsseldorf

Rehkämper, Klaus (2006): Trau, schau, wem? Philosophische Theorien der visuellen Wahrnehmung, in: Ethik und Unterricht 3/2006, Friedrich Verlag, Velber, S. 4 – 10

Reiter-Theil, Stella (1995): Moral lernen – Ethik lehren, in: Kahlke, Winfried/ Reiter-Theil, Stella (Hrsg.) (1995): Ethik in der Medizin, Ferdinand Enke Verlag, Stuttgart, S. 10 – 16

Reitschert, Katja/ Langlet, Jürgen/ Hössle, Corina/ Mittelsten Scheid, Nicola/ Schlüter, Kirsten (2007): Dimensionen ethischer Urteilskompetenz – Dimensionierung und Niveaukonkretisierung, in: Der mathematische und naturwissenschaftliche Unterricht 60/1, Seeberger, Neuss, S. 43-51

Renkl, A. (1996): Träges Wissen. Wenn Erlerntes nicht genutzt wird, in: Psychologische Rundschau 47(2), S. 78-92

Renkl, Alexander/ Nückles, Matthias (2005): Lernstrategien der externen Visualisierung, in: Mandl, Heinz/ Friedrich, Helmut Felix (Hrsg.) (2005): Handbuch Lernstrategien, Hogrefe, Göttingen, S. 135 – 147

Rösch, Anita (2007): Von der Lehrer – zur Lernerzentrierung; Wehr, Silke/ Ertel, Helmut (Hgg.): Aufbruch in die Hochschullehre. Kompetenzen und Lernende im Zentrum. Beiträge aus der hochschuldidaktischen Praxis, Bern/ Stuttgart/ Wien: Haupt 2007, in: KULT_online, Ausgabe 17, Gießener Graduiertenzentrum, http://www.uni-giessen.de/graduiertenzentrum/magazin/rezension-2397.html

Rentsch, Thomas (2002): Phänomenologie als methodische Praxis. Didaktische Potentiale der phänomenologischen Methode, in: Rohbeck, Johannes (Hrsg.) (2002): Denkstile der Philosophie, Jahrbuch für Didaktik der Philosophie und Ethik, Bd.3, Thelem, Dresden, S. 11 – 28

Rohbeck, Johannes (2000a): Methoden des Philosophie- und Ethikunterrichts, in: derselbe (Hrsg.): Methoden des Philosophierens, Jahrbuch für Didaktik der Philosophie und Ethik, Bd. 1, Thelem, Dresden, S. 146-174

Rohbeck, Johannes (2000b): Didaktische Potentiale philosophischer Denkrichtungen, in: ZDPE 2/2000, Siebert, Hannover, S. 82 – 93

Rohbeck, Johannes (2001): Philosophische Kompetenzen, in: ZDPE 2/2001, Seibert, Hannover, S. 86 – 94

Rohbeck, Johannes (Hrsg.) (2004): Ethisch-philosophische Basiskompetenzen, Jahrbuch für Didaktik der Philosophie und Ethik, Bd. 5, Thelem, Dresden

Rolf, Bernd/ Draken, Klaus/ Münnix, Gabriele (Hrsg.) (2007): Orientierung durch Philosophieren. Festschrift zum 50jährigen Bestehen des fachverbandes Philosophie e.V., Mitteilungen des Fachverbandes Philosophie Nr. 47, Reihe Philosophie und Bildung, LIT, Münster

Rolff, Hans-Günter (Hrsg.) (1995): Zukunftsfelder von Schulforschung, Deutscher Studienverlag, Weinheim

Rüegg, Regula (1995): Wie wir mit Sprache Einfluss nehmen, in: Praxis Deutsch 132/1995, Friedrich Verlag, Velber, S. 34 – 37

Rumpf, Horst (1991): Die Fruchtbarkeit der phänomenologischen Aufmerksamkeit für Erziehungsforschung und Erziehungspraxis, in: Herzog, Max/ Graumann, Carl F. (Hrsg.) (1991): Sinn und Erfahrung. Phänomenologische Methoden in den Humanwissenschaften, Asanger, Heidelberg

332 | Literatur

Sachse, Martin (2005): Fächer ohne Bildungsstandards – Fächer zweiter Güte?, Staatsinstitut für Schulqualität und Bildungsforschung, München, www.kompass.bayern.de/downloads/Faecher_ohne_BS.doc#page=8 (22.11.2006)

Sartre, Jean-Paul (1980): Das Imaginäre. Phänomenologische Psychologie der Einbildungskraft, Reinbek, Rowohlt

Schäfer, Bernd (1993): Das Fremde als Herausforderung von Identitätsansprüchen, in: Ethik & Unterricht 4/1993, Friedrich Verlag, Velber, S. 2 – 8

Schäffter, Ottfried (1991): Modi des Fremderlebens. Deutungsmuster im Umgang mit Fremdheit, in: Schäffter, Ottfried (Hrsg.) (1991): Das Fremde. Erfahrungsmöglichkeiten zwischen Faszination und Bedrohung, Westdeutscher Verlag, Opladen, S. 11 – 42

Schlegel, Clemens M. (2003): Zur Situation der empirischen Lehrplanforschung, in: Zentralinstitut für didaktische Forschung und Lehre (Hrsg.): Jahresbericht 2002, Augsburg, S. 34 – 66

Schmidt, Donat (2006): Vorurteile und ihre Bedeutung für die Entwicklung ethischer Urteilsfähigkeit, in: ZDPE 2/2006, S. 90 – 101

Schmidt, Heinz (1984a): Didaktik des Ethikunterrichts I: Grundlagen, Kohlhammer, Stuttgart

Schmidt Heinz (1984b): Didaktik des Ethikunterrichts II: Der Unterricht in Klasse 1 – 13, Kohlhammer, Stuttgart

Schnädelbach, Herbert (1981), Morbus hermeneuticus - Thesen über eine philosophische Krankheit, in: ZDP 1/1981, Siebert, Hannover, S. 3-6

Schnädelbach, Herbert (1992): Philosophie als Wissenschaft und Aufklärung, in: derselbe: Zur Rehabilitierung des ‚animal rationale', Suhrkamp, Frankfurt/M, S. 372-386

Schnädelbach, Herbert (1993): Philosophie der Gegenwart – Gegenwart der Philosophie, in: Schnädelbach, Herbert/ Keil, Geert (Hrsg.) (1993): Philosophie der Gegenwart – Gegenwart der Philosophie, Junius, Hamburg, S. 11 – 19

Schneider, Günther & North, Brian (2001): Fremdsprachen können – was heißt das? Skalen zur Beschreibung, Beurteilung und Selbsteinschätzung der fremdsprachlichen Kommunikationsfähigkeit, Chur, Zürich, Rüegger

Schneider, Hans Julius (1994): Einleitung: Ethisches Argumentieren, in: Martens, Ekkehard/ Hastedt, Heiner (Hrsg.) (1994): Ethik. Ein Grundkurs, Rowohlt, Reinbek, S. 13 – 47

Schriewer, Jürgen (1984): Vergleichend-historische Bildungsforschung: Gesamttableau oder Forschungsansatz ?" in Zeitschrift für Pädagogik 30 (1984), Beltz, Weinheim, 3, S. 323-342

Schrempf, Renate (2002): Rubrics, in: Pädagogik 9/2002, Beltz, Weinheim, S. 40-43

Schrempf, Renate (2003): Mit Rubrics zu mehr Erfolg, in: Das Lehrerhandbuch, Jahrgang 26, September, Hueber, Ismaning, S. 1-18

Schröder-Werle, Renate (2003): Erfassen der Wirklichkeit. Didaktische Potenziale phänomenologischen Denkens, in: Rohbeck, Johannes (Hrsg.) (2003): Didaktische Transformationen, Jahrbuch für Didaktik der Philosophie und Ethik, Bd.4, Thelem, Dresden, S. 50 – 71

Schuster, Peter (2001): Von der Theorie zur Praxis – Wege zur unterrichtspraktischen Umsetzung des Ansatzes von Kohlberg, in: Edelstein, Wolfgang/ Oser, Fritz/ Schuster, Peter (Hrsg.) (2001): Moralische Erziehung in der Schule. Entwicklungspsychologische und pädagogische Praxis, Beltz, Weinheim, S. 177-212

Schwemmer, Oswald (1987): Das Allgemeine unseres Handelns: Zum Sinn der Rede von Gesetzen und Regeln für die Darstellung menschlichen Handelns, in: Brandstädter, Jochen (1987): Struktur und Erfahrung in der psychologischen Forschung, Walter de Gruyter, Berlin, S. 104-124

Searle, John R. (1991): Intentionalität. Eine Abhandlung zur Philosophie des Geistes, Suhrkamp, Frankfurt/M.

Seebaß, Gottfried (2000): Was heißt, sich im Wollen zu orientieren? Wissen und Information

Literatur | 333

als Problem in der modernen Gesellschaft, in: Die Zukunft des Wissens. XVIII. Deutscher Kongress für Philosophie, Konstanz 1999. Vorträge und Kolloquien, hrsg. von Jürgen Mittelstraß, Akademie Verlag, Berlin, S.353 - 373

Selman, Robert L. (1982): Sozial-kognitives Verstehen. Ein Weg zu pädagogischer und klinischer Praxis, in: Geulen, Dieter (Hrsg.)(1982): Perspektivenübernahme und soziales Handeln. Texte zur sozial-kognitiven Entwicklung, Suhrkamp, Frankfurt, S. 223 – 256

Silbereisen, Rainer K. (1987): Soziale Kognition. Entwicklung von sozialem Wissen und Verstehen, in: Oerter, Rolf/ Montada, Leo (1987): Entwicklungspsychologie. Ein Lehrbuch, Psychologischer Verlags Union, Weinheim, S. 696 – 737

Solzbacher, Claudia (2001): Zwischen Verhalten, Arbeitstugenden und Kompetenzen: Kopfnoten und die ‚Bewertung' von Schlüsselqualifikationen, in: Solzbacher, Claudia/ Freitag, Christine: Anpassen, verändern, abschaffen? Schulische Leistungsbewertung in der Diskussion, Verlag Julius Klinkhardt, Bad Heilbrunn, S. 77 - 104

Solzbacher, Claudia (2002): Kompetenzen erweitern, zur Mündigkeit befähigen, Qualitätsverbesserungen durch Netzwerkbildung, in: Schulentwicklung durch Netzwerkbildung. Gemeinsame Tagung des Fachbereichs Erziehungs- und Kulturwissenschaften und des Zentrums für Lehrerbildung der Universität Osnabrück in Zusammenarbeit mit der Hanns Martin Schleyer-Stiftung vom 15.- 16. März 2002, www.bbs-bersenbrueck.dyndns.org/region/dokumente/pdf/tagungsband_ osna-brueck.pdf (21.10.2006)

Sommer, Barbara (2007): Zur Bedeutung des Philosophie- und Ethikunterrichts, in: Rolf, Bernd/ Draken, Klaus/ Münnix, Gabriele (Hrsg.) (2007): Orientierung durch Philosophieren. Festschrift zum 50jährigen Bestehen des Fachverbandes Philosophie e.V., Mitteilungen des Fachverbandes Philosophie Nr. 47, Reihe Philosophie und Bildung, LIT, Münster, S. 3 – 5

Spinner, Kaspar H. (2004): Lesekompetenz in der Schule, in: Schiefle, Ulrich/ Artelt, Cordula/ Schneider, Wolfgang/ Stanat, Petra (Hrsg.): Struktur, Entwicklung und Förderung von Lesekompetenz. Vertiefende Analysen im Rahmen von PISA 2000, VS Verlag für Sozialwissenschaften, Wiesbaden, S. 125-138

Spitzer, Manfred (2002): Lernen. Gehirnforschung und die Schule des Lebens, Spektrum Akademischer Verlag, Heidelberg

Steenblock, Volker (2001): Hermeneutik und Bildung, in: ZDPE 4/2001, S. 254 – 259

Steenblock, Volker (2002): Philosophische Bildung. Einführung in die Philosophiedidaktik und Handbuch: Praktische Philosophie, LiT, Münster

Stehr, Nico (2000): Wissen und Information als Problem in der modernen Gesellschaft, in: Die Zukunft des Wissens. XVIII. Deutscher Kongress für Philosophie, Konstanz 1999. Vorträge und Kolloquien, hrsg. von Jürgen Mittelstraß, Akademie Verlag, Berlin, S. 92 - 102

Tebrügge, Andrea (2001) : Unterrichtsplanung zwischen didaktischen Ansprüchen und alltäglicher Berufsanforderung. Eine empirische Studie zum Planungshandeln von Lehrerinnen und Lehrern in den Fächern Deutsch, Mathematik und Chemie, Peter Lang, Europäische Hochschulschriften, Reihe IX Pädagogik, Bd. 829, Frankfurt

Tenorth, Heinz-Elmar (2005): Auch eine Konvention bedarf der Rechtfertigung. Legitimationsprobleme bei Bildungsstandards, in: Standards. Unterrichten zwischen Kompetenzen, zentralen Prüfungen und Vergleichsarbeiten, Friedrich-Jahresheft XXIII, Friedrich Verlag, Velber, S. 30 - 31

Tenorth, Heinz-Elmar (2005a): Welche Orientierung liefern Test und Standards dem Bildungssystem (nicht)?, in: Elsenbast, Volker/ Götz-Guerlin, Marcus/ Otte, Matthias (2005): wissen – werten – handeln. Welches Orientierungswissen braucht die Bildung?, Wichern-Verlag, Berlin, S. 41-50

Terhart, Ewald (1995): Lehrerprofessionalität, in: Rolff, Hans-Günter (Hrsg.) (1995): Zu-

kunftsfelder von Schulforschung, Deutscher Studienverlag, Weinheim, S. 225-266
Terhart, Ewald (2003): Wirkungen von Lehrerbildung: Perspektiven einer an Standards orientierten Evaluation, in: journal für lehrerinnen- und lehrerbildung 3/2003, Studienverlag, Innsbruck, S. 8-19
Tetens, Holm (2004): Philosophisches Argumentieren. Eine Einführung, C.H.Beck, München
Thomas, Philipp (2004): Kulturelle Werte reflektieren und verlebendigen. Lebenspraktische Orientierung als Aufgabe des Ethikunterrichts, in: edition ethik kontrovers 12/2004, Friedrich Verlag, Velber, S. 24-27
Thomas, Philipp (2005): Wissen, dass wir nicht wissen – ein philosophisches Bildungsziel, in: Martens, Ekkehard/ Gefert, Christian/ Steenblock, Volker (Hrsg.) (2005): Philosophie und Bildung, LIT, Münster, Philosophie und Bildung, Bd. 1, S. 125 – 134
Tichy, Matthias (1998): Die Vielfalt des ethischen Urteils. Grundlinien einer Didaktik des Faches Ethik/ Praktische Philosophie, Klinkhardt, Bad Heilbrunn
Tödt, Heinz Eduard (1990): Versuch einer ethischen Theorie sittlicher Urteilsbildung, in: Ulrich, Hans G. (Hrsg.) (1990): Evangelische Ethik. Diskussionsbeiträge zu ihrer Grundlegung und ihren Aufgaben, Theologische Bücherei, Studienbücher Bd. 83, Chr. Kaiser Verlag, München, S. 295 – 322
Toulmin, Stephen (1975): Der Gebrauch von Argumenten, Scriptor Verlag, Kronberg
Treml, Alfred (1994): Ethik als Unterrichtsfach in den verschiedenen Bundesländern. Eine Zwischenbilanz, in: edition ethik kontrovers 2, Friedrich-Verlag, Velber, S. 18 - 29
Veraart, Heinz-Albert (2003): Moralisches Argumentieren, in: ZDPE 3/2003, Siebert, Hannover, S. 199 – 213
Veröffentlichungen der Kultusministerkonferenz (1998): Zur Situation des Ethikunterrichts in der Bundesrepublik Deutschland, Bericht der Kultusministerkonferenz vom 10.07.1998, Bonn
Veröffentlichungen der Kultusministerkonferenz (2004): Bildungsstandards der Kultusministerkonferenz. Erläuterungen zur Konzeption und Entwicklung (am 16.12.2004 von der Kultusministerkonferenz zustimmend zur Kenntnis genommen), www.kmk/org/schul/Bildungsstandards/Argumentationspapier308KMK.pdf (2.6.2007)
Vinçon, Inge (2001/2002): Schüler und Schülerinnen lernen argumentieren. Eine neue Didaktik der Argumentation auf der Basis sprachtheoretischer und empirischer Untersuchungen. Ergebnisse empirischer Unterrichtsforschungsprojekte zur Argumentation, in: Pädagogische Hochschule Heidelberg, Informationsschrift zur Lehrerbildung, Lehrerfortbildung und pädagogischen Weiterbildung, Heft 61, Wintersemester 2001/2002, S. 4 – 21, verfügbar unter: http://www.ph-heidelberg.de/org/ifw/Download/info61_pdf.pdf [14.12.2007
Vogt, Rüdiger (2004): Miteinander sprechen lernen: Schulische Förderung von Gesprächsfähigkeit, in: Becker-Mrotzeck, Michael/ Brünner, Gisela (2004): Analyse und Vermittlung von Gesprächskompetenz, forum Angewandte Linguistik Bd. 43, Publikationsreihe der Gesellschaft für Angewandte Linguistik e.V. (GAL), Verlag für Gesprächsforschung, Radolfzell, S. 199 - 223, lizenzierte Online-Ausgabe unter: http://www.verlag-gespraechsforschung.de/2004/kompetenz/kompetenz.pdf [11.5.2008]
Vollstädt, Witlof / Tillmann, Klaus-Jürgen/ Rauin, Udo/ Höhmann, Katrin/ Tebrügge, Andrea (1999): Lehrpläne im Schulalltag. Eine empirische Studie zur Akzeptanz und Wirkung von Lehrplänen in der Sekundarstufe I, Leske und Budrich, Reihe Schule und Gesellschaft, Bd. 18, Opladen
Volpert, Walter (^{2}2003): Wie wir handeln – was wir können. Ein Disput als Einführung in die Handlungspsychologie, artefact Verlag, Sottrum
Vossenkuhl, Wilhelm (1997): Die Wahl des eigenen Lebens, in: Cognitio humana – Dynamik

des Wissens und der Werte, XVII. Deutscher Kongress für Philosophie Leipzig 1996, Vorträge und Kolloquien, hrsg. von Christoph Hubig, Akademie Verlag, Berlin, S. 69 - 86

Wahl, Diethelm (2006): Lernumgebungen erfolgreich gestalten. Vom trägen Wissen zum kompetenten Handeln, Julius Klinckhardt, 2. erweiterte Auflage

Waldenfels, Bernhard (1997): Topographie des Fremden. Studien zur Phänomenologie des Fremden 1, Suhrkamp, Frankfurt/M.

Waldenfels, Bernhard (1998a): Antwort auf das Fremde. Grundzüge einer responsiven Phänomenologie, in: Waldenfels, Bernhard/ Därmann, Iris (Hrsg.) (1998b). Der Anspruch des Anderen. Perspektiven phänomenologischer Ethik, Wilhelm Fink Verlag, Übergänge. Texte und Studien zu Handlung, Sprache und Lebenswelt, München, S. 35 - 49

Waldenfels, Bernhard/ Därmann, Iris (Hrsg.) (1998b). Der Anspruch des Anderen. Perspektiven phänomenologischer Ethik, Wilhelm Fink Verlag, Übergänge. Texte und Studien zu Handlung, Sprache und Lebenswelt, München

Waldenfels, Bernhard (1998c): Ethik vom anderen her, in: Waldenfels, Bernhard/ Därmann, Iris (Hrsg.) (1998b). Der Anspruch des Anderen. Perspektiven phänomenologischer Ethik, Wilhelm Fink Verlag, Übergänge. Texte und Studien zu Handlung, Sprache und Lebenswelt, München, S. 7- 14

Waldenfelds, Bernhard (1999): Vielstimmigkeit der Rede. Studien zur Phänomenologie des Fremden 4, Suhrkamp, Frankfurt/M.

Waldenfels, Bernhard (2005): In den Netzen der Lebenswelt, Suhrkamp, Frankfurt

Weinert, Franz E. (1998): Neue Unterrichtskonzepte zwischen gesellschaftlichen Notwendigkeiten, pädagogischen Visionen und psychologischen Möglichkeiten, in: Bayerisches Staatsministerium für Unterricht, Kultus, Wissenschaft und Kunst (1998): Wissen und Werte für die Welt von morgen. Dokumentation zum Bildungskongress des Bayerischen Staatsministeriums für Unterricht, Kultus, Wissenschaft und Kunst, 29./30. April 1998 in der Ludwig-Maximilians-Universität, Auer, München, S. 101 - 125

Weinert, Franz E. (2000): Lehren und Lernen für die Zukunft – Ansprüche an das Lernen in der Zukunft, Max-Planck-Institut für Pädagogische Forschung, Bad Kreuznach, http://sform.bildung.hessen.de/gymnasium/skii/Grundfragen/pool/Weinert_2000-03-29.pdf (21.10.2006)

Weinert, Franz E. (2001a): Concept of Competence: A Conceptual Clarification, in: Dominique Simone Rychen/ Laura Hersh Salganik (Hrsg.) (2001): Defining and Selecting Key Competencies, Hogrefe & Huber, Seattle, Toronto, Bern, Göttingen, S. 45 – 65

Weinert, Franz E. (2001b): Vergleichende Leistungsmessungen in Schulen – eine umstrittene Selbstverständlichkeit, in: derselbe (Hrsg.) (2001d): Leistungsmessungen in Schulen, Beltz Pädagogik, Weinheim, S. 17-31

Weinert, Franz E. (2001c): Lernen des Lernens, in: Arbeitsstab Forum Bildung (2001): Kompetenzen als Ziele von Bildung und Qualifikation. Bericht der Expertengruppe des Forum Bildung, S. 23 – 27, www.blk-bonn.de/ergebnisse-fb-band03.pdf (21.10.2006)

Weinert, Franz E. (Hrsg.) (2001d): Leistungsmessungen in Schulen, Beltz Pädagogik, Weinheim

Wellenreuther, Martin (2000): Quantitative Forschungsmethoden in der Erziehungswissenschaft, Juventa, Weinheim

Welsch, Wolfgang (1995): Ästhetisches Denken, Reclam, Stuttgart

Wiesing, Lambert (Hrsg.) (2002): Philosophie der Wahrnehmung. Modelle und Reflexionen, Suhrkamp, Frankfurt

Willenberg, Heiner (2005): Lesen gesehen aus der Perspektive der Gehirnforschung. Mit einem Beispiel exemplifiziert, in: Neue Zugänge zum Lesen schaffen. Lesekompetenz und Leseförderung nach PISA, Hessisches Kultusministerium. Institut für Qualitätsentwicklung, Wiesbaden, S. 19 – 31

Literatur

Wilson, John (1984): Begriffsanalyse, Reclam, Stuttgart
Ziegler, Heide (1995): Statt eines Vorwortes. Orientierungswissen versus Verfügungswissen: Die Rolle der Geisteswissenschaften in einer technologisch orientierten Gesellschaft, in: Engler, Ulrich (Hrsg.) (1995): Zweites Stuttgarter Bildungsforum. Orientierungswissen versus Verfügungswissen: Die Rolle der Geisteswissenschaften in einer technologisch orientierten Gesellschaft. Reden bei der Veranstaltung der Universität Stuttgart am 27.Juni 1994, Scheufele, Stuttgart, S. 7 – 10
Ziener, Gerhard (2006): Bildungsstandards in der Praxis. Kompetenzorientiert unterrichten, Klett-Kallmeyer, Velber
Zimmer, Jörg (^{2}2004): Reflexion, Bibliothek dialektischer Grundbegriffe, Bd. 11, transcript Verlag, Bielefeld

Lehrpläne

Baden-Württemberg:
Bildungsstandards Ethik Gymnasium (2004) Leitgedanken zum Kompetenzerwerb für Ethik, Gymnasium. Klasse 8,10, Kursstufe, in: www.Bildung-staerkt-menschen.de/service/downloads/Bildungsplaene/Gymnasium/Gymnasium_Bildungsplan_Gesamt.pdf, Baden-Württemberg 2004 (26.10.2006)
Bildungsstandards Ethik Hauptschule/ Werkrealschule (2004). Leitgedanken zum Kompetenzerwerb für Ethik, Hauptschule und Werkrealschule, in: www.Bildung-staerkt-menschen.de/service/downloads/Bildungsplaene/Hauptschule_Werkrealschule/ Hauptschule_Werkrealschule_Bildungsplan_Gesamt.pdf, Baden-Württemberg 2004 (26.10.2006)
Bildungsstandards Ethik Realschule (2004). Leitgedanken zum Kompetenzerwerb für Ethik, Realschule, Klasse 10, in: www.Bildung-staerkt-menschen.de/service/downloads/Bildungsplaene/Realschule/Realschule_Bildungsplan_Gesamt.pdf, Baden-Württemberg 2004 (26.10.2006)
Bildungsstandards Philosophie (2004): in: www.Bildung-staerkt-menschen.de/service/downloads/Bildungsstandards/Gym/Gym_Phil:wb_bs.pdf (26.10.2004)
Hentig, Hartmut von (2004): Einführung in den Bildungsplan 2004, in: www.bildung-staerkt-menschen.de/servive/downloads/Sonstiges/Einfuehrung_BP.pdf (27.10.2006)

Bayern:

Bayern Ethik Grundschule 1-2 (2004), in:
　　www.isb.bayern.de/isb/download.asp?DownloadFileID=e3e5bd177fef177dcfcd7910ff
　　a68941 (8.11.2006)
Bayern Ethik Grundschule 3 (2004), in:
　　www.isb.bayern.de/isb/download.asp?DownloadFileID=7e91d386a33c98d7d1e34308
　　cda6622b (8.11.2006)
Bayern Ethik Grundschule 4 (2004), in:
　　www.isb.bayern.de/isb/download.asp?DownloadFileID=9d67104053aedd5a5eda7c45
　　2ffd1f6c (8.11.2006)
Bayern Ethik Gymnasium (2004), Selbstverständnis des Fachs Ethik, in: www.isb-gym8-
　　lehrplan.de/contentserv/3.1/g8.de/index.php?StoryID=26356&subtemplate=
　　(26.10.2006)
Bayern Ethik Gymnasium Klasse 5, in: www.isb-gym8-lehrplan.de
　　/contentserv/3.1/g8.de/index.php?StoryID=26328&subtemplate= (26.10.2006)
Bayern Ethik Gymnasium Jahrgang 6, www.isb-gym8-
　　lehrplan.de/contentserv/3.1/g8.de/index.php?StoryID=26313&subtemplate=
　　(26.10.2006)
Bayern Ethik Gymnasium Jahrgang 7, www.isb-gym8-
　　lehrplan.de/contentserv/3.1/g8.de/index.php?StoryID=26290&subtemplate=
　　(26.10.2006)
Bayern Ethik Gymnasium Jahrgang 8, www.isb-gym8-
　　lehrplan.de/contentserv/3.1/g8.de/index.php?StoryID=26271&subtemplate=
　　(26.10.2006)
Bayern Ethik Gymnasium Jahrgang 9, www.isb-gym8-
　　lehrplan.de/contentserv/3.1/g8.de/index.php?StoryID=26240&subtemplate=
　　(26.10.2006)
Bayern Ethik Gymnasium Jahrgang 10, www.isb-gym8-
　　hrplan.de/contentserv/3.1/g8.de/index.php?StoryID=26210&subtemplate=
　　(26.10.2006)
Bayern Ethik Gymnasium Jahrgang 11-12, www.isb-gym8-
　　lehrplan.de/contentserv/3.1/g8.de/index.php?StoryID=26557&subtemplate=
　　(26.10.2006)
Bayern Ethik Hauptschule, Grundwissen und Kernkompetenzen, Regelklasse, in:
　　www.isb.bayern.de/isb/download.asp?DownloadFileID=f3a78f1d5143052e7b100f0af
　　a287c10 (8.11.2006)
Bayern Ethik Realschule, Klasse 7, in:
　　www.isb.bayern.de/isb/download.asp?DownloadFileID=ac63cc219baa8505f882ed56f
　　5185d1c (8.11.2006)
Gymnasium Bayern (2004): Das Gymnasium in Bayern, in: www.isb-gym8-
　　lehrplan.de/contentserv/3.1/g8.de/index.php?StoryID=26350 (26.10.2006)

Berlin:

Berlin Rahmenlehrplan Ethik (2006), Rahmenlehrplan Ethik für die Sekundarstufe I, in:
　　www.berlin.de/imperia/md/content/sen-
　　bildung/schulorganisation/lehrplaene/sek1_ethik.pdf (29.10.2006)
Berlin Rahmenlehrplan Philosophie Sek. I (2006); Rahmenlehrplan Philosophie für Gymna-
　　sium, Gesamtschule, in: www.berlin.de/imperia/md/content/sen-
　　bildung/schulorganisation/lehrplaene/sek1_philosophie.pdf (29.10.2006)
Berlin Rahmenlehrplan Philosophie Sek. II (2006); Rahmenlehrplan Philosophie für die gym-

nasiale Oberstufe, in: www.berlin.de/imperia/md/content/sen-
bildung/schulorganisation/lehrplaene/sek2_philosophie.pdf (29.10.2006)

Brandenburg:
Brandenburg Rahmenlehrplan Lebensgestaltung – Ethik – Religion, Grundschule, hrsg. vom
Ministerium für Bildung, Jugend und Sport des Landes Brandenburg, Potsdam 2004,
in: www. Bildung_brandenburg.de/fileadmin/bbs/unterricht_und_pruefungen
/rahmenlehrplaene/grundschule/rahmenlehrplaene/pdf/GS-LER.pdf (11.11.2006)
Brandenburg Rahmenlehrplan Lebensgestaltung – Ethik – Religion, Sekundarstufe I, hrsg.
vom Ministerium für Bildung, Jugend und Sport des Landes Brandenburg, Potsdam
2004, in: www. bil-
dung_brandenburg.de/fileadmin/bbs/unterricht_und_pruefungen/rahmenlehrplaene/sek
undarstufe_I/rahmenlehrplaene/S1-LER.pdf
Brandenburg Rahmenlehrplan Philosophie. Gymnasiale Oberstufe Sekundarstufe II, hrsg.
vom Ministerium für Bildung, Jugend und Sport des Landes Brandenburg, Potsdam
1993
Korge, Waltraud, u.a. (2004): Begleitmaterialien zu den Rahmenlehrplänen für lebensgestaltung – Ethik – Religion, Jahrgangsstufen 5 – 10. Reihe: Materialien zur Rahmen-
lehrplanimplementation, Landesinstitut für Schule und Medien Brandenburg, Ludwigsfelde, in:
www.bildung_brandenburg.de/fileadmin/bbs/unterricht_und_pruefungen/rahmenlehrpl
aene/Grundschule/implementationsmaterialien/pdf/imp-LER.pdf (8.11.2006)
Leutert, Hans u.a. (2003): Kompetenzentwicklung, Unterrichtsqualität und Planungshandeln.
Sekundarstufe I. Reihe: Materialien zur Rahmenlehrplan-implementation Pädagogi-
sches Landesinstitut Brandenburg, Ludwigsfelde, in:
www.lisum.brandenburg.de/sixcm/media.php/2913/kompetenz.pdf (8.11.2006)

Bremen:
Pädagogische Leitideen für die Sekundarstufe I (2001), Bremen, in:
http://lehrplan.bremen.de/sek1/paedleit/download
Pädagogische Leitideen für die Sekundarstufe II gymnasiale Oberstufe (2002), Bremen, in:
http://lehrplan.bremen.de/sek2a/leitideen/download
Philosophie. Rahmenplan für die Sekundarstufe I (2003), Bremen, in:
http://lehrplan.bremen.de/sek1/philosophie/rahmenplan_sek1

Hamburg:
Bildungsplan G9: Bildungs- und Erziehungsauftrag. Bildungsplan neunstufiges Gymnasium,
Freie und Hansestadt Hamburg (2003), in: http://ibs.hh.schule.de/bildungsplaene/Sek-
I_Gy9/BUE_Gy9_SekI.pdf (8.11.2006)
Bildungsplan G8, Bildungs- und Erziehungsauftrag. Bildungsplan achtstufiges Gymnasium,
Freie und Hansestadt Hamburg (2004), in: http://ibs.hh.schule.de/bildungsplaene/Sek-
I_Gy8/BUE_Gy8_SekI.pdf (8.11.2006)
Hinweise und Erläuterungen. Rahmenplan Philosophie. Gymnasiale Oberstufe (2005), Freie
und Hansestadt Hamburg, http://fhh.hamburg.de/stadt/Aktuell/behoerden/bildung-
sport/service/veroeffentlichungen/bildungsplaene/gym-o-philosophie-
rahmenplan,prosperty=source.pdf (8.11.2006)
Rahmenplan Ethik Gymnasium neunstufig, Sekundarstufe I (2003), in: www.hamburger-
bildungsserver.de/bildungsplaene/Sek-I_Gy9/ETHIK_Gy9_SekI.pdf (8.11.2006)

Rahmenplan Ethik, Haupt- und Realschule (2003), in: www.hamburger-
bildungsserver.de/bildungsplaene/Sek-I_HR/ETHIK_HR_SEKI.PDF (8.11.2006)
Rahmenplan Philosophie Gymnasium achtstufig, Sekundarstufe I (2004), in:

www.hamburger-bildungsserver.de/bildungsplaene/SekI_Gy8/PHILO_Gy8.pdf
(8.11.2006)
Rahmenplan Philosophie Sekundarstufe II (2004), in: www.hamburger-
bildungsserver.de/bildungsplaene/GyO/PHIL_GyO.pdf (8.11.2006)

Hessen:
Bildungsstandards für das Fach Ethik, Mittlerer Bildungsabschluss Sek. I,
  unveröffentlichtes Manuskript 2007
Lehrplan Ethik, Schule für Lernhilfe (2004), hrsg. vom Hessischen Kultusministerium, Wiesbaden, in: www.sonderpaedagogik.bildung.hessen.de/Lernhilfe/lp/Ethik_SfL.pdf
  (10.6.2006)
Lehrplan Ethik, Hauptschule (2000), hrsg. vom Hessischen Kultusministerium, Wiesbaden,
  in:
  www.kultusministerium.hessen.de/irj/HKM_Internet?cid=8cdd6f60c5a5a140e177c1a
  76a0fee7e (10.6.2006)
Lehrplan Ethik, Realschule (2000), hrsg. vom Hessischen Kultusministerium, Wiesbaden, in:
  www.kultusministerium.hessen.de/irj/HKM_Internet?uid=4330e9fb-a45b-901b-e592-
  697ccf4e69f2 (10.6.2006)
Lehrplan Ethik Gymnasium (G9) (2000), hrsg. vom Hessischen Kultusministerium, Wiesbaden, in: www.kultusministerium.hessen.de/irj/HKM_Internet?uid=1720e9fb-a45b-
  901b-e592-697ccf4e69f2 (10.6.2006)
Lehrplan Ethik, Gymnasium (G8) (2004), hrsg. vom Hessischen Kultusministerium, Wiesbaden, in: www.kultusministerium.hessen.de/irj/HKM_Internet?uid=1e20e9fb-a45b-
  901b-e592-697ccf4e69f2 (10.6.2006)
Lehrplan Philosophie, Gymnasium (2000), hrsg. vom Hessischen Kultusministerium, Wiesbaden, in: www.kultusministerium.hessen.de/irj/HKM_Internet?uid=1720e9fb-a45b-
  901b-e592-697ccf4e69f2 (10.6.2006)

Mecklenburg-Vorpommern:
Rahmenplan Philosophieren mit Kindern, Grundschule, hrsg. vom Ministerium für Bildung,
  Wissenschaft und Kultur Mecklenburg-Vorpommern, 2004, in: www.bildung-
  mv.de/download/rahmenplaene/rp-philosohie-gs.pdf (16.11.2006)
Rahmenplan Philosophieren mit Kindern, Orientierungsstufe, hrsg. vom Ministerium für Bildung, Wissenschaft und Kultur Mecklenburg-Vorpommern, 2001, in: www.bildung-
  mv.de/download/rahmenplaene/rp-philosohie-5-6.pdf (16.11.2006)
Rahmenplan Philosophieren mit Kindern, Jahrgangsstufen 7 – 10, Regionale Schule, Verbundene Haupt- und Realschule, Hauptschule, Realschule, Gymnasium, Integrierte Gesamtschule, hrsg. vom Ministerium für Bildung, Wissenschaft und Kultur Mecklenburg-Vorpommern, 2002 in: www.bildung-mv.de/download/rahmenplaene/rp-
  philosohie-7-10.pdf (16.11.2006)
Rahmenplan Philosophie, Sekundarstufe II, hrsg. vom Ministerium für Bildung, Wissenschaft
  und Kultur Mecklenburg-Vorpommern, 1999, in: www.bildung-
  mv.de/download/rahmenplaene/rp-philosohie-11-13.pdf (16.11.2006)
Rahmenplan Qualifikationsphase Philosophie, hrsg. vom Ministerium für Bildung, Wissen
  schaft und Kultur Mecklenburg-Vorpommern, 2006 in: www.bildung-
  mv.de/download/rahmenplaene/kc-philosohie-11-12-gym.pdf (21.11.2006)

Niedersachsen:
Curriculare Vorgaben für das Gymnasium Schuljahrgänge 5/6. Werte und Normen, hrsg. vom

Niedersächsischen Kultusministerium, 2004, in:
http://nibis.ni.schule.de/nibis,phtml?menid=335 (21.11.2006)
Curiculare Vorgaben für die Hauptschule Schuljahrgänge 5/6. Werte und Normen, hrsg. vom Niedersächsischen Kultusministerium, 2004, in:
http://nibis.ni.schule.de/nli1/gohrgs/rrl/hs5_6/cvhswerte.pdf (3.12.2006)
Curiculare Vorgaben für die Realschule Schuljahrgänge 5/6. Werte und Normen, hrsg. vom Niedersächsischen Kultusministerium, 2004, in:
http://nibis.ni.schule.de/nli1/gohrgs/rrl/rs5_6/cvrswerte.pdf (3.12.2006)
Nibis: Werte und Normen. Zur Geschichte des Fachs, in:
http://67131.nibis.de/faecher/wun/geschichte_neu.htm, 2000, (3.12.2006)
Rahmenrichtlinien Werte und Normen für das Gymnasium, hrsg. vom Niedersächsischen Kultusministerium, Schroedel, Hannover 1999
Rahmenrichtlinien Werte und Normen für die Hauptschule, hrsg. vom Niedersächsischen Kultusministerium, 1999, in: http://www.nibis.de/nli1/gohrgs/rrl/rrlwnhs1.pdf (29.11.2006)
Rahmenrichtlinien Werte und Normen für die Realschule, hrsg. vom Niedersächsischen Kultusministerium, hrsg. vom Niedersächsischen Kultusministerium, 1999, in:
http://www.nibis.de/nli1/gohrgs/rrl/rrlwnrs.pdf (29.11.2006)
Rahmenrichtlinien Werte und Normen für das Gymnasium - gymnasiale Oberstufe, die Gesamtschule – gymnasiale Oberstufe, das Fachgymnasium, das Abendgymnasium, das Kolleg, hrsg. vom Niedersächsischen Kultusministerium, 2004, in:
http://www.nibis.de/nli1/gohrgs/rrl/rrl_wn_go.pdf (21.11.2006)
Rahmenrichtlinien Philosophie für das Gymnasium. Gymnasiale Oberstufe, hrsg. vom Niedersächsischen Kultusministerium, Schroedel, Hannover 1985

Nordrhein-Westfalen:
Kerncurriculum Praktische Philosophie, Erprobungsfassung, Curriculares Rahmenkonzept, Ministerium für Schule und Weiterbildung des Landes Nordrhein-Westfalen, Juni 1997, in: http://www.uni-paderborn.de/filemin/kw/Institute/ Praktische_Philosophie/ Curriculum_gesamt.pdf [5.8.2008]
Kernlehrplan Sekundarstufe I in Nordrhein-Westfalen: Praktische Philosophie, Entwurf 31. August 2007, in :
http://www.standardsicherung.schulministerium.nrw.de/lehrplaene/upload/entwurf-klp-pp-g8-070831.pdf [5.8.2008]
Richtlinien und Lehrpläne für die Sekundarstufe II – Gymnasium/ Gesamtschule in Nordrhein-Westfalen. Philosophie (1999), hrsg. vom Ministerium für Schule und Weiterbildung, Wissenschaft und Forschung des Landes Nordrhein-Westfalen, in: ???

Rheinland-Pfalz:
Lehrplan Ethik Sekundarstufe I (Klasse 5 – 9/10). Hauptschule, Realschule, Gymnasium, Regionale Schule, Gesamtschule, hrsg. vom Ministerium für Bildung, Wissenschaft und Weiterbildung, 2000, in: http://alt.bildung-rp.de/lehrplaene/alleplaene/asett0510.pdf (22.10.2006)
Lehrplan für das Grundfach Ethik in der Oberstufe des Gymnasiums (Mainzer Studienstufe) und in der berufsbildenden Schule, hrsg. vom Ministerium für Bildung, Wissenschaft und Weiterbildung, Mainz 1983
Lehrplan Philosophie, hrsg. vom Ministerium für Bildung, Wissenschaft und Weiterbildung, (o.J.), in: http://alt.bildung-rp.de/lehrplaene/alleplaene/lppi.pdf (22.10.2006)

Saarland:
Lehrplan Allgemeine Ethik, Allgemeinbildende Schulen, Klassenstufen 9 + 10, hrsg. vom Ministerium für Bildung, Kultur und Wissenschaft (1983), Saarbrücken

Achtjähriges Gymnasium, Lehrplan Allgemeine Ethik, Klassenstufe 9, hrsg. vom Ministerium für Bildung, Kultur und Wissenschaft (2005), in: www.bildungsserver.saarland.de/medien/download/ethik9.pdf (15.10.2006)
Achtjähriges Gymnasium, Lehrplan Ethik für die Einführungsphase der gymnasialen Oberstufe, hrsg. vom Ministerium für Bildung, Kultur und Wissenschaft (2006), in: www.bildungsserver.saarland.de/medien/download/ETEinfhFeb2006.pdf (15.10.2006)
Achtjähriges Gymnasium, Lehrplan Philosophie für die Einführungsphase der gymnasialen Oberstufe, hrsg. vom Ministerium für Bildung, Kultur und Wissenschaft (2006), in: www.bildungsserver.saarland.de/medien/download/PIEinfhFeb2006.pdf (15.10.2006)
Achtjähriges Gymnasium Philosophie, in: hrsg. vom Ministerium für Bildung, Kultur und Wissenschaft (2006), in: www.bildungsserver.saarland.de/medien/download/PIFeb2006.pdf (15.10.2006)

Sachsen:
Lehrplan Ethik Grundschule, (2004), hrsg. vom Freistaat Sachsen. Sächsisches Staatsministerium für Kultus, in: www.sn.schule.de/ ~ci/download/lp_gs_ethik.pdf (25.12.2006)
Lehrplan Ethik Gymnasium (2004), hrsg. vom Freistaat Sachsen. Sächsisches Staatsministerium für Kultus, in: www.sn.schule.de/ ~ci/download/lp_gy_ethik.pdf (21.11.2006)
Lehrplan Ethik Mittelschule (2004), hrsg. vom Freistaat Sachsen. Sächsisches Staatsministerium für Kultus, in: www.sn.schule.de/ ~ci/download/lp_ms_ethik.pdf (25.12.2006)
Lehrplan Ethik Gymnasium. Gewichtete Fassung (2001),), hrsg. vom Freistaat Sachsen. Sächsisches Staatsministerium für Kultus, in: www.sn.schule.de/ ~ci/download/lp_gy_gf2001_ethik.pdf (21.11.2006)
Grundlagen Lehrpläne Gymnasium (2001), hrsg. vom Freistaat Sachsen. Sächsisches Staatsministerium für Kultus, in: www.sn.schule.de/ ~ci/download/lp_gy_grundlagen.pdf (25.12.2006)

Sachsen-Anhalt:
Entwurf der Rahmenrichtlinien Gymnasium. Ethikunterricht Schuljahrgänge 5 – 12, hrsg. vom Kultusministerium des Landes Sachsen-Anhalt (2003), in: www.rahmenrichtlinien.bildung-lsa.de/pdf/ethikgyma.pdf (20.10.2006)
Lehrplan Grundschule, Erprobungsfassung, hrsg. vom Kultusministerium des Landes Sachsen-Anhalt (2005), in: www.rahmenrichtlinien.bildung-lsa.de/pdf/entwurf/lpgsethik.pdf (20.10.2006)
Lehrplan Grundschule. Grundsatzband, Erprobungsfassung, hrsg. vom Kultusministerium des Landes Sachsen-Anhalt (2005), in: www.rahmenrichtlinien.bildung-lsa.de/pdf/entwurf/lpgrundsbd.pdf (20.10.2006)
Rahmenrichtlinien Fachgymnasium. Ethikunterricht Schuljahrgänge 11 – 13, hrsg. vom Kultusministerium des Landes Sachsen-Anhalt (2003), in: www.rahmenrichtlinien.bildung-lsa.de/pdf/ethikgym.pdf (20.10.2006)
Rahmenrichtlinien Sekundarschule. Ethikunterricht Schuljahrgänge 7 – 10, hrsg. vom Kultusministerium des Landes Sachsen-Anhalt (1999), in: www.rahmenrichtlinien.bildung-lsa.de/faecher/ethik.html#sekundar (4.12.2006)
Rahmenrichtlinien Gymnasium, Philosophie, Wahlpflichtfach Schuljahrgänge 9 – 12, hrsg. vom Kultusministerium des Landes Sachsen-Anhalt (2003), in: www.rahmenrichtlinien.bildung-lsa.de/pdf/philogym.pdf (1.12.2006)

Schleswig-Holstein:
Grundlagen. Lehrplan für die Sekundarstufe I (2002) der weiterführenden allgemeinbildenden Schulen. Hauptschule, Realschule, Gymnasium. Ministerium für Bildung, Wissenschaft, Forschung und Kultur des Landes Schleswig-Holstein, in: http://lehrplan-lernnetz.de/intranet1/links/materials/1117787563.pdf (13.11.2006)
Grundlagen. Lehrplan für die Sekundarstufe II (2002) der weiterführenden allgemeinbildenden Schulen. Gymnasium, Gesamtschule, Fachgymnasium. Ministerium für Bildung, Wissenschaft, Forschung und Kultur des Landes Schleswig-Holstein, in: http://lehrplan-lernnetz.de/intranet1/links/materials/109956994.pdf (13.11.2006)
Lehrplan Philosophie (2002) für die Sekundarstufe I. Gymnasium, Gesamtschule, Fachgymnasium. Ministerium für Bildung, Wissenschaft, Forschung und Kultur des Landes Schleswig-Holstein, in: http://lehrplan-lernnetz.de/intranet1/links/materials/1???.pdf (13.11.2006)
Lehrplan Philosophie (2002) für die Sekundarstufe II. Gymnasium, Gesamtschule, Fachgymnasium. Ministerium für Bildung, Wissenschaft, Forschung und Kultur des Landes Schleswig-Holstein, in: http://lehrplan-lernnetz.de/intranet1/links/materials/1107165839.pdf (13.11.2006)

Thüringen:
Lehrplan für das Gymnasium, Ethik, (1999) hrsg. vom Thüringer Kultusministerium, in: www.thillm.de/thillm/pdf/lehrplan/gy/gy_lp_eth.pdf (25.12.2006)
Lehrplan für die Regelschule, Ethik, (1999) hrsg. vom Thüringer Kultusministerium, in: www.thillm.de/thillm/pdf/lehrplan/rs_lp_eth.pdf (25.12.2006)

Einheitliche Prüfungsanforderungen:
EPA Ethik (2007): Einheitliche Prüfungsanforderungen in der Abiturprüfung Ethik, Beschlüsse der Kultusministerkonferenz, LinkLuchterhand, München
EPA Philosophie (2007): Einheitliche Prüfungsanforderungen in der Abiturprüfung Philosophie, Beschlüsse der Kultusministerkonferenz, LinkLuchterhand, München